智能交通信息采集分析及应用

陈艳艳　王东柱　著

人民交通出版社

内 容 提 要

随着智能交通采集手段及分析技术的快速发展，交通信息采集已从静态、人工采集向动态、自动采集转变，从单一模式采集向多模式、多方法采集转变。本书详细介绍了现代化信息采集及分析手段的最新研究成果，以及其在交通出行时空分析、公交及道路监控、运行状态评价等领域的应用，内容涵盖基于手机定位的交通出行信息处理及分析技术、公交IC卡信息处理及分析技术、公交运行信息采集及处理技术以及浮动车数据的处理及分析技术。

本书可作为城市规划、交通工程、系统优化、信息工程等专业高年级本科生及研究生教材，也可供相关专业管理人员、技术人员参考使用。

图书在版编目(CIP)数据

智能交通信息采集分析及应用/陈艳艳，王东柱著.
--北京：人民交通出版社，2011.12

ISBN 978-7-114-09492-7

Ⅰ.①智… Ⅱ.①陈… ②王… Ⅲ.①交通运输—自动化系统：管理信息系统—研究 Ⅳ.①U495

中国版本图书馆CIP数据核字(2011)第229060号

书　　名：智能交通信息采集分析及应用
著 作 者：陈艳艳　王东柱
责任编辑：戴慧莉
出版发行：人民交通出版社
地　　址：(100011)北京市朝阳区安定门外外馆斜街3号
网　　址：http://www.ccpress.com.cn
销售电话：(010)59757973
总 经 销：人民交通出版社发行部
经　　销：各地新华书店
印　　刷：北京鑫正大印刷有限公司
开　　本：787×980　1/16
印　　张：16.25
字　　数：332千
版　　次：2011年12月　第1版
印　　次：2016年11月　第2次印刷
书　　号：ISBN 978-7-114-09492-7
定　　价：55.00元

前　　言

随着经济的发展，我国机动化呈快速增长态势，交通拥堵、交通事故和环境污染问题正越来越深入地影响着人们的生活和经济社会的发展。将智能技术运用于道路和汽车中的智能交通系统（Intelligent Transportation System，简称 ITS）已成为解决矛盾的有效途径，这对智能交通的建设和发展提出了更高的要求。

ITS 是将先进的信息技术、数据通信传输技术、电子传感技术、电子控制技术及计算机处理技术等有效运用于整个交通管理系统而建立的一种在大范围、全方位发挥作用的，实时、准确、高效的综合交通管理及服务系统。

ITS 使得交通系统中三大主体“人、车、路”之间的相互作用关系以新的方式呈现。目前，以“缓解拥堵”、“安全运营”、“节能减排”、“绿色出行”为发展主线，建设新一代智能交通综合运输管理体系已成为各国 ITS 建设的重点。

交通系统信息化及智能化依赖于对交通系统全方位动态感知、可靠传输以及智能的决策。换言之，实现合理的交通规划设计、安全高效的交通智能化管理及全方位的信息服务，全面准确的信息采集、处理及分析不可或缺。

在信息化高速发展的今天，成本更低、实用性更强、传输速度更快的新型信息采集及传输手段已经深入到智能交通的多个领域。如何及时、准确、全方位地采集交通系统各类信息，并进行处理、分析、决策与发布，对提高路网运行管理效率、加强交通运营管理水平、提升信息服务水平及出行安全水平，实现路网高效、便捷、安全有着重要意义。

交通信息是 ITS 的核心要素，而信息的采集、处理、传输、融合和服务利用是其核心。从 ITS 功能的实现过程来看，系统首先将采集到的各种道路交通及服务信息经管理中心集中处理后，传输到道路运输系统的各个用户（交通管理部门、公安部门、抢险救护部门、停车管理部门等以及出行者）。交通相关管理部门可据此进行合理的交通疏导、控制和事故处理，使路网的交通流处于最佳状态，最大限度地提高路网的通行能力，提高整个路网系统的机动性、安全性和生产效率；出行者可实时选择交通方式和交通路线，规避交通拥阻或险情。同时交通出行信息也是交通规划的重要基础信息，全面、丰富、及时更新的出行交通信息采集可以为交通规划及建设部门的正确决策提供科学依据。

因此，交通信息采集与处理技术对交通规划、路网建设、交通管理都是都非常重要的，是交通发展规划和道路交通科学管理的最重要的基础和前提。

本书的重点是以提高路网运行效率及提升信息服务水平为目的的动态交通信息采集、处理及分析方法。根据研究内容的相互关系，将本书分为八章。第 1 章阐述智能交通系统国内外应用现状、信息采集及处理分析在智能交通中所处的地位以及目前研究的不足;第2章介绍交通信息采集、传输、处理及存储的基本知识及常用方法;第3章介绍智能交通信息分析基础知识,包括最基本的数理统计分析、数据挖掘分析、空间分析及模式识别方法;第4章介绍利用基于移动定位的新技术手段提取大范围交通出行数据及交通流状态参数的技术,以及基于这些数据的空间分析方法;第5章介绍浮动车数据处理及分析技术,包括零速度点处理技术、基于决策圈的路段识别匹配方法等;第6章对实时公交信息采集及处理分析技术进行深入探讨,包括实时公交信息采集系统涉及的准确定位技术、全程多参数采集技术、事件识别及预测技术;第7章介绍公交一卡通数据提取及处理分析技术,包括线路站点、方向匹配技术及统计指标分析;第8章基于公路网交通运行特征,研究基于传统信息采集数据、常态下公路网运行状态分析与评估的关键技术,以及异常条件下的事件自动识别技术。

在成书过程中,博士生赖见辉、陈绍辉、田启华、唐夕茹,硕士生于跃、段卫静等参与了本书的撰写。同时在相关项目研究中,北京市交通委信息中心、北京市公交集团总公司、北京市规划院的相关同志也给予了大力支持,在此一并表示感谢。

本书致力于国内智能交通信息采集及处理的新技术研究,虽不乏纰漏之处,但望能够抛砖引玉,吸引更多的科研人员及管理人员从事相关理论研究及实践,以促进其发展。

著 者

2011年7月

目　　录

第1章 绪论

1.1 智能交通系统概述

随着经济的发展，我国汽车保有量呈现快速增长态势，交通拥堵、交通事故和环境污染等问题正越来越强烈地影响着人们的生活和经济社会的发展。在这种情况下，将智能技术运用到交通运输管理体系的智能交通系统(Intelligent Transportation System，简称ITS)成为解决矛盾的有效途径。同时，也对智能交通的建设和发展提出了更高的要求。

ITS目前尚无公认定义。一方面是因为不同的研究者从不同的角度考虑，对其认识不同；另一方面，ITS本身正处于迅速发展时期，其内涵和外延都处于发展变化之中。

国际上的智能交通相关组织以及国内外相关文献均有对该概念的阐述，以下为几个代表性的相关论述。

美国*Intelligent Transportation System2000*定义ITS是由一系列用于运输网络管理的先进技术以及为出行者提供的多种服务组成的。ITS技术的基础是以下三大核心要素：信息、通信和集成。无论是为管理者及运营者提供交通网络的实时交通状态信息，还是为出行者制订出行计划提供在线信息，ITS技术能使管理者、运营者以及个体出行者变得更加消息灵通，相互间能够更为协调，并作出更为智能化的决策。

ITS America(美国智能运输协会)定义ITS是由一些技术组成的，这些技术包括信息处理、通信、控制和电子技术。ITS 可以通过新技术和综合运输系统的结合，实现人和货物更安全、更有效的位移。

ERTICO（欧洲道路运输通信技术实用化促进组织）指出 ITS 或信息技术在运输上的应用，能够减少城市道路和城际间干道的交通拥挤、增加运输安全性，给旅行者提供信息并改善可达性、舒适性，提高货运效率，促进经济增长和提供新的服务。

VERTIS（日本道路、交通、车辆智能化推进协会）定义 ITS 是运用先进的信息、通信和控制技术，即运用“信息化”、“智能化”解决道路交通中的事故、堵塞、环境破坏等各种问题的系统，是人与道路及环境之间接受和发送信息的系统。ITS 通过实现交通的最优化，达到缓解交通堵塞、节约能源、保护环境的目的。而且，ITS 不仅限于道路交通的智能化，同时也谋求与铁路、航空、船舶等不同种类的交通部门合作发展。

中国智能交通系统体系框架研究报告中对 ITS 给出了如下定义：ITS 是在较完善的基础设施（包括道路、港口、机场和通信等）之上，将先进的信息技术、通信技术、控制技术、传感器、计算机技术和系统综合技术有效地集成，并应用于地面运输系统，从而建立起大范围内发挥作用的，实时、准确、高效的运输系统。

总之，ITS 是将先进的信息技术、数据通信传输技术、电子传感技术、电子控制技术及计算机处理技术等有效地运用于整个交通管理系统而建立的一种在大范围、全方位发挥作用的，实时、准确、高效的综合交通管理及服务系统。

ITS 使得交通系统中三大主体“人、车、路”之间的相互作用关系以新的方式呈现。它是目前世界交通运输领域研究的前沿课题，也是目前国际公认的解决城市交通拥挤、改善行车安全、提高运行效率、减少空气污染等的最佳途径。可以预见，ITS 将成为 21 世纪现代化地面交通运输体系的模式和发展方向，是交通运输进入信息时代的重要标志。

目前，以“缓解拥堵”“安全运营”“节能减排”“绿色出行”为发展主线，建设新一代智能交通综合运输管理体系成为各国 ITS 建设的重点。新一代智能交通综合运输管理体系是利用全流程的数据采集、处理与决策支持新方法，为交通运输管理和公众出行提供城乡一体化的新应用与新服务，实现人、车、路及环境的和谐运转。

1.2 智能交通系统目标

交通路网是国家最为重要的基础设施之一，其规模庞大，信息化、智能化任务繁重。在信息化高速发展的今天，成本更低、实用性更强、传输速度更快的新型信息采集及传输手段已经深入到智能交通多个领域。如何及时、准确、全方位地采集交通系统各类信息，并进行处理、分析、决策与发布，对提高路网运行管理效率、加强交通运营管理水平、提升信息服务水平及出行安全水平，实现路网高效、便捷、安全有着重要意义。我国进行 ITS 建设的目标具体体现在以下方面。

(1)提高路网运行管理效率。

随着我国居民机动车保有量的不断攀升,路网出现车辆拥堵的现象也日趋频繁,一些车流量较大的城市甚至出现了常态化的难以缓解的严重拥堵。尽管导致拥堵的因素复杂多样,但也暴露了道路交通管理部门管理手段匮乏、交通诱导及协调联控能力不强、对事件应急处置能力不足、面向用户信息发布不及时等弊端。随着城市道路及公路路网不断完善,路网运营管理也必然朝着信息化、智能化方向发展。借助成熟的信息化、智能化技术手段,加强道路运行状态及运营车辆的监控与调度,促进部门之间的信息共享与协调管理,根治道路交通管理及公交或其他运营车辆管理中"看不见、管不着、说不清"等顽疾,对提高道路运行管理及营运车辆管理水平,改善路网运行效率有着重要意义。

(2)提升信息服务水平。

目前,我国公路交通信息服务主要媒介包括电话热线、媒体广播、互联网、可变交通信息板以及移动终端,提供的信息内容主要包括路径、路况、气象、事故报警等基本信息。受信息源限制,存在实时信息准确度低、信息覆盖范围窄、信息传输效率不高等问题。对于用户而言,信息获取手段少、信息发布不及时、信息不统一等问题会形成出行困扰与担忧,大大影响信息服务水平。分析深层次原因,信息采集不全面、各平台信息共享不充分、信息发布手段及渠道落后是根本问题。随着信息化建设的纵深发展,出行者对道路交通信息的及时性、可靠性、人性化与个性化有了更多的需求和更高的标准。

(3)保障出行安全水平。

我国面临严峻的道路交通安全问题:交通安全事故居高不下,平均每年有近10万人死于车祸,有1 000万车辆发生事故,国家经受2 300亿元直接经济损失。为此,借助智能交通技术,有效保障道路使用者的安全具有非常重要的实际意义。

人的环境感知范围与能力、判断决策能力、动作反应能力的局限与车辆高速机动性之间的矛盾,是造成交通事故的主要原因之一。车路协调技术是应对车路矛盾问题的根本思路之一,对该技术的研究和应用可以追溯到20世纪ITS的发展初期,主要发达国家和地区都在致力于建立基于车路协作的智能人车路协调系统,以实现更安全、高效、环保的目标,现已成为当今国际智能交通领域研究的技术热点和前沿。因此,如何借助车路协调的技术手段,有效提高人对环境的感知能力,提高出行安全是ITS发展面临的挑战之一。

(4)提高路网安全运营管理水平。

繁重的客运及货运运输职责,对交通运营及养护管理部门提出了严峻的考验。庞大的道路网络涉及数量巨大的基础设施,从日常道路基础设施的建设、养护与维修,到桥梁、隧道、边坡危岩的安全监控与管理,如何保障道路基础设施日常监控的广泛性与准确性,将异常事件风险隐患消灭在萌芽状态,在出现事故的时候能够及时发现并采取正确有效的应急措施,都是亟须研究与改善的重要环节。尤其对公路系统而言,公路路网建设环境复杂,供电、网络通信等条件难以满足,导致日常监控工作难以全面展开,很难在第一时间获取基础设施状态信息,致使基础设施异常事件预防与应急工作比较被动。

总之,交通系统信息化及智能化依赖于对交通系统全方位动态感知、可靠传输以及智能的决策。换言之,实现合理的交通规划设计、安全高效的交通智能化管理及全方位的信息服务,全面准确的信息采集、处理及分析不可或缺。

1.3 国外智能交通应用系统现状及发展

智能交通系统是目前世界交通运输领域的研究前沿,发达国家提出并执行了一系列研究计划,主要集中在以下几个方面:出行和交通管理系统、出行需求管理系统、公交运营系统、商务车辆运营系统、电子收费系统、应急管理系统、先进的车辆控制和安全系统等。其核心是针对日益增加的交通需求和环境保护压力,采用信息技术、通信技术、计算机技术、控制技术等,对传统交通运输系统进行深入的改造,以提高系统资源的使用效率、系统安全性,减少资源的消耗和环境污染。

进入21世纪以来,世界主要先进国家进入了全面实施ITS的阶段,十分强调ITS在现实交通服务中的重要作用。ITS的研究开发出现了两个方面的扩展。第一,ITS开始主要是为解决道路交通中的技术问题而提出的,后来逐渐涉及规划、决策、设计、实施和运营管理等多个方面,甚至影响到交通管理部门的职能转换、机构重组和运作方式的改变。第二,ITS的思想逐步被应用到道路交通以外的多种交通方式,智能化研究不仅仅局限于车辆和道路,而是以推进整个交通系统智能化为目标。综合ITS的概念逐步形成,成为实现各种方式的地面交通以及与之相关的空际和海洋交通一体化的重要手段。

1.3.1 美国智能交通发展概况

美国在智能交通领域独树一帜,早在1995年3月美国交通部就正式制订了“国家智能交通系统项目规划”,明确规定了ITS包括交通流量和事故预测在内的7大领域和29个用户服务功能。目前已建立起相对完善的车队管理通信系统、地理信息系统、车辆自动定位系统、乘客自动计数系统、公交运营软件系统、交通信号优先系统、公交出行信息出行前公交信息系统、车站/路边公交信息系统、车上公交信息系统、综合乘客信息系统、电子收费系统和交通数据管理技术等系统及技术规范标准。其中应用发展较快的分别是车辆安全系统(占51%)、电子收费系统(占37%)、公路及车辆管理系统(占28%)、实时自动定位系统(占20%)、商业车辆管理系统(占14%)。

进入21世纪,美国总结前10年的经验,调整了ITS开发和应用的重点,政府组织研发和实施了511出行信息系统、运营管理系统、专用短程通信(Dedicated Short Range

Communication，简称 DSRC）、交叉口协调避碰系统以及车辆与道路设施集成系统（Vehicle Infrastructure Integration，简称 VII）。

2001 年，美国“9·11”恐怖事件引发了美国政府和交通界人士的反思，认为 ITS 应该而且能够有效预防恐怖袭击，加强基础设施和出行者的安全，并可以用于评价灾难的程度和加快交通的恢复，实现快速疏散和隔离。因此，美国今后的发展趋势之一就是研究如何在美国安全体系中维护地面交通安全，重点将集中在安全防御、用户服务、系统性能和交通安全管理方面。

美国国会在 2004 年通过了新的交通法案，并于 2005 年 8 月 10 日由总统签署，即“安全、负责任、灵活、有效率的交通平等法案（Safe，Accountable，Flexible，Efficient Transportation Equity Act：A Legacy for Users，简称 SAFETEA-LU）”。在总结经验的基础上，SAFETEA-LU 对 ITS 提出了新的要求，主要内容是：部长应实行一项包括智能车辆和智能基础设施的 ITS 研究、开发与运行试验，并为实现这些课题所必需的其他类似行动制订全面的计划。优先领域包括改善交通管理、事件管理、公交管理、货运管理、道路气象管理、费用征收、出行者信息、公路营运系统以及远程传感器产品。并且，到 2010 年减少大城市拥挤不低于 5%；保证到 2010 年 9 月 30 日出行者可全面使用 511 出行信息系统和全国交通信息系统；乡村紧急事件响应时间减少到平均 10min；改善紧急事件处理方与伤员救护中心间的通信；综合利用多学科制订交通管理策略，开发交通管理工具，致力于消除并发拥挤的影响。其研究重点是：对环境和气象的影响，包括寒冷气候的影响；增强多式联运，使用多样的 ITS，包括用于与紧急事件和健康有关的服务；通过避免碰撞与改善保护、碰撞信息发布、商业机动车辆运行以及基于基础设施或是合作的安全系统来增强安全；推进智能基础设施、车辆和控制技术的集成。

2009 年 11 月 8 日，美国交通部发布了《智能交通系统战略计划：2010～2014》，为未来五年该部的 ITS 研究项目提供战略引导。该计划是一组技术和应用，强调通过无线通信技术提供各种车辆间，车辆和道路基础设施间，车辆、道路基础设施和无线通信终端间建立连通性，最终建立更具智能的系统以实现更加安全（交通建议、危险告警、避免碰撞）、更加智能（堵塞、停车位等丰富的交通信息）、更加环保（降低排放、节省燃料）的远景。战略研究计划的目标（图 1-1）是利用无线通信建立一个全国性、多模式的地面交通系统，形成一个车辆、道路基础设施、乘客便携式设备之间相互连接的交通环境，最大限度地保障交通运输的安全性、灵活性和对环境的友好性。

战略计划的主要内容包括：①用于安全的车—车（V2V）通信；②用于安全的车—路（V2I）通信；③实时数据获取和管理；④动态的机动性应用；⑤道路气象管理；⑥为环境的应用——实时信息综合（AERIS）。实现方式是通过 IntelliDrive^{SM}技术，IntelliDrive^{SM}由原来的 VII 更名而来。IntelliDrive^{SM}的核心是一个在车—车（V2V）、车—路（V2I）或车—手持设备之间支持高速传送网络，实现更安全、高效的应用。

驾驶员

车辆

基础设施

无线终端

图 1-1　美国 ITS 发展计划实现目标示意图

IntelliDrive^{SM}的目标有以下三个方面。

(1)安全性(Safety)。

IntelliDrive^{SM}将利用 DSRC,实现车—车(V2V)、车—基础设施(V2I)通信,从而通过向驾驶员提供建议或发出危机情况警告,提高驾驶员的情境感知能力及减少或免除碰撞事件的发生。

(2)机动性(Mobility)。

IntelliDrive^{SM}将利用车—基础设施(V2I)及乘客无线设备发送的匿名信息,向交通管理机构发送动态更新的有关实时交通、运输和停放车辆的数据,从而更有效地管理交通系统和最大限度地减少堵塞。IntelliDrive^{SM}也将使驾驶员根据实时信息改变他们的行驶路线、驾驶的时间和方式以避免交通拥堵。

(3)对环境的友好性(Environment)。

IntelliDrive^{SM}环境研究将为交通管理者提供数据,使他们更好地了解实时作出的交通管理决策可能产生的环境影响。

1.3.2　日本智能交通发展概况

日本是世界上率先开展 ITS 研究的国家之一。1973 年日本通产省开始开发汽车综合控制系统(Comprehensive Automobile Control System,简称 CACS)时即已发起 ITS 的研发活动。由于政府的重视,其发展和推进速度相当快。日本交通系统智能化的发展过程经历了 3 个阶段。20 世纪 70 年代 ITS 前期研究即智能交通规划阶段,开始应用公共汽车定位系统,80年代初开始全面发展标准化、车路通信、安全车辆及交通管理系统,包括乘客自动统计、运行监视和运行控制,90年代初开始应用综合管理系统,包括后勤业务改进和经营志愿系统。

日本目前在ITS项目上已经形成了官民学的协调体制,对其ITS发展起了很大的推动作用。日本特别重视ITS技术的商品化发展,以自动导航系统为例,已开发出了以现有的交通管理系统为基础,配以数字地图和红外双向短程通信的道路交通信息通信系统(VICS),为日本公众提供了一个可以感觉得到的ITS实体。VICS服务范围已经扩展到日本所有的47个地区:到2002年6月,装有VICS的小汽车数量已经达到498万辆。另外,日本十分重视电子不停车收费(ETC)系统的开发,1995~1996年度拨款70亿日元对ETC进行开发;1998年日本的ETC标准得到批准,并成为短程通信国际标准基础;2001年年底,ETC已应用于预测产生最大收益的800个收费站,2003年应用于900个收费站,并计划建设ETC专用收费站。

目前日本的ITS应用主要是在交通信息提供、电子收费、公共交通、商业车辆管理以及紧急车辆优先等方面。其智能交通开发和应用重点主要有两个方面。第一,依托各种先进的通信系统和车载系统,集成现有的应用系统,为出行者提供更加全面和便利的服务,同时提升道路管理、物流和安全驾驶的水平。特别值得注意的是依托通信技术和车载设备开发新的服务。第二,通过车路协调改善道路安全,其代表性的开发项目有国土交通省的Smartway、警察厅的驾驶安全支持系统(Driving Safety Support System,简称DSSS)以及进入到第4阶段的先进安全车辆(Advanced Safety Vehicle,简称ASV)研发项目。

其中Smartway已经达到了很好的试验应用效果。日本Smartway计划是由政府与23家企业共同发起的智能交通项目,是日本ITS发展的第2个阶段(图1-2)。它是在前面ITS框架建立、VICS和ETC发展的基础上开展的。Smartway的发展重点是整合日本各项ITS功能(主要是VICS和ETC)及建立车载单元的共同平台,使道路与车辆能够由ITS通信双向传输而成为智能道路和智能车辆,计划在2010年在全国普及。主要实现方式是:①将车辆导航系统和ETC集成,从而由一个终端设备实现多种功能;②在路侧安装的ITS点和车载导航系统之间实现高速和大容量通信(5.8GHz DSRC),接收路侧ITS点传送的各种服务;③通过高速和大容量通信(5.8GHz DSRC)实现例如交通信息服务或图像服务等的多种服务,从而实现安全辅助驾驶、ETC、停车场收费、因特网接入、VICS、车辆导航等功能(图1-3)。

图1-2 日本近期ITS发展阶段图

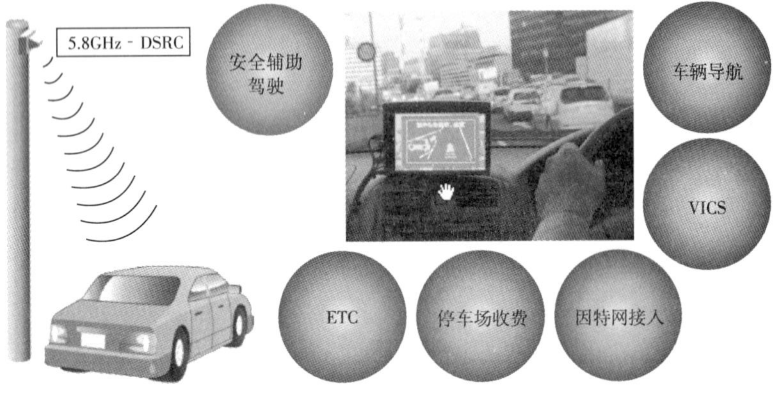

图1-3　日本Smartway在交通上的应用

1.3.3　欧洲智能交通发展概况

欧盟对ITS的研究开发也不甘落后。1985年,以欧共体19个成员国为主的政府与民间企业组织合并,共同推进ITS的发展,并更名为“欧洲道路运输信息技术实施组织”,总开发投入50亿美元,实施智能道路和车载设备的研究发展计划。1986年,欧洲民间联合制订了欧洲高效安全交通系统计划,在政府介入下于1995年启动。1996年2月底,欧共体事务总局13局第一次公布了T-TAP征集的具体74个子项目。

由于欧洲的特殊性,欧盟意识到欧洲ITS的成功实施必须依赖全欧成员国各个层次上的协调合作。1996年7月,欧盟正式通过了《跨欧交通网络(TEN-T)开发指南》,标志着欧盟开始采取一系列措施,致力于通过交通信息促进信息社会的发展、开发跨国界的服务。作为欧盟交通政策的重要部分,该指南专门提到了用于交通管理的信息通信基础设施和交通信息服务,进一步肯定了ITS有效提高道路交通效率、改善安全和实现可持续性的作用。

1997年制订的《欧盟道路交通信息行动计划》是欧洲ITS总体实施战略的一部分,该行动计划涉及研究开发、技术融合、协调合作和融资、立法等多方面,提议了ITS的五个关键优先发展领域,即基于RDS-TMC(Radio Data System-Traffic Message Channel)的交通信息服务、电子收费、交通数据互换与信息管理、人机接口和系统框架。其他优先性开发还包括出行前和出行信息及诱导、城市间与城市交通管理、公共交通、先进的车辆安全控制系统、商用车辆运营。

2000年的《电子欧洲行动计划》，目的在于在交通等关键领域推动欧洲向信息社会发展，提供了一系列欧盟的政治决策和各成员国及私有企业的行动计划，为大量ITS项目的实施铺平了道路，促进欧洲ITS得以快速发展。

2001年9月，欧盟制订了《2001～2006各年指示性计划》来加大实现跨欧交通网络的投资力度，包括道路交通ITS和大型基础设施项目及空中交通管理。伽利略卫星导航定位系统计划(Galileo Programme)均纳入优先投资部分，其中的TEMPO(Trans-European Intelligent Transport systems Projects)计划部分是专门用于协调与道路交通ITS相关的项目。为了创造全欧ITS产品与服务的一体化市场，2001年欧盟在其未来10年的交通政策白皮书《欧洲2010交通政策：决策的时刻》中纳入了ITS计划，提出了实现ITS一体化市场的建议，着重强调了ITS在许多方面中将成为欧洲交通不可分割的一部分。

欧洲对ITS的发展提出了"ITS和服务"的概念，欧洲ITS协会提出要将道路、车辆、卫星和计算机利用通信系统进行集成，远景是将各国独立的系统逐步转变为车与车、车与路、车与人的合作系统，实现人和物的移动信息互操作和一票移动(Single Mobility Invoice)。今后几年准备实现的服务有：路侧紧急呼叫、车内和路侧速度提示、通过浮动车和蜂窝电话检测交通和道路状态、危险货物车辆和被盗车辆跟踪系统、客户关系管理等。

2008年12月，欧盟委员会正式公布了《欧洲ITS实施行动计划》，欧盟委员会于2010年6月22日在布鲁塞尔召开了专门会议，讨论和部署该计划的实施。《欧洲ITS实施行动计划》的目标是加速和协调ITS在道路运输中的部署，包括与其他运输方式的接口。该计划概要了6个优先领域，并为每个领域确定了一套明确的行动计划和一份清晰的时间表。通过设定一个框架去清楚地规定程序与规范，目的是号召和动员各成员国和其他利益有关方去实现它们。欧洲ITS的关注点为：①绿色运输。在绿色运输中ITS应用要去扮演一个基本的角色。包括ETC以及有区别的车辆收费调节交通需求；ITS支持生态驾驶和较少的能源消耗；先进的ITS技术实现欧盟"绿色运输走廊"。②改善运输效率。ITS相关技术组成一个核心，用于管理物流链。包括公共与私营合作的卫星导航和交通与出行信息服务；ITS有效支撑城市间和城市的换载点不同运输方式换载；车—车(V2V)、车—基础设施(V2I)和设施—设施(I2I)通信与信息交换将有充分潜力。③改善道路安全与保安。ITS相关技术研究与初始部署已显示改善道路安全的潜力；单是电子稳定控制和电子呼叫，如果在欧盟被完全部署，每年就能挽救6 500条生命；应更好使用最新的主动安全系统和先进的驾驶员援助系统；导航和跟踪与追查系统能帮助提供远程在途中的车辆与货物的监控。欧洲ITS优先发展的六个优先领域分别是：优化使用道路、交通与出行数据；在欧洲运输走廊和大城市的交通连续性和货运管理ITS服务；道路安全与保安；车辆与运输基础设施合作系统；数据安全与保护和责任问题；欧洲ITS合作与协调。

欧洲在ITS建设方面的进展,介于日本和美国之间。目前正在进行Telematic的全面应用开发工作,计划在全欧洲范围内建立专门的交通(以道路交通为主)无线数据通信网,ITS的主要功能如交通管理、导航和电子收费等都将围绕Telematic和全欧洲无线数据通信网来实现。

日本和欧洲不约而同地提出了"第二代ITS"的概念。其核心为"实现智能型移动信息社会",通过驾驶员安全驾驶系统和行人安全保护系统来减少交通事故,提高交通的舒适性和便利性。

1.3.4 韩国智能交通发展简介

韩国ITS示范工程选在光州市,预计耗资100亿韩元,选取了交通感应信号系统、公交车乘客信息系统、动态线路引导系统、自动化管理系统、即时播报系统、电子收费系统、停车预报系统、动态侧重系统、ITS中心9项内容,并以此验证ITS在韩国的适用性。目前应用比较普及的是车辆位置跟踪系统(VCS),物流、宅送和货运(VO)管理信息系统,这些系统能够通过电子地图的控制中心和车辆通过数据通信掌握车辆的位置、货物负荷情况、移动路径等有关信息,提高车辆的运营效率和减少运营的费用。

1.4 我国智能交通应用系统现状及发展

从1998年开始,北京市启动了智能公交的研究以及示范工程建设,经过十余年的建设与发展,已形成了以智能调度指挥中心、公交救援抢修、快速公共汽车交通(BRT)系统、奥运公交智能调度等9大应用系统为基础的公交智能调度管理体系,在奥运运输保障和日常公交运营中,均发挥了重要作用。轨道交通还建成了轨道交通自动售检票、乘客信息服务等十多个应用系统,建设智能化轨道交通指挥中心,实现了9条轨道交通线路的网络化运营与调度。出租汽车建成了5个出租汽车GPS监控中心,开通"961001"、"96103"2个服务电话,实现了出租汽车调度、安防和信息采集。

省际客运建成了包含北京市10家省际长途客运站的联网售票系统,实现了全方位信息化管理以及全市省际客运联网售票及费用结算。市政交通一卡通系统的电子收费服务已覆盖全市全部公交车辆、轨道交通线路和部分出租汽车、停车场,发卡已超过2 800万张。城市货运为全市3 175辆危险化学品运输车辆全部安装了GPS定位设备,建立了2个有规模的企业监控平台。

交通控制管理与应急方面,建立了以现代化交通指挥中心为核心的三级指挥体系。建成指挥调度集成系统,融合了22个实时在线系统,以地理信息平台为基础,构建起了纵向贯通、横向集成、统一管理、协调有效的信息化交通指挥调度体系。建成了北京市交通安全应急指挥中心,整合了公共交通、轨道交通等行业6 000多路视频信号,初步搭建了交通行业应急指挥和快速处置体系。

高速公路方面，建成了北京高速公路联网监控系统，包括交通监视、交通控制、交通管理、事件处理、信息服务等子系统，实现了路况监视、紧急事件检测处理、速度控制、匝道控制、信息控制。该系统获取的高速公路路况、事件信息目前可以通过互联网、广播、可变信息板等方式向社会公众发布。

交通信息服务方面，建成了北京交通服务热线、北京交通网站、动态交通信息服务系统、交通管理信息服务系统、停车诱导系统。其中动态交通信息服务系统实时采集分析城市道路网络(覆盖五环路内90%以上道路)的交通状况信息，通过手机、车载导航仪、信息屏等方式向公众发布动态交通信息。

近 10 年来，上海将智能化、信息化管理作为上海城市交通管理的重点，围绕着交通监控、交通收费和汽车智能导行等系统进行了科技攻关，并且许多科研成果已陆续在上海市许多重点工程中得到实际应用。主要包括：道路交通信号灯控制系统国产化研究；GPS 在公安指挥系统和公交调度系统中的应用；城市高架道路、高速公路及黄浦江工程的交通监控；上海现代化交通体系研究；汽车车内自主导行 CNS 系统开发。

广州市也在积极开展 ITS 建设，并已建成了一批组成 ITS 的子系统，包括：公共交通综合管理系统、交通服务呼叫中心、交通监控系统、城市公共交通一卡通(羊城通)系统、道路交通动态信息采集系统。同时，为了举办 2010 年广州亚运会，建设了广州亚运智能交通综合信息平台系统，实现了多种方式为亚运会和日常生活中交通管理者、道路运输管理者和社会公众分别提供交通智能化决策服务、出行者信息服务和综合交通智能化服务。

香港在智能交通建设方面已建有区域交通控制系统、交通管制及监察系统、自动收费系统、电子停车收费表、行车时间显示系统。截至 2009 年，香港约有 1 763 个交通信号灯控制路口，其中 1 644 个由区域交通控制系统控制及操作，并装设有 308 个闭路电视摄影机监察这些路口的交通情况。目前在互联网广播的闭路电视影像数目已经分阶段增加至 140 个。运输署于 2010 年扩展行车时间显示系统至九龙及东区，为驾驶员提供更多的过海行车时间资讯。运输署网页内的行车速度图于 2010 年启用，提供香港、九龙及新界(南)主要道路的估算行车速度，同时包括行车时间显示系统的过海行车时间资讯，及由运输署道路监察镜头提供的快拍影像。PDA 版的行车速度图亦上载至运输署的 PDA 版网页。行车速度图的行车速度资料每 5min 更新一次。

随着新技术在交通运输领域涉及范围的扩大，我国 ITS 已经开始步入应用计算机和先进的通信技术的第二阶段。第二阶段的应用主要依赖于过去十几年来的基础，同时也涉猎新的领域，触及新的问题。新一代智能交通综合运输管理体系是基于新一代的移动通信平台，利用全过程的数据采集、处理与决策支持新方法，为交通运输管理和公众出行提供城乡一体化的新应用与新服务，实现人、车、路及环境的和谐运转。

1.5 信息采集及处理分析在智能交通中的地位

智能交通是以信息技术为核心的,无论从智能交通框架中的哪一个研究方面,都能看到一个基本的特征,那就是对信息,更确切地讲是交通信息的处理。以先进的ITS为例,它主要由四部分组成,即交通信息采集子系统、交通信息传输子系统、交通信息处理子系统和交通信息发布子系统,如图1-4所示。系统本身涉及信息采集、传输、处理、加工、利用和发布以及采取控制措施等各项技术手段。这些技术手段以信息为纽带联系在一起,通过对信息的处理加工和优化算法,提出优化控制方案和管理措施,并通过传输技术将指令传递到各种控制的终端,实现对交通流的控制。可以这样说,交通信息是智能交通的核心要素,而信息的采集、处理、传输、融合和服务利用是ITS的核心。

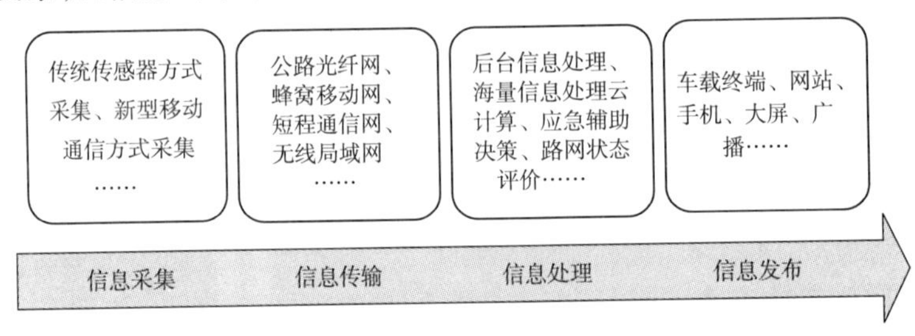

图1-4 智能交通主要系统组成

从ITS功能的实现过程来看,系统首先将采集到的各种道路交通及服务信息经管理中心集中处理后,传输到道路运输系统的各个用户(交通管理部门、公安部门、抢险救护部门、停车管理部门等以及出行者)。交通相关部门可据此进行合理的交通疏导、控制和事故处理,使路网的交通流处于最佳状态,最大限度地提高路网的通行能力,提高整个路网系统的机动性、安全性和生产效率;出行者可实时选择交通方式和交通路线,规避交通拥堵或险情。因此,信息采集、处理与分析是ITS功能实现的基础。

同时交通信息也是交通规划和交通管理的重要基础信息,通过全面、丰富、实时的交通信息,不但可以把握道路交通的发展状况,而且可以对未来发展进行预测,为交通规划和交通管理部门的正确决策提供科学依据。

因此,交通信息采集与处理技术,无论是对未来ITS功能的实现,还是对交通规划、路网建设、交通管理,都非常重要,是交通发展规划和道路交通科学管理的最重要的基础和前提。

下面从智能交通未来发展重点和面向未来发展所存在的问题两个方面论述信息采集及处理分析技术在智能交通中的重要性。

根据国内外智能交通发展趋势分析,可知未来发展的方向重点在以下几方面。

(1)全方位交通信息感知。

在完善现有交通采集系统的基础上，加大基础数据采集范围，丰富采集手段及提高传输能力。在传统采集方式基础上，建立多信息源的低成本、高覆盖的数据采集系统，完成交通出行信息、公路交通数据、公共交通客流数据、综合枢纽数据、出租行业运营数据、货运信息、基础设施信息等的采集及分析，实现交通系统的全方位感知。

(2)智能协调交通管理及安全应急。

在对交通系统全面感知的基础上，实现对路网运行、客货运输的日常监测，分级预警，情况通报，加强交通协调管理及安全应急决策智能化，大幅提升综合交通运输监测及协调联动能力。逐步建立综合运输监测与协调系统、轨道交通运营安全监测与管理系统、地面公交智能调度与安全防范管理系统、综合交通枢纽智能化系统、出租行业安全监管系统、道路网管理与应急处置系统、智能停车管理信息服务系统、智能指挥调度集成系统、交通运行智能化分析及决策支持系统等。

(3)多方式多平台公众出行综合信息服务。

以进一步拓展交通信息服务深度、广度及满足个性化需求为目标，在信息共享的基础上，建立面向驾驶员、公交(班车)出行者、慢行交通参与者，依托多种信息发布平台(电子信息屏、广播、手机、网站、热线电话等)，覆盖出行全过程(包括出行前)的综合信息服务。

(4)车路协同下的安全保障与服务。

车路协作技术是目前世界道路交通领域研究的前沿之一，是智能交通的重要组成部分。基于车路协作的安全预警及辅助驾驶服务系统以向道路交通提供更好的安全和效率为目标，通过开发和集成各种车载和路侧设备以及工具使得驾驶员在驾驶过程中作出更好、更安全的决策，与自动车载安全系统结合使用，可以明显增强预防或者减轻碰撞。同时通过车—路、车—车无线实时信息交互，最终形成集道路车辆身份识别、交通信息采集、信息处理、交通信息发布为一体的独立的道路信息采集及服务系统。

通过对以上智能交通未来发展重点的分析可知，智能交通的发展与可靠、实时、全方位的信息采集及后续的智能数据处理技术密切相关，是智能交通发展中不可忽视的重要方面，是智能交通发展中需要重视和解决的关键技术。但是面向未来智能交通发展，我国在信息采集、处理及分析方面还存在如下问题。

(1)缺乏覆盖全路网的交通动态信息采集技术。

交通动态信息包括：交通出行量、交通流量(包括车流量、客流量等)、运行状态参数(包括车速、行程时间等)。随着智能管理及信息服务的快速发展，对路网交通运行状态动态信息采集的需求日益增大。如何在交通信息量巨大的交通系统里完成对信息的采集，并合理地控制成本成为一个重要课题。目前大部分道路交通状态信息的采集停留在传统的单点设备建设上，成本高，并受施工条件、供电等约束，采集点布设有限，因此采集信息在时空上不连续。路网监控及服务覆盖范围较小，难以满足全路网智能化运营管理及全方位多方式的交通信息服务需求。出行者难以在任意地点、任意时间得到及时、可信任的交通信息。

(2)缺乏对道路基础设施规划、建设养护信息及运行车辆全过程信息的采集技术。

交通出行信息是路网规划的基础,而路网中桥梁、隧道、边坡、危岩、路基路面、附属设施数量大,施工现场及建成运营后,不同程度地存在安全隐患,而目前对路网规划基础出行信息、基础设施及施工养护人员的智能信息采集还较为缺乏,同时对运营车辆的运输环境、车辆状态、货物状态、经过地点、经过时间也缺乏全面的信息感知采集及身份识别。

(3)无线传输技术及多种通信网融合未达到大规模应用要求。

目前公路网信息传输停留在点对点固话和有线网络层面,通信手段大多为有线局域网络,这在一定程度上限制了信息的实时发布及更新,从而进一步影响了信息化交通系统的智能性及时效性;此外,通过有线网络方式进行公路网信息建设,会使得建设成本较高,难以全路网铺设。而无线传输链路技术的开发尚且不够,只有个别系统采用无线传输技术;此外,无线传输中存在通信带宽窄、保密性不高、网络融合难等实际问题,信息传递的及时性、实时性及可靠性较差,处于前端信息检测的大规模传感支撑网络尚未能建立。

(4)信息互通共享机制及技术欠缺,行业信息网络资源未有效整合利用。

由于交通信息分属不同部门,各个部门都掌握有一定的交通信息资源,由于部门间的利益及数据协议不同,彼此间的信息难以交换,且更新不及时,实效性差。支撑后台分析的行业数据中心,特别是部级层面的基础信息资源数据库尚未真正建立,基础业务信息的数字化、标准化及信息融合水平低。

(5)缺乏现有 ITS 数据源的深入挖掘及智能处理。

交通数据的取得在现代交通管理和规划中日益发挥着重要的作用,不仅可为管理部门提供决策依据,而且可为公众提供出行服务。目前道路通行速度、流量的采集主要通过在道路上安装交通检测器(如感应线圈、视频检测器)获得,而基于这些信息的事件自动识别、运行状态评价技术尚不十分成熟,影响了事件信息及时发布及智能化应用。另外,目前国内外各种基于 GPS 的定位服务系统、监控系统、客流自动计费系统(如市政一卡通系统)、ETC、车辆自动识别(AVI)技术和其他一些智能交通系统,在完成特定功能的同时,还可获得大量车辆及客流交通信息,然而由于数据分析、处理、应用能力不足,导致海量数据未被充分挖掘而造成浪费。同时基于海量实时数据的分析、处理、应用能力不足,智能引擎算法特别是基于海量数据建模、云计算能力需要进一步增强。

因此,如何高效采集并深入挖掘智能交通系统所产生的海量交通信息是一项具有挑战性的课题。

第2章 智能交通数据采集处理基础

ITS 是一个基于现代电子信息技术面向交通运输的服务系统。它的突出特点是以信息的采集、处理、发布、交换、分析、利用为主线，为交通参与者提供多样性的服务。ITS 技术的基础有三大核心要素：信息、通信和集成。信息的采集、处理、融合和服务是 ITS 的核心。智能交通系统也是由这些核心要素组成的，按照信息流向的角度来分，智能交通系统主要是由信息采集、信息传输、信息处理和信息发布这四大部分组成，各部分所采用的关键技术和设备由其实现的任务和作用来决定。ITS 系统的组成及相关关键技术示例如图 2-1 所示。

交通信息采集部分作为 ITS 的输入部分，为其各子系统提供基础数据，是 ITS 顺利实施的重要前提。其中交通信息的采集方式通过交通采集（如传感、视频等）技术来实现对交通状态数据（如车流状况、交通事故、交通违章等参数）的精确获取，不同种类的交通信息采集根据其特点采用不同的采集技术，如 GPS 定位、线圈、微波等。目前采用多种采集方式相结合实现对交通状态全方位的感知是交通信息采集部分发展的趋势。

信息传输是智能交通中连接信息采集和信息处理、信息处理和信息发布之间的桥梁，是 ITS 不可缺少的重要组成部分。没有可靠、大容量、快速的信息传输，就没有先进的智能交通系统。信息技术的快速发展给智能交通的信息传输带来无限机遇，目前存在多种可利用的传输方式,如公路有线网、无线移动蜂窝网、无线局域网、短程通信专网等。各种传输方式根据各自的特点应用于不同的交通场景中。多种无线通信方式相结合构成立体交通通信网是未来交通信息传输发展的目标。

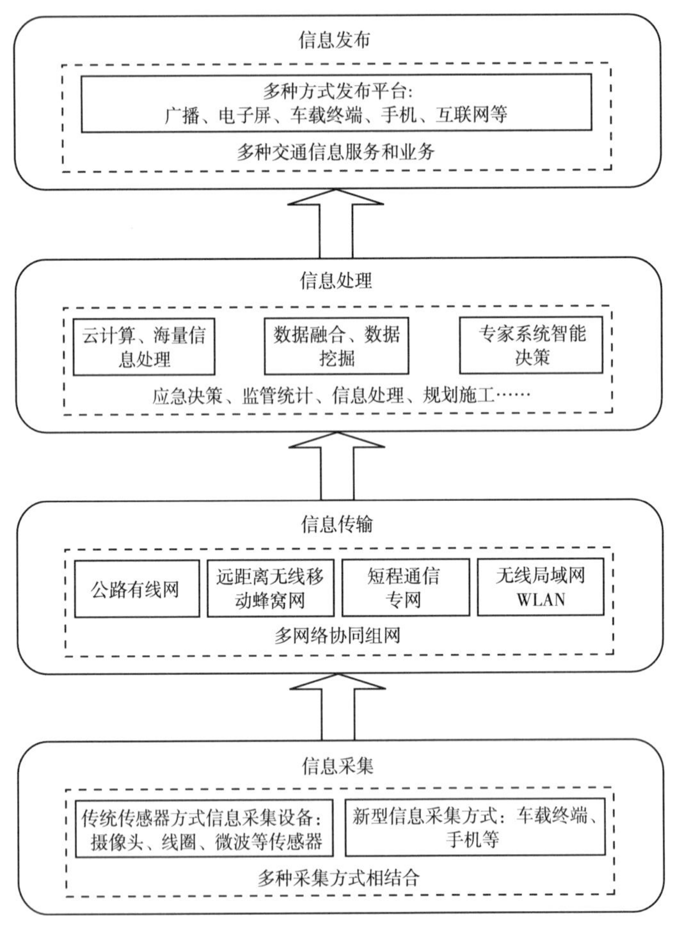

图 2-1　ITS 系统组成及各部分关键技术示例图

信息处理是将信息采集获得的原始数据信息,根据不同的业务需求进行处理、加工和分析,准确获取交通状态,为不同的交通业务和出行者提供信息服务。同时,合理地(采用集中或分布方式)存储系统中的各种信息资源,并保证系统中信息的规范化。

信息服务是将经过处理的交通信息及分析后的预测信息通过各种方式(无线通信、有线广播、电子显示屏、互联网以及车载终端等)向出行者及驾驶员发布。让用户及时、准确地得到交通信息,辅助其规划出行决策。

本章主要对 ITS 中信息采集、信息传输和信息处理三个主要部分所涉及的关键技术进行介绍,其中着重介绍当前 ITS 发展中的热点技术及发展趋势。

2.1 交通信息采集技术

实时交通信息是 ITS 的最基本的信息源之一，只有对实时交通信息有了准确的掌握，才能有效地实施和发挥诸如交通诱导之类的 ITS 功能，因此对交通信息的实时检测技术是 ITS 技术中最核心也是最基本的技术之一。实时交通信息包括很多方面，不同应用环境的需求也不相同，主要包括：交通流参数信息（如各车道单位时间车流量、车速、车辆占有率、车头时距以及车辆分型等）、基础设施荷载或形变参数信息（如轴载、位移等）以及身份识别信息。

交通信息采集技术主要分为四类：一是基于传感器的交通信息采集技术，如通过安装于道路上或路侧的环形感应线圈、雷达发射装置、微波发射装置等进行采集；二是基于视频的交通信息采集技术，如视频交通事件、流量检测器等；三是基于射频的交通信息采集技术，如 FRID、DSRC 技术；四是基于定位技术的交通信息采集技术，如利用 GPS（或 DGPS）和无线移动通信网络进行移动位置信息采集的技术。

本节将对各类交通信息采集技术进行详细阐述。

2.1.1 基于传感器的交通信息采集

传感器多用于车辆、行人的交通流相关参数的信息采集。基于传感器的交通信息采集技术具体又可分为路面接触式与路面非接触式两类。其中最先开始发展的是接触式的交通信息采集技术，代表有压电和压力管探测、环形线圈、磁力式探测。这些采集装置具有共同的特点，即需要埋藏在路面之下，当汽车经过采集装置上方时，会引起相应的压力、电场或磁场的变化，采集装置通过采集力和场的变化并最终将其转换为所需要的交通信息。经过多年发展，路面接触式的交通信息采集技术已经很成熟，其测量精度高，易于掌握，一直在交通信领域占有主要地位。但是这种路面接触式的交通采集装置存在安装维护困难，安装过程中需要中断交通、破坏路面等缺陷；加之随着车辆增多，车辆对道路的压力增大，而且感应线圈易受冰冻、路基下沉、盐碱等自然环境影响，导致这类装置的使用寿命也越来越短，使用成本也显著上升。此外，由于路面的特殊性，有些地段（如桥面、隧道内）不允许或者难以进行路面施工，因而无法安装检测装置。

新近发展起来的基于传感器的路面非接触式交通信息采集装置主要有波频探测和激光探测两大类，在安装维护及使用寿命方面与路面接触式交通采集装置相比具有很大的优势。

波频探测又可分为微波、超声波和红外三种，其中除了超声波探测只能进行单车道交通信息采集外，其余两种探测技术都可进行多车道交通信息采集。由于安装维护简单，路面非接触式交通信息采集技术发展非常迅速。

目前,根据使用和信息采集方式的不同,传感器大致分为以下几类。

(1)环形线圈传感类。

环形线圈感应式检测技术属于接触式检测方法,采用环形线圈作为检测传感器,在检测区域中能检测到车辆通过或存在与否。环形线圈感应式检测器由三部分组成:环形线圈车辆传感器、传输馈线、检测处理单元。当车辆经过检测区域时,车轮压到环形圈使电感发生变化而产生检测信号,从而进行计算数据的检测。多个环形线圈检测器检测到的交通信息通过控制单元后,经调制解调器传给远端的控制中心,这样即组成一个完整的车辆检测系统(图 2-2)。

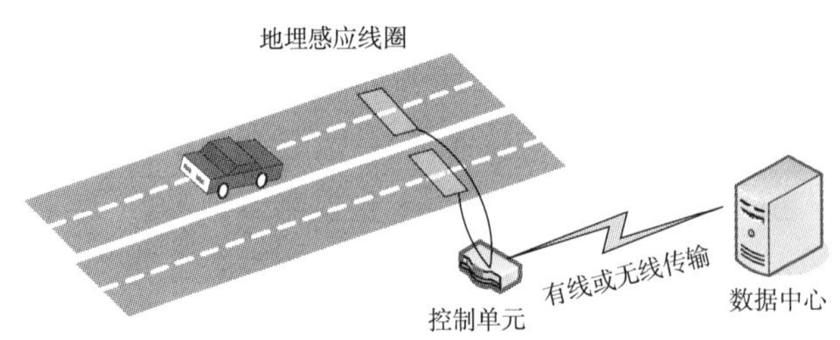

图 2-2　线圈信息采集示意图

环形线圈的检测处理单元可以分析线圈的输出信号,从而获得需要的交通参数,该采集技术主要应用于车流量统计、道路占有率统计、车辆分类识别、车速估计等。环形线圈最初应用时,其基本功能为车流量的统计。因为环形线圈能感应到车辆通过,通过在控制单元设置一个计数器就能统计车流量,即单位时间内通过的车辆数。

该方法的优点是:线圈检测技术应用较早,技术相对成熟、稳定,成本较低、检测精度高,可以在恶劣的天气环境下工作,产品的型号丰富,国内外生产厂家较多,采购及维修方便简单,在高速公路中得到了广泛的应用,特别是在城市道路中被用于违章车辆的抓拍等。缺点是:环形线圈检测器不能同时监测多个车道,当想了解多个车道的车流量情况时,只能在多车道路段的每个车道都安装一套线圈检测器;安装或维护线圈车辆检测器时,需要封闭车道,甚至破坏路面;当两辆车过于接近时,环形线圈检测器有时难以准确区分;一些特殊路段如立交桥桥体表面,由于厚度限制,不能埋设线圈。

(2)地磁传感类。

地磁传感器可用于车辆存在与否的检测和车型的识别。地球的磁场在几公里之内是恒定的,但大型的铁磁性物体会对地球磁场产生巨大的扰动。当车辆通过时对地磁的影响将达到地磁强度的几分之一,而地磁传感器可以分辨出地球磁场 1/6 000 的变化,因此它是通过探测车辆通过时对地球磁场产生的扰动来探测车辆的。该技术具有极高的灵敏度,在国外的应用非常广泛。这种利用车辆通过道路时对地球磁场的影响来完成车辆检测的传感器与目前常用的地磁线圈(又称地感线圈)检测器相比,具有安装尺寸小、灵敏度高、施工量小、使用寿命长、对路面的破坏小(有线安装需在路面开一条 5mm 宽的缝,无线安装只需在路面打一个直径为 55mm、深 150mm 的洞,当在检测点吊架或侧面安装时不用破坏路面)等优点,在 ITS 的信息采集中起到非常重要的作用。

地磁传感器的优点:

①安装、维修方便,不必封闭车道,对路面破坏小,维修时只需检查地磁传感器即可;检测点不易遭到破坏,不受路面移动影响。

②地磁传感器是通过检测地球磁场在铁磁物体通过时的变化来获取相关数据,所以它不受气候的影响。

③通过对灵敏度的设置可以识别铁磁性物体的大小,可大致判断出车辆的类型。

④对非铁磁性物体没有反应,因此可有效地减少误检发生的概率。

基于以上优点得知,地磁传感系统安装方便、结构简单、费用低、工作可靠,完全能够满足交通信息采集需要。

(3)红外传感类。

红外检测器是利用被检测物对红外线光束的遮挡或反射,通过同步回路电路检测物体的存在。被测物体不局限于金属,所有能反射光线的物体均可被检测。检测中,光电开关将输入电流在发射器上转换为光信号射出,接收器再根据接收到的光线的强弱或有无对目标物体进行探测。

红外线传感器分为主动式和被动式两类,并都可用于交通信息的采集。主动式红外线传感器,其激光二极管在红外线波长范围附近工作,在探测区域内发射低能红外线,经过车辆的反射或散射后返回传感器。其中,使用激光二极管的主动式红外线传感器可测量车速和高大载货汽车的高度。

红外传感器技术不仅可用于机动车流量检测,还可用于枢纽、车站等进出口的客流检测。红外客流检测设备主要由计数传感器、数据记录器、数据传输设备、分析软件四部分组成。通常计数传感器安装在门上或通道上方,数据记录器接收传感器发出的信号并将数据存入内存,数据传输设备将数据记录器中的数据传送到后台工作站中,利用分析软件实现海量数据的存储与分析。

红外检测器安装和维护较方便,但受道路周围环境和气象的影响较大,检测精度较低,误检率较高。

(4)微波传感类。

微波检测是采用雷达技术实时检测和定位区域内车辆及其各种交通数据的系统。通过向路面区域内发射低能量的连续频率调制微波信号,并处理回波信号,可以检测出多达 8 个车道的车流量、道路占有率、平均车速、长车流量等交通流参数,并能够对现场采集的交通信息进行实时分析处理,从而实时、有效地获取用于反映道路交通状态的基本信息。将这些信息传输到 ITS 的控制平台后可进行信息发布、进一步的控制等处理,从而实现交通信息的智能获取和道路交通的实时控制,目前被广泛应用于城市交通和高速公路的连续交通流量信息检测。

比较常用的微波检测有雷达测速仪和交通微波检测器。交通雷达测速仪主要应用于道路交通巡逻、车流速度检测等方面，利用多普勒原理测量移动车辆的速度。在观察光波、声波、电磁波时，如果波源和观察点之间发生相对运动，其频率便会随之改变（多普勒原理），根据测量的频率变化量可以反推得到车速。交通微波检测器是一种工作在微波频段的雷达探测器，它是 20 世纪 90 年代最先进、最便宜的交通探测器，可同时对多达 8 条通道进行实时、全天候探测，获得各车道的车流量、道路占用率和平均车速等信息，并可探测到静止车辆的排队状况。自 1991 年起，在北美、欧洲及亚洲得到了广泛应用，目前已成为城市和高速公路交通管制的“眼睛”。

微波检测传感器的优点是：在恶劣气候下性能出色，能够全天候工作，使用寿命长，安装维护方便，既可以侧向安装同时采集多车道交通信息（图 2-3），也可以正向安装对单车道车流量、车辆实时速度和车型等进行精确判断，但是侧面安装只能区分长车短车，相邻车道同时过车时可能会漏记车辆数据。

可检测信息包括：车流量、车速精度、平均车速、车道占有率、车辆类型等信息。

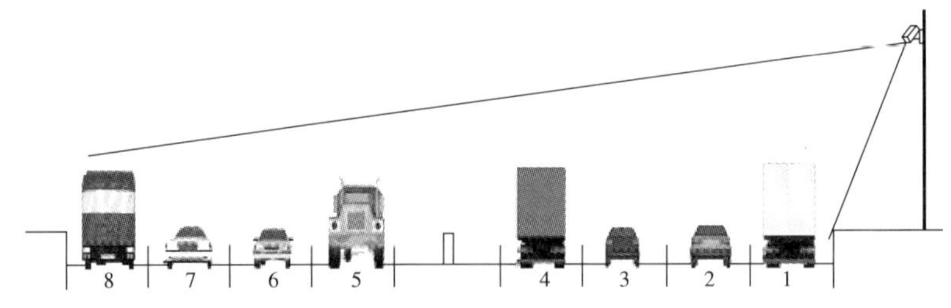

图 2-3　微波检测器侧向安装检测 8 车道示意图

（5）超声波传感类。

超声波传感器发射超出人听觉范围频率的声压波，通过测量由路面或车辆表面反射的脉冲超声波的波形，可确定从传感器到路面或车辆表面的距离，从而将路面行驶车辆的轮廓检测出来。传感器将接收的声信号转换为电信号，由信号处理单元进行分析处理后提供车辆数量、速度及道路占有率等交通信息。

超声波传感器是靠发射某种频率的声波信号，利用物体界面上超声放射、散射检测物体的存在与否。超声波在空气中传播时如果遇到其他媒介，则因两种媒质的声阻抗不同而产生反射。因此，向空气中的被测物体发射超声波，检测反射波并进行分析，从而得到障碍物的信息。

超声波传感器由于信息处理简单、快速并且价格低，在信息采集中得到了广泛应用，但是其固有的一些缺陷仍旧得不到解决。

①探测波束角过大，方向性差，往往只能获得目标的距离信息，不能准确地提供目标的距离信息，也就是说分车型误差极大。在实际应用中，往往采取其他传感器来补偿，或

采用多传感器融合技术来提高测量精度。

②超声波受环境温度、湿度等条件的影响,以及超声固有的宽波束角,超生传感器在测距时与实际值的误差较大。

(6)激光类。

激光检测技术属于非接触检测技术,是利用激光扫描成像的原理,通过对车辆进行扫描,采集到车辆的长度、高度、速度和位置等数据,将这些信息传给计算机后,采用相关软件分析车辆高度变化的坐标来判断车辆的外型轮廓,从而得出车型等信息(图2-4)。

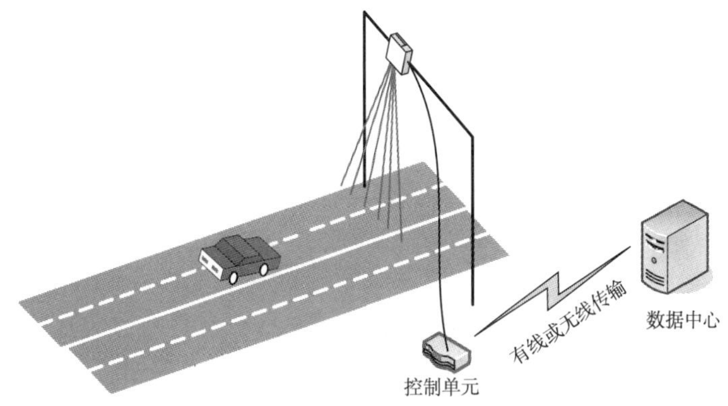

图2-4　激光信息采集示意图

以美国的AUTOSENSE Ⅲ公路交通流量自动采集仪器为例,激光传感器的扫描视野可达60°,可对多车道进行监测,其标称车辆统计精度可达99.99%,车辆分类精度为99%,车辆位置精度为0.67度。

优点是不受天气、车速和交通状况的影响,可以简单地使用在一个或多个车道;缺点是配套设备非常昂贵。

(7)压力称重传感类。

压力传感器也称为压电传感器,应用在交通流数据检测上能够提供全面的交通数据及轴重、轴组重、整车重、当量轴次等荷载数据,可应用在恶劣的自然环境下,且检测质量数据的准确率也是各种检测方式中最高的。压电效应是压电传感器的主要工作原理,压电传感器不能用于静态测量,因为经过外力作用后的电荷,只有在回路具有无限大的输入阻抗时才得到保存。而实际的情况并不是这样,这决定了压电传感器只能够测量动态的应力。同时压力传感器还存在如下缺点:安装过程对可靠性和寿命影响很大,安装或维修过程中需中断交通,对路面破坏比较大,被超重型车辆碾压后易发生损坏。

2.1.2　基于视频的交通信息采集

(1)视频采集技术介绍。

视频采集属于非接触式的检测方法,是利用视频、计算机以及现代通信等技术,实现对交通动态信息的采集。视频检测技术是目前发展较快的一种检测方式，该检测方式的检测功能较强大，可以实现多车道同时检测，目前应用较多的是对机动车的运行状态信息采集。系统通过安装在路口或路段上方的摄像机采集交通图像，随后进行图像处理，得到车流量、瞬时车速、指定时间段内的车速统计平均值、车型分类、占有率、平均车距等交通动态信息，并可对监控范围内的交通事件自动报警，从而为交通的信号控制、信息发布、交通诱导、应急指挥，提供实时交通动态信息。通常一台摄像机可观测多条车道，而一个系统能够同时处理多个摄像机拍摄的数据。

视频采集技术对视频交通图像数据处理及特征提取是实时进行的。视频交通信息采集系统的摄像机对车辆及行人进行拍摄，将拍摄到的图像进行存储并数字化，对图像进行初步处理，去掉多余信息；随后对图像进行分区，对各分区图像进行处理，提取特征信息；根据特征信息进行车辆记数、分类，根据相邻图片计算车速，最后在拍摄区域内跟踪所辨识出的车辆。视频交通信息采集技术中图像处理通常有两种算法：一种是将摄像机拍摄的区域分成若干小区域，视频交通信息采集系统对各小区域进行图像处理，小区域可以与车道垂直、平行、斜交，由于视频交通信息采集系统一个摄像机的检测区域可跨多车道，所以一个视频交通信息采集系统可以代替许多环形圈或其他检测器，对更大区域进行车辆检测；另一种是连续跟踪在摄像机拍摄区域内行驶的车辆，通过对车辆的多次图像信息采集确定车辆，随后对车辆图像进行记录并计算其速度和车辆排队长度。

视频采集检测以视频图像为分析对象，通过对设定区域的图像进行分析，可以得到交通信息。而且视频检测的数据可输入到交通信号控制系统，这样电视监控系统和交通信号控制就可以有机地集成到一起。利用视频在线检测，除可以提供一般的交通统计数据外，还可以进行事件识别，如交通阻塞、超速行驶、非法停车、不按道行驶、逆行等事件。因此，视频采集检测受到了人们的青睐。

近年来，基于视频的交通信息采集及监控受到国内外众多学者的高度关注，在理论和实践两方面都取得了长足的进展。在理论研究方面，计算机视觉领域中的著名期刊如IJCV(International Journal of Computer Vision)、CVIU(Computer Vision and Image Understanding)、PAMI(IEEE Trans. on Pattern Analysis and Machine Intelligence)、IVC(Image and Vision Computing)和重要的学术会议如ICCV(International Conference on Computer Vision)、CVPR(IEEE Computer Society Conference on Computer Vision and Pattern Recognition)、ECCV(European Conference on Computer Vision)、IWVS(IEEE International Workshop on Visual Surveillance)等相继发布了大量有关智能视觉监控领域内的最新研究成果。在实践应用方面，许多著名公司和研究机构，如IBM、Microsoft、Sornoff、Object Video、MEIT-ALL、MIT、CMU等，近年来都投入了大量的人力和物力进行视频采集及监控系统的研发，并已经将部分研究成果成功地转化为产品投入市场。

视频类采集方法，安装方便，摄像机可以覆盖较宽的区域，一台摄像机可最多覆盖6

条车道，进行真正意义上的大区域检测。在ITS系统中，将视频法用于公路交通流量、车型分类统计、车速度的数据采集是较为适用的，但若用于更多的交通情况调查，如出行信息、OD调查等，就显得无能为力了。

视频采集技术的优点是：由于是在显示器视频图像的车道中设置虚拟的检测区域，所以不会因道路的维修和养护而中断交通检测；设备安装简单方便，安装维护过程中无须封闭车道，不用开挖路面，成本相对较低。

缺点是：易受天气、光线变化、阴影、遮挡等条件的影响，如大雾天气摄像机无法完全捕捉车辆信号时会影响数据的精确率。

(2)视频车辆检测器介绍。

视频检测器一般由摄像头、图像采集单元以及图像处理单元组成。由摄像头摄取所要监测路段的图像，将采集到的视频图像传至图像采集单元，图像采集单元将该视频信号进行数字化处理后，由图像处理单元对该数字化图像进行处理分析，提取有关的交通信息。

目前视频车辆检测器可分为三种：点式检测器、线式检测器、面式检测器。

①点式车辆检测器：在图像上设置一定的检测点，通过检测这些检测点灰度变化情况，推断是否有车通过以及采集交通流的速度、密度和流量，其主要缺点是容易受环境照度变化以及车辆自身阴影的干扰。

②线式车辆检测器：可分为横向线式检测器和纵向线式检测器两种。横向线式检测器是指在图像的特定位置上画取一垂直于道路方向的检测线，通过检查检测线上灰度变化来判断通过检测线的车辆数目以及车辆的宽度，并可根据车辆的宽度来判断车型，若画取两条检测线则可求出车辆速度。纵向线式检测器是指在平行于道路方向上划取检测线，根据线上灰度变化情况来判断车辆的长度。纵向线式检测器往往同横向线式检测器一起使用，从而提高车辆分类的准确率。线式检测器在车辆变换车道时容易误判，而在车距过短时容易漏判，但因为其计算量较小，且比较容易得到车型以及车速等信息，所以目前国外普遍采用的视频车辆检测器为线式检测器。

③面式检测器：通过对所摄取的图像进行诸如边缘检测等运算，提取检测区域中车辆的一些特征，如面积、边缘等信息，采用这些信息进行车辆分类，分析方法比较容易，而且精度可大大提高。由于面式检测器提取的是图像灰度的梯度信息，与点式和线式检测器相比可大幅减小环境照明对检测精度的影响。因此，尽管面式检测器的运算量大大增加，但随着微处理器运算速度的不断提高，面式检测器将成为视频车辆检测器研究的主要方向。

从上文可以看出，点式检测器和线式检测器都是“过去式”检测器，即模拟环形线圈检测器的工作方式，通过判断前后帧图像中检测点和检测线上灰度的变化情况推断是否有车通过，这种方式易受环境照度变化以及车辆自身阴影的干扰。

面式检测器虽然能降低环境照明对检测精度的影响，但和其他检测器一样，它并没有解决车辆阴影以及地面裂纹对检测精度的影响，甚至雨雪天气下路面对车辆产生的倒影，也会造成误检。此外，对一些接近路面颜色的车辆，如在沥青路面行驶的黑色车辆，当图像中车辆灰度与道路灰度之差小于事先确定的阈值时就会造成漏检。针对这些情况，解决方法通常是利用人工智能和模式识别的办法把车辆的图像与阴影、倒影以及地面裂纹区分开来，但由于路面及其复杂的周围环境，加之车辆种类繁多，要找到一种识别车辆所有情况的算法是不可能的。

图 2-5 所示为一个常见的视频检测应用示意图。图中全景摄像机可覆盖 2 ~ 3 条车道，通过控制单元视频软件在每条车道上各设置一个虚拟线圈，控制单元对虚拟线圈区域的图像进行分析。当车辆经过时触发虚拟线圈，控制单元通过对图像进行分析判断出车辆通过信息，从而经过计算统计得到相关交通信息。

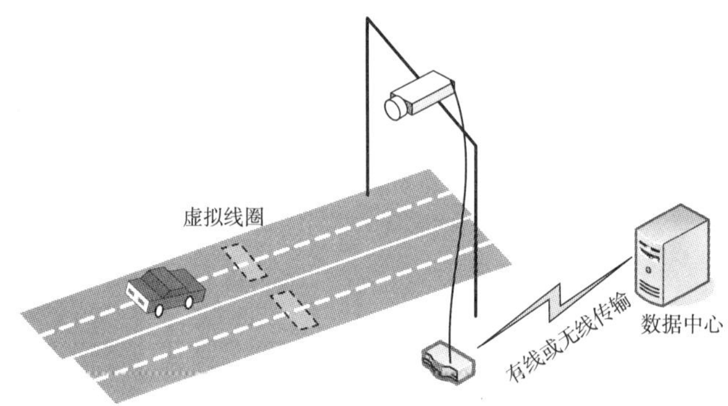

图 2-5　视频检测器(面式)工作示意图

2.1.3　基于射频技术的交通信息采集

(1)射频识别技术介绍。

射频识别(Radio Frequency ID，简称 RFID)是一种非接触式的自动识别技术，它通过射频信号自动识别目标对象并获取相关数据，识别工作无须人工干预，可工作于各种恶劣环境。RFID 技术可识别高速运动物体并可同时识别多个标签，操作快捷方便。

对于 RFID 目前存在两种不同的认识，广义认为 RFID 为低频 RFID，作为身份识别使用，而对于中高频 RFID，则归类于短程通信范畴。此处为了方便读者全面了解射频技术，根据标签种类和频段的不同对射频技术进行介绍。

RFID 技术主要特点：

①操作方便，工作距离长，功耗较低，可以实现对移动目标的识别。

②无硬件接触，避免了因机械接触而产生的各种故障，使用寿命长。

③射频识别卡无外露金属触点，整个卡片完全密封，具有良好的防水、防尘、防污损、

防磁、防静电性能，适合恶劣环境条件下工作。

④对无线传输的数据都经过随机序列的加密，并有完善、保密的通信协议，卡内序列号是唯一的，在卡出厂前可将此序号固化，安全性高。

⑤设置防碰撞机制，可实现同时对多个移动目标的识别。

最基本的RFID系统，由三部分组成：a.标签(Tag)，由耦合元件及芯片组成，每个标签具有唯一的电子编码，附着在物体上标识目标对象；b.阅读器(Reader)，用于读取(有时还可以写入)标签信息的设备，可设计为手持式或固定式；c.天线(Antenna)，即在标签和读取器间传递射频信号。

(2)电子标签。

电子标签由芯片和天线构成。每个芯片都有唯一的序列码和其他信息，根据不同存储器类型，可分为只读、可读写和一次写入多次读出三种类型标签。天线附着在芯片周围，将信息从芯片传递到读写器。一般来说，较大的天线有较远的识读范围。标签是被粘贴在物体表面或者置于物体内部的，可通过读写器发射无线电波扫描识别物体。

电子标签按照能源的供给方式分为无源标签(Passive Tag)、有源标签(Active Tag)、半有源标签(Semi-Passive Tag)。无源标签读写距离近，价格低；有源标签可以提供更远的读写距离，但是需要电池供电，成本要更高一些，适用于远距离读写的应用场合。

①无源标签：内部不带电源，不能主动和读写器通信，而只是对读写器发出的电磁波做出响应，并从中获取能量。当标签进入系统的工作区域，天线接收到特定的电磁波，线圈就会产生感应电流，在经过整流并给电容充电，电容电压经过稳压后作为工作电压。每个无源标签必须有一个唯一识别码，若存储器容量大，还可以加入其他信息。无源标签可工作在低频、高频、超高频和微波频段，标签具有永久的使用期，常用在标签信息需要每天读写或频繁读写多次的地方，且支持长时间的数据传输和永久性的数据存储。无源式标签的主要缺点是数据传输的距离要比有源式标签短，但其价格、体积、易用性决定了它是电子标签的主流。

②半无源标签：不能首先向读写器通信，但其带有电源，可以实现环境监测和给标签内部电路供电等功能。半无源标签不主动向读写器发射信号，其保持睡眠状态(节省电源)直到接收到读写器的信号。内部电池供电有利于信息的储存。带感应器的半无源标签还可对密闭安全装置进行探测并保存信息。

③有源标签：除了天线和芯片外，还包含电源和发射机，并可连续发射信号，信号传送的距离远，通常具备可读写能力，即标签的数据可再次写入和修改。有源标签可以主动向读写器发起通信，主要缺点是价格高、体积大，标签的使用寿命受到限制，而且随着标签内电池电力的消耗，数据传输的距离会越来越小，影响系统的正常工作。有源标签比无源标签价格高得多。

射频标签有多种存储器，包括只读、可读写、一次写入多次读出等。只读标签具有最

小的存储容量(一般小于64b),其内部数据被永久写入不能更改,这些标签主要包含识别信息,多用于图书馆和音像租赁商店等场所;可读写标签除了存储数据外,还可以更新数据,因此,比只读标签有更大的存储容量,价格也更高,主要用于随着产品周期变化需要不断更新数据的场合,如制造业和供应链管理等;一次写入多次读出标签允许信息存入一次,但不允许数据改动,这种标签既有可读写标签的功能,又具备了只读标签的安全特性。

(3)RFID的工作频率。

工作频率的选择对RFID系统非常重要。工作频率主要决定了通信速率和标签的识别距离。一般来说,频率越高识读的距离越远。因为不同频率无线电波的传播特性不同,所以不同频率RFID应用于不同的方面。比如,低频无线电波比高频更易穿透墙体,而高频的数据传输速率更高。RFID应用占据的频段或频点在国际上有公认的划分,即位于ISM波段之中,典型的工作频率有125kHz、133kHz、13.56MHz、27.12MHz、433MHz、902MHz~928MHz、2.45GHz、5.8GHz等。RFID按应用频率的不同分为低频、高频、超高频、微波。

①低频段电子标签。低频段电子标签简称为低频标签,其工作频率范围为30kHz~300kHz,典型工作频率有125kHz、133kHz(也有接近的其他频率,如TI使用134.2kHz)。低频标签一般为无源标签,其工作能量通过电感耦合方式从阅读器耦合线圈的辐射近场区中获得。低频标签与阅读器之间传送数据时,低频标签需位于阅读器天线辐射的近场区内。低频标签的阅读距离一般情况下小于1m。

低频标签的典型应用有动物识别、容器识别、工具识别、电子闭锁防盗(带有内置应答器的汽车钥匙)等,与低频标签相关的国际标准有ISO11784/11785(用于动物识别)、ISO18000-2(125kHz~135kHz)。

低频标签的主要优势体现在:标签芯片一般采用普通的CMOS工艺,具有省电、廉价的特点;工作频率不受无线电频率管制约束;可以穿透水、有机组织、木材等介质;非常适合近距离、低速度、数据量要求较少的识别应用。

低频标签的劣势表现为:标签存储数据量较少;只适合于低速、近距离识别应用。

②中高频段电子标签。中高频段电子标签的工作频率一般为3MHz~30MHz,典型工作频率为13.56MHz。该频段的电子标签,从RFID应用角度来说,因其工作原理与低频标签完全相同,即采用电感耦合方式工作,所以宜将其归为低频标签类中。此外,根据无线电频率的一般划分,其工作频段又称为高频,所以也常将其称为高频标签。

高频标签一般也采用无源方式,即通过电感耦合方式从阅读器耦合线圈的辐射近场中获得工作能量。与阅读器进行数据交换时,标签必须位于阅读器天线辐射的近场区内。中频标签的阅读距离一般情况下小于1m(最大读取距离为1.5m)。

高频标签典型应用包括:电子车票、电子身份证、电子闭锁防盗(电子遥控门锁控制器)等,相关的国际标准有ISO14443、ISO15693、ISO18000-3(13.56MHz)等。

高频标准的基本特点与低频标准相似，由于其工作频率的提高，可以选用较高的数据传输速率。电子标签天线设计相对简单，标签一般制成标准卡片形状。

③超高频与微波电子标签。超高频与微波频段的电子标签，简称为微波电子标签，其典型工作频率为433.92MHz、862(902)MHz～928MHz、2.45GHz、5.8GHz。微波电子标签可分为有源标签与无源标签两类。工作时，电子标签位于阅读器天线辐射场的远场区内，标签与阅读器之间的耦合方式为电磁耦合方式。阅读器天线辐射场为无源标签提供射频能量，将有源标签唤醒。相应的RFID系统阅读距离一般大于1m，典型情况为4～7m，最大可达10m以上。阅读器天线一般均为定向天线，只有在阅读器天线定向波束范围内的电子标签可被读写。

由于阅读距离的增加，应用中可能有在阅读区域内同时出现多个电子标签的情况，从而提出了多标签同时读取的需求，进而发展成为一种潮流。目前，先进的RFID系统均将多标签识读问题作为系统的一个重要特征。

以目前技术水平来说，无源微波电子标签比较成功的产品集中在902MHz～928MHz工作频段上。2.45GHz和5.8GHz RFID系统多以半无源微波电子标签产品面世。半无源标签一般采用纽扣电池供电，具有较远的阅读距离。

微波电子标签的典型特点，主要集中在是否无源，无线读写距离，是否支持多标签读写，是否适合高速识别应用，读写器的发射功率容限，电子标签及读写器的价格等方面。对于可无线读写的电子标签而言，通常情况下，写入距离要小于识读距离，其原因在于写入要求更大的能量。

微波电子标签的数据存储容量一般限定在2kb以内，从技术及应用的角度来说，微波电子标签并不适合作为大量数据的载体，因其主要功能在于标识物品并完成无接触的识别过程，所以较大存储容量对其而言没有太大的意义。典型的数据容量指标有1kb、128b、64b等，由Auto-ID Center制订的产品电子代码EPC的容量为90b。

微波电子标签的典型应用包括：移动车辆识别、电子身份证、仓储物流应用、电子闭锁防盗（电子遥控门锁控制器）等，相关的国际标准有ISO10374、ISO18000-4(2.45GHz)、ISO18000-5(5.8GHz)、ISO18000-6(860MHz～930MHz)、ISO18000-7(433.92MHz)、ANSI NCITS256-1999等。

(4)RFID技术的基本工作原理。

系统由一个询问器（或阅读器）和很多应答器（或标签）组成。标签进入磁场后，接收解读器发出的射频信号，凭借感应电流所获得的能量发送出存储在芯片中的产品信息(Passive Tag)，或者主动发送某一频率的信号(Active Tag)；解读器读取信息并解码后，送至中央信息系统进行有关数据处理。

一套完整的RFID系统是由阅读器、电子标签（也就是所谓的应答器）、应用软件系统三个部分组成，其工作原理是阅读器发射一特定频率的无线电波能量给应答器，用以驱动应答器电路将内部的数据送出，此时阅读器便依序接收解读数据，送给应用程序作相应的处理。

从RFID卡片阅读器及电子标签之间的通信和能量感应方式来看，大致上可将其分为感应耦合(Inductive Coupling)和后向散射耦合(Backscatter Coupling)两种，一般低频的RFID大多采用第一种方式，而较高频大多采用第二种方式。

阅读器根据使用的结构和技术不同可以是读或读/写装置，是RFID系统信息控制和处理中心。阅读器通常由耦合模块、收发模块、控制模块和接口单元组成。阅读器和应答器之间一般采用半双工通信方式进行信息交换，同时阅读器通过耦合给无源应答器提供能量和时序。在实际应用中，可进一步通过Ethernet或WLAN等实现对物体识别信息的采集、处理及远程传送等管理功能。应答器是RFID系统的信息载体，目前应答器大多是由耦合原件(线圈、微带天线等)和微芯片组成的无源单元。

(5)低频RFID技术的应用。

近年来，RFID这项被公认为是很有发展前途的信息技术已经在工业自动化、商业自动化、物流管理等众多社会领域开始应用，对改善人们的生活质量、提高企业经济效益、加强公共安全以及提高社会信息化水平产生了重要影响。在未来的几年里，RFID技术将继续保持高速发展的势头，RFID产品的种类将越来越丰富，应用和衍生的增值服务也会越来越广泛；RFID芯片设计和制造技术的发展趋势是芯片功耗更低、作用距离更远、读写速度与可靠性更高、成本不断下降；RFID技术与生物识别等技术，以及与互联网、通信、传感网络等信息技术融合，将构筑一个无所不在的网络环境，通过构筑RFID公共服务体系，使RFID信息资源的组织、管理和利用更为深刻和广泛。

目前，RFID技术正被RFID产业界大力推入交通运输领域，并试图扩展该技术在交通运输领域的应用。而交通运输领域对自动识别和数据采集技术有需求的部门、单位对RFID技术也产生了兴趣，并想对这项技术进行应用尝试。作为物联网的一项基础性技术，RFID技术在交通领域中的应用方向很多，除了一些已经明确的方向(如运输工具管理、客货运场站管理、港口管理、城市公共交通、货物与集装箱跟踪、海事管理、从业人员管理、高速公路多路径识别)外，还有很多有待研究和确定的应用方向。换言之，RFID技术在交通领域，从交通运输部、省市交通管理部门到企业，都有着广泛的应用潜能，包括电子政务领域、智能交通领域、运输/物流领域等。

(6)高频射频技术在智能交通中的应用。

上文为了给读者一个总体对射频的认识，将所有射频技术归类于RFID，并按照不同的频率分别进行讨论。但是由于高频射频技术具有通信距离长、传输量大、可读写、双向通信等优势，除了简单的身份识别功能外，还有一定距离的信息传输功能，由此在交通上实现多种应用，因此通常来说不应该属于RFID的简单身份识别的范畴。高频射频技术在交通应用中具有交通信息检测、信息采集、信息传输、信息服务等应用。这里以DSRC

为例，对高频射频技术在智能交通中的应用进行介绍。

基于5.8GHz射频技术的DSRC技术属于超高频射频技术，可以实现交通运输安全和公路信息服务等多种应用，具有信息实时性好、可靠性高、发布形式多样化和便于扩展多种信息服务应用等优点。该技术在不受时间、地点因素的限制条件下，通过车—路、车—车无线实时信息交互，最终形成集道路车辆身份识别、交通信息采集、信息处理、交通信息发布为一体的独立的公路信息采集及服务系统。

通过车—车、车—路通信，可获取多种与安全预警有关的信息。其中，通过车辆和关键交通基础设施之间数据与运营数据的无线交换，可获取车辆位置、加速度及关键交通基础设施处的交通运行状态等信息。通过附近车辆状态数据实时无线交换，可获取瞬间速度、方向角等信息。

DSRC技术从研究初期，就被定位为一种为ITS提供区域化应用服务的通信技术，所以其技术根本特点就是通信范围区域化。基于DSRC这种区域化的服务特点，ETC成为了DSRC的一个典型的应用。除了应用于ETC外，DSRC还可以应用于先进的公共运输系统(APTS)、商用车辆营运系统(CVOS)、先进的交通信息系统(ATIS)和先进的交通管理系统(ATMS)中的运输车队管理、交通控制、停车场管理、紧急报警等场合，具体如下。

①公共安全：包括前方障碍物检测和避让、碰撞警告、转弯速度控制等，来减少交通事故、减少地面交通网络的压力、减少拥塞。比如异常车辆自动通知和警告周围驾驶员异常情况或者潜在危险，实现主动避让。

②智能车路：路边设备可以探测出前方、后方及周围车辆，并将附近区域车辆的车速、方向等信息经管理中心处理后，提供给驾驶员，防止交通事故的发生。

③智能交通管理：包括高速公路上的车队管理、紧急车辆管理、安全超车等。在地面交通上，如果有紧急车辆，应通过紧急车辆管理，给紧急车辆开辟绿色通道。

④特种车辆管理和紧急救援：通过对车辆属性的识别，实现对特种车辆，如警车、救护车、消防车等的动态管理。当紧急情况发生后，可以依靠DSRC系统进行实时的交通信息和路况信息采集、处理，使紧急救援车辆以最快的速度在最短的时间到达事故发生地点。

⑤信息服务：利用DSRC系统实时向驾驶员提供道路、交通和其他信息，以及娱乐下载。

⑥车辆监管及防盗：在主要路口、收费站安装DSRC路侧设备，通过DSRC技术获取车辆信息，查找被盗车辆。

⑦为城市规划、道路规划提供交通数据：在需要调查的路段安装DSRC路侧单元，使其在不停车状况下对不同类型车辆进行定点交通量统计工作。这种应用的前提是车载设备普及率达到一定水平，否则统计数据不具有效性。

目前，基于车路协作的信息采集技术及安全应用是各国研究的热点。

2.1.4 基于空间定位技术的交通信息采集

目前,基于空间定位的交通信息采集方式主要有以下几类。

(1)基于 GPS 的实时交通信息采集技术。

浮动车(Floating Vehicles Equipped with GPS)也称 GPS 探测车(Probe Car),是近年来国际 ITS 中所采用的获取道路交通信息的先进技术手段之一,具有应用方便、经济、覆盖范围广的特点。它自由行驶在实际道路中,借助安装在车辆内的 GPS 接收机,对车辆的位置、速度、行驶方向等信息进行采集,并把采集到的数据通过无线通信回传到后台数据中心。后台处理程序将浮动车数据(Floating Car Data,简称 FCD)进行汇总、处理生成反映实时道路情况的交通信息,如道路平均速度、行程时间、拥堵状态等,为交通管理部门和公众提供动态、准确的交通控制、诱导信息。从技术角度上讲,它具有全天候连续工作、可实时提供全路网交通信息等优点;从经济角度上讲,设备和运行费用相对较低廉。

在国外已有研究中,Snawal、Walrand 和 Yim 的研究结果表明由浮动车数据估计的速度与环形线圈估计的速度符合得很好,仿真分析得出在公路上当浮动车占到运行车辆总数 3% ~5% 时可得到良好的旅行时间估计;Cheu、Xie 和 Lee 研究用浮动车数据估计主干道平均车速的可靠性,表明如满足 95% 时间内绝对误差小于 5km/h,需要 4% ~5% 的浮动车或者采样周期内至少有 10 辆浮动车通过该路段;Quiroga 和 Bullock 认为公路路段长度应划分为 0.2 ~0.5milc①,采样时间要达到 1 ~2s。该技术的关键是根据车载 GPS 返回的数据(如经度、纬度、速度、时刻)计算路段平均速度,可利用 GPS 返回的经纬度数据和速度数据两种算法。前者通过高斯投影,将 WGS-84 坐标系的 GPS 经纬度数据转换为平面直角坐标系的数据,从而估计平均速度;后者从 GPS 单点测速机理的研究入手,通过速度数据直接估计路段平均速度,更为简便。

(2)基于移动手机定位的出行信息采集技术。

出行 OD(Origination-Destination)数据在交通中有着重要价值,OD 数据是用于交通需求分析、制订交通规划的重要基础信息,是反映出行需求空间分布的重要参数,交通分配模型也要求准确的 OD 矩阵作为输入。由于传统的居民出行调查和路边询问等调查方式存在较大局限性,在实际应用中很难获取高质量的 OD 数据,因此,传统的 OD 数据调查方式不能准确地反映交通出行的实际情况,不利于交通规划的合理制订。

基于手机位置区定位的 OD 获取技术是近年来提出的新概念,即利用手机通信网络运营中已有的数据信息资源将其应用于交通领域中 OD 数据的获取。随着手机定位技术的出现以及手机用户的快速增长,基于手机定位技术的新的 OD 获取方法逐渐受到重视。

① 1mile≈1.609km。

其基本原理是对目标对象进行定位，通过连续追踪目标位置变化信息，在此基础上进行数据处理和建模分析，提炼出相应的出行 OD 信息。以移动无线通信系统为例，处于待机状态的手机通过基站与手机通信网络保持联系，手机通信网络对手机所处的位置区（Location Area）信息进行记录。在用户拨打电话和接听电话时根据所记录的位置信息可通过呼叫路由选择找到手机，建立通话连接，将位置信息以数据库的形式存储在来访用户位置寄存器（VRL）中。当手机从一个位置区的信号覆盖区域穿越到达另一个位置区时，将发生位置更新（Location Update），相应的 VRL 中所记录的手机位置区数据也要更新成当前位置区的数据。手机在通信网络中位置区的变化间接地反映了手机用户在路网中位置的变化，通过建立通信网络中位置区与路网划分的交通小区之间的对应关系，可将位置区变化信息映射到交通小区，从而获取相应的 OD 数据。

同时，利用车辆上手机沿路基站发生切换（Handover）的信息，可估算出路段的行程车速。切换是指在通话过程中，为了保持通话的连续性，当手机的当前服务基站信号强度衰减到一定程度时，手机选择新的基站作为当前服务基站的过程。

应用手机定位技术采集交通数据，由于其投资小、覆盖范围广、海量数据等特点，受到国外交通机构的普遍关注。

2.1.5　采集技术的性能比较

每种交通数据采集技术，都有其相应的优缺点，因此选择交通信息采集方法应根据不同的目标和需求选择适当的采集方式，表 2-1 针对各种常用的采集方式进行了具体的比较。

各采集技术性能比较　　表 2-1

采集技术	采集信息	优点	缺点	应用领域
环形线圈检测	车速、流量、车型	技术成熟、易于掌握；系统稳定，受环境的影响较少	维修或安装需中断交通，破坏路面，影响路面寿命；线圈易因重型车辆碾压等原因而损坏，维护难度较大；一些特殊路段，不能埋设线圈	交通状态检测、违章抓拍、车辆稽查等
地磁检测	车辆存在、车型	对非铁磁性物体没有反应，误检概率较低；安装、维修方便	对路面有小部分破坏	交通状态检测
微波检测	车流量、瞬时车速、平均车速、车道占有率、车型等	受天气影响较小；使用寿命长、安装维护方便；既可以侧向安装同时采集多车道交通信息，也可以正向安装采集单车道信息	侧向安装时，相邻车道同时过车时可能漏记车辆数据	交通状态检测

续上表

采集技术	采集信息	优　　点	缺　　点	应用领域
超声波检测	车速、流量、车型	成本低	受环境温度影响较大;检测精度较低,误检率较高	交通状态检测、停车场检测等
红外检测	车流量、人流量	安装和维护较方便	受道路周围环境和气象影响较大	枢纽、车站等进出口的客流检测
激光检测	车速、车型	不受天气的影响	配套设备较贵	
视频检测	车流量、车速、车头距离、占有率、车辆排队长度、逆行、遗撒、非法停车等	单台摄像机可检测多车道;设备安装简单、方便,不会破坏路面,无需中断交通;成本相对较低	受天气、光线变化、阴影、遮挡等影响较大	交通状态检测、违章抓拍、车辆稽查等
GPS 定位	移动信息采集,采集位置、时间、车速、移动方位角	覆盖范围大,不需要路侧设施	定位精度有限(15m),受遮挡影响大,遮挡时信号消失或失真	交通状态检测
手机定位	移动信息采集,采集位置、时间、信号种类	数据量大、覆盖范围广	定位精度取决于基站的布设,定位精度较差	OD 计算、交通状态检测等

2.2　交通信息传输技术

数据传输是信息采集系统中不可缺少的环节,同时也是新型信息采集的手段之一,如基于蜂窝移动定位的交通信息采集等。目前 ITS 中常规通信传输方式主要为有线和无线两种方式。有线通信方式通过有线连接,数据通过基带/频带、MODEM 或数据光端机的方式进行传输,具有通信可靠、稳定等特点,缺点在于需要铺设线路。如果道路数据传输网络比较完善,从采集设备到控制中心有现成的数据传输通路,数据采集设备安装地点靠近数据传输网络节点,就可以采用有线的方式进行数据传输。

无线通信方式,有移动通信技术、卫星通信技术、短距离无线通信技术等。构建信息采集系统时可以根据实际需求选择不同的无线通信方式。无线通信方式的优点在于不需要铺设线路,通信不受地点的限制。但是目前无线通信技术存在着数据传输速率较慢的缺点,不适合用来传输大量的、多媒体的交通信息。随着移动通信产业链的延展,以及移动运营商与电子业聚合产业链的发展,在新技术和市场需求的共同作用下,基于 3G、LTE 移动通信技术的个人通信、信息系统、广播、娱乐等业务正逐步无缝连接为一个整体来满足用户的各种需求。现在 3G、LTE 技术能够提供 384kb/s ~ 3Mb/s 的传输速度,这样的速率足以胜任传递交通信息的要求，可使大量包括语音、数据、影像等多媒体的交通采集或交通服务信息透过宽频信道迅速传递和实时交换，实现3G移动通信技术服务于交通信息化。

本节主要介绍智能交通应用中的几种无线通信技术。

2.2.1 移动通信技术

通信一直都是智能交通领域最重要的组成部分之一，任何需要联网、信息传递的地方，都有通信网络的存在，包括GPS运营、交通信号控制、道路监控设备、高速公路机电系统等，可以说，没有通信就没有智能交通。近年来移动通信技术得到了较快的发展，在智能交通中具有广泛的应用前景。移动通信技术又分为第一代的常规通信方式、集群通信，第二代的GSM数字蜂窝移动通信、CDMA移动通信业务、GPRS通用无线分组业务，第三代移动通信业务等。此处按照移动通信技术的发展历程，对不同阶段的移动通信技术进行介绍。

(1)第一代(1G)移动通信技术。

主要采用模拟语音调制技术和频分多址(FDMA)技术，传输速率约2.4kb/s，不能进行长途漫游，是区域性的移动通信系统。1G有多种制式，但它们之间互不兼容。同时，1G存在很多不足之处，如容量有限、制式太多、互不兼容、保密性差、通话质量不高、不能提供数据业务、不能提供自动漫游、设备价格高等。

①常规通信方式。最早期的车辆监控定位系统采用的是常规的通信方法，即建立一个监控管理中心，多个用户独自占用各自信道通信的调频制式的模拟移动通信系统。

优点：组网简单，费用低廉，时延小。

缺点：作用范围与通信信道的波段、监控中心的天线高度、发射功率等因素有关，并且容量小、通信质量差、误码率高、频率利用率很低、保密性差。

②集群通信方式。集群通信系统(Trunk Mobile Ratio System)是专用调度通信系统，是共享频率和信道资源、分担费用、改善服务的多用途、高效能的无线调度系统。

优点：在有空闲信道时，采用动态分配机制，降低信道的阻塞，使得话务量大大提高，扩大了系统容量；从信道利用的角度来讲，大大提高了信道利用率，缓解了频率资源紧张的问题。

缺点：由于集群系统一般采用大区制，属于专用移动通信网，因此集群网的覆盖范围较小，容量有限，这就使得它不能满足大规模车辆监控系统的需要，并且受到多径干扰比较严重，数据通信质量较差。

(2)第二代(2G)移动通信技术。

第二代移动通信技术主要采用数字的时分多址(TDMA)技术和码分多址(CDMA)技术，传输速率为9.6kb/s。全球主要有GSM和CDMA(IS-95)两种体制。2G主要提供数字化的语音业务及低速数据业务。2G 克服了模拟系统的弱点，话音质量和保密性能得到很大的提高，并可进行省内、省际自动漫游，但无法进行全球漫游。

①GSM 通信方式。全球移动通信系统，是由欧洲主要电信运营商和制造厂家组成的标准化委员会设计出来的一种采用数字通信技术的无线通信系统。在我国目前已建成了覆盖全国的 GSM 数字蜂窝移动通信网，是我国公众陆地移动通信网的主要方式。

优点：GSM 是目前基于 TDMA 技术的移动通信体制中最成熟、最完善、应用最广泛的一种系统，在我国可实现全国漫游，并提供多种业务。

缺点：GSM 网络中存在盲区、传输速率低，并且采用短信息形式进行数据传输有一定的时间延迟。

②CDMA 移动通信技术——3G 的技术基础。CDMA 是 Code Division Multiple Access 的缩写，是继推出数字通信技术之后，于 1995 年推出的又一新型数字蜂窝技术。现在世界 3G 技术的三大标准，即美国 CDMA2000、欧洲 WCDMA、中国 TD-SCDMA，都是在 CDMA 的技术基础上开发出来的。CDMA 就是 3G 的根本基础原理，是第三代移动通信系统的技术基础。

第一代移动通信系统采用 FDMA 的模拟调制方式，其主要缺点是频谱利用率低，信令干扰话音业务；第二代移动通信系统（如 GSM 系统）采用 TDMA 的数字调制方式，通过独立信道传送信令，虽提高了系统容量并使系统性能大大改善，但 TDMA 的系统容量仍然有限，越区切换性能仍不完善。CDMA 使用码分扩频技术，先进功率和话音激活至少可提供大于 3 倍 GSM 网络容量，而且 CDMA 系统以其频率规划简单、系统容量大、频率复用系数高、抗多径能力强、通信质量好、软容量、软切换等特点突出显示出了其巨大的发展潜力。3G 主要特征是可提供移动宽带多媒体业务。

在 CDMA 系统中，通过采用话音激活技术、前向纠错技术、功率控制技术、频率复用技术、扇区技术等，其系统容量可扩到 FDMA 的 20 倍左右、TDMA 的 3 倍以上或 GSM 的 4 倍以上。同时，它还具有抗多径干扰能力、更好的话音质量、更低的功耗以及软区切换等特点。CDMA 以其本身所具有的特点及优越性而被广泛应用于数字移动通信和个人通信系统中。

③GPRS 通信方式——2. 5G 移动通信方式。GPRS 是 General Packet Radio System 的缩写，是介于第二代（2G）和第三代（3G）之间的一种技术，通常称为 2. 5G。它采用分组交换技术和 IP 数据网络协议，在充分利用现有移动通信网络设备的基础上，增加了一些硬件和软件升级，形成了一个新的网络逻辑实体。

优点：突破了 GSM 网络最高速率为 9. 6kb/s 的限制，最高数据速率可达 170kb/s；接入时间短，分组交换接入时间缩短为 1s 以内，能提供快速即时的连接，可大幅度提高一些事务（如信用卡核对、远程监控等）的效率；支持 IP 协议和 X. 25 协议，并可使已有的因特网应用(如E-mail、网页浏览等)操作更加便捷、流畅。因此,是应用于车辆导航等传输数据量相对较大时的首选通信方式。

缺点:实际速率比理论值低,调制方式不是最优。

(3)第三代(3G)移动通信方式。

3G可提供更高的通信速率,使无线网络更适合于图像、音乐、视频等多媒体数据的传输,从而为用户提供更为丰富的信息服务。

1995年问世的第一代模拟制式手机(1G)只能进行语音通话;1996~1997年出现的第二代GSM、CDMA等数字制式手机(2G)增加了接收数据的功能,如接收E-mail或网页;第三代移动通信技术是将无线通信与国际互联网等多媒体通信结合的新一代移动通信系统,3G服务能够同时传送声音及数据信息。第三代与前两代的主要区别是在传输声音和数据速度上的提升,它能够在全球范围内实现无缝漫游,可处理图像、音乐、视频等多种媒体形式,提供包括网页浏览、电话会议、电子商务等多种信息服务,同时解决了与已有第二代系统的良好兼容性。为了提供这种服务,无线网络必须能够支持不同的数据传输速度,也就是说在室内、室外和行车的环境中能够分别支持至少2Mb/s、384kb/s以及144kb/s的传输速度。

国际电信联盟(ITU)在2000年5月确定WCDMA、CDMA2000、TD-SCDMA以及WiMAX四大主流无线接口标准,并写入3G技术指导性文件《2000年国际移动通信计划》(简称IMT-2000)。

WCDMA,全称为Wideband CDMA,也可称为W-CDMA,意为宽频分码多重存取。这是基于GSM网发展出来的3G技术规范,是欧洲提出的宽带CDMA技术。WCDMA的支持者主要是以GSM系统为主的欧洲厂商,如欧美的爱立信、阿尔卡特、诺基亚、朗讯、北电,还包括日本的NTT、富士通和夏普等几家厂商。正是这一标准提出了GSM(2G)-GPRS-EDGE-WCDMA(3G)的演进策略。这套系统能够架设在现有的GSM网络上,对于系统提供商而言可以较轻易地过渡。预计在GSM系统相当普及的亚洲,这套新技术的接受度会相当高。因此,WCDMA具有先天的市场优势。

CDMA2000,是由窄带CDMA(CDMA IS95)技术发展而来的宽带CDMA技术,也称为CDMA Multi-Carrier。CDMA2000是由美国高通北美公司为主导提出的,摩托罗拉、Lucent和后来加入的韩国三星也都有参与,韩国现在成为这一标准的主导者。这套系统是从窄频CDMAOne数字标准衍生出来的,可以从原有的CDMAOne结构直接升级到3G,建设成本低廉。但目前使用CDMA的地区只有日韩和北美,所以CDMA2000的支持者不如W-CDMA多。不过CDMA2000的研发技术是目前各标准中进度最快的,许多3G手机已经率先面世。该标准提出了CDMA IS95(2G)-CDMA20001x-CDMA20003x(3G)的演进策略。

CDMA20001x被称为2.5代移动通信技术。CDMA20003x与CDMA20001x的主要区

别在于前者应用了多路载波技术，通过采用三载波使带宽提高。目前中国电信正在采用这一方案向3G过渡，并已建成了CDMA IS95网络。

TD-SCDMA，意为时分同步CDMA（Time Division-Synchronous CDMA）。这一标准是由中国内地独自制订的3G标准，1999年6月29日由中国原邮电部电信科学技术研究院（大唐电信）向国际电信联盟提出，但技术发明始于西门子公司。TD-SCDMA具有辐射低的特点，被誉为“绿色3G”。该标准将智能无线、同步CDMA和软件无线电等当今国际领先技术融于其中，在频谱利用率、对业务支持的灵活性、频率灵活性及成本等方面具有独特的优势。另外，由于中国内地庞大的市场，该标准受到各大主要电信设备厂商的重视，全球一半以上的设备厂商都宣布可以支持TD-SCDMA标准。这一标准不经过2.5代的中间环节，直接向3G过渡，非常适用于GSM系统向3G升级。军用通信网也是TD-SCDMA的核心任务。

WiMAX，全名是微波存取全球互通（Worldwide Interoperability for Microwave Access），又称为802.16无线城域网。WiMAX是一种为企业和家庭用户提供“最后一英里”的宽带无线连接方案。由于成本较低，故将此技术与需要授权或免授权的微波设备相结合之后，会扩大宽带无线市场，改善企业与服务供应商的认知度。2007年10月19日，国际电信联盟在日内瓦举行的无线通信全体会议上，经过多数国家投票通过，WiMAX正式被批准成为继WCDMA、CDMA2000和TD-SCDMA之后的第四个全球3G标准。表2-2所示为各种3G标准的参数具体比较。

3G标准参数比较表 表2-2

3G标准	RTT	异步CDMA系统	带宽	码片速率	中国频段
WCDMA	FDD	无GPS	5MHz	3.84Mc/s	1 940MHz ~ 1 955MHz（上行）、2 130MHz ~ 2 145MHz（下行）
TD-SCDMA	TDD	有GPS	1.6MHz	1.28Mb/s	1 880MHz ~ 1 920MHz、2 010MHz ~ 2 025MHz、2 300MHz ~ 2 400MHz
CDMA2000	FDD	有GPS	1.25MHz	1.228 8Mc/s	1 920MHz ~ 1 935MHz（上行）、2 110MHz ~ 2 125MHz（下行）

3G技术发展和3G网络的商用，在智能交通的数字、语音和视频图像等信息的实时传输、监控、调度中发挥了重要作用，给智能交通的信息传输带来无限机遇。

利用3G无线局域网来传输各交通路口信号点的视频和控制信息，可以使网络管理用户对多个监控现场进行实时浏览监控。系统综合应用了智能图像处理与识别技术、智能控制技术、数字图像传输技术、数字图像压缩编解码技术和3G网络通信技术等，可实现交通监控现场的实时图像显示和网络传输，智能调整摄像机的位置、清晰度和亮度，实现对运动物体的跟踪与识别，对监控情况进行记录及报警，实时智能调整控制区域内交通信号灯的切换等。

综合应用智能图像处理与识别技术、最佳交通流量算法、智能控制技术、数字图像传输技术、数字图像压缩编解码技术和3G网络通信等技术所构建的ITS可实现及时准确地掌握所监视路口、路段周围的车辆和行人的流量,交通治安情况等,为指挥人员提供迅速、直观的信息,从而对交通事故和交通堵塞事件作出准确判断并及时响应。

通过将3G移动通信技术应用于智能交通指挥控制系统,利用发展迅速的3G移动通信网组成3G无线局域网来传输各交通路口信号点的视频和控制信息,为智能交通指挥系统组网提供了一条新路。图2-6所示为利用3G技术进行远程图像监控的示意图。

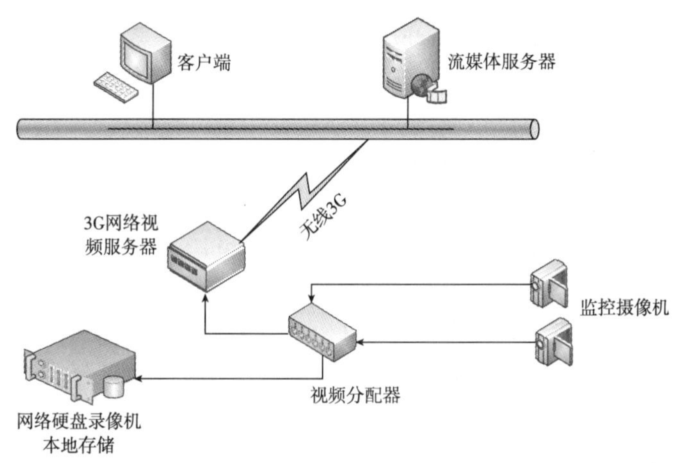

图2-6　3G远程监控示意图

3G的优点是利用数字传输方法,采用扩频通信技术,大幅度地提高了频率利用率,其容量大、手机功耗小、话音质量高、抗干扰和多径衰落性能好、保密性高。由于3G实现了大流量的数据传输,为远程监控和市民远程信息浏览提供了便利,如通过计算机或手机就能看到客运站的即时视频。

2.2.2　卫星通信技术

卫星通信是指利用人造地球卫星作为中继站转发或反射无线电信号,在两个或多个地球站之间进行的通信。卫星移动通信则是指利用卫星实现移动用户与固定用户之间或移动用户间的相互通信,是卫星通信的一种。第三代卫星移动通信系统,使得人们借助体积很小的手持终端就可直接与卫星建立通信链路,实现个人通信。卫星移动通信系统是未来个人通信网络必不可少的组成部分。

卫星移动通信的最大特点是利用卫星通信的多址传输方式,为全球用户提供大跨

度、大范围、远距离的漫游和机动、灵活的移动通信服务，是陆地蜂窝移动通信系统的扩展和延伸，在偏远的地区、山区、海岛、受灾区、远洋船只及远航飞机等通信方面更具独特的优越性。

1976 年，世界上第一个卫星移动通信系统 Marist（海事卫星移动通信系统）开始商业运营，提供电话和电报服务。1979 年，成立了 INMARSAT（国际海事卫星组织），并从 1982 年开始先后租用 7 颗卫星组成第一代的 INMARSAT 卫星通信系统，为船只提供全球卫星移动通信服务。随着通信业务量的增长，1990～1994 年，又发射了 4 颗第二代的 INMARSAT 卫星。此外，1992 年澳大利亚用 AUSSAT-B 卫星提供国内卫星移动通信服务；加拿大和美国联合建立北美移动业务卫星通信系统（MAST），计划为陆地、海上和空中移动用户提供服务，并于 1994 年和 1995 年先后发射了 2 颗 MAST 卫星。1990 年以来，众多公司纷纷提出中、低轨道的多星（星座）移动通信系统方案，主要有铱系统、全球星系统、ICO 系统等。其中，铱系统已于 1999 年投入运营，全球星系统于 2000 年投入运营。

卫星移动通信系统按应用环境可分为海上、空中和陆地，因此有海事卫星移动通信系统（MMSS）、航空卫星移动通信系统（AMSS）和陆地卫星移动通信系统（LMSS）之分。按系统采用的卫星轨道可分为静止轨道（GEO）、中轨道（MEO）、低轨道（LEO）卫星移动通信系统。GEO 系统技术成熟、成本相对较低，目前可提供业务的 GEO 系统有 INMARSAT 系统、MSAT 系统、澳大利亚卫星移动通信系统 Mobilesat 系统；LEO 系统具有传输时延短、路径损耗小、易实现全球覆盖及避开静止轨道的拥挤等优点，目前典型的系统有 Iridium、Globalstar、Teldest 等系统；MEO 系统则兼有 GEO、LEO 两种系统的优缺点，目前典型的系统有 Odyssey、AMSC、INMARSMT-P 等系统。另外，还有区域性的卫星移动系统，如亚洲的 AMPT、日本的 N-STAR、巴西的 ECO-8 等系统。

目前，卫星移动通信主要采用 TDMA 和 CDMA 多址联结技术。WARC-92 为卫星移动业务划分了频率，其中空到地链路 84.2MHz 带宽（1 525MHz～1 530MHz、2 170MHz～2 200MHz、2 483.5MHz～2 500MHz、2 500MHz～2 520MHz、1 613.8MHz～1 626.5MHz），地到空链路 66.5MHz 带宽（1 610MHz～1 626.5MHz、1 980MHz～2 010MHz、2 670MHz～2 690MHz）。

与其他通信方式相比，卫星移动通信系统具有覆盖区域大、通信距离远、通信机动灵活、线路稳定可靠等优点。卫星移动通信系统的应用范围相当广泛，既可提供话音、电报服务，也可提供数据传输服务；既适用于民用通信，也适用于军事通信；既可用于国内通信，也可用于国际通信。卫星移动通信系统已经成为通信业务的一个重要发展方向。但是它的服务费用较高，目前还无法全面替代地面蜂窝移动通信系统。

2.2.3 短距离无线通信技术

随着通信技术的快速发展，短距离无线通信技术已经成为通信技术中的一大热点。

（1）DSRC 技术。

①DSRC 简介。前文讲到的 DSRC 技术主要用于智能交通领域,是智能交通的基础之一。DSRC 技术能为车—车、路—车之间以及 ITS 提供高速的无线通信和数据传输服务,并且能保证通信链路的低延时,保证系统的可靠性,是专门用于车辆通信的技术。在目前甚至以后相当长的一段时间内,DSRC 都将是道路电子化方面的主流产品,是智能交通领域 AVI 和 ETC 应用方面的首选,在区域分割功能即小区域内车辆识别、驾驶员识别、路网与车辆之间信息交互等方面具有得天独厚的优势。

DSRC 技术最初是为美国交通安全应用开发,并在近 5 年逐步形成商业化产业。美国最新发布的《智能交通系统战略计划:2010 ~ 2014》明确确定 DSRC 技术作为车—车、车—路通信关键技术;日本国家智能交通 Smartway 计划中,明确采用高速、大传输量的 DSRC 通信技术作为车辆和道路通信的主要技术,并整合基于 DSRC 的 ETC 来进行车—路间的信息服务应用;目前欧洲也已经批准了 5.9GHz 的 DSRC 频段,并在智能交通项目中(如 CVIS、Safespot 等)应用了 DSRC 技术。

DSRC 技术的主要特点如下。

a. 干扰小:使用专用频段,减少类似 WIFI 的大量民用干扰。

b. 网络获取快:针对智能交通应用的快速资源获取设计。

c. 时延低:针对交通安全应用的通信协议设计。

d. 可靠性高:在需要的场合,可实现高级别的链路可靠性。

e. 多优先级通信:可针对安全应用设置高优先级别,优先转发。

f. 安全与隐私:提供安全的认证与隐私保护协议和算法。

g. 成本低:DSRC 采用分布式组网,类似 P2P 架构,车辆间可逐跳转发,省去了复杂的网络基础设施建设,从系统架构上实现了低成本的通信方案。

智能交通的通信需求主要包括两方面:车—车(V2V)通信、车　设施(V2I)通信。基于 DSRC 的技术特点,并结合传统 2G/3G 无线通信网络,DSRC 非常适合在实时性、可靠性、隐秘性要求较高的安全、交易、保障等与道路基础类的应用中部署。

DSRC 通信系统由三个部分组成,包括车载单元(On Board Unit,简称 OBU)、路侧单元(Road Side Unit,简称 RSU)以及专用短距离无线通信协议。

OBU 放在移动的汽车上,相当于通信系统中的移动终端,不同点是通信方式和频率的差异。另外,OBU 是基于嵌入式处理单元,处理能力比较强。

RSU 又称路旁单元、车道单元、车道设备,主要是指车道通信设备。RSU 参数主要有频率、发射功率、通信接口等。

DSRC 协议可以说是 DSRC 的基础,美国、欧洲、日本均建立了自己的 DSRC 标准,但是国际标准化组织目前尚未制订出完整的 DSRC 国际标准。

有研究表明智能交通安全应用对通信接入延迟要求一般小于 0.1s,而 2G、3G、4G 等现有移动通信方式的接入延迟一般为 1.5 ~3.5s。综合考虑智能交通安全应用对低接入

时延、高可靠性和可长时间持续接入的需求，DSRC 技术成为唯一可行的解决方案。美国交通部正在为之制订相关通信协议标准 WAVE（Wireless Access in Vehicular Environment），而其中核心的物理层（PHY）协议和媒体访问控制层（MAC）协议 IEEE 802.11p 则是基于 IEEE 802.11a 修改而来。美国目前已制订的车路协同相关标准有用于车路环境无线通信的 IEEE 1609 系列试用标准，SAE J2735 DSRC 标准等作为 DSRC 的上层应用层标准。WAVE 具有低延迟、高速大容量、信息可视化和语音化的技术特性，可应用在智能汽车实时安全监控、交通监控与管理、公共信息服务、路口安全驾驶以及道路外围生活等多媒体信息的传输。

欧洲在 1994 年由 CEN/TC278 开始了 DSRC 标准的起草，1997 年"5.8GHz DSRC 物理层和数据链路层"标准获准通过，目前由 C2C-CC 组织来制订欧洲的 DSRC 标准。欧洲标准大部分是参考 IEEE 802.11p 再修改成适用于欧洲的版本，欧洲的规格除在 PHY 层和 MAC 层修改成欧洲版本之外，在网络层（C2C network）与传输层（C2C transport）中也使用了欧洲自定义的版本。

从 2006 年起，日本车辆通信系统专家组（VCSEG）开始研究通信规范和改进协议标准以适应新的车—车通信系统，并启动一系列无线通信项目。目前日本车—车通信系统主要使用 700MHz 带宽标准，该标准融合了 ASV 的相关技术。而车—路通信采用 5.8GHz DSRC 技术进行车—路安全预警、电子收费、信息服务等应用。

为了实现车—车、车—路协同通信，保证收发信息的时延在 20ms 之内，而且数据的传输速率在 3MHz ~ 27MHz 之间，国际发展的必然趋势是整合 IEEE 802.11p 标准和 IEEE 1609 系列标准，采用 5.9GHz DSRC 标准，形成一套普遍适用、有效的标准体系，并逐渐在世界范围内推广使用。

由表 2-3 可知，目前主要的 DSRC 标准通过车—车、车—路通信技术主要解决交通中安全性、机动性和环境友好性的问题，其中 DSRC 标准底层协议基本采用 IEEE 802.11p 标准，而中上层协议不同。

世界主要 DSRC 标准情况比较表　　表 2-3

国家	应用优先级	频　率	采用协议
美国	a. 安全/避撞 b. 机动性 c. 环境友好	5.9GHz	底层：IEEE 802.11p 中间层：IEEE 1609.x 上层：SAE J2735/J2945
日本	a. 安全/辅助驾驶 b. 环境友好 c. 机动性	5.8GHz、700MHz	底层：IEEE 802.11p 中间层：EC-006 上层：T-75/RC005
欧洲	a. 安全/预警 b. 环境友好 c. 机动性	5.9GHz	底层：IEEE 802.11p 中间层：IEEE 1609.x 上层：ETSI ES202 663

鉴于目前国际DSRC标准发展趋势和国内ETC系统应用现状，1998年5月，我国ISO/TC 204技术委员会向原交通部无线电管理委员会提出将5.8GHz频段分配给ITS的DSRC（包括ETC）。

选用5.8GHz频段作为DSRC通信频段的主要原因为：我国通信系统的标准靠近欧洲标准，无线电频率资源的分配基本相同；5.8GHz频段背景噪声小，且解决该频段的干扰和抗干扰问题要比915MHz和2.45GHz频段容易；该频段的设备供应商较多，选择余地较大；有利于在该频段开展其他ITS的服务项目；800MHz～900MHz频段主要用于移动通信系统；2.45GHz频段主要用于医疗设备和家用微波器具。

②智能交通主动安全对通信的要求。智能汽车更为讲究主动安全，特别是在自动防撞设计上，主要包括车体前方/后方/侧边碰撞预警（FCW）及缓解、车道偏离示警（LDW）、倒车影像辨识系统（RVC）、盲点预警、驾驶疲劳警示和自动制动控制等。激光扫描、影像辨识和影像传感器成为智能汽车主动安全系统的三大利器。基于车—车、车—路通信的车辆主动式避撞、车路协作辅助安全驾驶等交通应用，对通信时延和传输的可靠性要求很高，目前的3G、LTE尽管能够进行高速、大容量的传输，但在时延和可靠性方面仍不能满足车—车/车—路通信的要求。

美国在智能交通的研究上更加注重主动安全，对各种通信技术的性能指标进行了比较，如图2-7所示。图中小表列举了几种主动式安全应用对时延的要求，大多数对通信时延的要求很高，基本在0.1s内。通过比较，只有DSRC技术符合主动式安全对时延的要求，因此，DSRC正在成为美国乃至国际研究交通主动安全性应用的重要技术。

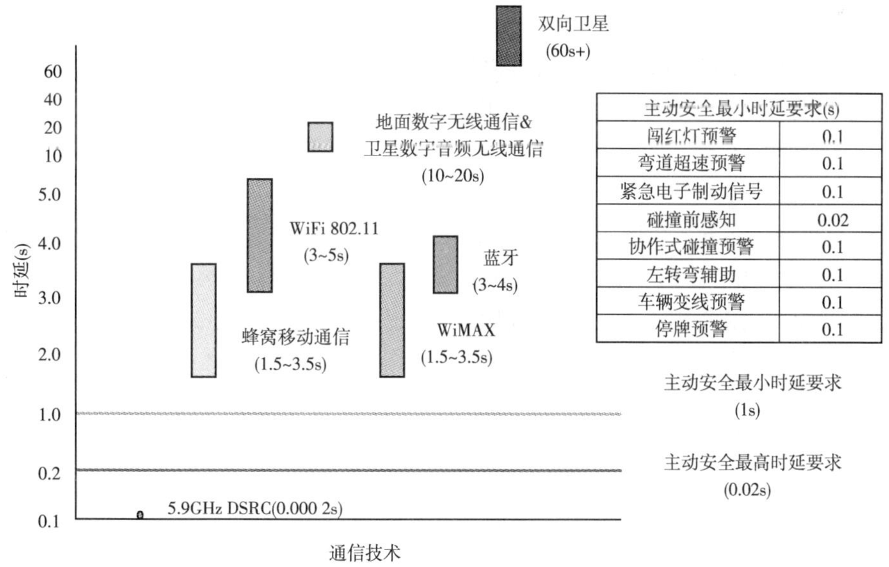

主动安全最小时延要求(s)	
闯红灯预警	0.1
弯道超速预警	0.1
紧急电子制动信号	0.1
碰撞前感知	0.02
协作式碰撞预警	0.1
左转弯辅助	0.1
车辆变线预警	0.1
停牌预警	0.1

图2-7　各种通信技术的时延性能比较

③DSRC 通信技术的主要应用场景。

a. 车—路通信。车—路通信主要以 ETC 系统为代表。它是一种应用于公路、大桥和隧道的电子自动收费系统。车辆经过特定的 ETC 车道,通过 OBU 与 RSU 的通信,在不需停车和收费人员采取任何操作的情况下,能自动完成收费过程。ETC 系统能大大提高公路的通行能力和服务水平,简化收费过程,节约成本,符合我国的发展现状。

图 2-8 所示为 DSRC 通信示意图,车辆内安装有 DSRC 电子标签,路侧安装有 DSRC 路侧设备。车辆进入通信范围内后,通过 DSRC 通信,路侧设备读取车载电子标签上的车辆信息,再由无线或有线方式将采集的车辆信息传送到后台数据中心,同时将相关交通信息传递给车辆。

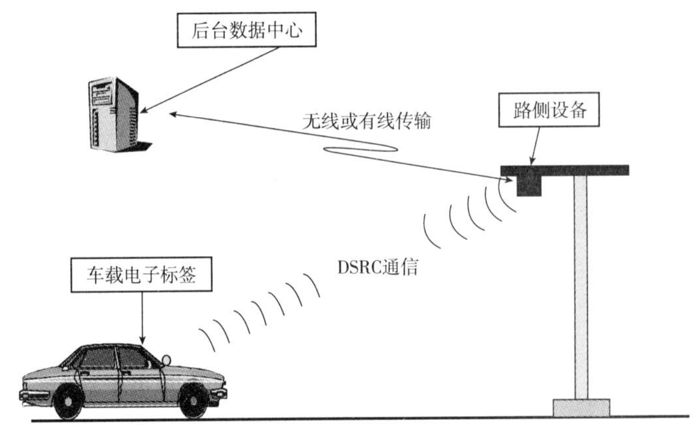

图 2-8　DSRC 在车路通信中的应用示意图

基于车—路通信的 DSRC 应用还可以用于车载网络的多媒体下载、智能停车系统、交通调度和交通信息服务等方面。路边的 RSU 接入后备网络与当地的交通信息网或因特网相连,即可通过 OBU 与 RSU 的通信来获得路况信息等,从而可以选择最优路线,起到缓解交通拥堵的作用。

b. 车—车通信。车—车通信方式主要用于车辆的主动安全方面。据世界卫生组织统计,全球每年有 120 多万人死于交通事故,每年交通事故造成的经济损失高达 5 180 亿美元。将 DSRC 技术应用于交通安全领域,能够提高交通的安全系数,减少交通事故,降低直接和非直接的经济损失,以及减少地面交通网络的拥塞。

车—车通信的典型应用是汽车主动避让前方障碍物,如图 2-9 所示。当前面车辆检测到障碍物或车祸等情况时,它将向后发送碰撞警告信息,提醒后面的车辆潜在的危险。另一种情形为在路边紧急停车的车辆向靠近自己的车发送警告消息,提醒它们不要进入危险区域。车—车通信的应用,还包括转弯速度控制、车队管理和安全超车等。

应用 DSRC 技术的车—车通信系统,将和新型车辆导航系统、紧急制动传感系统结合在一起,是未来车辆驾驶安全的重要保障。通过 DSRC 技术,路边的通信设备可以发送安全信息给车内安全信息系统，也可以在车辆之间相互传递路况信息，实现车辆的自动巡航。DSRC 技术应用在车队管理上，可通过无线传输技术，实现高速公路上的车队管理和无人驾驶。DSRC 不仅可以提供 1Mb/s 带宽，满足 ITS 中的各种应用，同时还可以接入因特网，使其应用范围得到进一步的扩展。

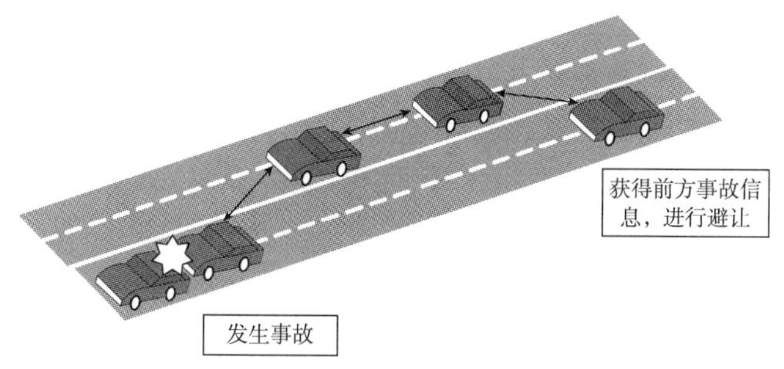

图 2-9 DSRC 在车—车通信中的应用

（2）ZigBee 技术。

ZigBee 技术是一种应用于短距离范围内数据低传输速率下的各种电子设备之间的无线通信技术。ZigBee 名字来源于蜂群赖以生存和发展的通信方式，蜜蜂通过跳 ZigZag 形状的舞蹈来通知发现的新食物源的位置、距离和方向等信息，因此以此作为新一代无线通信技术的名称。

2002 年下半年，英国 Invensys 公司、日本三菱电气公司、美国摩托罗拉公司以及荷兰飞利浦半导体公司四大巨头共同宣布，它们将加盟 ZigBee 联盟，以研发名为 ZigBee 的下一代无线通信标准。到目前为止，除了 Invensys、三菱电气、摩托罗拉和飞利浦等国际知名的大公司外，该联盟已约有 27 家成员企业，并在迅速发展壮大。ZigBee 联盟负责制订网络层以上协议。

ZigBee 技术致力于提供一种廉价的供固定、便携或者移动设备使用的低复杂度、低成本和低功耗的低速率无线通信技术。这种无线通信技术具有如下特点。

①功耗低：工作模式情况下，ZigBee 技术传输速率低，传输数据量很小，因此信号的收发时间很短，其次在非工作模式时，ZigBee 节点处于休眠模式。设备搜索时延一般为 30ms，休眠激活时延为 15ms，活动设备信道接入时延为 15ms。由于工作时间较短、收发信息功耗较低且采用了休眠模式，使得 ZigBee 节点非常省电，其电池工作时间可以长达 6 个月到 2 年。同时，由于电池工作时间取决于很多因素，例如电池种类、容量和应用场合，ZigBee 技术在协议上对电池使用也进行了优化。对于典型应用，碱性电池可以使用数年，对于某些工作时间和总时间（工作时间 + 休眠时间）之比小于 1% 的情况，电池的寿命甚至可以超过 10 年。

②数据传输可靠：ZigBee 的 MAC 层采用 talk-when-ready 的碰撞避免机制。在这种完全确认的数据传输机制下，当有数据传送需求时即立刻传送，发送的每个数据包都必须

等待接收方的确认信息,并进行确认信息回复,若没有得到确认信息的回复就表示发生了碰撞,将再传一次。采用这种方法可以提高系统信息传输的可靠性,同时为需要固定带宽的通信业务预留了专用时隙,避免了发送数据时的竞争和冲突。ZigBee 针对时延敏感的应用做了优化,通信时延和休眠状态激活的时延都非常短。

③网络容量大:ZigBee 低速率、低功耗和短距离传输的特点使它非常适宜支持简单器件。ZigBee 定义了两种器件,即全功能器件(FFD)和简化功能器件(RFD)。对 FFD,要求它支持所有的 49 个基本参数。而对 RFD,在最小配置时只要求它支持 38 个基本参数。一个 FFD 可以与 RFD 和其他 FFD 通话,可以按 3 种方式工作,分别为个域网协调器、协调器和器件。而 RFD 只能与 FFD 通话,仅用于非常简单的应用。一个 ZigBee 的网络最多包括有 255 个 ZigBee 网路节点,其中一个是主控(Master)设备,其余则是从属(Slave)设备。若是通过网络协调器(Network Coordinator),整个网络最多可以支持超过 64 000 个 ZigBee 网路节点,再加上各个 Network Coordinator 可互相连接,整个 ZigBee 网络节点的数目将十分可观。

④兼容性:ZigBee 技术与现有的控制网络标准无缝集成。通过 Network Coordinator 自动建立网络,采用载波侦听/冲突检测(CSMA/CA)方式进行信道接入。为了可靠传递,可提供全握手协议。

⑤安全性:Zigbee 提供了数据完整性检查和鉴权功能,在数据传输中提供了三级安全性。第一级实际是无安全方式,对于某种应用,如果安全并不重要或者上层已经提供足够的安全保护,器件就可以选择这种方式来转移数据;对于第二级安全级别,器件可以使用接入控制清单(ACL)来防止非法器件获取数据,在这一级不采取加密措施;第三级安全级别在数据转移中采用属于高级加密标准(AES)的对称密码,AES 可以用来保护数据净荷和防止攻击者冒充合法器件。

⑥实现成本低:模块的初始成本估计在 6 美元左右,预计很快就能降到 1.5 ~2.5 美元,且 Zigbee 协议免专利费用。目前低速低功率的 UWB 芯片组的价格至少为 20 美元,而 ZigBee 的价格目标仅为几美分。

Zigbee 是一种基于 IEEE 批准通过的 802.15.4 无线标准研制开发的组网、安全和应用软件方面的技术标准。与其他无线标准(如 802.11 或 802.16)不同,Zigbee 和 802.15.4 以 250kb/s 的最大传输速率承载有限的数据流量。

在标准规范的制订方面,主要是 IEEE 802.15.4 小组与 ZigBee Alliance 两个组织,两者分别制订硬件与软件标准。在 IEEE 802.15.4 方面,2000 年 12 月 IEEE 成立了 802.15.4 小组,负责制订 MAC 层与 PHY 层规范,在 2003 年 5 月通过 802.15.4 标准。802.15.4 任务小组目前在着手制订 802.15.4b 标准,此标准主要是加强 802.15.4 标准,包括解决标准有争议的地方、降低复杂度、提高适应性并考虑新频段的分配等。ZigBee 建立在 802.15.4 标准之上,确定了可以在不同制造商之间共享的应用纲要。802.15.4 仅仅定义了实体层和介质访问层,并不足以保证不同的设备之间可以对话,于是便有了 ZigBee 联盟。

ZigBee 兼容的产品工作在 IEEE 802.15.4 的 PHY 层上,其频段是免费开放的,分别为 2.4GHz(全球)、915MHz(美国)和 868MHz(欧洲)。采用 ZigBee 技术的产品可以在 2.4GHz 上提供 250kb/s(16 个信道)、在 915MHz 提供 40kb/s(10 个信道)、在 868MHz 上提供 20 kb/s(1 个信道)的传输速率。传输范围依赖于输出功率和信道环境,介于 10～100m 之间,一般是 30m 左右。由于 ZigBee 使用的是开放频段,已有多种无线通信技术使用。因此,为避免被干扰,各个频段均采用直接序列扩频技术。同时,PHY 层的直接序列扩频技术允许设备无需闭环同步。

在 MAC 层上,主要沿用 WLAN 中 802.11 系列标准的 CSMA/CA 方式,以提高系统兼容性,所谓的 CSMA/CA 是在传输之前,先检查信道是否有数据传输,若信道无数据传输,则开始进行数据传输,若产生碰撞,则稍后一段时间重传。

在网络层方面,ZigBee 联盟制订可以采用星形和网状拓扑,也允许两者的组合,称为丛集树状。根据节点的不同角色,可分为 FFD 与 RFD。相较于 FFD,RFD 的电路较为简单且存储体容量较小。FFD 的节点具备控制器(Controller)的功能,能够提供数据交换,而 RFD 则只能传送数据给 FFD 或从 FFD 接收数据。

ZigBee 协议套件紧凑且简单,具体实现的硬件需求很低,8 位微处理器 80c51 即可满足要求,全功能协议软件需要 32kB 的 ROM,最小功能协议软件需要大约 4kB 的 ROM。

(3)移动多跳分组无线网络(Ad Hoc 网络)。

Ad Hoc 网络(图 2-10)是没有任何中心实体的自组织网络,依靠节点间的相互协作在移动、复杂多变的无线环境中自行成网,借助于多跳转发技术来弥补无线设备的有限传输距离,从而拓宽网络的覆盖范围,为用户提供各种服务、传输各种业务。Ad Hoc 网络是一种不需要依赖现有固定通信网络基础设施的、能够迅速展开使用的网络体系,网络节点能够动态、随意、频繁地进入和离开网络。

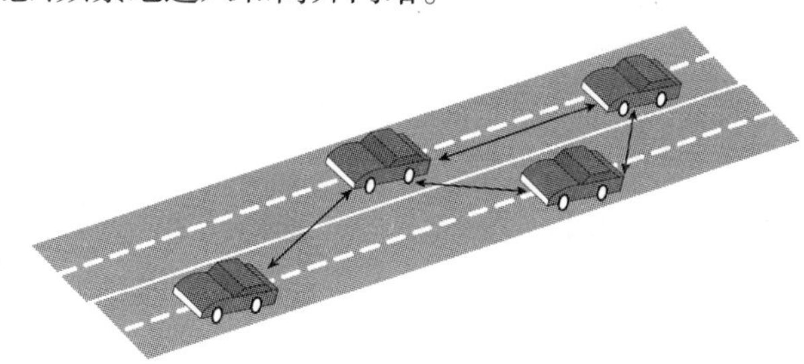

图 2-10　Ad Hoc 网络示意图

近年来随着 Ad-Hoc 网络技术的不断成熟,许多国家开始将其部署在汽车环境中来解决目前交通所面临的一些问题。作为 ITS 重要基础之一的车辆动态组网概念就是在这种需求背景下提出的。

通过将 Ad-Hoc 网络部署在移动的汽车上,车辆间就形成了车辆自组织网络(Vehicular Ad-Hoc Network,简称 VANET)。车—车通信功能对于碰撞避免、道路危险提示等能起到积极的作用。利用车—车通信,车载安全系统不但可以知道自身的一些参数,而且还能够获得一些道路安全信息和其他汽车的行驶状况。因此,汽车 Ad-Hoc 网络成为减少交通事故数量的一种重要的主动式安全措施。据估计,使用车载安全系统(例如碰撞警告避免系统)平均至少可以减少 20% 的汽车碰撞事故,最好的情况下可以减少 70% 的碰撞事故,因此汽车 Ad-Hoc 网络能够主动、有效地减少交通事故的发生。

(4)蓝牙(Bluetooth)技术。

Bluetooth 无线技术是在两个设备间进行无线短距离通信的最简单、最便捷的方法。它广泛应用于世界各地,可以无线连接手机、便携式计算机、汽车、立体声耳机、MP3 播放器等多种设备。此技术现已推出第四版规格,并在保持其固有优势的基础上继续发展(小型化无线电、低功率、低成本、内置安全性、稳固、易于使用并具有即时联网功能)。Bluetooth 无线技术是现在市场上唯一得到认可的主导短距离无线技术。

Bluetooth 技术是一项即时技术,不要求固定的基础设施,且易于安装和设置。它不需要电缆即可实现连接,通过检查可用的配置文件,将其连接至使用同一配置文件的另一 Bluetooth 设备即可。

(5)无线局域网技术。

无线局域网是计算机网络与无线通信技术相结合的产物,是指以无线信道作传输媒介的计算机局域网,是有线联网方式的重要补充和延伸,并逐渐成为计算机网络中一个至关重要的组成部分,适用于需要可移动数据处理或无法进行物理传输介质布线的领域。随着 IEEE 802.11 无线网络标准的制订与发展,无线网络技术更加成熟与完善,并已成功地被广泛应用于众多行业,如金融证券、教育、大型企业、工矿港口、政府机关、酒店、机场、军队等。产品主要包括无线接入点、无限网卡、无线路由器、无线网关、无线网桥等。无线局域网有四种常用的标准:802.11b、802.11a、802.11g、802.11n,目前常用的 WiFi 技术即采用的 802.11b 标准。

2.2.4 无线通信技术性能比较

综合上面的分析,对目前常用的无线通信技术的通信方式、单点传输距离等进行了系统的比较,具体如表 2-4 所示。

无线通信技术性能参数比较 表 2-4

通信种类	蜂窝移动通信	ZigBee	DSRC	WiFi	蓝牙
通信方式	移动终端与基站通信	终端与路侧单元通信	终端与路侧单元、终端与终端之间通信	终端与无线路由器通信	终端与终端之间通信
单点覆盖距离	几公里	10 ~ 100m	50 ~ 100m	50m	10m

续上表

通信种类	蜂窝移动通信	ZigBee	DSRC	WiFi	蓝牙
网络扩展性	网络覆盖	自动扩展	无	无	无
功耗	一般	低	高	较高	低
时延	1.5～3.5s	0.03s	0.000 2s	3～5s	3～4s
传输速率	38.4kb/s	250kb/s	1.5Mb/s	11Mb/s	1Mb/s
频段	0.8GHz～1GHz	868MHz～2.4GHz	5.8G	2.4GHz	2.4GHz
成本	较高	低	低	高	低
交通应用	数据信息传输	车—路通信	电子收费,车—车、车—路通信	车—路通信、信息服务	数据信息传输
特点	通信覆盖范围大,目前传输量小,有延迟	低复杂度、低成本和低功耗、低速率,传输量小,应用于移动速度要求不高的场合	交通专用、抗干扰、低延时、高可靠,应用于高速移动且实时性高的数据传输	易受同频的其他设备干扰、时延高	通信距离短、传输量小、速率低

2.2.5　信息传输通信方式应用及发展趋势分析

(1)信息传输通信方式应用。

无线通信网络技术的快速发展与交通领域信息化的迫切需求,必然会催生无线通信网络技术在交通领域内的应用。但是实际交通中的应用场景不同,对通信的需求也不相同,采用的通信方式也会不同。因此,在通信方式的选取上,应根据各种通信的特点,应用于不同的交通场景。

目前对智能交通中通信应用的种类通常有下面几种划分方式,这些划分方式对理解通信在智能交通中的应用有一定的帮助。

①按照与车辆位置关系的通信方式分类。

a. 车内通信:Bluetooth、UWB。

b. 车外通信:2G、2.5G、3G、3.5G(蜂窝通信系统)、GPS、WiMAX。

c. 车—路通信:DSRC、微波、红外、WiFi。

d. 车—车通信:DSRC、微波、红外等。

②按照通信距离长短的交通应用分类(表2-5)。

交通应用按照通信距离分类示例　　表 2-5

短距离通信应用举例	a. 车辆弯道超速预警； b. 车辆闯红灯预警； c. 前车紧急制动预警； d. 车辆撞车前感知； e. 车辆交叉口避碰提醒； f. 协作碰撞提醒(V-V)； g. 不停车收费； h. 车辆靠近紧急提醒； i. 紧急车辆信号优先； ……	中、远距离通信应用举例	a. 交通信息服务； b. 视频、音频流媒体下载； c. 远程车辆导航服务； d. 车辆远程监控； e. 车辆行驶状态信息采集、诊断； ……

(2)通信传输技术在智能交通中的发展趋势。

目前使用的第二代移动通信传输方式数据传输速率较低,不适合用来传输大量的、多媒体的交通信息,主要应用在车辆监控调度、浮动车信息采集等传授量小、实时性要求不高的场合。在新技术和市场需求的共同作用下,基于3G、LTE移动通信技术的个人通信、信息系统、广播、娱乐等业务正逐步无缝连接为一个整体来满足用户的各种需求。3G、LTE能够提供的传输速度,足以胜任传递交通信息的要求,可使大量包括语音、数据、影像等多媒体的交通采集或交通服务信息迅速传递和实时交换。

从智能交通发展趋势来看,依托智能驾驶功能,主动避免潜在的交通意外发生,并避开交通拥堵路段,都需要以车辆为主体的信息接入系统,需要车载终端功能的集约化。而移动通信终端已经逐步成为一个综合的信息终端,这也使得汽车与手机的融合,以及用海量手机支持智能交通系统发展和建设成为可能,也成为一个重要的发展方向。

移动通信的飞速发展,为交通行业的发展创造了条件,同时交通行业也对移动通信的应用提出了更高要求。由于快速移动的车辆在动态自组织拓扑网络上频繁接入退出,以及其在网络上存在的瞬时性对无线接入的覆盖性及稳定性要求相对较高,而且考虑到交通运输通信应用的特殊性,不管是新一代移动通信技术(3G/LTE/4G),还是DSRC技术,当这些通信技术在以交通运输工具为主体的信息接入中应用时,对通信网的安全性、可靠性、通信能力、速度及容量等都提出了更高的要求,也是新一代无线移动通信在交通中应用所面临的关键问题。

不同的通信方式适用于不同的交通应用,随着通信技术的发展,其在交通中的应用不断发生改变。

①无线移动通信用于实时性不高的大范围通信方式,如车辆监控、交通信息服务等。

②短距离通信用于实时性较高的通信方式,目前多用于驾驶安全、辅助驾驶、实时交通控制方面。

随着无线移动通信技术的发展,高速、大容量通信带来的实时性、传输可靠性的提高，无线移动通信技术在交通的应用范围也将逐步扩展，传统的短距离通信技术应用的领域有可能被高速、大容量的无线移动通信技术所取代，而短程通信技术随着技术的成熟也逐渐向信息服务、资讯娱乐、文件下载等无线移动通信应用的领域渗透，如日本已经将短程通信用于信息服务、采集等方面。

目前多种通信方式相结合的信息传输方式是通信在智能交通应用中发展的主流，如欧洲智能交通的CALM标准架构(图2-11)，根据各种交通对象的特点，结合不同的交通应用，采用符合各自应有特点的通信技术，构筑立体的交通网络。

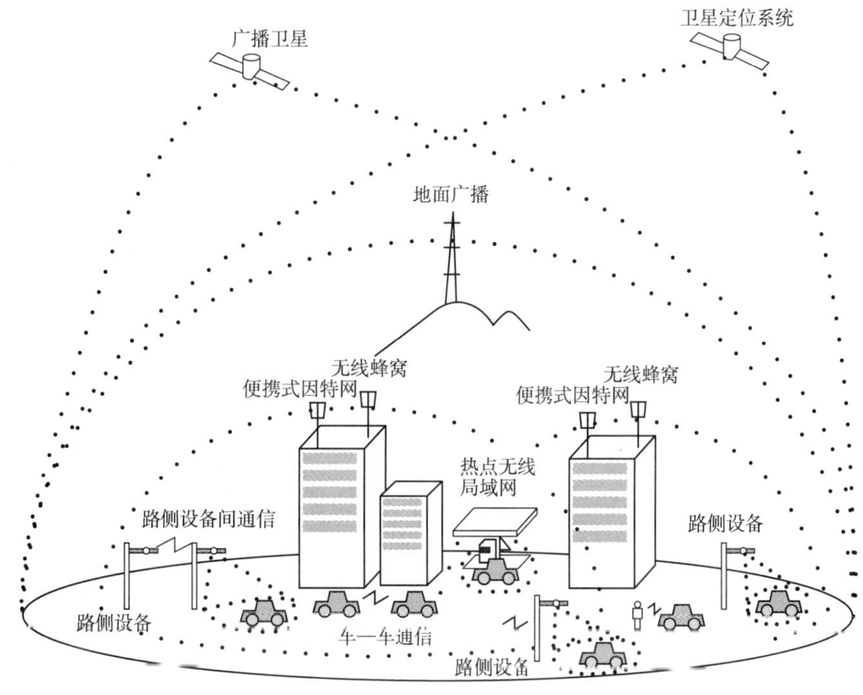

图2-11　欧洲智能交通CALM标准架构

2.3　交通信息处理技术

目前，应用于交通信息处理的技术，主要有：数据预处理技术、数据压缩处理技术、地图匹配技术(在后面章节详述)、海量信息处理技术、信息融合技术等，这些技术在智能化交通运营和管理中起着重要的作用。

2.3.1　数据预处理技术

数据预处理是从大量的数据属性中提取出对目标有重要影响的属性来降低原始数据的维数，或是处理一些不好的数据，从而改善数据的质量和提高数据分析的速度。数据预处理的内容包括：数据筛选、数据集成、数据变换和数据归约等。

(1)数据筛选。

数据筛选主要是为了滤除不希望包括进来的数据，去除数据中的噪声并纠正其不一致。

数据筛选用于解决如下问题。

①数据质量。为了保证数据分析结果的价值，必须了解数据本身。输入数据仓库中的异常数据、不相关的字段或互相冲突的字段、数据的编码方式等，都会对数据分析结果的质量产生影响。数据很少是完全正确的，因此有必要了解作为决策基础的数据质量。可以通过填写空缺值、平滑噪声数据，识别、删除离群点来去掉数据中的噪声、纠正不一致。

②冗余数据。原始数据中存在许多不必要的信息，可视为冗余数据。对此，在预处理数据时，可以剔除。

③数据缺失。原始数据常会发生缺失现象，可能会导致统计结果产生较大误差。这种情况可以根据经验和已知连续数据进行推测。

④输入错误。部分信息是由人工输入的，难免会有拼写错误，可能会对分析过程产生阻碍。

(2)数据集成。

数据集成主要是将多文件或多数据库运行环境中的异构数据进行合并处理。该环节主要包括:数据的选择、数据的冲突问题以及数据不一致的处理。由于数据可能来自多个系统，所以存在异构数据的转换问题;另外，多个数据源的数据之间还存在许多的不一致，如命名、结构、单位、含义等。因此，数据集成并非是简单的数据合并，而是把数据进行统一化和规范化处理的复杂过程。它需要统一原始数据中的所有矛盾之处，如字段的同名异义、异名同义、单位不统一、字长不一致等，从而把原始数据在最低层次上加以转换、提炼和聚集，形成最初始的挖掘数据。

(3)数据变换。

数据变换就是将数据进行规范化和聚集。规范化可以改进数据分析的精度和有效性。常用的方法是用平滑(包括分箱、聚类和回归)来去掉噪声数据;用聚集来对数据进行汇总:数据概化是使用高层次概念替换低层次“原始”数据来进行概念分层;用规范化将属性数据按比例缩放，使之落入一个小的特定区间;用属性构造(特征构造)来帮助提高精度和对高维数据结构的理解。

(4)数据归约。

对于小型或中型数据集，一般的数据预处理步骤已经足够。但对真正的大型数据集来讲，在应用数据挖掘技术以前，需要采取一个中间的、额外的步骤——数据归约。此步骤中简化数据的主题是维归约，主要问题为是否可在没有牺牲成果质量的前提下，丢弃这些已准备和预处理的数据，能否在适量的时间和空间里检查已准备的数据和已建立的子集。数据归约是指通过聚集、删除冗余特征或聚类等方法来压缩数据，常用的方法是数据立方体聚集、维归约、数据压缩、数值归约、离散化和概念分层产生。

①维归约:通过删除不相关的属性(或维)减少数据量。通常使用属性子集选择方法。属性子集选择的基本启发式方法,包括逐步向前选择、逐步向后删除、逐步向前选择和逐步向后删除结合、判定树归纳等技术。

②数据压缩:主要有小波变换、主要成分分析和分形技术。

③数值归约:回归和对数线形模型、直方图、聚类和抽样。

④离散化:可以用来减少给定连续属性值的个数。区间的标号可以替代实际的数据值。常用的方法有分箱、直方图分析、聚类分析、基于熵的离散化和通过"自然划分"的数据分段。

2.3.2 数据压缩处理技术

由于视频采集的数据量非常大,要实时地综合传输、存储并处理声音、图像、视频、文字等多媒体信息非常困难,必须对其进行压缩编码。采用数据压缩处理技术,就是在满足实际需要的前提下,尽量减少要传输或存储的数据量。

虽然数字图像的数据量巨大,但图像数据是高度相关的。一幅图像内部相邻像素之间、相邻行之间的视频序列中有大量冗余信息,可以使用各种方法尽量去除这些冗余信息,减少图像的数据量。除了时间冗余和空间冗余外,在一般的图像数据中还存在信息熵冗余、结构冗余、知识冗余和视觉冗余。各种冗余就是压缩图像数据的出发点。图像编码的目的就在于采用各种方法以去除冗余,以尽量少的数据量来表示和重建图像。

数据压缩方法种类繁多,可以分为无损压缩和有损压缩两大类。无损压缩利用数据的统计冗余进行压缩,可完全恢复原始数据而不引入任何失真,但压缩率受到数据统计冗余度的理论限制。这种方法主要用于文本数据、程序、特殊应用场合的图像和数字视频的传输问题。有损压缩方法利用了人类视觉对图像中的某些频率成分不敏感的特性,允许压缩过程中损失一定的信息,虽然不能完全恢复原始数据,但是所损失的部分对理解原始图像的影响较小,且换来了大得多的压缩比。有损压缩广泛应用于语音、图像和视频数据的压缩。

在图像和语音信号压缩编码方面已经制订了一些国际标准,包括用于静态图像(如抓拍图像)压缩的 JPEG 标准,用于动态图像(如视频监控)压缩的 MPEG 标准,以及简单的音频(如调度电话)压缩技术等。

2.3.3 海量信息处理技术

随着信息技术的飞速发展,交通采集检测手段的不断完善,海量的数据涌现于交通信息中,如大量浮动车实时数据、手机信息数据、全球地理信息数据等。面对这些巨大的数据,传统的数据处理方式将遇到瓶颈。这些海量信息与生俱来的数字化与网络化性质,在给人们带来了改善服务机遇的同时也提出了许多新的技术挑战。交通所产生的海量数据处理是智能交通发展中面临的主要问题之一,在引入物联网后,产生的数据量会更加的庞杂。对海量数据的实时、快速、准确的提取、融合,是交通物联网实现其应用功能的关键。海量数据是指数据量极大,往往是 Terabyte(1 012B)、Petabyte(1 015B)甚至 Exabyte(1 018B)级的数据集合。

海量数据的处理,包括编写优良的程序代码、分区分批处理、加大虚拟内存、建立缓存机制、提高硬件条件,加大 CPU 和内存、定制强大的清洗规则和出错处理机制、建立视图或者物化视图、使用数据仓库和多维数据库存储、使用采样数据等。以下为具体的处理方法。

(1)定制强大的清洗规则和出错处理机制。

海量数据中存在着不一致性,极有可能在某处出现瑕疵。例如,同样是数据中的时间字段,有的可能为非标准时间,出现的原因可能为应用程序错误、系统错误等,这时在进行数据处理时,必须定制强大的数据清洗规则和出错处理机制。

(2)数据分批处理。

因为数据量大,那么解决海量数据处理难问题的其中一个技巧是减少数据量。可以对海量数据分批处理,然后将处理后的数据进行合并操作,这样逐个击破,有利于小数据量的处理,不至于面对大数据量带来的问题。一般的数据按天、按月、按年等存储的,都可以采用先分后合的方法,对数据进行分开处理。

2.3.4 信息融合技术

信息融合技术是指利用计算机技术对按时序获得的若干观测信息在一定准则下加以自动分析综合,以完成所需的决策和估计任务的信息处理过程。

数据融合给交通信息加工提供了一种很好的方法,它的最大优势在于能合理协调多源数据,充分综合有用信息,提高在多变环境中正确决策的能力。它提高了多个子系统之间数据交换以及中心与设备之间数据交换的效率。

根据应用目的的不同,交通信息融合方法主要有:直接对数据源操作,例如加权平均、神经元网络等;利用对象的统计特性和概率模型进行操作,例如卡尔曼滤波、贝叶斯估计、多贝叶斯估计、统计决策理论等;基于规则推理的方法,如模糊推理、证据推理、产生式规则等。

其优点主要是可以提高系统的可信度,使采集数据更客观,扩大时间和空间的覆盖能力,进而便于使整个系统的性能价格比得到提升。

2.4 交通信息数据库存储技术

交通信息的存储与管理是信息化建设的又一重要内容。目前广泛采用数据库系统进行交通信息的存储与管理。以下为主流的数据库系统简介及比较。

(1)DB2。

DB2主要应用于大型应用系统,具有较好的可伸缩性,可支持从大型机到单用户环境,应用于OS/2、Windows等平台下。DB2提供了高层次的数据利用性、完整性、安全性、可恢复性,以及小规模到大规模应用程序的执行能力,具有与平台无关的基本功能和SQL命令。DB2采用了数据分级技术,能够使大型机数据很方便地下载到LAN数据库服务器,使得客户机/服务器用户和基于LAN的应用程序可以访问大型机数据,并使数据库本地化及远程连接透明化。它以拥有一个非常完备的查询优化器而著称,其外部连接改善了查询性能,并支持多任务并行查询。DB2具有很好的网络支持能力,每个子系统可以连接十几万个分布式用户,可同时激活上千个活动线程,对大型分布式应用系统尤为适用。

DB2是IBM出口的一系列关系型数据库管理系统,分别在不同的操作系统平台上服务。虽然DB2产品是基于UNIX的系统和个人计算机操作系统,但在基于UNIX系统和微软在Windows系统下的Access方面,DB2追寻了Oracle的数据库产品。

除了可以提供主流的OS/390和VM操作系统,以及中等规模的AS/400系统之外,IBM还提供了跨平台(包括基于UNIX的LINUX、HP-UX、Sun Solaris、SCO UnixWare,用于个人电脑的OS/2操作系统,以及微软的Windows 2000和其早期的系统)的DB2产品。DB2数据库可以通过使用微软的开放数据库连接(ODBC)接口、Java数据库连接(JDBC)接口,或者CORBA接口代理被任何的应用程序访问。

(2)Oracle。

Oracle公司是最早开发关系数据库的厂商之一,其产品支持最广泛的操作系统平台,目前Oracle关系数据库产品的市场占有率名列前茅。

Oracle7.X引入了共享SQL和多线索服务器体系结构。这减少了Oracle的资源占用,并增强了Oracle的能力,使之在低档软硬件平台上用较少的资源就可以支持更多的用户,而在高档平台上可以支持成百上千个用户。

Oracle还具有以下特点。

①可提供基于角色(Role)分工的安全保密管理。在数据库管理功能、完整性检查、安全性、一致性方面有良好的表现。

②支持大量多媒体数据,如二进制图形、声音、动画以及多维数据结构等。

③提供了与第三代高级语言的接口软件PRO*系列,能在C、C++等主语言中嵌入SQL语句及过程化(PL/SQL)语句,对数据库中的数据进行操纵。加上它有许多前台开发工具如POWER BUILD、SQL*FORMS、VISIA BASIC等,可以快速开发生成基于客户端PC平台的应用程序,具有良好的移植性。

(3)Sybase。

美国 Sybase 公司研制的一种关系型数据库系统,是一种典型的 UNIX 或 Windows NT 平台上客户机/服务器环境下的大型数据库系统。Sybase 提供了一套应用程序编程接口和库,可以与非 Sybase 数据源及服务器集成,允许在多个数据库之间复制数据,适于创建多层应用。系统具有完备的触发器、存储过程、规则以及完整性定义,支持优化查询,具有较好的数据安全性。Sybase 通常与 Sybase SQL Anywhere 用于客户机/服务器环境,前者为服务器数据库,后者为客户机数据库,采用该公司研制的 PowerBuilder 作为开发工具,在我国大中型系统中应用较为广泛。

(4)SQL Server。

SQL Server 是一个关系数据库管理系统。在 Windows NT 推出后,微软专注于开发推广 SQL Server 的 Windows NT 版本。

SQL Server 2000 是微软公司推出的 SQL Server 数据库管理系统,该版本继承了 SQL Server 7.0 版本的优点,同时又比它增加了许多更先进的功能,具有使用方便、可伸缩性好、与相关软件集成程度高等优点,可跨越从运行 Windows 98 的膝上型电脑到运行 Windows 2000 的大型多处理器的服务器等多种平台使用。

SQL Server 2005 是一个全面的数据库平台,使用集成的商业智能(BI)工具提供企业级的数据管理。SQL Server 2005 数据库引擎为关系型数据和结构化数据提供了更安全可靠的存储功能,适合构建和管理用于业务的高可用和高性能的数据应用程序。此外,SQL Server 2005 结合了分析、报表、集成和通知功能,使企业可以构建和部署经济有效的 BI 解决方案,帮助团队通过记分卡、Dashboard、Web Services 和移动设备将数据应用推向业务的各个领域。

(5)各主流数据库之间的比较。

①安全性:SQL Server 只能在 Windows 上运行,没有丝毫的开放性,操作系统的稳定性对数据库十分重要。Windows 9X 系列产品偏重于桌面应用,NT server 只适合中小型企业。Windows 平台的可靠性、安全性和伸缩性是非常有限的,不像 UNIX 那样久经考验,尤其是在处理大数据量的关键业务时。

Oracle 能在所有主流平台上运行(包括 Windows),属于完全支持的解决方案。对开发商全力支持所有的工业标准,采用完全开放策略。

Sybase ASE 能在所有主流平台上运行(包括 Windows)。但由于早期 Sybase 与 OS 集成度不高,因此 VERSION 11.9.2 以下版本需要较多 OS 和 DB 级补丁,在多平台的混合环境中会有一定问题。

DB2 能在所有主流平台上运行(包括 Windows),最适于海量数据处理。DB2 在企业中的应用最广泛,在全球 500 家最大的企业中,85% 以上的企业用 DB2 数据库服务器,2006 年约占全球市场份额的 26%。

②可伸缩性、并行性:SQL server 的并行实施和共存模型并不成熟,很难处理日益增

多的用户数和数据卷,伸缩性有限。

Oracle 并行服务器通过使一组节点共享同一簇中的工作来扩展 Windows NT 的能力,提供高可用性和高伸缩性的簇的解决方案。如果 Windows NT 不能满足需要,用户可以把数据库移到 UNIX 中。Oracle 的并行服务器对各种 UNIX 平台的集群机制都有着相当高的集成度。

Sybase ASE 虽然有 DB SWITCH 来支持其并行服务器,但由于 DB SWITCH 在技术层面还未成熟,只支持版本在 12.5 以上的 ASE SERVER,且 DB SWITCH 技术需要一台服务器充当 SWITCH,从而在硬件上较为不便。

DB2 具有很好的并行性,它把数据库管理扩充到了并行的、多节点的环境。数据库分区是数据库的一部分,包含自己的数据、索引、配置文件和事务日志。数据库分区有时被称为节点或数据库节点。

③安全性:SQL Server 没有获得任何安全证书。

Oracle Server 获得最高认证级别的 ISO 标准认证。

Sybase ASE 获得最高认证级别的 ISO 标准认证。

DB2 获得最高认证级别的 ISO 标准认证。

④性能:SQL Server 在多用户时性能不佳。

Oracle 性能最高,保持开放平台下的 TPC-D 和 TPC-C 的世界记录。

Sybase ASE 性能接近于 SQL Server,但在 UNIX 平台下的并发性要优于 SQL Server。

DB2 性能较高,适用于数据仓库和在线事物处理。

⑤客户端支持及应用模式:SQL Server 为 C/S 结构,只支持 Windows 客户,可以用 ADO、DAO、OLEDB、ODBC 连接。

Oracle 为多层次网络计算,支持多种工业标准,可以用 ODBC、JDBC、OCI 等网络客户连接。

Sybase ASE 为 C/S 结构,可以用 ODBC、J-connect、Ct-library 等网络客户连接。

DB2 为跨平台多层结构,支持 ODBC、JDBC 等客户。

⑥可操作性:SQL Server 操作简单,但只有图形界面。

Oracle 较复杂,同时提供 GUI 和命令行,在 Windows NT 和 UNIX 下操作相同。

Sybase ASE 较复杂,同时提供 GUI 和命令行。但 GUI 较差,建议使用命令行。

DB2 操作简单,同时提供 GUI 和命令行,在 Windows NT 和 UNIX 下操作相同。

⑦使用风险:SQL Server 完全重写的代码,经历了长期的测试,不断延迟,许多功能需要时间来证明,并不十分兼容。

Oracle 需长时间的开发经验,向下兼容,得到广泛的应用,完全没有风险。

Sybase ASE 向下兼容,但是 Ct-library 程序不易移植。

DB2 在巨型企业得到广泛的应用,向下兼容性好,风险小。

在交通系统信息存储中,常选择Oracle建立数据仓库。

存储海量信息不但要求存储设备有很大的储存容量,还需要大规模数据库来存储和处理这些数据。以往当人们需要存储结构化数据时,数据库通常是首选的解决方案,在数据规模不大时,其可以提供便捷、稳定的服务。然而随着数据量的增长,特别是当Web时代来临后,针对动辄TB级的庞大数据,传统的数据库在处理海量数据时显得力不从心。因此,在满足通用关系数据库技术要求的同时,更需要对海量存储的模式、数据库策略及应用体系架构有更高的设计考虑。

针对这种情况,以Google为代表的搜索引擎公司作出了巨大努力,开发了一系列的数据处理基础设施来存储和处理这些海量数据。这也引发了现在工业界的云计算(Cloud Computing)热潮,代表性的系统包括Goolge的Google File System(GFS)、MapReduce、Bigtable等。所谓云计算,狭义地讲,可以认为是一种数据处理的基础设置,按照IBM公司"智慧地球"的提法,云计算是一种把资源、数据、应用作为服务,并通过网络提供给用户的经济高效的模型,能使综合管理更简单并提高响应速度。它具有以下几个特征。

a.超大规模。"云"应该具有相当的规模,规模不仅指服务器的数量规模,也指处理的数据规模。Google分布在世界各地的机房中,拥有上百万台服务器,Amazon、IBM、微软、Yahoo等公司的"云"中也至少拥有几十万台服务器。这些"云"中存储和处理着P量级的数据。

b.虚拟化(Virtualization)。所谓虚拟化是指用户可以在任意位置、使用各种终端获取所需的服务。而提供服务的应用程序则在"云"中某处运行,用户无需了解也不用关心应用运行的细节。

c.高可靠性(Reliability)。"云"的内部使用数据的多副本容错、计算节点同构可互换等措施来保障服务的高可靠性,使用云计算比使用本地计算更加可靠。

d.可扩展性(Scalability)。"云"的规模可以动态配置和伸缩,以满足应用和用户规模增长的需要。随着"云"规模的增长,计算和存储能力也随之线性增加。

第3章 智能交通信息分析基础知识

有效地对采集到的交通数据进行分析是掌握交通规律，实现 ITS 功能的关键。本章从实际应用出发，介绍最基本的数理统计及数据挖掘分析方法。

3.1 数理统计技术

统计学作为一门研究“数据的收集、整理、分析”的学科，其目的是为了通过分类与测度取得的信息来理解和认识现实世界。在很长的历史阶段中，人们一直运用统计学及概率方法分析各种数据。交通信息的一个显著特征是它的空间性和随机性，因此对它的研究和分析需要建立在广泛统计的基础上，应用各类信息统计分析方法来探索信息的直观性和变化趋势的规律性。

3.1.1 描述性统计

描述性统计是将交通信息采集中所得的数据加以整理、归类、简化或绘制成图表，以此描述和归纳数据的特征及变量之间关系的一种最基本的统计方法。描述统计主要涉及数据的集中趋势、离散程度和相关强度，最常用的指标有平均数 $\bar{x}$、标准差 σ_x、相关系

数 r 等。

(1)平均数。

平均数是用来描述数据分布集中趋势的一个统计量,常用符号 $\bar{x}$ 来表示。它是一组观测值的总和除以观测值的个数所得的商,其计算公式为:

$$\bar{x}=\frac{\sum x}{n} \tag{3-1}$$

式中:$\bar{x}$——平均数;

x——具体的观测值;

n——观测值的个数。

(2)方差和标准差。

方差和标准差是描述一组数据的差异情况和离散程度的统计量。方差或标准差越小,表明数据的离散程度越小,数据分布越集中;反之,方差或标准差越大,表明数据离散程度越大,数据分布越参差不齐。

方差指观测值与均值之差的平方和的算术平均数,常用符号 σ_x^2 来表示,其计算公式为:

$$\sigma_x^2=\frac{\sum(x-\bar{x})^2}{n}=\frac{\sum x^2}{n}-\left(\frac{\sum x}{n}\right)^2 \tag{3-2}$$

式中:σ_x^2——方差;

$\bar{x}$——平均数;

x——具体的观测值;

n——观测值的个数。

标准差等于方差的算术平方根,常用符号 σ_x 来表示,其计算公式为:

$$\sigma_x=\sqrt{\frac{\sum(x-\bar{x})^2}{n}} \tag{3-3}$$

式中:σ_x——标准差。

(3)标准分数。

标准分数又称 Z 分数,是以标准差为单位来表示一个分数在团体中所处位置的相对位置量数。Z 分数的大小由观测值与平均数之差除以标准差来表示,其计算公式为:

$$Z=\frac{x-\bar{x}}{\sigma_x} \tag{3-4}$$

式中:Z——标准分数;

$\bar{x}$、σ_x——分别为平均数、标准差。

(4)相关系数。

相关变量之间的相互关系和联系程度,其大小常用相关系数来表示。相关系数取值介于 -1.00 ~ 1.00 之间,其值的正负及大小反映了变量之间变化的方向和关系的紧密程度。按相关系数的正负符号来分,相关分为正相关、负相关和零相关。

正相关表示一变量发生变化时,另一变量也发生同方向的变化。负相关表示一变量发生变化时,另一变量发生反方向的变化。零相关表示变量之间线性关系上相互独立,彼此没有关系,一变量变化并不一定引起另一变量的相应变化。相关系数绝对值的大小表示变量关系的密切程度,绝对值越接近 1,表示两变量的关系越密切;绝对值越接近于 0,表示两变量的关系越疏远。按绝对值的大小,相关可分为高度相关、中度相关和低度相关。绝对值在 0.7 及以上的,称为高度相关;在 0.3 ~ 0.7 之间的,称为中度相关;0.3 以下的,称为低度相关。

计算相关系数的方法很多,对于不同的数据类型,应采用不同的相关计算方法。最常用的相关是积差相关。

当两个变量是连续的、成对的且变量的总体接近正态分布时,变量的关系常用积差相关来表示,其符号为 r,计算公式为:

$$r=\frac{\sum xy-\frac{\sum x\sum y}{n}}{\sqrt{\sum x^2-\frac{(\sum x)^2}{n}}\sqrt{\sum y^2-\frac{(\sum y)^2}{n}}} \tag{3-5}$$

式中: r——积差相关系数;

xy——x 与 y 的积;

n——变量 x 和变量 y 的成对数目。

3.1.2　回归分析法

回归分析就是用数理统计方法确定一条对各测量值误差较小的直线。这条直线所表达的两个变量之间的某种线性关系是否有意义,则用相关系数进行判断。

在一元线性回归中,设以 x 为自变量,y 为因变量,则一元线性回归方程表示为:$y=a+bx$,式中 a 和 b 称为回归系数。

根据最小二乘法的原理,最佳的回归线应使各测量值 y_i 与相对应的落在回归线上的值之差的平方和 Q 为最小。

$$a=\frac{\sum_{i=1}^{n}y_i-b\sum_{i=1}^{n}x_i}{n}=\bar{y}-b\bar{x}$$

$$b=\frac{\sum_{i=1}^{n}(x_i-\bar{x})(y_i-\bar{y})}{\sum_{i=1}^{n}(x_i-\bar{x})^2}$$

$$Z=U\Lambda U^{\mathrm{T}}\boldsymbol{\eta}_m$$

$$Q=\sum_{i=1}^{n}(y_i-a-bx_i)^2$$

欲使 Q 达到最小,对 Q 分别求 a 和 b 的偏微分,并令其为零:

$$\frac{\partial Q}{\partial a}=-2\sum_{i=1}^{n}(y_i-a-bx_i)=0 \tag{3-6}$$

$$\frac{\partial Q}{\partial b}=-2\sum_{i=1}^{n}x_i(y_i-a-bx_i)=0 \tag{3-7}$$

由式(3-6)、式(3-7)求解得:

$$a=\frac{\sum_{i=1}^{n}y_i-b\sum_{i=1}^{n}x_i}{n}=\bar{y}-b\bar{x}$$

$$b=\frac{\sum_{i=1}^{n}(x_i-\bar{x})(y_i-\bar{y})}{\sum_{i=1}^{n}(x_i-\bar{x})^2}$$

其中,$\bar{y}=\frac{1}{n}\sum_{i=1}^{n}y_i$,$\bar{x}=\frac{1}{n}\sum_{i=1}^{n}x_i$。

相关系数是检验两个变量之间是否完全符合回归关系的量度,用 r 表示。相关系数定义为:

$$r=b\sqrt{\frac{\sum_{i=1}^{n}(x_i-\bar{x})^2}{\sum_{i=1}^{n}(y_i-\bar{y})^2}}=\frac{\sum_{i=1}^{n}(x_i-\bar{x})(y_i-\bar{y})}{\sqrt{\sum_{i=1}^{n}(x_i-\bar{x})^2\sum_{i=1}^{n}(y_i-\bar{y})^2}} \tag{3-8}$$

当 $r=1$ 时,说明两变量之间存在完全的线性关系,所有测定值全部落在回归直线上。

当 $r=0$ 时,y 与 x 之间完全不存在线性关系。

当 r 值在 0~1 之间时,表示 y 与 x 之间存在相关关系。如果其值与指定置信度下相关系数临界值 $r_{\text{p.f}}$ 比较,满足 $|r|>r_{\text{p.f}}$,就可以认为这一回归线是有意义的。r 值愈接近 1,线性关系愈好。

3.1.3 主成分分析法

由于各种测量数据通常是以矩阵的形式记录、表达和存储的,实际中的很多数据信息往往是重叠与冗余的。从线性代数的观点来看,就是这些数据矩阵中存在相关的行或列,因此需要对其进行处理和提炼,抽取出有意义、独立的变量。主成分分析(Principal Component Analysis,简称 PCA)是一种常用的基于变量协方差矩阵对信息进行处理、压缩和抽提的有效方法。通过主成分分析,可压缩变量个数,用较少的变量去解释原始数据中的大部分变量,剔除冗余信息。即将许多相关性很高的变量转化成个数较少、能解释大部分原始数据方差且彼此互相独立的几个新变量,也就是所谓的主成分。这样就可以消除原始变量间存在的共线性,克服由此造成的运算不稳定、矩阵病态等问题。

主成分分析原理根据方差最大化原理,用一组新的、线性无关且相互正交的向量来表征原来数据矩阵的行或列。这组新向量（主成分）是原始数据向量的线性组合。通过对原始数据的平移、尺度伸缩（减均值除方差）和坐标旋转（特征分解），得到新的坐标系（特征向量）后，用原始数据在新坐标系下的投影（点积）来替代原始变量。

主成分分析步骤如下。

（1）处理原始数据矩阵。

对原始数据矩阵进行标准化处理，相当于对原始变量进行坐标平移与尺度伸缩：

$$X_{n\times p}=\begin{bmatrix} x_{11} & x_{12} & \cdots & x_{1p} \\ x_{21} & x_{22} & \cdots & x_{2p} \\ \vdots & \vdots & \ddots & \vdots \\ x_{n1} & x_{n2} & \cdots & x_{np} \end{bmatrix} \tag{3-9}$$

（2）求协方差矩阵 Z。

（3）特征分解 $Z=U\Lambda U^{\mathrm{T}}$。

相当于将原来的坐标轴进行旋转得到新的坐标轴 U。其中，Λ 为 Z 的特征值组成的对角阵；U 为 Z 的特征向量按列组成的正交阵，它构成了新的矢量空间，作为新变量（主成分）的坐标轴，又称为载荷轴。

（4）确定主成分个数。

$$\eta_m=\frac{\lambda_1+\lambda_2+\cdots+\lambda_m}{\lambda_1+\lambda_2+\cdots+\lambda_p} \tag{3-10}$$

当 η_m 大于某个阈值时，可认为主成分数目为 m。

（5）求主成分分析的变量值。

$$F_{n\times m}=X_{n\times p}U_{p\times m} \tag{3-11}$$

F 阵的每一行相当于原数据矩阵的所有行（即原始变量构成的向量）在主成分坐标轴（载荷轴）上的投影，这些新的投影构成的向量就是主成分的分向量。

3.1.4　非参数方法

近年来，统计学中发展了一些不需对总体分布作限制性假定的有用技术。这些方法称为非参数检验、自由分布检验，或称无分布检验。由于不涉及总体参数或不依赖于对总体分布的限制性假定，因而被称为非参数统计方法。非参数统计与传统的参数统计相比要求的假定条件比较少，因而它的适用范围比较广泛。

在非参数统计中，应用最广泛的方法之一是利用 χ^2 分布进行独立性、一致性和吻合性的检验。数学上可将这一分布表示为：

$$f(u)=\frac{1}{\left(\frac{n}{2}-1\right)!2^{\frac{n}{2}}}u^{\frac{n}{2}-1}\mathrm{e}^{-\frac{u}{2}}\quad(u>0) \tag{3-12}$$

其中，$u=\sum_{i=1}^{n}\left(\frac{x_i-\mu_i}{\sigma_i}\right)^2$，e≈2.718 28。

n 称为自由度。所有 x_i 彼此独立，且均服从平均值为 μ_i、标准差为 σ_i 的正态分布。μ 和 σ 的下标表示每个观察值可能取自不同的总体。当从同一总体抽取所有观察值时，μ 和 σ 的下标就可以取消。这一分布的平均值和方差分别为 n 和 $2n$。分布本身通常用希腊字母 χ^2 来表示。

χ^2 分布是一种抽样分布。当对正态随机变量 x 随机地重复地抽取 n 个数值，将每一个 χ 值变换成标准正态变量，并对这 n 个新的变量分别取平方再求和之后，便得到一个服从 χ^2 分布的变量，即：

$$u=\sum z^2\sum_{i=1}^{n}\frac{x_i-\mu}{\sigma} \tag{3-13}$$

如果将 μ 的各种不同数值连同相应的相对出现的频数列出，就得到 $u=\sum z^2$ 的抽样分布，这就是自由度为 n 的 χ^2 分布。

在实践中，经常要对一些观察值出现的实际频数与理论频数进行比较，以了解实际发生的结果与理论之间是否一致。设观察频数为 f_0，理论频数为 f_i，则可定义 χ^2 统计量：

$$\chi^2=\sum\frac{(f_0-f_i)^2}{f_i} \tag{3-14}$$

(1)χ^2 的独立性检验。

在研究问题时，经常会遇到求两个变量之间是否有联系的问题。其检验方法是将研究的对象按两个变量分别进行分类，编制一张交错分类的表，通常叫做列联表。χ^2 检验有两个步骤：

①根据独立性的假设计算期望频数(f_i)；

②将观测频数(f_0)与期望频数进行比较。

在利用 χ^2 检验时，应注意：要求试验的频数比较多；每一格中期望的理论频数不能太小。

(2)χ^2 的一致性检验。

一致性检验与独立性检验的差异主要体现在以下两方面。一是在独立性检验时，是从研究的总体中抽取一定容量的样本，然后，根据样本的观察值进行双向分类；一致性检验则是从比较的总体中分别抽取独立的随机样本，然后把抽到的单位划分成两类中的一个类别。二是对理论频数的计算，在独立性检验时，假设按两个单独概率的乘积，而在一致性检验时，假定比较的几个总体中具有某种特征的单位数的比例相同，当假设成立时，各类的期望频数应该根据样本总数的比例来计算。

利用 χ^2 进行一致性检验还可以推广到几个总体的比例是否一致，分类也可推广到两类以上，若是 r 个总体，每个总体分成 s 类，就形成 $r\times s$ 列联表。

(3)χ^2 的吻合性检验。

在实际工作中,有时需要对变量是否遵从某一理论分布进行检验,χ^2 分布用于这一方面的检验称为吻合性检验,或称拟合优度检验。

这类检验要求所抽取的样本是随机样本,变量的计量水准至少是列名的。若被检验的总体其真实的分布函数为 $F(x)$,但它是未知的,则只能从这一分布中抽取一个随机样本,要求通过对这一样本的检验来认识这一总体的分布是否与规定的理论分布 $F^*(x)$ 相一致。因此,其假设可陈述为:

$$H_0:F(x) = F^*(x)$$

$$H_1:F(x) = F^*(x)$$

检验统计量 χ^2 的计算方法与前面相同,其理论频数 $f_i = np_i$,其中 p_i 为按理论分布计算的概率。

3.2　数据挖掘技术

随着计算机技术的发展、数据库的出现,各种信息呈几何级数增长,传统的统计学方法几乎无能为力。1989 年 8 月,在美国底特律市召开的第十一届国际联合人工智能学术会议上,数据挖掘技术应运而出,它是从大量数据中提取或挖掘知识的技术。常用的算法有人工神经网络、决策树、遗传学算法、模糊聚类、最临近算法、规则归纳等。在智能交通信息处理过程中需要结合使用多种算法。数据挖掘技术近年来在国外被广泛运用于零售业、银行金融、电信等领域。

由于数据分析及挖掘的广泛应用,目前出现了一些较成熟的数据分析及挖掘工具。比较成熟的数据分析工具很多,例如 SAS 公司的 Enterprise Miner、IBM 公司的 Intelligent Miner、SPSS 公司的 Clementine、SGI 公司的 Miner Set 等。世界上比较有影响的通用数据挖掘系统有:SAS 公司的 Enterprise Miner、IBM 公司的 Quest、SGI 公司的 SetMiner、SPSS 公司的 Clementime、Sybase 公司的 Warehouse Studio、RuleQuest Research 公司的 See5,以及由加拿大 Simon Frase 大学“智能数据库系统研究实验室”与 DBMiner Technology 公司共同开发的产品 ODBMiner。如何结合数据挖掘知识及数据融合知识提高数据分析的精度及针对性是下一步研究的重点。

下面简单介绍目前常用的几种数据挖掘算法。

3.2.1　人工神经网络

1943 年心理学家 W. Mcculloch 和数理逻辑学家 W. Pitts 首先提出了神经元的数学模型,即 MP 模型。1969 年,M. Minsky 和 S. Papert 发表了名为“感知机(Perceptron)”的专著,但由于难以找到有效的学习算法,使得神经网络的研究在整个 20 世纪 70 年代陷入低潮。美国物理学家 Hopfield 于 1982 年和 1984 年发表了两篇关于神经网络的论文,引入了能量函数的概念，使神经网络的平衡稳定状态有了明确的判断方法，所提出的全连接网络后来被称为 Hopfield 网络。这一研究成果使人们重拾了对人工神经网络的信心，带动了20世纪80年代中期以来神经网络的快速发展。

1986年，D. E. Rumelhart 和 J. L. McClelland 等人提出了多层前馈型的误差反向传播（Back Propagation）算法网络，简称 BP 算法。这种算法根据学习的误差，把学习的结果反馈到隐含层的神经元，修正各层之间的连接权，从而达到预期的学习目的，解决了多层网络的学习问题。BP 算法从实践上证实了人工神经网络具有很强的运算能力，可以完成学习任务，解决许多具体问题。这一算法的提出真正重新掀起了神经网络研究的热潮。

BP 网络本质上是把一组样本输入输出问题转变为非线性优化问题，采用梯度下降法，迭代调整权值和阈值。Hecht-Nielsen 证明了任意从输入到输出的映射都存在一个三层 BP 网络的逼近。因此，BP 网络一出现便得到了广泛的应用。但是 BP 网络有其自身固有的缺陷，如学习速度慢、容易陷入局部极小点、隐含层节点数的选取无理想规则可循等。随着应用领域的不断扩大和精度要求的逐步提高，这些弊端日渐突出。为了解决这些缺点，人们一方面寻找更快速更有效的训练算法，一方面建构新的网络结构。

1985年，Powell 提出了多变量插值的径向基函数（Radial Basis Function，简称 RBF）方法。1988年，Broomhead 和 Lowe 首先将 RBF 方法应用于神经网络设计，并将径向基函数神经网络（Radial Basis Function Neural Network，简称 RBFNN）和多层神经网络进行了对比，揭示了两者的关系。随着研究日渐成熟，RBFNN 由于其结构简单、算法简便、非线性逼近能力强、收敛速度快、全局收敛以及良好的推广能力，被广泛应用于函数逼近、时间序列预测、语音识别、模式分类、数据挖掘等许多领域。

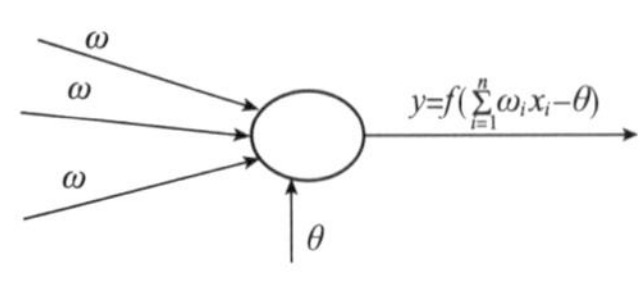

图3-1　人工神经网络的节点图

人工神经网络是由大量被称为节点的简单信息处理单元（神经元）组成的，每个节点向邻近的其他节点发出抑制或激励信号，整个网络的信息处理便是通过这些节点之间的相互作用完成的。人工神经网络的一个节点如图3-1所示。

其中，$x_1,x_2,\cdots,x_n$ 为节点的输入分量，是神经元所接收到的信息；$\omega_1,\omega_2,\cdots,\omega_n$ 为权值，也称连接强度；θ 为节点的阈值；f 为激活函数，一般取为非线性函数；y 是节点输出。

人工神经网络的工作过程可分为训练和测试两个阶段。在训练阶段，以一组输入/输出模式对作为训练样本集来训练网络。网络训练的过程是网络参数（包括权值、阈值等）和结构（如 RBFNN）调整的过程。在测试运行阶段，给定新的输入，网络便可以计算得到相应的输出。

通常，人工神经网络的学习（或训练）方式可分为两种：一种是有监督（Supervised）的学习，即利用给定的样本集进行分类或模仿；另一种是无监督（Unsupervised）的学习，即只规定学习方式或某些规则，而具体的学习内容随系统所处的环境（即输入信号的情况）

而异，系统可以自动发现环境特征和规律性，具有更近似人脑的功能。

人工神经网络之所以能够在众多研究领域得到广泛的应用，是由于其具有下述特点。

(1)分布存储性与容错性。

信息在神经网络内的存储是按内容分布于大量的神经细胞之中，而且每个神经细胞实际上只存储多种不同信息的部分内容。网络的各个部分对学习和记忆具有等势作用，即使个别单元出错，部分信息丢失，但大部分信息仍存在，因而可以恢复得到完整的信息。

(2)并行处理性。

神经元的响应速度很慢，每次约 1ms，比一般的电子元件要慢几个数量级，而且每个神经元的处理功能也很有限，但却可以在几百微秒的时间内对一个复杂的过程作出判断和决策。这是因为神经网络大量的神经元可同时进行同样的处理，即大规模的并行处理。

(3)信息处理与储存的合二为一性。

大脑对信息的分布存储与并行处理并不是相互独立的，而是相互融合的，即每个神经元都兼有信息处理与存储功能。神经元之间连接权的变化，既反映了对信息的记忆，同时又与神经元对激励的响应一起反映了对信息的处理。

(4)层次性与系统性。

神经网络是个十分复杂、规模庞大的系统。由结构和功能都十分简单、有限的神经元组成的网络，通过系统的组合功能效应，可完成各种复杂的信息处理任务。

标准的 RBFNN 是由输入层、非线性隐含层(RBF 层)和线性输出层组成的三层结构的、多输入多输出的前馈型神经网络，其拓扑结构如图 3-2 所示。其中，第一层为输入层，作用是输入信息到隐含层；第二层为隐含层，由 RBF 构成，以训练样本的输入向量与隐含

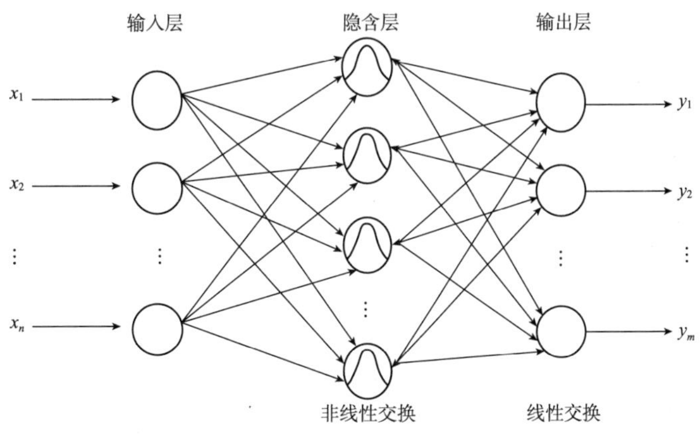

图 3-2　RBFNN 的拓扑结构

层节点权重向量的欧氏距离作为净输入,作用是对输入向量进行非线性变换;第三层为输出层,作用是对隐含层的输出作线性变换。

根据对 RBF 网络的拓扑结构和映射关系的分析可知,RBFNN 的训练过程中需要确定的网络参数有:隐含层 RBF 的中心 c_j 和宽度 σ_j;第 j 个隐含层节点和第 k 个输出层节点之间的连接权重 $\omega_j k$。RBFNN 的学习可以分为两个层次进行:在隐含层,要对激活函数的参数(RBF 的中心和宽度)进行调整,并采用非线性的优化策略,学习的速度较慢;而输出层只是对隐含层节点输出的加权求和,因此学习过程只是对连接权值进行调整,可采用线性优化策略,学习的速度较快。所以正是由于隐含层和输出层的不同功能,导致了不同的学习策略。目前已有多种 RBFNN 的学习训练方法。

3.2.2 聚类分析

聚类分析起源于分类学,在考古的分类学中,人们主要依靠经验和专业知识来实现分类。随着生产技术和科学的发展,人类的认识不断加深,分类越来越细,要求也越来越高,有时光凭经验和专业知识是不能进行确切分类的,往往需要定性和定量分析结合起来去分类,于是数学工具逐渐被引进分类学中,形成了数值分类学。后来随着多元分析的引进,聚类分析又逐渐从数值分类学中分离出来而形成一个相对独立的分支。

聚类分析内容非常丰富,有系统聚类法、有序样品聚类法、动态聚类法、模糊聚类法、图论聚类法、聚类预报法等。此处主要介绍常用的系统聚类法。

(1)最短距离法。

定义类 G_i 与类 G_j 之间的距离为两类最近样品的距离,即:

$$D_{ij} = \min_{X_i \in G_i, X_j \in G_j} d_{ij} \tag{3-15}$$

设类 G_p 与类 G_q 合并成一个新类记为 G_r,则任一类 G_k 与 G_r 的距离是:

$$\begin{aligned} D_{kr} &= \min_{X_i \in G_i, X_j \in G_j} d_{ij} \\ &= \min\{\min_{X_i \in G_k, X_j \in G_p} d_{ij}, \min_{X_i \in G_k, X_j \in G_q} d_{ij}\} \\ &= \min\{D_{kp}, D_{kq}\} \end{aligned} \tag{3-16}$$

最短距离法聚类的步骤如下。

①定义样品之间距离,计算样品两两距离,得一距离阵记为 $D_{(0)}$,开始每个样品自成一类,显然这时 $D_{ij} = d_{ij}$。

②找出 $D_{(0)}$ 的非对角线最小元素,设为 D_{pq},则将 G_p 和 G_q 合并成一个新类,记为 G_r,即 $G_r = \{G_p, G_q\}$。

③给出计算新类与其他类的距离公式:

$$D_{kr} = \min\{D_{kp}, D_{kq}\} \tag{3-17}$$

将 $D_{(0)}$ 中第 p、q 行及第 p、q 列用式(3-17)并成一个新行新列,新行新列对应 G_r,所得到的矩阵记为 $D_{(1)}$。

④对 $D_{(1)}$ 重复上述对 $D_{(0)}$ 的②、③两步得 $D_{(2)}$；如此下去，直到所有的元素并成一类为止。

如果某一步 $D_{(k)}$ 中非对角线最小元素不止一个，则对应这些最小元素的类可以同时合并。

(2)最长距离法。

定义类 G_i 与类 G_j 之间距离为两类最远样品的距离，即：

$$D_{pq} = \max_{X_i \in G_p, X_j \in G_q} d_{ij} \tag{3-18}$$

最长距离法与最短距离法的并类步骤完全一样，也是将各样品先自成一类，然后将非对角线上最小元素对应的两类合并。设某一步将类 G_p 与类 G_q 合并为 G_r，则任一类 G_k 与 G_r 的距离是：

$$\begin{aligned} D_{kr} &= \max_{X_i \in G_k, X_j \in G_r} d_{ij} \\ &= \max\{\max_{X_i \in G_k, X_j \in G_p} d_{ij}, \max_{X_i \in G_k, X_j \in G_q} d_{ij}\} = \max\{D_{kp}, D_{kq}\} \end{aligned} \tag{3-19}$$

再找非对角线最小元素的两类并类，直至所有的样品全归为一类为止。

(3)中间距离法。

定义类与类之间的距离既不采用两类之间最近的距离，也不采用两类之间最远的距离，而是采用介于两者之间的距离，故称为中间距离法(图3-3)。

如果在某一步将类 G_p 与类 G_q 合并为 G_r，则任一类 G_k 和 G_r 的距离是：

$$D_{kr}^2 = \frac{1}{2}D_{kp}^2 + \frac{1}{2}D_{kq}^2 + \beta D_{pq}^2 \quad \left(-\frac{1}{2} \leqslant \beta \leqslant 0\right) \tag{3-20}$$

当 $\beta = -\frac{1}{4}$ 时，由初等几何知 D_{kr} 就是图3-3中三角形的中线。

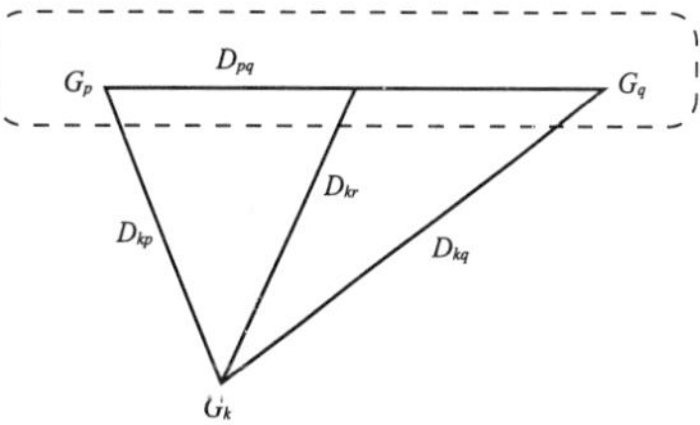

图3-3　中间距离法

(4)重心法。

定义类与类之间距离时，为了体现出每类包含的样品个数，故给出了重心法。

重心法定义两类之间的距离就是两类重心之间的距离。设类 G_p 和类 G_q 的重心(即该类样品的均值)分别是 $\overline{X}_p$ 和 $\overline{X}_q$(注意一般它们是 p 维向量)，则 G_p 和 G_q 之间的距离是 $D_{pq} = d_{\overline{X}_p \overline{X}_q}$。

重心法的归类步骤与以上三种方法基本相同，所不同的是每合并一次，就要重新计算新类的重心及各类与新类的距离。

(5)类平均法。

重心法虽有很好的代表性，但并未充分利用各样品的信息，因此给出类平均法。它定义两类之间的距离平方为这两类元素两两之间距离平方的平均，即：

$$D_{pq}^2 = \frac{1}{n_p n_q} \sum_{X_i \in G_p} \sum_{X_j \in G_j} d_{ij}^2 \tag{3-21}$$

类平均法的聚类步骤与上述方法完全类似,不再详述。

(6)离差平方和法。

离差平方和法是由 Ward 提出来的,故又称为 Ward 法。设将 n 个样品分成 k 类:G_1,G_2,…,G_k,用 $X_i^{(t)}$ 表示 G_t 中的第 i 个样品(注意 $X_i^{(t)}$ 是 p 维向量),n_t 表示 G_t 中的样品个数,$\overline{X}^{(t)}$ 是 G_t 的重心,则 G_t 中样品的离差平方和为:

$$S_t = \sum_{i=1}^{n_t} (X_i^{(t)} - \overline{X}^{(t)})'(X_i^{(t)} - \overline{X}^{(t)}) \tag{3-22}$$

上面介绍了六种系统聚类方法,这些方法聚类的步骤是完全一样的,所不同的是类与类之间的距离有不同的定义,由此所给出的新类与任一类的距离公式不同。这些公式在 1967 年由 Lance 和 Williams 统一起来。当采用欧氏距离时,六种方法有统一形式的递推公式:

$$D_{kp}^2 = \alpha_p D_{kp}^2 + \alpha_q D_{kq}^2 + \beta D_{pq}^2 + \gamma \left| D_{kp}^2 - D_{kp}^2 \right| \tag{3-23}$$

当不采用欧氏距离时,除重心法、中间距离法、离差平方和法之外,统一形式的递推公式仍成立。式(3-23)中参数 α_p、α_q、β、γ 对不同的方法有不同的取值。表 3-1 列出了上述六种方法中参数的取值。六种方法公式的统一,对于编制程序提供了很大的方便。

六种方法的参数值 表 3-1

方　法	α_p	α_q	β	γ
最短距离法	$\frac{1}{2}$	$\frac{1}{2}$	0	$-\frac{1}{2}$
最长距离法	$\frac{1}{2}$	$\frac{1}{2}$	0	$\frac{1}{2}$
中间距离法	$\frac{1}{2}$	$\frac{1}{2}$	$-\frac{1}{4} \geqslant \beta \geqslant 0$	0
重心法	$\frac{n_p}{n_r}$	$\frac{n_p}{n_r}$	$-\alpha_p \alpha_q$	0
类平均法	$\frac{n_p}{n_r}$	$\frac{n_p}{n_r}$	0	0
离差平方和法	$\frac{n_i + n_p}{n_i + n_r}$	$\frac{n_i + n_p}{n_i + n_r}$	$-\frac{n_i}{n_i + n_r}$	0

对指标进行分类时,常用的是相似系数,统一记为 C_{ij}(如夹角余弦、相关系数等)。当用相关系数时应找最大的元素并类,也可将相关系数转化为距离,以便维护距离越小则关系越密切的含义,例如可取 $d_{ij} = 1 - |C_{ij}|$ 或 $d_{ij}^2 = 1 - C_{ij}^2$。

3.2.3 遗传学算法

遗传算法(Genetic Algorithm,简称 GA),是模拟达尔文的遗传选择和自然淘汰的生物进化过程的计算模型，是由美国 Michigan 大学的 J. Holland 教授于 1975 年首先提出的。遗传算法作为一种新的全局优化搜索算法，以简单通用、鲁棒性强、适于并行处理、应用范围广等显著特点，奠定了其 21 世纪关键智能计算之一的地位。

遗传算法的基本思想基于模仿生物界遗传学的遗传过程。它把问题的参数用基因代表，把问题的解用染色体代表（在计算机里用二进制码表示），从而得到一个由具有不同染色体的个体组成的群体。这个群体在问题特定的环境里生存竞争，适者有最好的机会生存和产生后代。后代随机化地继承了父代的最好特征，并也在生存环境的控制支配下继续这一过程。群体的染色体都将逐渐适应环境，不断进化，最后收敛到一组最适应环境的类似个体，即得到问题的最优解。

由于遗传算法是由进化论和遗传学机理而产生的直接搜索优化方法，故而在这个算法中要用到各种进化和遗传学的概念。

首先给出遗传学概念、遗传算法概念和相应的数学概念三者之间的对应关系。这些概念如表 3-2 所示。

遗传算法相关概念 表 3-2

序 号	遗传学概念	遗传算法概念	数 学 概 念
1	个体	要处理的基本对象、结构	可行解
2	群体	个体的集合	被选定的一组可行解
3	染色体	个体的表现形式	可行解的编码
4	基因	染色体中的元素	编码中的元素
5	基因位	某一基因在染色体中的位置	元素在编码中的位置
6	适应值	个体对于环境的适应程度，或在环境压力下的生存能力	可行解所对应的适应函数值
7	种群	被选定的一组染色体或个体	根据入选概率定出的一组可行解
8	选择	从群体中选择优胜个体、淘汰劣质个体的操作	保留或复制适应值大的可行解，去掉小的可行解
9	交叉	染色体上对应基因段的交换	根据交叉原则产生的一组新解
10	交叉概率	染色体上对应基因段交换的概率（可能性大小）	闭区间[0,1]上的一个值，一般为 0.65 ~ 0.90
11	变异	染色体上基因的变化	编码的某些元素被改变
12	变异概率	染色体上基因变化的概率（可能性大小）	开区间(0,1)内的一个值，一般为 0.001 ~ 0.01
13	进化、适者生存	个体优胜劣汰的进化，一代又一代地优化	目标函数取到最大值，得到最优的可行解

遗传算法计算优化的操作过程如同生物学上生物遗传进化的过程,主要有三个基本操作(或称为算子):选择、交叉、变异。

遗传算法基本步骤是:先把问题的解表示成“染色体”,在算法中也就是以二进制编码的串,在执行遗传算法之前,给出一群“染色体”,也就是假设的可行解。然后,把这些假设的可行解置于问题的“环境”中,并按适者生存的原则,从中选择出较适应环境的“染色体”进行复制,再通过交叉、变异过程产生更适应环境的新一代“染色体”群。经过这样一代一代地进化,最后就会收敛到最适应环境的一个“染色体”上,它就是问题的最优解。

下面给出遗传算法的具体步骤,流程图如图 3-4 所示。

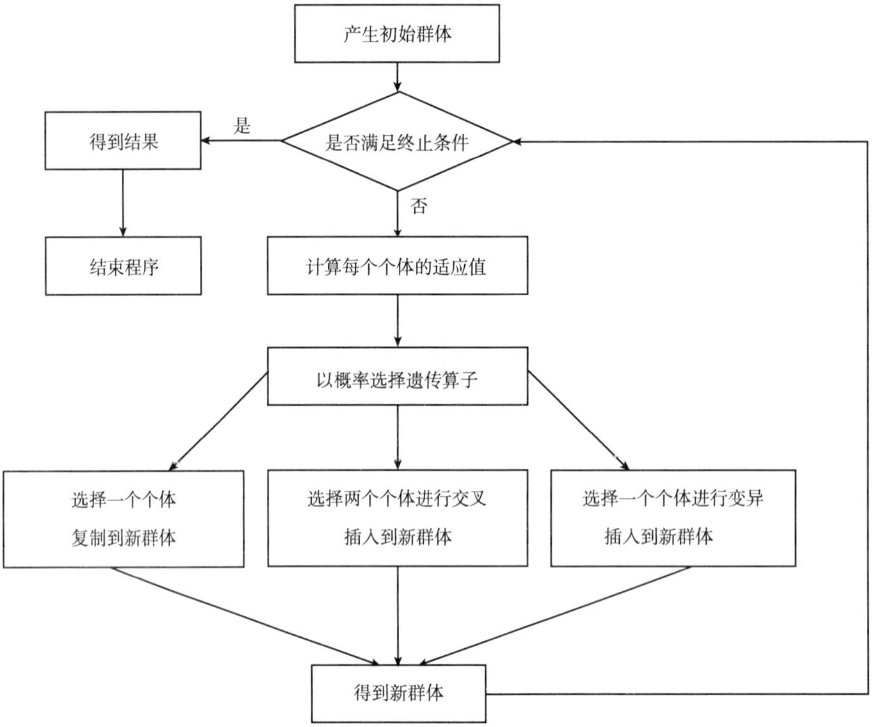

图 3-4　遗传算法的具体步骤

第一步:选择编码策略,把参数集合转换成染色体结构空间。

第二步:定义适应函数,便于计算适应值。

第三步:确定遗传策略,包括群体大小,选择、交叉、变异方法以及交叉概率、变异概率等遗传参数。

第四步:随机产生初始化群体。

第五步:计算群体中的个体或染色体解码后的适应值。

第六步:按照遗传策略,运用选择、交叉和变异算子作用于群体,形成下一代群体。

第七步:判断群体性能是否满足某一指标,或者是否已完成预定的迭代次数,不满足则返回第五步,或者修改遗传策略再返回第六步。

遗传算法有很多种具体的不同实现过程,以上介绍的是标准遗传算法的主要步骤,此算法会一直运行,直到找到满足条件的最优解为止。

3.2.4 最临近算法

K 最近邻(K-Nearest Neighbor,简称 KNN)分类算法,是一个理论上比较成熟的方法,也是最简单的机器学习算法之一。该方法的思路是:如果一个样本在特征空间中 K 个最相似(即特征空间中最邻近)的样本中的大多数属于某一个类别,则该样本也属于这个类别。KNN 算法中,所选择的邻点都是已经正确分类的对象。该方法在定类决策上只依据最邻近的一个或者几个样本的类别来决定待分样本所属的类别。KNN 方法虽然从原理上依赖于极限定理,但在类别决策时,只与极少量的相邻样本有关。由于 KNN 方法主要靠周围有限的邻近的样本,而不是靠判别类域的方法来确定所属类别的,因此对于类域的交叉或重叠较多的待分样本集来说,较其他方法更为适合。

KNN 算法不仅可以用于分类,还可以用于回归。通过找出一个样本的 K 个最近邻点,将这些邻点的属性的平均值赋给该样本,就可以得到该样本的属性。更有用的方法是将不同距离的邻点对该样本产生的影响给予不同的权值,如权值与距离成正比。

该算法在分类时有个主要的不足:当样本不平衡时,如某一类的样本容量很大,而其他类样本容量很小时,有可能导致当输入一个新样本时,该样本的 K 个邻点中大容量类的样本占多数,但可以采用权值的方法(和该样本距离小的邻点权值大)来改进。该方法的另一个不足之处是计算量较大,因为对每一个待分类的文本都要计算它到全体已知样本的距离,才能求得它的 K 个最近邻点。目前常用的解决方法是事先对已知样本点进行剪辑,去除对分类作用不大的样本。该算法比较适用于样本容量比较大的类域的自动分类,而那些样本容量较小的类域采用这种算法比较容易产生误分。

3.3 空间分析技术

空间分析是对数据的空间信息、属性信息或两者共同信息的统计描述或说明(Goodchild,1987)。空间分析是集空间数据分析和空间模拟于一体的技术方法,通过地理计算和空间表达挖掘潜在空间信息,以解决实际问题。

20 世纪 60 年代,在法国统计学家 G. Matheron 的大量理论研究基础上,形成了一门新的统计学分支,即空间统计学。它是以区域化变量理论为基础,以变异函数为主要工具,研究具有地理空间信息特性的事物或现象的空间相互作用及变化规律的学科。当研究空间分布数据的结构性和随机性,或空间相关性和依赖性,或空间格局与变异,并对这些数据进行最优无偏内插估计,或模拟这些数据的离散性、波动性时,均可应用空间统计学的理论及相应方法。

空间统计分析方法假设研究区中所有的值都是非独立的,相互之间存在相关性。在空间或时间范畴内,这种相关性被称为自相关。根据空间数据的自相关性,可以利用已知样点值对任意未知点进行预测。

3.3.1 点分布的空间分析方法

点模式的空间分布是一种比较常见的状态,如不同区域内的人口、房屋、城市分布等。通常,点模式的描述参数有分布密度、分布中心、分布轴线、离散度等。

(1)分布密度。

分布密度描述的是点、线、面目标的空间分布,是最简单、最常用的点模式空间分布描述方法。它是单位分布区域内分布对象的数量,是两个比率尺度数据的比值,其分子为分布对象的计量,分母为分布区域的计量。一般对于分子的计算有这样几种可能:①分布对象的发生频数计算;②分布对象的几何度量计算,对点要素以频数计,对线和面分别以长度和面积计算;③分布对象的某种属性计算,如计算沿河流分布的城市人口数。作为分母的分布区域只能为线状和面状,分别计算其长度和面积。

从分布密度中可以了解到点状空间对象的分布稀疏程度,如通过考察城市内不同区域中商业网点的分布密度,可以知道哪一区域是该城市的商业中心;通过获得某一区域内的蚁巢分布密度,可以知道该区域蚂蚁活跃程度及推断蚂蚁的数量。此外,对同一区域不同时期的点分布密度进行对比,可以掌握空间对象的分布变化和不同的分布机制,例如在某一研究中发现随着城市经济的不断繁荣,城市人口密度或房屋密度将随时间逐渐增大,而树木的密度将随树木老化、人为破坏及光照的降低而逐渐减小。

据统计,每四个空间分布中就存在一个点分布模式,并且每个点模式都有自己特定的一套标准。如果某区域范围内每个较小子区域上的点密度都相等,称此模式为均一模式;如果整个范围内的点都分布在等间隔的网格上,这种均一模式称为规则分布;整个研究区内的点在随机位置上散布时,称为随机分布;当点成组地紧密排布时,称为簇状分布。后三种点模式分布类型如图 3-5 所示。

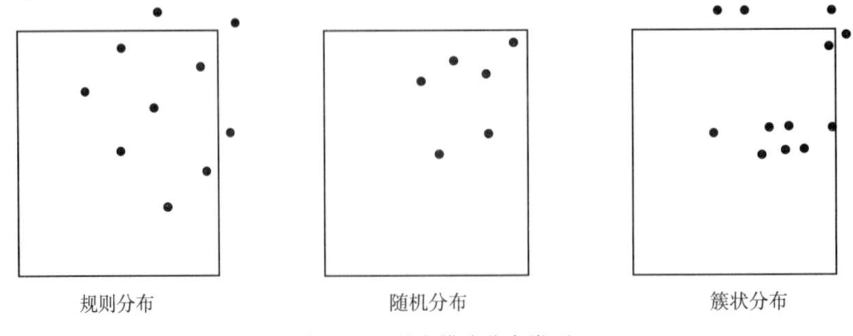

图 3-5　三种点模式分布类型

(2)样方分析。

均一点模式是根据均一的子区域之间的关系定义的,这种子区域称为较大区域的样方。如果每个均一的样方包含相同数量的点对象,则整个研究区分布具有均一性,这种检验分布性的标准型方法称为样方分析。即假设每个子区域存在的对象数量大致相等,那么可以计算所有数据点个数与子区域个数的比值,得到每个子区域内平均对象的个数,只要它具备均一分布的特征,这个数值就是期望分布值。用简单的χ^2数学检验法对这些数据进行估计,其公式为:

$$\chi^2 = \frac{\Sigma(Q-E)^2}{E} \tag{3-24}$$

式中:Q——每个样方中实际观测到的点数;

E——每个样方中期望的分布值。

把式(3-24)计算的实际结果与预先制订的数学用表中的临界值进行比较,如果两者相差不大,这种分布就具有均一性;如果差异显著,就不具有均一性。简言之,χ^2值越大,点的均一分布可能性越小。

方差均值比率(VMR)是一种根据样方进行分析的特定方法,是反映子区变化频率与每一样方内平均点数之间关系的指数,其值等于子区域中点数频率的方差除以子区域中的平均点数。若数值较大,表明呈簇状分布,也就是说,每个子区域中分布的点数与整个研究区中的子区域点数的平均值相差较大;若数值较小,说明呈均匀散布或均一分布;数值适中则说明分布状态呈随机性,样方中的点数与平均值相差也较大。

(3)最近邻分析。

最近邻分析是一种分析点位置关系的点模式分析法,通常分为顺序法和区域法两种。无论是哪种方法,它分析过程的中心思想都是先测出每点与其最近点间的距离,然后将量测值与所测距离的均值进行比较。这种统计方法仅涉及计算每对最近点间距离的平均值,平均最近邻距离提供了空间分布中点之间距离的量度或点之间的距离指数。由于点对象之间距离太近会发生冲突,因此,最近邻分析在诸如城市枢纽分布研究中具有很高的利用价值。从最近邻分析中提炼出的其他信息将更加有效,比如在样方分析中可以把最近邻点空间指数与规则分布模式、随机分布模式、簇状分布模式进行对照。

(4)分布中心。

在对地理事物空间分布的典型特征进行研究的过程中,除了考虑密度、样方等分析方式外,分布中心也是一个重要参数。它可以概略地表示点状分布对象的总体分布特征、中心位置、聚集程度等信息。如在区域经济特征分析中,分布中心对城镇、工业、商业的位置分析结果有深刻的影响,它在某种意义上代表了点状对象的空间位置。空间分布中心的研究对象可以是几何中心、加权平均中心、中位中心以及极值中心等。

(5)分布轴线和离散度。

离散点群在空间的分布趋势或走向可以用分布轴线来确定。分布轴线是一条拟合

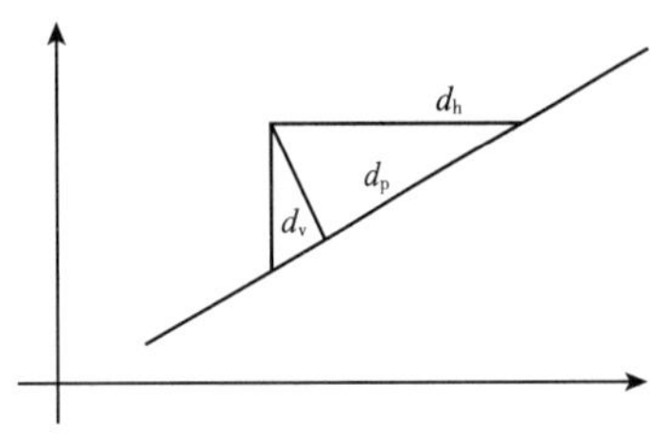

图 3-6 分布轴线

直线，描述了离散点群的总体走向，而点群相对于轴线的距离则反映了离散点群在点群走向上的离散程度。分布轴线的确定与点群相对于轴线的离散程度有关，点群相对于轴线的离散程度可以用三种不同的距离来度量：垂直距离 d_v、水平距离 d_h、直交距离 d_p（图 3-6）。

离散度是反映分布对象聚集程度的空间分布参数，它是分布中心和分布轴线的补充。在具有相同或相近的分布中心和分布密度的情况下，可以用不同的离散度来反映空间分布特性。离散度可以用平均距离 $\bar{d}$、标准距离 d_s、极值距离 d_e、平均邻近距离 d_n 来度量。一般来说，点群具有一定的集中趋势，但并不一定集中分布于某一点（分布中心），可能是规则分布，或是随机分布，或是有几个分布中心，这样离散度的计算就失去了意义。

3.3.2 面分布的空间分析方法

区域（面）模式和点模式具有相似性，因此可利用点模式的一些研究方法来研究区域模式。区域模式是一个二维空间分布，它具有零维和一维空间分布所不具有的信息，其分布模式主要包括离散区域分布和连续区域分布两种模式。

（1）离散区域分布模式。

离散区域分布，按照离散状态的不同分为簇状、分散状和随机状。扩展邻接法和洛伦兹曲线是研究离散区域分布的重要方法，此处重点介绍扩展邻接法。

扩展邻接法是连接边数的统计方法。由于二进制地图简单常用，且容易与其他类型地图进行转换，所以扩展邻接法主要分析二进制多边形地图，但该统计方法不局限于二进制地图。根据定义，一个连接边是指两个多边形共享的边或边界，通过计算多边形模式中连接边的数量并刻画每一个图层的连接结构，进而确定图形的分布状态。对于同质区，按二进制划分的多边形确定多边形的连接边数量；对于异质区，分别按照同质、异质间的连接边数进行统计，如果同质区多边形间的连接边数大于异质区多边形间的连接边数，则此分布为簇状分布。

（2）连续区域分布模式。

连续性意味着空间现象的分布与地面有紧密关联，连续区域分布在地图上常以等值线表示，在地形研究中常用岭、谷和坳等来表述。目前，连续区域分布已经涉及所有类型的等值线，如"人口密度面"、"土地价值面"等。有些"面"并不是空间上连续的现象，但在空间分析时，可以用连续的等值线近似地模拟，以便从各种看起来杂乱的分布中循出一般规律。

在连续区域分析中，高程曲线是一种常用的方法，它是一种累积曲线，以一个地区高于或低于不同高度的百分比表示，通常用于分析流域的空间分布状况。

在其他连续区域分布现象分析中，如人口密度、地区平均产值等，也经常用到高程曲线。另外，区域模式空间分布的度量包括隔离多边形的度量、多边形连通度的度量、多边形相互作用的度量和多边形分散的度量等。

3.3.3　空间自相关分析方法

在空间统计分析中，通过相关分析（Correlation Analysis）可以检测两种现象（统计量）的变化是否存在相关性，若所分析的统计量为不同观察对象的同一属性变量，则称之为自相关（Autocorrelation）。而空间自相关（Spatial Autocorrelation）反映的是一个区域单元上的某种地理现象或某一属性值与邻近区域单元上同一现象或属性值的相关程度，是一种检测与量化从多个标定点中取样值变异的空间依赖性的空间统计方法。通过检测一个位置上的变异是否依赖于邻近位置的变异来判断该变异是否存在空间自相关性，即是否存在空间结构关系。每个取样点对应一个或多个变异，根据变异的性质可以分为三种类型：绝对型变异（如花形态、红色或白色等）；等级型变异（如植被密度等级等）；连续型变异（如形态测量、基因频率等）。每个取样点的变异值来源于一次观察或该取样点个体群的统计。

当变量在空间上表现出一定的规律性，即不是随机分布，则存在着空间自相关。空间自相关理论认为，彼此之间距离越近的事物越相像。也就是说，空间自相关是针对同一个属性变量而言的，当某一测样点属性值高，而其相邻点同一属性值也高时，为空间正相关；反之，为空间负相关。通过测量两空间测样点间的距离，然后画出这两个点的值的半变异，可以生成半变异函数云图。半变异函数/斜方差函数云图能够检测已测样点间的空间自相关。

当空间自相关仅与两点间距离有关时，称为各向同性（Isotropy）；当考虑方向的影响时，可能在不同的距离上具有相同的自相关值，即与其他方向相比，在某个方向上距离更远的事物具有更大的相似性，这种方向效应称为各向异性（Anisotropy）。

相关位置上的数据间具有一定的空间自相关度，对这种相关程度定量化是空间模式中依赖性和均匀性统计分析的基础。空间自相关统计学的本质是常规表达方式 γ 的特殊情况：γ 是定义的一个矩阵，由两个矩阵相乘得到，这两个矩阵中一个是描述所有点之间的位置相关可能性的空间权重矩阵，一个是描述这些点中非空间相关性的矩阵，非空间相关性可能是经济关系、社会关系或者其他关系。如果这些矩阵的元素是相似的，则 γ 是高度正相关的。以 γ 描述空间自相关性的理论基础有三种，即协方差思想（Moran's I）、减法思想（Geary's C）和加法思想（Getis），当同步测量所有点之间的空间相关性时，这些统计学参数可被视为全局参数。与 Pearson 的乘积矩相关系数类似，Moran's I是基于制订相关位置的协方差发展起来的，而 Geary's C 考虑的是相关位置间的数字差分。对于普通的最小平方差回归分析的制图余项，这些检验参数特别有用。

空间自相关方法按功能大致分为两类：全域型自相关（Global Spatial Autocorrelation）和区域型自相关（Local Spatial Autocorrelation）。全域型自相关的功能在于描述某现象的整体分布状况，判断此现象在空间是否有聚集特性存在，但并不能确切地指出聚集在哪些地区；若将全域型不同空间间隔（Spatial Lag）的空间自相关统计量依序排列，可进一步得到空间自相关系数图（Spatial Autocorrelation Coefficient Correlogram），用于分析该现象在空间上是否有阶层性分布。而依据 Anselin 提出的 LISA（Local Indicators of Spatial Association）方法论可知，区域型自相关能够推算出聚集地（Spatial Hot Spot）的范围，主要有两个原因：一是由统计显著性检定的方法，检定聚集空间单元相对于整体研究范围而言，其空间自相关显著性大，即是该现象空间聚集的地区，如 Getis 和 Ord 发展的 Getis 统计方法；二是度量空间单元对整个研究范围空间自相关的影响程度，影响程度大的往往是区域内的“特例”，也就表示这些“特例”点往往是空间现象的聚集点。

计算空间自相关的方法有多种，最为常用的是 Moran's I、Geary's C、Getis、Join Count 以及空间自相关系数图等。

（1）Moran's I 法。

空间自相关分析是指量测所谓空间事物的分布是否具有自相关性，高的自相关性代表了空间现象聚集性的存在。空间自相关分析的主要功能在于可以同时处理数据的区位和属性，因此在进行空间自相关性分析时，应首先建立区位相邻矩阵。若在区域内有 n 个空间单元，每个空间单元皆有一个观察值 x，空间单元 i 与空间单元 j 的空间关系构成空间相邻矩阵 W_{ij}，i 与 j 的关系以 0 和 1 表示，以 1 表示 i 和 j 相邻，以 0 表示 i 和 j 不相邻。相邻与否的判定是根据空间单元间的界线是否重叠而定的，即边界重叠表示空间单元 i 与空间单元 j 相邻，未重叠则表示两空间单元不相邻，其简单定义为：

$$[W_{ij}]_{n\times n} \tag{3-25}$$

其中，W_{ij}为区位相邻矩阵，$W_{ij}=1$ 表示区位相邻，$W_{ij}=0$ 则表示区位不相邻；$i=1,2,\cdots,n$；$j=1,2,\cdots,n$；$n=1,2,\cdots$。

属性相似矩阵则是在研究范围中，以各个空间单元数据值为基础构成的矩阵。一般而言，属性数据常为社会经济数据，而属性数据的定义，常因研究需求不同而存在差异。

Moran's I 值是应用较广泛的一种空间自相关性判定指标，其计算式为：

$$I=\frac{\sum_{i=1}^{n}\sum_{j=1}^{n}W_{ij}\times C_{ij}}{\sum_{i=1}^{n}\sum_{j=1}^{n}W_{ij}\times S^2}=\frac{\sum_{i=1}^{n}\sum_{j=1}^{n}W_{ij}\times(x_i-\bar{x})(x_j-\bar{x})}{\sum_{i=1}^{n}\sum_{j=1}^{n}W_{ij}\times\frac{1}{n}\sum_{i=1}^{n}(x_i-\bar{x})^2} \tag{3-26}$$

其中，W_{ij}表示区位相邻矩阵，$W_{ij}=1$ 代表空间单元相邻，$W_{ij}=0$ 代表空间单元不相邻，$i\neq j$，$W_{ii}=0$；C_{ij}表示属性相似矩阵；x_i为 i 空间单元属性数据值，x_j为 j 空间单元属性数据值。

若母体为随机分配，常采用统计验证的方式进一步判定 Moran's I 的期望值和变异数。I 的期望值为：

$$Z(I)=\frac{[I-E(I)]}{\sqrt{Var(I)}},E(I)=\frac{-1}{n-1} \tag{3-27}$$

其变异数(虚无假设为随机分布)为：

$$Var(I)=\frac{n[(n^2-3n+3)W_1-nW_2+3W_0^2]-k[(n^2-n)W_1-2nW_2+6W_0^2]}{{W_0}^2(n-1)(n-2)(n-3)}-E(I)^2 \tag{3-28}$$

式中：

$$W_0=\sum_{i=1}^{n}\sum_{j=1}^{n}W_{ij}$$

$$W_1=\sum_{i=1}^{n}\sum_{j=1}^{n}(W_{ij}+W_{ji})^2$$

$$W_2=\sum_{i=1}^{n}(W_i+W_i)^2$$

$$k=\frac{\sum_{i=1}^{n}\frac{(x_i-\bar{x})^4}{n}}{\sum_{j=1}^{n}\frac{(x_j-\bar{x})^2}{n}}$$

W_i 和 W_j 为相关权重矩阵第 i 列及第 j 行的总和。

由 Moran's I 公式可以发现，如果空间单元 i 与空间单元 j 的属性数据值皆大于平均值，或皆小于平均值，则 I 值将大于0，即说明相邻地区拥有相似的数据属性，属性值高或低的地区都有聚集现象；若 I 值小于0，代表相邻地区属性差异大，数据空间分布呈现高低间隔分布的状态；I 值趋近于0，则相邻空间单元间相关性低，某空间现象的高值或低值呈无规律的随机分布状态。

在空间自相关性分析中，每个取样点的变异值来源于一次观察或该取样个体群的统计。若 I 值显著大于 I 的期望值(I 值为正值且显著)，说明两点存在相似关系；若 I 值显著小于 I 的期望值(I 值为负值且显著)，说明两点存在不相似关系。通过统计学检验来判定上述的相似和不相似是否由于随机过程造成，从而分析群体在小尺度上的空间结构。

依照 Moran's I 公式计算出的 I 值结果一定介于 $-1\sim1$ 之间，其中大于0为正相关，小于0为负相关，而且值越大表示空间分布的相关性越大，即空间上聚集分布的现象越明显(图3-7)；反之，值越小代表示空间分布相关性小，而当值趋于0时，代表此时空间分布呈现随机分布的情形。

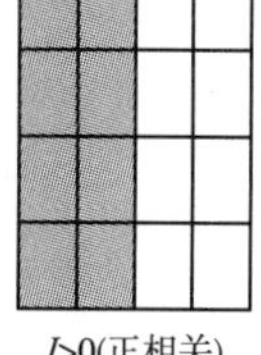

$I>0$(正相关)

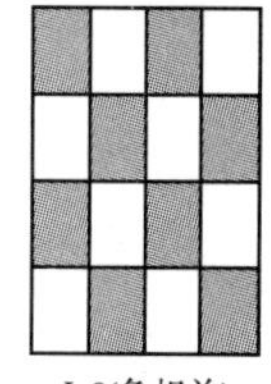

$I<0$(负相关)

图3-7 空间自相关正负结果示意图

全域型 Moran's I 计算方式，是基于统计学相关系数的协方差关系推算出来的。一般而言，统计学上的变异数与协方差皆是度量数值资料改变程度的工具。但 Moran's I 值的量测仅能表明属性相似的单元间是否呈聚集状态,无法由简洁的数值表达空间中聚集区的分布形态,而全域空间自相关的延伸——空间间隔自相关图弥补了该项不足。

根据各空间间隔自相关值的计算,Moran's I 公式可改写为:

$$I(d) = \frac{n}{\sum_{i=1}^{n}\sum_{j=1}^{n} W_{ij}(d)} \times \frac{\sum_{i=1}^{n}\sum_{j=1}^{n} W_{ij}(d)(x_i - \bar{x})(x_j - \bar{x})}{\sum_{i=1}^{n}(x_i - \bar{x})^2} \tag{3-29}$$

其中,W_{ij}代表区位相邻矩阵($W_{ij}=1$ 或 $W_{ij}=0$);d 代表空间间隔,$d=1$ 代表空间单元是相邻的,$d=2$ 定义为与间隔一个的空间单元相邻,而与原来的空间单元不相邻。如果依序增加空间间隔数,求出各空间间隔的 Moran's I 值,并将各 I 值绘制成柱状图,即得到纵坐标为 I 值、横坐标为各个空间间隔的空间自相关图,每个柱代表该空间间隔的 I 值,即该空间间隔的自相关系数强度。

空间自相关图的曲线如果随着空间间隔数的增加而依序递减,则表示该区域中属性相似区呈现单核心的分布状态;若依序增加空间间隔,而相关曲线图非依序递减,呈波浪形曲线,可知空间中应存在不止一个空间聚集区块。此外,若将不同时期的空间自相关图对比,可以了解聚集强度变化过程以及是否存在空间扩散的现象。

综上所述,根据空间自相关指数及空间自相关图,可了解区域内属性资料的关联程度及分布形态,但对于属性相似聚集区空间分布的具体位置仍无从观察。区域空间自相关的定义为:

$$I_i = \sum_{j=1}^{n} W_{ij}(x_i - \bar{x})(x_j - \bar{x}) \tag{3-30}$$

式中:W_{ij}——区位相邻矩阵。

从式(3-30)中可发现 n 个区域空间自相关值 I_i 累加之和即为全域空间自相关 Moran's I 值。区域型自相关利用位于聚集区内的空间自相关值较非聚集区的高,可得知聚集区在空间中的分布位置,并辅以 GIS 空间可视化功能。

在上述空间自相关的研究方法中,由全域空间自相关值可知空间中相似属性的聚集程度;空间自相关图的绘制可推断属性数据的空间分布形态;由区域空间自相关值可获得聚集区的空间位置。

(2)Geary's C 法。

Geary's C 方法与 Moran's I 类似,其表达式为:

$$C = \frac{n-1}{\sum_{i=1}^{n}(y_i - \bar{y})^2} \times \frac{\sum_{i=1}^{n}\sum_{j=1}^{n} W_{ij}(y_i - \bar{y})^2}{2\sum_{i=1}^{n}\sum_{j=1}^{n} W_{ij}} \tag{3-31}$$

式中各项含义与 Moran's I 类似,且 C 值的计算公式与 I 值的计算公式及其计算结果很相似。$C=1$,表示不相关;$0<C<1$,表示正相关;$C>1$,表示负相关。

Geary's C 方法通过从 1 中减去索引值把结果转换至 -1 ~1 之间。I 值和 C 值均可以与期望值比较进行独立的随机过程,从而确定该观测值是否特殊。

(3)Getis 统计法。

Anselin 曾归纳各种空间聚集的研究方法,该方法经常以式(3-32)表达。

$$\Gamma = \sum_j w_{ij} y_{ij} \tag{3-32}$$

其中,w_{ij}代表 i 与 j 的空间关系,即类似上述空间相邻权重矩阵 W_{ij};而 y_{ij}则是 i 与 j 的观察式。由于对 y_{ij}的假设与观念不同,因而发展出不同的空间聚集研究方法。例如,$y_{ij}=(x_i - x\ )$,则为 Moran's I 公式的内涵;若 $y_{ij}=x_i$ 或 $x_i + x_j$,则为 Getis 的统计式内涵。Getis 统计法按功能可分为全域型 Getis 和区域型 Getis 两种。其中,全域型 Getis 的公式可表达为:

$$G(d) = \frac{\sum_{j=1}^{n} w_{ij}(d) x_i x_j}{\sum_{j=1}^{n} x_j} \quad (j \neq i) \tag{3-33}$$

其中,w_{ij}为距离 d 内的空间相邻权重矩阵。同样地,若 i 与 j 相邻,$w_{ij}(d)=1$;若 i 与 j 不相邻,$w_{ij}(d)=0$。式(3-33)的功能与全域型的 Moran's I 相似。

区域型 Getis 则是量测每一个 i 在距离 d 的范围内,与每个 j 的相关程度,其表达式为:

$$G_i(d) = \frac{\sum_{j=1}^{n} w_{ij}(d) x_j}{\sum_{j=1}^{n} x_j} \quad (j \neq i) \tag{3-34}$$

(4)空间自相关系数图分析法。

在全域型空间自相关的分析方法中,W_{ij}是相邻权重矩阵,每个 W_{ij}都以一个空间单元为基础,以一定距离所涵盖的范围作为矩阵运算的范围。因此,W_{ij}其实也可改写为 $W_{ij}(d)$,其中 d 为距离。如果将 d 的基本单位设为规则方格空间单元的边长,那么每一个 d 的基本单位就可以视为一个空间间隔。例如,一个空间单元为 100m × 100m 的规则方格,而 d 的基本单位为 100m,若要求 d 为 300m,则其空间间隔为 3,以此规则计算不同空间间隔的全域型空间自相关值,再把每个对应空间间隔顺序的值连成一线,就得到空间自相关系数图。图 3-8 所示为某地区的某种空间自相关系数图,从图中可以得到以下几条重要信息:

①图中有两处隆起处,代表在微视尺度(图中空间间隔 1 ~5)及宏观尺度(图中空间间隔 13 ~20)上存在显著的聚集分布现象,但聚集现象不存在于中观尺度(图中空间间隔 6 ~12)上。

②空间间隔为 2 时,空间自相关值有波峰(Peak),即在空间间隔为 2 时,其空间分布有最大的自相关性。

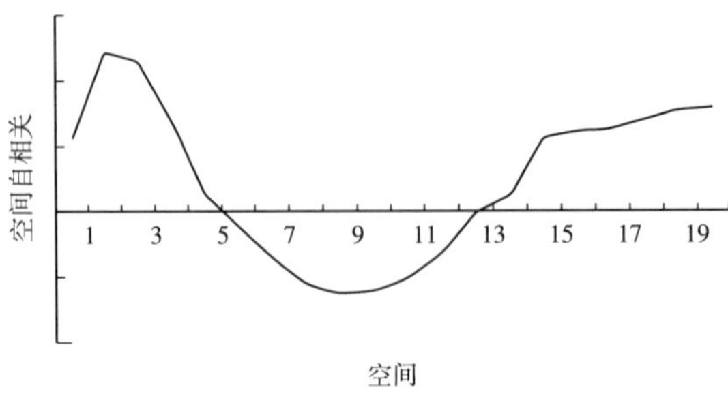

图 3-8　空间自相关系数图

3.4　模式识别技术

模式识别(Pattern Recognition)是对感知信号(如图像、视频、声音等)进行分析,对其中的物体对象或行为进行判别和解释的过程。模式识别能力普遍存在于人和动物的认知系统中,是人和动物获取外部环境知识,并与环境进行交互的重要基础。现在所说的模式识别一般是指用机器实现模式识别过程,是人工智能领域的一个重要分支。现代模式识别是在 20 世纪 40 年代电子计算机发明以后逐渐发展起来的。

3.4.1　小波分析

小波分析是近 20 多年来发展起来的新兴学科,是当前数学领域中一个迅猛发展的新方向,既具有丰富的数学理论意义,又具有广泛的工程应用价值。从数值分析的角度看,它是 Fourier 分析的一个突破性进展,给许多相关学科的研究领域带来了新的思想,为工程应用领域,尤其是模式识别提供了一种新的更有效的分析工具。

1807 年法国数学家 Fourier 从热传导理论中提出的 Fourier 分析,无论对数学史还是对工程科学史的发展都起到了很大的影响和推动作用。Fourier 分析的关键在于通过 Fourier 变换引进了频率的概念,把一个函数展开为各种频率的谐波的线性组合(Fourier 级数),级数中的 Fourier 系数可以描绘出函数的性态和特征,并由此引出了一系列频谱分析的理论,使很多在时域中看不清的问题却能在频域中一目了然。近两个世纪以来,整个工程分析几乎都属于 Fourier 分析这个范畴。但 Fourier 分析只是一种纯频域的分析方法,不能提供局部时间域上的函数特征,因此长期以来,数学家和工程师们一直在努力寻找比谐波基更好的基函数,使函数(或信号)不但能得到一种新的正交展开,而且能同时显示出时域、频域的局部特征。为此,在经过长期不懈的努力后,终于找到了小波基,并逐渐发展为现在的小波理论。

在小波分析中，利用平移和展缩可以巧妙地构造小波基，且具有时间平移和多尺度分辨率的概念，可用来同时处理时频分析，既具有时频局部化和多分辨功能，又具有简单、灵活、随意的特点。小波可对高频采取逐渐精细的时域步长，从而可以聚焦到分析对象的任意细节，故小波有“数学显微镜”之美称。因而它比 Fourier 分析更适宜于处理非平稳问题。

(1)小波变换。

1988 年，Mallat 与 Meyer 提出了多分辨分析(Multi Resolution Analysis，简称 MRA)的框架，统一了在此之前各种构造小波的方法。空间 $L^2(R)$ 的多分辨分析是指构造 $L^2(R)$ 空间内的一个子空间序列 $\{V_j\}_{j\in Z}$，对于任意函数 $f(t)\in V_0$，可以将其分解为细节部分 W_1 和大尺度部分 V_1，然后将大尺度部分 V_1 进一步分解。如此重复就可以得到任意尺度(或分辨率)上的逼近部分和细节部分，如图 3-9 所示。即：

$$L^2(R)\approx W_1\oplus W_2\oplus\cdots\oplus W_J\oplus V_J \tag{3-35}$$

对任意 $f\in L^2(R)$，设 f 在 V_J 上的投影系数为 $c_{j,k}$，在 W_J 上的投影为 $d_{j,K}(j\in Z)$，则对应于式(3-35)的分解，系数也有相应的塔式分解，如图 3-10 所示。

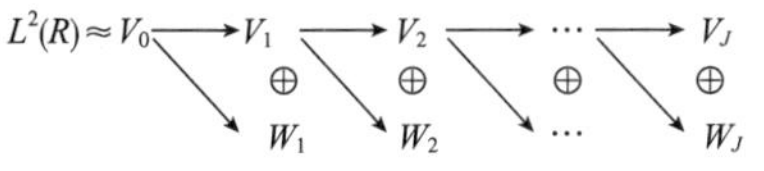

图 3-9　空间塔式分解

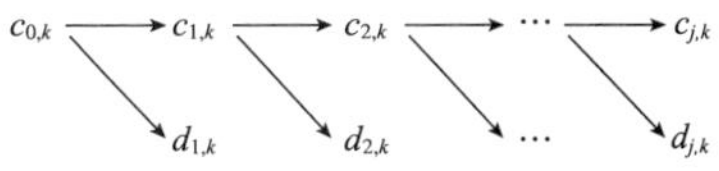

图 3-10　系数的塔式分解

设 $\{V_j\}$ 中相应的基函数为 $\phi(t)$，称之为尺度函数(Scaling Function)，而设 $\{W_j\}$ 中相应的基函数为 $\psi(t)$，称之为母小波函数(Wavelet Function)。则 f 可表示为以下分解式：

$$f(t)=\sum_k c_{0,k}\phi_{0,k}=\sum_k d_{1,k}\psi_{1,k}+\sum_k c_{1,k}\phi_{1,k}=\sum_{j=1}^{J}\sum_k d_{j,k}\psi_{j,k}+\sum_k c_{j,k}\phi_{j,k} \tag{3-36}$$

Mallat 算法的基本思想是：通过 MRA 中相邻子空间之间的二进伸缩关系，找出相邻子空间中投影系数之间的递推关系。如图 3-11、图 3-12 所示。

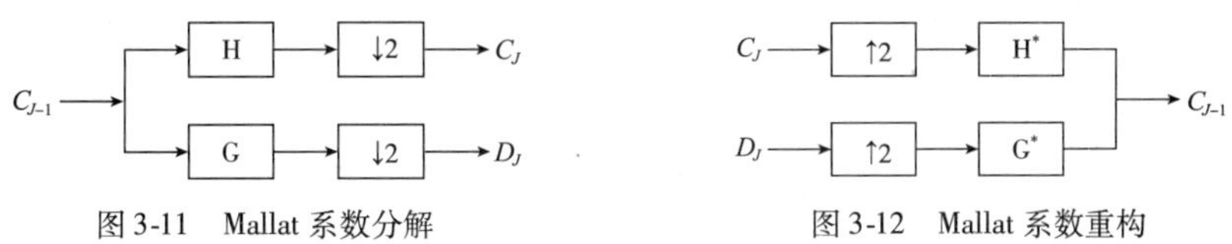

图 3-11　Mallat 系数分解　　图 3-12　Mallat 系数重构

其中 [↓2] 为下采样算子，即从 C_{J-1} 到 C_J 的样点数减少一半，H 和 G 分别为低通和带通滤波器。图 3-11 和图 3-12 构成小波滤波器，也是信号降噪处理的原型。根据 Mallat 算法思想，将得到的一组信号值作为小波分解的初始系数，经过小波分解后得到通过低通滤波器的近似信号(通常为低频信号)，和通过带通滤波器的细节信号(通常为高频信号)。

(2)小波突变点检测算法思想。

描述函数的局部奇异性通常用李普西兹(Lipschitz)指数,信号奇异度的一般描述如下。

设 n 是一非整数,$n<\alpha\leqslant n+1$,如果存在两个常数 A 和 $h_0(h_0>0)$ 及 n 次多项式 $P_n(h)$,使得对任意的 $h<h_0$ 均有:

$$|f(x_0+h)-P_n(h)|\leqslant A|h|^{\alpha} \tag{3-37}$$

则说 $f(x)$ 在点 x_0 处的 Lipschitz 为 α。如果式(3-37)对所有的 $x\in(a,b)$ 均成立,且 $x_0+h\in(a,b)$,则称 $f(x)$ 在 (a,b) 上是一致 Lipschitz α。$f(x)$ 在 x_0 点的 Lipschitz α 刻画了函数在该点的正则性。Lipschitz α 指数越大,函数越光滑;Lipschitz α 指数为 1,则函数在 x_0 连续、可微;Lipschitz $\alpha<0$,则函数在 x_0 是奇异的。一个在 x_0 点不连续但有界的函数,该点的 Lipschitz α 为 0。

利用小波变换检测信号突变点的一般方法是对信号进行多尺度分析,在信号出现突变时,其小波变换后的系数具有模极大值,因而可以通过对模极大值点的检测来确定信号的异常情况,具体过程如下。

设 $\theta(x)$ 为一起平滑作用的低通平滑函数,且满足如下条件:

$$\int_{-\infty}^{+\infty}\theta(x)\,\mathrm{d}x=1$$

$$\lim_{|x|\to\infty}\theta(x)\to 0$$

通常取 $\theta(x)$ 为一高斯函数。令:

$$\theta(x)=\frac{\mathrm{e}^{-\frac{x^2}{2\sigma}}}{\sqrt{2\pi\sigma}}$$

$$\theta_s(x)=\frac{1}{s}\theta\left(\frac{x}{s}\right)$$

其中 s 为小波分解尺度变量,设小波函数 $\psi(x)$ 是光滑函数 $\theta(x)$ 的一阶导数 $\mathrm{d}\theta(x)/\mathrm{d}x$,则 $f(x)$ 在 s 尺度下的小波变换为 $Wf(s,x)=f*\psi_s(x)$,因此:

$$Wf(s,x)=f*\psi_s(x)=f*\left(s\frac{\mathrm{d}\theta_s}{\mathrm{d}x}\right)(x)=s\frac{\mathrm{d}}{\mathrm{d}x}(f*\theta_s)(x) \tag{3-38}$$

式(3-38)表明,$f(x)$ 的小波变换系数正比于 $f(x)$ 按尺度 s 经 $\theta_s(x)$ 平滑后的一阶导数。由数学分析知,一阶导数绝对值的最大值对应的是卷积函数 $f(x)*\theta_s(x)$ 的陡变极点。因此,通过选用合适的尺度 s 对 $f(x)$ 进行关于 $\theta_s(x)$ 的小波变换,$|W_s^{\alpha}f(x)|$ 模极大值所出现的位置,就是原始信号 $f(x)$ 的奇异点。

3.4.2 突变理论

突变理论是法国数学家 Thom 于 1972 年建立起来的以奇点理论、微分方程稳定性理论等数学理论为基础,研究系统状态随外界控制参数连续改变而发生不连续变化的数学理论。它提供了一种研究所有跃迁、不连续性和突然质变的更普遍的数学方法，突变理论被称为研究不连续变化的数学模型。在突变理论中，研究了初等函数的分类问题，通过建立微分方程与函数之间的联系，对梯度系统中的奇点进行了分类。突变理论的应用不仅局限在数学、物理等自然科学领域中，而且还推广到社会科学、工程科学等领域中。

（1）突变理论的基本概念。

①势。在热力学系统中，势是自由能，由系统演化的方向决定；在力学系统中，势是相对保守的位置能；在社会领域，势是系统采取某种趋向的能力。势由系统各个组成部分的相对关系、相互作用及系统与环境的相对关系决定，因此系统势可以通过系统的状态变量和外部控制参量描述系统的行为。一般地说，被研究对象的状态与控制空间在数学上是高维状态的超曲面 R_{n+m}，其中 n 为控制变量，m 为状态变量。

②奇点。在突变论中，把某一平滑函数的位势导数为零的点叫做定态点。定态点在不同的条件下有不同的分类，当 $n=1$ 时，有 3 种类型：极大点、极小点和拐点。特别是在某些定态点附近，连续变化能够引起不连续的结果，此时将退化的定态点称为奇点。

③吸引子。吸引子是系统趋向的一个极限状态。该极限状态可以是封闭迹线，也可以是更为复杂的图形。这些极限点的连通集被称为系统的一个吸引子。如果系统有多个互不相交的吸引子，那么它们将处于相互竞争的状态，有可能破坏分解为多个吸引子，从而走向分叉。

④基本突变形态。突变理论是通过研究对象的势函数来研究突变现象的。系统势函数通过系统状态变量 $X=\{x_1,x_2,\cdots,x_m\}$ 和外部控制参量 $U=\{u_1,u_2,\cdots,u_n\}$ 来描述系统的行为，即 $V=f(U,X)$。这样，在各种可能变化的外部控制参量和内部行为变量的集合条件下，构造状态空间和控制空间，通过联立求解 $V'(x)$ 和 $V''(x)$，得到系统平衡状态的临界点。突变理论正是通过研究临界点之间的相互转换来研究系统的突变特征。

Thom 证明，在不超过 4 个控制因素时，只有 7 种初等突变形态（表 3-3）。这个数学证明是相当难的，但掌握证明的结论却比较容易。初等突变本身是可以理解的，并且可以不管其证明而直接应用到一些科学问题中。事实上，大部分问题中最常使用的，也仅是 7 种初等突变形态中的两三种。

7 种初等突变形态及其势函数　　表 3-3

突变类型	控制变量	状态变量	势函数
折叠突变	1	1	$V(x)=x^3+ux$
尖点突变	1	2	$V(x)=x^4+ux^2+vx$
燕尾突变	1	3	$V(x)=x^5+ux^3+vx^2+wx$
蝴蝶突变	1	4	$V(x)=x^6+tx^4+ux^3+vx^2+wx$
双曲脐点突变	2	3	$V(x,y)=x^3+y^3+wxy-ux-vy$

续上表

突变类型	控制变量	状态变量	势函数
椭圆脐点突变	2	3	$V(x,y)=\frac{1}{3}x^3-xy^3+w(x^2+y^2)-ux+vy$
抛物脐点突变	2	4	$V(x,y)=y^4+x^2y+wx^2+ty^2-ux-vy$

(2)突变指征。

一个系统具有突变特性主要体现在下列5个方面。

①多模态。系统的位势对于控制参数的某些范围可能有两个或多于两个的极小值,系统可能出现两个或多个不同状态的性质称为多模态。

②不可达性。系统有一个不稳定的平衡位置,这个位置是系统不可能到达的状态,系统的这种性质称为不可达性。

③突跳。采用理想延迟约定时,系统由一个局部的极小跳到全局极小或另一个局部极小,其位势的数值有一个不连续的变化;采用Maxwell约定时,位势的数值发生连续变化,但其导数不连续,即使不采用上述两种约定,也就是介于以上两种约定所对应的极限情况之间,突跳也总是意味着位势值将在很短时间内有一个很大的改变。突跳是最常观察到的也是最容易让人想到的可以应用突变理论的突变指征。

④发散。通常对于控制参数数值的一个小摄动只引起状态变量初值和终值微小的变化。但是在退化临界点附近,控制参数初值的微小变化却可能导致状态变量终值很大的变化。物理过程的这种对控制参数路径摄动的不稳定性称为发散。

⑤滞后。系统状态由第1个局部极小跃向第2个局部极小时控制参数的位置,与由第2个局部极小跃向第1个局部极小时控制参数的位置不同,称为滞后。当物理过程并非严格可逆时,会出现滞后,但若系统遵循Maxwell约定时则没有滞后现象。

(3)0尖点突变模型。

尖点突变又称Rankine-Hugonioc点突变,是最常用的突变模型,其势函数为:

$$V(x)=x^4+ux^2+vx$$

相空间是由一个状态变量及两个控制变量构成的三维空间。

平衡曲面由 $V'(x)=4x^3+2ux+v=0$ 决定,称为突变流形 M,把它与 $V''(x)=12x^2+2u=0$ 联立消去 x,即可得到分叉集 B:$B=8u^3+27v^2=0$。

尖点突变的突变流形 M 和分叉集 B 形态见图3-13,分叉集 B 就是突变流形 M 在 u-v 平面上的投影。由图可见,突变流形的上、中、下叶分别

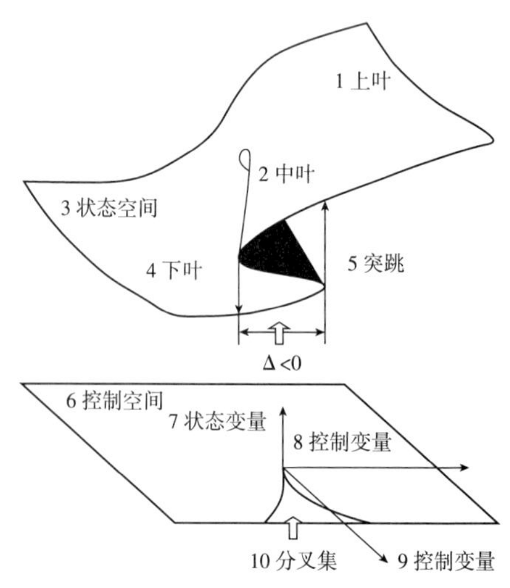

图3-13　尖点突变的一般形态

表示了系统可能的 3 个平衡位置：上下两叶是稳定的，中叶是不稳定的。从上叶到下叶或从下叶到上叶的转换中，如果跨越了折叠线，系统状态将发生突跳。

3.4.3　分形

(1)分形理论简介。

分形理论是由美籍法国数学家曼得尔布罗特(B. Mandelbrot)于 20 世纪 70 年代所创立的，用以解决非线性环境中一些随机分布的现象和问题，已在地质学、经济学、地理学、生物学等多个领域被广泛应用。所谓分形(Fractal)，本义为破碎和不规则，现泛指部分与整体以某种方式相似的图形，其核心是自相似性和标度不变性。自相似性是指把研究对象的一个局部适当放大或缩小后，局部和整体在形态、功能和信息方面仍然相似，整体结构没有改变；标度不变性是指当观测尺度发生变化时，研究对象的许多性质保持不变，即研究对象是多尺度的，或者说是无特征尺度的。按照分形理论，分形具有以下性质：

①具有精细的结构，即有任意小比例的细节。

②分形不规则，不能用传统的几何语言来描述。

③分形通常有某种自相似，可能是几何特征近似的或统计近似的。

④“分形维数”大于拓扑维数。

⑤在多数情形下，分形以简单的方法定义，可由迭代产生。

⑥分形大小不能用通常的测度(如面积、长度、体积)来量度。

(2)分形的特点及分形维数的定义。

分形的特点可概括为两点。

①自相似性。已知分形体系的局部与整体是相似的。实际上，分形体系内任何一个相对独立的部分，在一定程度上都是整体的再现和缩影。构成分形整体相对独立的部分称为生成元或分形元。

②无限细分。任何一个分形，都有无穷多个分形元。对整体的无限细分所形成的无数分形元，构成了分形图形的整体。

分形维数定义如下。

若一个分形含有 n 个相似的部分，每个部分的线度是整体的 $1/m$，则分形维数定义为：

$$\log_m n = \frac{\lg n}{\lg m}$$

3.5　交通数据分析工具选择及结果解释

3.5.1　数据分析及挖掘工具选择

不同的数据分析及挖掘工具各有其特点，选择数据分析及挖掘工具可以由下面几点

作为标准。

①支持多种数据库平台的交通信息数据分析需要调用不同数据平台的数据库资源，要求分析工具支持多种数据库平台,可同时调用多个数据源数据。

②交通信息数据库数据量相当大,数据分析工具必须具备海量数据的处理能力。数据量越大数据处理花费的时间越长,数据分析工具需要较快的处理速度。数据处理能力与数据处理速度应达到最优结合。

③数据库中往往夹杂大量不合理的冗余信息,挖掘工具具备筛选能力可以提高数据分析的效率及精度。数据分析工具对结果的验证功能可避免将不合理的结果提交给使用者,造成错误的决策。

④多样的数据分析算法和模型是决定分析结果准确的关键。数据分析工具具备多种算法和模型,从中选取适合的以提高分析精度。使用者还可以为数据分析工具添加新的适合不同数据分析的模型算法。

⑤操作性数据分析工具操作界面友好,用户可方便地选择算法、连接数据、开始任务,降低人为错误发生率,节省时间。具有嵌入开发工具的分析工具可以开发友好的操作界面,是较好的选择。

⑥扩展性对于提高大数据量的处理效率十分有效,当数据量很大时需要多台计算机并行运算,数据算法也要支持并行运算。交通信息数据分析系统可长期发展为城市交通信息数据分析系统,因此扩展性十分重要。

⑦可视化数据分析的结果可通过报表、图表等直观形式呈现给用户,从而使得分析结果具有较强的解释性。

一些传统工具在辅助用户查询和理解数据方面具有很强的功能,挖掘工具与这些第三方工具共同使用可提高系统的效率。数据分析工具一方面可以对数据仓库中的数据从多个角度进行分析,例如公交线路断面客流量、站点随时间变化客流量等;另一方面可以进行智能决策,例如根据线路客流量提出线路配车数建议值、预测未来某时刻公交客流量情况等。

3.5.2 空间分析工具选择

GIS 作为空间信息处理技术的一种,是以计算机技术为依托,将具有空间内涵的地理数据作为处理对象,运用系统工程和信息科学的理论,采集、存储、显示、处理、分析、输出地理信息的计算机系统,为规划、管理和决策提供信息来源和技术支持。目前,GIS 技术在城市道路规划管理工作中常见的应用,在于道路和附属设施数据的存储、管理、查询以及简单的分析。随着城市信息化水平的提高,增强 GIS 的空间数据处理和分析功能已经成为人们研究的热点问题。GIS 技术能够为城市交通网络研究的海量空间信息管理、分析、模拟等提供强有力的技术支持。通过 GIS 提供的空间处理和分析功能,用户可以从已知的海量地理信息数据中挖掘出隐含的重要知识，经过处理和分析得出用户感兴趣的有用的结论，从而为各项决策提供科学依据。

传统的空间分析方法包括空间信息量算、空间信息分类、空间信息叠加、网络分析、邻域分析、地统计分析等多方面，这些分析方法在一般GIS软件中都已经实现。空间插值、探测性数据分析（描述性统计）、解释性分析和确定性数据分析（统计推论和模型的发展与测试）等技术也不断发展与完善。为了适应空间分析新需求的挑战，计算机领域的智能计算技术提供了一系列适应地理空间数据的高性能计算模型，并重点强调在数据丰富的计算环境中所产生的空间分析新方法，包括神经网络、模拟退火、遗传算法和密集计算模拟方法等。

目前，空间分析一般采用专业分析模型与GIS集成方式。GIS软件与空间分析软件相结合的方式可分为两种：一种是紧耦合（图3-14），即把空间分析模块作为一个高级应用模块嵌入GIS软件包中，GIS不仅可以为空间分析提供图形显示功能，而且GIS中的有关数据直接参与空间分析计算，可以为用户提供方便、全面、有效的使用功能，但造价高，实现周期长；另一种是松耦合（图3-15），即在两个相对独立的GIS软件和空间分析软件之间增加数据交换接口，使空间分析数据及相关的影响因素和空间分析结果能够在GIS中以各种简单或复杂的图形方式显示出来，适用于短期且费用较小的情况。

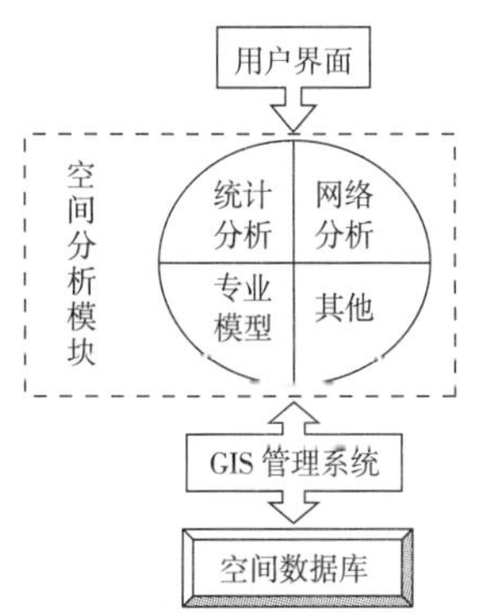

图3-14　GIS与空间分析的紧耦合

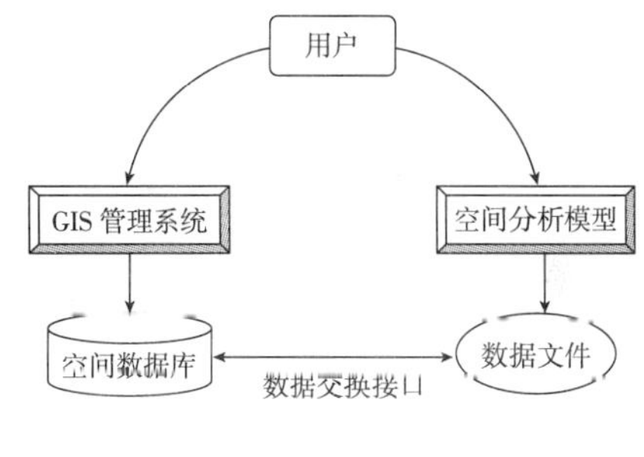

图3-15　GIS与空间分析的松耦合

GIS的空间数据处理和分析功能主要可应用于以下交通网络分析及规划方面。

（1）交通网络空间层次结构分析及空间形态参数的控制。

城市平面结构的主要要素是地面交通线及由它构成的网络，这个网络包括城市街道和具有通行能力的河道和铁路，城市空间形态取决于这些约束条件。城市交通网络在城市发展中占有至关重要的地位，对城市空间形态的演变起着骨架性作用。城市的发展在一定的自然环境与历史条件下，应当根据城市经济发展水平选择科学合理的城市空间发展形态，并实现空间形态参数的控制。忽视分阶段城市空间形态参数的控制，将会造成与环境、城市结构、城市功能不相协调的空间形态，反过来又对城市的发展造成不良影响。

在GIS中,构成图形的点、线、面具有拓扑性质,点、线、面是基本的拓扑元素。由于点集拓扑学是研究图形在同胚变化下不变的性质,所以它是研究GIS空间关系的理论基础。利用拓扑知识可在GIS支撑下分析交通网络的空间层次结构,并实现网络结构优化及空间形态参数的控制。

(2)交通与土地开发之间的复杂动态关系分析。

交通与城市住宅、商业等空间分布具有相互联系和相互制约的关系。城市不同用地空间的分布形态直接影响着交通线路的走向和交通流量;反之,交通线路的布局和分布格局也改变了用地空间结构的重组和居民住宅或商业等区位的再选择行为。

随着快速路及大容量公交的建设,交通对周边土地开发及价格的影响日益凸显,从而也改变了城市的规模及格局。比如交通通道的建设,可以提升原住宅区的可达性,促进沿线地价的升值,为新住宅区开发和建设提供潜在的利益保障,故主要交通干线两侧、高速公路出入口和轨道交通站点周边地区就成为住宅区开发的最佳区位。因此,住宅的空间分布与交通干线的布局具有密切的关系。

历史教训警戒我们,必须切实加强对城市土地利用的理论和实证研究,严格根据城市土地利用扩展的时空规律来制订相关政策并指导开发活动,否则任何主观臆断性的决策均可能产生极为严重的后果。利用GIS技术对城市不同时期的土地利用进行空间聚类和历史形态分析,可探索城市土地利用扩展的时空分异规律与模式。

(3)道路交通数据关联分析。

城市道路规划管理及土地规划涉及大量道路交通数据,应用空间数据挖掘技术可发现数据属性集中令人感兴趣的相关关系。关联规则的发现是数据挖掘和知识发现研究领域中的重要课题。一般情况下,发现关联规则的问题是指在给定最小支持度和最小可信度的前提下,发现所有可信度和支持度大于给定阈值的关联规则。将GIS与数据挖掘技术相结合,可有效利用海量数据。

(4)交通网络评价、交通需求时空分布及预测。

交通网络评价、交通需求时空分布及预测是交通规划中一项重要的内容,是合理的交通规划的基础。交通网络评价、交通需求预测需要大量的人口、工作岗位、经济水平、道路状况等基本信息,而这些信息具有明显的时空特性,因此交通网络评价及交通需求也具有明显的时空特性。利用GIS的存储及时空分析功能,可以充分利用存储的基本信息进行交通网络评价、交通需求时空分布分析及预测,并实现图形显示。

3.5.3 分析结果解释

数据分析结果的解释评价是交通数据分析的重要环节,好的结果表达形式可以有效地提高分析结果的可用性,而科学的评价方法可以极大地提高数据分析的精度。

数据分析结果的解释是指通过可视化工具,将数据分析得到的信息以便于用户理解和观察的方式反映给用户。面向不同的用户需求,结果的形式可以为数据型、图形型和概念型三种:数据型是指直接给出交通数据的地时空分布数据,利用数据结果指导决策和规划;图形型是将数据利用统计报表的形式表达,例如利用柱状图或其他形式图形描述公交线路一个月的客流变化趋势等;概念型是指结果不以数据形式给出而直接对交通运营情况作出评价,例如得到某条道路"过于拥挤"、某条公交线路"车辆配置不够"等概念型结果,并为用户提供运营和规划建议。

根据用户的不同要求分析的数据范围也有所不同,例如分析一年内或者一个月内某条公交线路的客流运营情况。这样就得到不同的数据分析结果,这些结果可以利用可视化工具提供给用户,也可以存储在数据库中供日后进一步分析比较。

数据分析结果的评价是用户对分析结果的经验评价,如果用户对分析结果不满意,可以对数据和算法进行进一步调整,重新分析,直到满意为止。评价分析结果的用户需要精通对评价对象情况和特点的全面了解。

数据分析结果的解释评价都是通过用户控制界面进行显示和操作的。用户控制界面有两个功能:一是操作数据分析工具选择和制订数据分析算法及模型,控制数据仓库的数据筛选和录入;二是控制前台分析工具将数据分析结果以数据、报表、各种图表等形式直观地提供给使用者。利用因特网数据共享技术,拥有访问权限的用户可以通过Web网页在任何一台连接因特网的计算机查看结果。用户控制界面直接管理数据仓库、数据分析工具和数据分析结果,因此计算机系统必须具有较高的安全性,由专人维护。

第4章 基于无线移动定位的交通信息提取及分析技术

随着交通建设及机动化的迅速发展,传统的交通需求及运行状态采集手段已无法满足对路网全面感知的要求。基于移动定位的新技术手段提取交通出行数据及交通流状态参数日益成为交通规划及智能交通系统的一个重要发展领域。

4.1 移动定位技术简介

移动定位技术最早源于20世纪军事技术的发展,随着移动通信的快速发展及用户数量的急剧增长,电信运营商不断推出各种新业务,其中包括无线定位业务,并受到越来越多的关注。

1996年,美国联邦通信委员会(FCC)公布了E-911(Emergencycall“911”),成为民用领域最早的无线定位系统。E-911要求在2001年10月1日前,各种无线蜂窝网络必须能对发出E-911紧急呼叫的移动台提供精度在125m内的定位服务,而且满足此定位精度的概率应不低于67%;在2001年以后,系统必须提供更高的定位精度及三维位置信息。1999年12月,FCC对E-911需求进一步细化,对网络设备和手机生产厂商、网络运营商对定位技术在网络设备和手机中的实施和支持提出了明确要求和日程安排。在定位精度要求方面规定:基于网络的定位方案,要求对67%的呼叫精度不低于100m,95%的呼叫精度不低于300m;基于移动台的定位方案,要求对67%的呼叫精度不低于50m,95%的呼叫精度不低于150m。FCC的这一规定明确了提供E-911定位服务将是今后各种蜂窝网络,特别是3G网络必备的基本功能,大大推动了蜂窝无线定位技术的发展。世界各国政府也都对基于位置的服务提出了一些规范和基本要求。

按定位计算主体的不同,移动定位可以分为三种方法:基于移动台的定位方法、基于网络的定位方法以及混合的定位方法。

基于移动台的定位在GSM系统中也被称为前向链路定位。其定位过程是由移动台接收多个已知位置的发射机发出的与移动台位置有关的特征信息(如场强、传播时间、时间差等),再由集成在移动台中的位置计算模块根据有关定位算法计算出移动台的估计位置,如GPS定位。

基于网络的定位在GSM系统中也被称为反向链路定位。其定位过程是由多个固定位置的接收机接收移动台(如手机)发射的信息,并将接收到的与位置有关的特征信息送到网络中的移动定位中心进行处理,计算出移动台的位置,如各种GSM网络中的定位方法。

混合定位方法则是以上两种方法的综合,如A-GPS定位。

对现有蜂窝网络而言,可供选择的基本方法有如下几种。

(1)Cell ID定位技术。

该法利用GSM移动通信网的蜂窝技术来实现位置信息的查询。GSM无线通信网是由许多像蜜蜂蜂窝一样的小区构建而成的,每个小区都有自己的编号,又称Cell ID,在现有GSM网络的通信中,会产生记录有各个移动台通信时间及所使用基站编号的数据,根据每个基站所在的地理位置及其信号的覆盖范围便能大致地确定在特定时间移动台所处的位置。该方法是由网络获取用户当前所在的信息以获取用户当前的位置,其精度取决于移动基站的分布及覆盖范围的大小。

基于Cell ID的定位技术实现简单,不需要移动台提供任何定位测量信息,也无需对现有网络进行改动,只需要在网络中增加简单的定位流程处理即可,目前这种定位技术已经在各移动网络中广泛使用。

由于该技术根据移动台所处的Cell ID来确定用户的位置,因此它的定位精度取决于蜂窝小区的半径大小,一般从几百米到几十千米不等。在农村地区,小区的覆盖范围很大,所以Cell ID的定位精度很差。在城区,小区覆盖范围较小,Cell ID的定位精度最大可提高为几百米。与其他移动定位技术相比,基于Cell ID的定位方法精度最低,当需要精度较高的定位服务时,Cell ID就无法满足要求了。在今后的3G网络中,该技术将会与其他高精度的定位技术并存,以满足用户不同需求的定位业务。

(2)基于OTDOA的定位技术。

OTDOA(Observed Time Difference of Arrival)是一种应用于移动网络下的定位方式。

在 GSM 网络中也有类似的定位方法,称为 E-OTD(Enhanced Observed Time Difference)。这种定位方法的基本原理是:移动台测量不同基站的下行导频信号,得到不同基站下行导频的 TOA(Time of Arrival,意为到达时刻),即所谓的导频相位测量。根据该测量结果并结合基站的坐标,采用合适的位置估计算法,就能够计算出移动台的位置。实际的位置估计算法需要考虑多基站(3 个或 3 个以上)定位的情况,因此算法要复杂很多。一般而言,移动台测量的基站数目越多,测量精度越高,定位性能改善越明显。

使用这种方法,需要移动台所测量的基站同时发出下行导频信号。因此,网络中的所有基站必须实现时间同步。一般可通过在基站安装 GPS 接收机或连接到时间同步网来实现基站同步。

OTDOA 的定位精度相比 Cell ID 方法要高,但它的精度受到环境的影响。在郊区和农村可以将移动台定位在 10 ~ 20m 范围内;在城区由于高大建筑物较多,电波传播环境不好,信号很难直接从基站到达移动台,一般要经过折射或反射,下行导频信号的 TOA 也就出现了误差,因此定位精度会受到影响,定位范围为 100 ~ 200m。一般情况下,OTDOA 定位响应时间在 3 ~ 6s 之间。另外,OTDOA 的方法存在局限:UE(User Equipment,意为用户终端设备)必须观察到最少 3 个基站信号,这个条件在基站密度稀疏的区域很难得到满足,另外当 UE 位于某个基站附近时,可能接收不到邻近基站的导频信号,这些对定位都有影响。

(3) A-GPS 定位。

A-GPS(Assistant-GPS)意为辅助全球卫星定位系统。它是结合 GSM 与传统卫星定位,利用移动网络传送辅助卫星信息,提高定位速度的技术。普通的 GPS 系统是由 GPS 卫星和 GPS 接收器组成的,移动定位计算时移动终端内置的 GPS 接收器必须同时搜索到终端上空的 3 颗卫星,才能进行定位计算。这对移动终端的功率要求是相当高的,而且搜索时间也比较长。与普通的 GPS 不同,移动定位的 A-GPS 中有一个辅助服务器 GPDE。GPDE 使用比移动终端内置的 GPS 接收器强大得多的功率来接受 GPS 信号,在这种情况下,GPDE 通过移动网络与手机的 GPS 接收器通信。有了移动网络的协助,部分原本由接收器处理的任务被 GPDE 所处理,接收器的效率比没有协助的时候有了很大的提高,弥补了移动终端内置接收器受工作功率和地理位置的影响而不能获得理想定位效果的缺点。所以 A-GPS 往往比普通的 GPS 处理速度更快,有更高的效率。

A-GPS 技术是一种结合了网络基站信息和 GPS 信息对移动台进行定位的技术,可以在 2G/2.5G 和 3G 网络中使用。该技术需要在用户端增加 GPS 接收机模块,同时要在移动网络上加建定位服务器、差分 GPS 基准站等设备。如果要提高该方案在室内等 GPS 信号屏蔽地区的定位有效性,还需要增添位置测量单元(LMU)。

A-GPS 定位方式实现步骤如下(图 4-1):网络收到 GPS 辅助信息;网络将辅助信息发

送到手机；手机得到GPS信息，计算并得出自身精确位置；手机将位置信息发送到核心网。

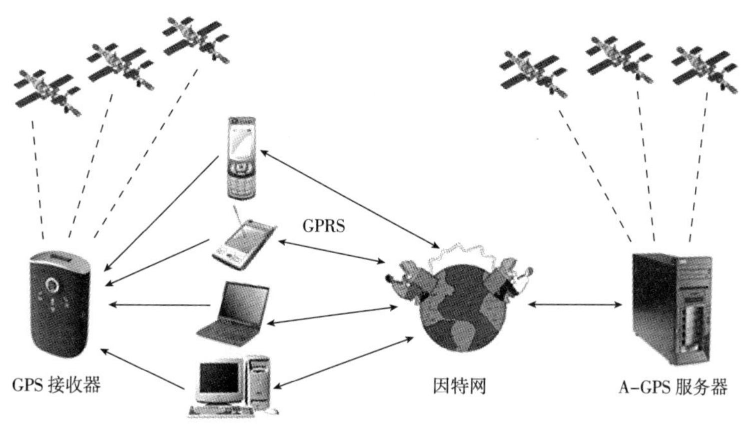

图4-1　A-GPS定位原理

A-GPS解决方案的优势主要在其定位精度上。在室外等空旷地区，其精度在正常的GPS工作环境下可达5m左右，堪称目前定位精度最高的一种定位技术。该技术的另一个优点为：首次捕获GPS信号的时间一般仅需几秒，而不像GPS的首次捕获时间可能要2～3min。

表4-1所示为三种主要定位技术的比较。

定位方法比较　　表4-1

定位方法	定位精度（m）	响应时间（s）	对网络的影响	对终端的影响	技术复杂度
Cell ID	300～2 000	1～2	无	无	低
OTDOA	50～200	2～6	大（增加大量设备）	小（升级软件）	高
A-GPS	5～30	5～30	小（增加少量设备）	大（配置GPS模块）	中

此外，还有基于电波入射角（AOA）的定位法、场强定位法等定位技术。

本章重点讲述基于GSM无线通信网的Cell ID定位法，即指通过无线移动终端（如手机）和无线网络的配合，确定移动用户的实际位置信息（如经纬度坐标数据，包括三维数据），进而提取有关交通信息。

4.2　GSM无线定位原理

4.2.1　GSM无线通信系统结构

GSM无线通信系统中无线基站子系统（BSS）在移动台（MS）和交换网路子系统

(NSS)之间提供和管理传输通路,特别是包括了 MS 与 GSM 系统功能实体之间的无线接口管理。NSS 是整个 GSM 系统的控制和交换中心,负责所有与移动用户有关的呼叫接续处理、移动性管理、用户设备及保密性等功能,并提供 GSM 系统与其他网络之间的连接。MS、BSS 和 NSS 组成 GSM 系统的实体部分,操作支持子系统(OSS)则提供运营部门一种手段来控制和维护这些实际运行部分。图 4-2 所示为 GSM 无线通信系统结构图。

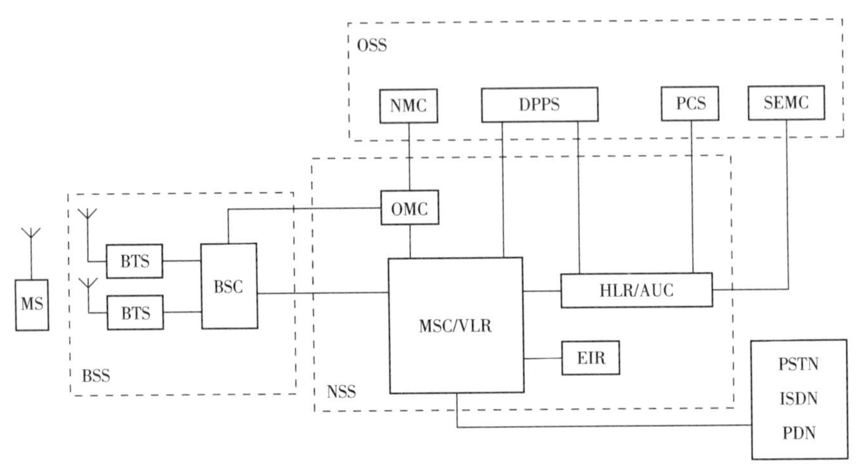

图 4-2 GSM 无线通信系统结构图

以下为 GSM 无线通信系统各子系统的详细介绍。

(1)NSS

NSS 主要完成交换功能和客户数据与移动性管理、安全性管理所需的数据库功能。它由一系列功能实体所构成,各功能实体介绍如下。

MSC:是 GSM 系统的核心,是对位于它所覆盖区域中的 MS 进行控制和完成话路交换的功能实体,也是移动通信系统与其他公用通信网之间的接口。它可实现网路接口、公共信道信令系统和计费等功能,还可完成 BSS、MSC 之间的切换和辅助性的无线资源管理、移动性管理等。另外,为了建立至 MS 的呼叫路由,每个 MS 还应能完成入口 MSC 的功能,即查询位置信息的功能。

VLR:是一个数据库,存储 MSC 为了处理所管辖区域中 MS 的来话、去话呼叫所需检索的信息,例如客户的号码、所处位置区域的识别、向客户提供的服务等参数。

HLR:也是一个数据库,存储管理部门用于移动客户管理的数据。每个移动客户都应在 HLR 注册登记。它主要存储两类信息,一是有关客户的参数,二是有关客户目前所处位置的信息,以便建立至 MS 的呼叫路由,例如 MSC、VLR 地址等。

AUC:是产生为确定移动客户的身份和对呼叫保密所需鉴权、加密的三参数(随机号码 RAND、符合响应 SRES、密钥 Kc)的功能实体。

EIR:也是一个数据库,存储有关 MS 设备参数。主要完成对移动设备的识别、监视、闭锁等功能,以防止非法 MS 的使用。

(2)BSS

BSS 是在一定的无线覆盖区中由 MSC 控制,与 MS 进行通信的系统设备,主要负责完成无线发送接收和无线资源管理等功能。功能实体可分为基站控制器(BSC)和 Cell 收发信台(BTS)。

BSC:具有对一个或多个 BTS 进行控制的功能,主要负责无线网路资源的管理、小区配置数据管理、功率控制、定位和切换等,是个很强的业务控制点。

BTS:是无线接口设备,完全由 BSC 控制,主要负责无线传输,完成无线与有线的转换、无线分集、无线信道加密、跳频等功能。

(3)MS

MS 就是移动客户设备部分,由两部分组成:移动终端和客户识别卡(SIM)。移动终端就是“机”,它可完成话音编码、信道编码、信息加密、信息的调制和解调、信息发射和接收。

SIM 卡就是“身份卡”,它类似于现在所用的 IC 卡,因此也称作智能卡,存有认证客户身份所需的所有信息,并能执行一些与安全保密有关的重要信息,以防止非法客户进入网路。SIM 卡还存储与网路和客户有关的管理数据,只有插入 SIM 卡后移动终端才能接入进网。

(4)操作维护子系统。

GSM 系统还有个操作维护子系统(OMC),主要是对整个 GSM 网路进行管理和监控。通过它实现对 GSM 网内各种部件功能的监视、状态报告、故障诊断等。OMC 与 MSC 之间的接口目前还未开放,因为 CCITT 对电信网路管理的 Q3 接口标准化工作尚未完成。

4.2.2　GSM 网络层次划分

GSM 网络在层次上由大到小分为:GSM 服务区、PLMN 服务区、MSC/VLR 服务区、LA 区域、Cell 小区。

GSM 服务区:是全世界的移动运营商共同构成的移动源。世界上各个国家、各个运营商搭建的网络都是整个 GSM 的一部分。

PLMN(Public Land Mobile Network)服务区:GSM 服务区中,一个移动运营商经营的范围称为 PLMN 服务区。所有的 PLMN 服务区组成 GSM 服务区。PLMN 服务区内,至少有一个 HLR。

MSC/VLR 服务区:一个 MSC 控制的范围称为 MSC/VLR 服务区,一个 PLMN 服务区包括多个 MSC/VLR 服务区。当用户呼叫时,通过 PLMN 的 HLR,找到用户所在的 MSC/VLR 服务区。为了节省呼叫工作,需要把 MSC/IVLR 划分成更小的区域。

LA(Location Area)区域:每一个 MSC/VLR 包含若干个 LA 区域,这样就可以将寻呼被叫用户位置区域由原来的 MSC/VLR 业务区缩小到 LA 区域,以减小 MSC/VLR 搜索被叫用户的工作量。通常一个 LA 区域拥有一个用于呼叫的 BSC。每个 LA 区域有一个识别码 LAI,当用户呼叫时,被叫用户所在的 MSC 从 VLR 资料中获得用户所在 LA 区域的 LAI,然后将信号交换到 LAI 拥有的 BSC 上,由 BSC 控制的 BTS 对 LA 区域进行广播,呼叫移动台。

Cell 小区:LA 区域的 BSC 控制的每个 BTS 的覆盖范围为一个 Cell,即一个蜂窝。每个 Cell 小区有一个唯一的小区表示 CI。Cell ID 由 LAI 和 CI 构成,即 Cell ID = LAI + CI。Cell 是 GSM 层次中最小的结构。Cell 的边界为 BTS 信号强度的交汇点,手机通过交汇点时将进行通话交接(Handover)或是位置更新(Location Updating)。

4.2.3 移动通信和定位

为了确认 MS 的位置,每个 GSM 覆盖区都被分为许多个位置区,一个位置区可以包含一个或多个小区。网络存储每个 MS 的位置区,并作为将来寻呼该 MS 的位置信息。对 MS 的寻呼是通过对其所在位置区的所有小区寻呼来实现的。如果 MSC 容量负荷较大,它就不可能对所控制区域内的所有小区一起进行寻呼,因为这样的寻呼负荷将会很大,这就需引入位置区的概念。LAI 将在每个小区广播信道上的系统消息中发送。

以下为具体的 MS 定位过程。

(1)位置区更新。

由于用户 MS 具有移动性,为了能在比较小的区域内完成对 MS 的寻呼,移动路由设备需要记录用户的位置,并需要用户在改变位置区时,对位置进行更新。要达到这一目的,在更新上可以有两种做法:当用户 Cell 小区改变时更新,寻呼时对单个 Cell 寻呼;或当 LA 区改变时更新,寻呼时对整个 LA 中所有 Cell 广播。由于对 Cell 小区更新会导致用户 MS 与网络信息交互过于频繁,所以,实际上位置更新是对 LA 的区域更新。当 MS 在一个 LA 区域的 Cell 内移动时,不需要进行位置更新。

移动号码按地理位置分配,每个分配给用户的手机号码属于一个固定的 HLR,分配记录由运营商的号段表表示。当用户开机后,MS 将搜寻到临近小区的 BTS 所发射的信号,通过控制 BTS 的 BSC,找到所属的 MSC。MSC 将此信息传送到 VLR,记录 MS 所在区的 LAI。同时 MSC 通知号码所属的 HLR,记录当前的 MSC/VLR 信息,完成手机注册过程。

当 MS 位置发生改变时,如果在同一个 LA 内,则不需要进行位置更新;如果在同一个 MSC/VLR 服务区内不同的 LA,则使 VLR 更新 LAI。如果在 PLMN 不同的 MSC/VLR 服务区,则须通知 HLR 记录新的 MSC/VLR,再更新新的 VLR 中的 LAI,同时删除原 VLR

中关于用户的信息。

(2)通话建立。

由于 MS 具有移动性,MS 被叫时,网络需要找到其漫游在何地。过程是这样的:其他用户拨打 GSM 用户的号码时,就近进入当地的 MSC,由 MSC 根据被叫 MS 的号码分析出此用户属于哪里的 HLR,并发出相关信号去 HLR 处查询此用户目前所在的位置,得到被叫用户所漫游的 MSC/VLR 的号码。然后 HLR 将被叫所在的 MSC 号码送至主叫所在的 MSC,主叫 MSC 将话路指向被叫 MSC/VLR,被叫 MSC 在 VLR 指示的 LA 区域内寻呼被叫 MS。此时,完成话路的接续。

由 MSC 在 LA 区域广播找到 MS 的过程,称为一次寻呼。通过寻呼,就能得到用户所在的 Cell ID。

发生以下情况时 MS 会上传信息(包括上传的时间、事件编号、所用 Cell ID):

①需要使用网络通信时,如接打电话、收发短信等。

②开关机。

③长时间没有上报位置信息时。

④在移动中打电话切换了所使用的基站时。

⑤在待机状态下跨越了位置区时(位置区包括多个 Cell),如图 4-3 所示。

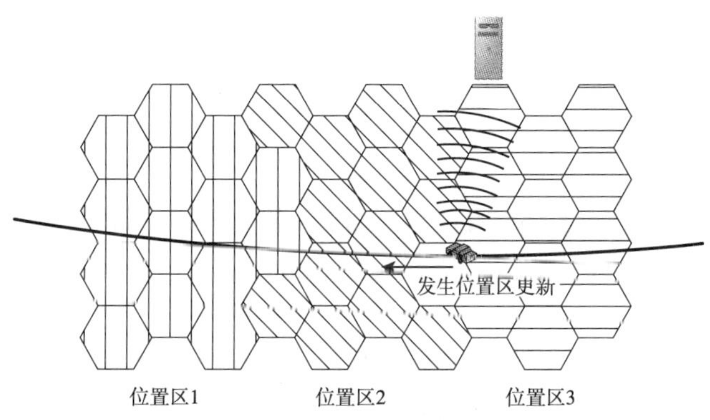

图 4-3　位置更新示意图

(3)定位。

当 MS 注册后,网络将寻呼到 MS 的 LA 位置,在寻呼中也能获得 MS 的 Cell ID。只要能采集到各个小区分布的地理位置和小区半径,就能通过 Cell ID 来确定用户的大概位置和精度范围。Cell ID 定位精度取决于其半径。在城市商业区,小区比较密集,Cell ID 定位完全能够满足交通出行信息提取要求。

通过 A 接口(MSC/VLR 与 BSC 之间的接口),可以采集到终端用户的相关信息,其中最重要的信息如下(表 4-2)。

终端用户的相关信息　　表 4-2

序号	字段名称	描　述
1	IMSI	国际移动用户识别码
2	TMSI	临时识别码
3	MSISDN	手机号
4	IMEI	手机型号信息
5	Time Stamp	时间戳，由厂商在采集卡上对成功发生的信令过程加上的时间标记，精确到 s
6	LAC	位置区编号
7	Cell ID	小区编号
8	Event ID	事件类型
9	Stat	结束通话的原因
10	Flag	进出小区标示位

以上信息经过采集、清洗、转换等一系列的处理，为后续的各种统计分析提供了基础数据。

4.3　移动定位技术在交通方面的应用

4.3.1　可行性与必要性

为保障城市道路及公路系统的正常运行，有必要进行系统、全面的交通出行需求及运行状态监测，进而为合理的规划、管理及公众出行信息服务提供全面、准确、可靠的数据支撑。

交通出行数据调查及出行分析是制订交通规划与交通管理政策，解决城市交通难题的基础。目前居民出行调查工作主要通过人工入户调查的方式进行，采样率低，一般在 1% ~2%，而且采集分析过程较长，整个分析过程需 3 个月以上。同时由于人工调查很难获取动态 OD 等数据，因此难以满足动态交通管理需求。随着交通建设的迅速发展，交通需求变化加快，对交通出行调查与分析工作的要求不断提高，传统的交通需求分析手段已无法满足现状需求。

目前道路交通运行状态的数据如通行速度、流量的采集主要通过在道路断面上安装交通检测器（如感应线圈、视频检测器）获得。这种方式需要在道路上安装检测器设备，不仅需要购买专门的设备，而且需要在道路上进行施工、架设辅助设施，耗费人力物力。受到费用和道路的限制，不可能在所有道路上实施，因此覆盖率较低。

而利用在出租车或公交车上安装的 GPS 来采集路段行程速度或时间信息虽然不需

在道路上进行施工、架设辅助设施，但要求道路上装载GPS的车辆达到一定数量要求，否则依然面临覆盖率较低的问题，同时还受出租车或公交车上下客及行驶特性与其他车辆的差异影响，难以真实反映道路上全体车辆的运行特征。

另外，不管是断面检测器还是浮动车，都只能获取机动车的交通信息，无法获取其他方式出行者的出行信息。

手机目前已经成为广泛使用的移动通信工具，当手机移动或对外通信时，会和附近的基站进行通信，基站会记录通信手机的编号、通信时间、通信类型和Cell ID传回后台数据管理中心。由于手机位置信息能够通过基站表示手机用户的位置和时间信息，经特别处理，可以判断用户起讫点及到发时间，结合基站所属交通小区（按地域人为划分的区域），从而计算各个交通小区之间的出行量等交通参数。将出行者在时空上的移动与道路相匹配，可获取道路流量及速度等信息。相比其他交通采集系统来说，基于Cell ID的手机定位交通信息提取分析在多方面拥有优势。

（1）极大的样本量。

基础数据来源于中国移动手机用户，其巨大的市场占有率和不断增长的用户数量都为数据采集的样本量提供了保证。图4-4所示为中国移动用户数量近年来的发展。

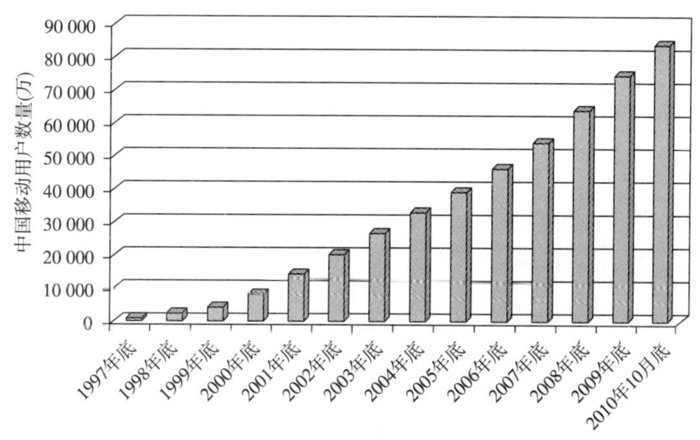

图4-4　中国移动用户数量发展

（2）覆盖范围极广。

移动信号覆盖区域均是可获取数据区域，并且可多层次分析，范围从热点地区、市域到跨省域路网。

（3）采集数据的实时性。

对实时基础数据的分析可得到任意时刻的动态交通数据，为全面优化和评估城市交通运行状态提供数据支持。

（4）对通勤交通的分析。

手机定位信息可较好实现通勤出行目的的识别，由此，通过对造成城市交通拥堵主

要原因的通勤交通的识别和分析优化,可为缓解高峰时段路段拥堵提供数据支持。

(5)基础设施要求低。

基础数据源已经存在,不需要大量配备额外装置,分析数据只需要配置少量设备即可完成,相对传统手段费用低廉。

(6)定位精度基本满足要求。

定位精度一方面与采用的定位技术有关,另一方面还要取决于提供业务的外部环境,包括无线电传播环境、基站的密度和地理位置以及定位所用设备等。目前手机小区定位技术尚在完善之中,市区精度范围大致在200m,郊区精度范围在1 000~2 000m,随着移动公司技术的不断发展,相信精度会进一步提高到50m范围内。目前美国FCC推出的定位精度在50m以内的概率为67%,定位精度在150m以内的概率为95%。

总之,相对传统的抽样调查方法,手机用于交通出行信息采集在手机普及率较高的情况下覆盖范围广、数据源稳定可靠、样本量大大增加,能够满足快速、动态获取交通基础信息的要求,而且相应的基础设施建设要求低、费用低廉,可采集多种交通方式的信息。

因此,迫切需要研究基于手机定位的交通出行信息提取技术,保证及时获取更全面、更准确的数据,为进行更深入的统计分析提供良好的数据基础。该技术将对交通规划、交通管理、信息发布提供基础数据及信息。通过该技术的实施,可节省交通调查所需的大量人力物力,加强决策的科学性及准确性,同时可以丰富交通规划及智能交通理论,推动创新性成果的产生。

4.3.2 国内外相关研究现状

(1)概述。

早期利用移动定位交通信息提取技术研究对于无线定位的精度有较高要求,部分研究是采用基于终端的定位设备如GPS进行定位,再通过无线网络进行数据传输,投资较大而样本量较小。近期的研究考虑到实用中大规模应用,更倾向于投资较小的基于GSM或CDMA通信网络的定位。基于基站的定位虽然精度不高,但考虑到其边界是相对稳定的,因此通信过程中经过基站信号边界时的切换动作可以用来作为速度估计的样本。有多家位于荷兰、美国、以色列等国家的学校和研究机构采用手机信号切换数据作速度估计,在理论研究中取得了不错的效果。

自1996年美国颁布E-911法案,GSM网络移动定位技术飞速发展,许多学者致力于将最新的移动定位技术应用到交通方面的研究。研究内容多限于对手机定位的多种方法进行定位及速度估计的精度比较,以及精度影响因素分析。如1996年美国南佛罗里达大学在仿真路网上探索了基于手机Cell切换求速度的算法,验证了其可行性;1997年南佛罗里达大学的R. Sankar等也通过简单的仿真路网说明利用无线定位获取速度估计的可能性;1997 年美国马里兰大学采用华盛顿弗吉尼亚郊区的数据作定位研究,在定位上取得了较好效果,但在速度估算上还不够精确;2000 年伯克利加利福尼亚大学采用旧金山湾部分地区的数据,分析了定位和速度估算的可靠性和精度;Yim 等(2000)及 Brian L. Smith 等(2001)对手机定位的多种方法进行了比较,对其精度进行了初步研究;2003 年伯克利加利福尼亚大学分析了速度判别精度的主要影响条件。Zhijun Qiu、Bin Ran 等 2006 年对基于 Cell 的手机定位技术及速度估算精度进行了进一步的分析和校正。

自 2000 年以来,许多国家的一些相关研究机构或公司,如 Globis Data、Decell、Vodafone、AirSage、IntelliOne、ITIS Holdings 等,也在基于手机定位数据的路网状况监视方面做了许多工作,分析了精度的影响因素(表 4-3)。

近期国外手机定位技术应用于交通数据采集概况　　表 4-3

年份	国家	研 究 机 构	研究课题/项目	技 术 类 型
1999	法国	交通研究协会	运用手机进行交通探测(SERTI Cell Phone as Probes Project)	结合时间提前量的小区定位(GSM/CELL ID with TA)
2000	美国	伯克利大学	对圣佛朗西斯科海湾道路网络运用手机作为探测器估算行程时间(Travel Time Estimates on the Bay Area Network by Using Cellular Phones as Probes)	辅助卫星定位(GSM/A-GPS)
2002	英国	IT IS	美国专利:浮动车辆交通数据建模和处理系统方法以及应用理论(US Paten: Method and System for Modeling and Processing Vehicular Traffic Data and Information and Applying Theory)	手机切换(GSM/Handover)
2002	加拿大	加拿大交通运输发展中心和 CELL-Loc 有限公司	手机定位技术应用于交通监控:概念框架研究(Traffic Monitoring Application of Cellular Positioning Technology: Proof of Concept)	时间到达差(GSM/TDOA)
2004	荷兰	LogicaCMG 公司	为荷兰的 North Brabant 省提供 MTS(Mobile Traffic System)服务	时间到达差(GSM/TDOA)
2005	加拿大	加拿大交通运输发展中心和 Globis Data 公司	使用手机作为交通探测器的试验系统开发研究(Development and Demonstration of System for Using Cell Phone as Traffic Probes)	辅助卫星定位(GSM/A-GPS)

基于手机定位信息的交通数据采集国外有过不少研究,但多限于车速等信息的提取,受试验可用的样本数量所限,出行信息的提取研究较少。事实上,交通出行数据是另一类重要的交通信息,包括 OD、出行方式、路径选择等内容。考虑到通信网络巨大的覆

盖范围和较高的手机使用率，一些学者在这方面也进行了一些探索。如塞尔维亚大学的 J. P. Wideberg、N. Caceres 等用仿真手段探索了采用 GSM 通信保存的 Cell 数据获取 OD 的可行性，取得了良好的效果；2002 年英国的 White 等研究采用实际计费信息获取 OD 矩阵，结论是这种方法可行，并且可能在"Cell"层面获取到路径信息，但需要更多的数据支持。

国内方面，国防大学李俊(2002)论述了在 GMS 网络中各种移动定位技术的基本原理和相应的优缺点；杨飞(2005,2007)、刘淼等(2007)对手机定位技术应用前景、精度和意义等进行了简要分析和总结；重庆大学于 2005 年利用仿真试验研究了基于手机定位的高速公路交通流参数获取算法；刘杰等(基于无线通信网络的人员出行信息分析系统设计与应用)对手机定位进行了初步分析，跟踪了单个用户轨迹，并对区域和路线的流量进行了校核。

国内近年来也有一些研究机构及公司开展了尝试性实践工作，提取了居民出行 OD、出行时空分布等信息，并用于政府决策及信息服务。但总体来讲多限于研究层面、试验层面上，在面向政府及公众的大规模常态化的应用上尚不成熟。

(2)精度验证试验。

为测试利用手机定位数据进行交通信息提取的精度，国内外进行了一些实地试验。同时为测试精度影响因素，国内外也进行了大量仿真试验。重点分析的是在一定的路网、定位精度、更新频率等条件下交通参数估计的可行性及条件对于结果的影响程度，从而寻找影响手机定位技术用于交通数据采集精度和敏感性的因素。以下介绍一些仿真及实地试验的结果。

①仿真试验。2000 年法国学者 Ygnace 等仿真了几种简单高速公路，表明在定位精度 150m、样本量 5% 的情况下，高速公路速度估计误差可以小于 10%。2003 年伯克利交通研究所的 Cayford 等研究了获取有一定精度的速度估计值所需要的定位精度和频率。2005 年 Fontaine 等通过仿真研究了系统设计对效果的影响，指出了增强地图匹配算法的重要性，并且建议为了获取准确的估计值，移动定位的精度应该接近 GPS 的定位精度。之后，2007 年他考虑了更为复杂的实际情况，指出前期研究的局限性，提出系统参数的取值如最小样本量应当随交通运行状态而改变。

法国 INRETS 机构进行的仿真试验针对 3 种相对简单的道路网络进行研究，分析手机定位技术用于交通数据采集的系统精度影响因素和精度：①一条长 15km 独立的高速公路，包含有 10 条长为 1.5km 的路段；②与①相同，增加一条距离为 200m、长为 3km 的平行道路；③与①相同，增加一条距离为 200m、长为 15km 的平行道路。仿真试验假设定位精度为 150m，其研究结果显示：交通流中如果能有 5% 的手机车辆提供数据，其路段行程时间误差可以控制在 10% 左右。

2001 年马里兰大学的 Lovell 等研究了抽样时间、定位精度、速度方差等几个因素对速度估计的影响。研究选择了一条长8km、一个车道的道路，验证了两种定位算法Angle-Angle和Angle-Hyperbola。针对不同的采样时间、速度变化、车辆位置的情况，分析其对于系统精度的影响情况。研究结果显示，手机定位技术用于交通数据采集能够提供高速公路上交通流的大致特征，但得到准确的速度估计尚存在困难。

伯克利大学在仿真试验中验证了3个主要的影响因素：定位精度、定位更新频率和定位密度。主要研究结果显示：①采用基于网络的定位方式，定位精度达到100m，假设位置更新频率为30s，最大定位密度为40/(s·mile)，则在每5min时间间隔内，85%的路段至少有一辆车穿越；②采用基于手机终端的定位方式，定位精度达到50m，仍然假设定位更新频率为30s，最大定位密度为40/(s·mile)，则在每5min时间间隔内，90%的道路至少有一辆车穿越。此研究没有回答是否具有足够的样本量来进行速度估算。

②实地测试。美国第一个关于手机定位用于交通数据采集的实地测试是在20世纪90年代中期于维吉尼亚州(Virginia)的几条洲际道路和州内道路开展的，项目名称为CAPITAL(Cellular Applied to ITS Tracking and Location)。通过项目评估有以下结论：①实地测试的定位精度可以达到100m范围，如果能够获得基站信号传输的方位角信息，则定位精度将会大大提高，如果能达到5~25m的定位精度，基本上可以较为准确地进行速度估算；②为了计算路段行程车速，对每个所追踪的手机而言，至少需要连续发生4次定位，但这种情况发生的概率仅为20%，因此还不能通过计算路段速度进而扩展到整个路网速度的估算。一方面，需要更多的定位数据点，另一方面，需要提高路径匹配的算法效果来进行改进。

一个名为VDOT/MSHA/USWC的测试从2000年开始在华盛顿南部郊区展开，其目的是研究无线定位应用于交通运行状态监控的可行性，结果对于其应用于未来的交通监控作出了比较乐观的评价，但仍存在很多具体的技术问题需要解决。同时期有多家公司和研究机构也进行了相关的实地测试。

2001年，Ygnace采用线圈数据与无线定位估算的速度作比较，得到城市快速路误差为24%~32%，城际快速路误差约为10%。

伯克利大学和美国无线运营商合作在Oakland也开展了手机定位用于交通数据采集的实地测试，获得了44h的定位数据样本。测试结果表明，定位精度能够达到60m，但是这次测试没能够将定位结果较好地匹配到道路上。手机的通话时间较短，平均仅为30s，这对于计算路段行程车速造成了较大困难。最终，60%的位置坐标没能匹配到正确的道路上。

我国上海于2005年3月测试了运用手机数据检测信息的系统，实地测试的对象是复杂的城市道路网，包括市中心的三条快速路和由SCATS信号控制的主干路。试验有两个主要特点：在区域内，有900多万手机用户可以提供手机数据，从而保证了试验的准确度；从2005年3月开始采集的实时数据用来标定Cell切换点和位置更换区点。2008年，

中国移动委托国家ITS中心在北京、上海、天津、济南开展了国内首次大范围的手机定位采集交通信息的试验，利用手机切换数据获取路段速度等信息，行程时间平均接近程度分别达到71%、77%、68%和61%。

4.3.3 信息提取过程及技术难点

利用移动定位技术提取交通信息需在移动公司接入数据线获取原始数据，通过对原始数据分析筛选，提取有效数据，再根据数据特点通过一定的算法追踪个体，获得个体出行的基本参数，包括起讫点、到发时间、出行次数、出行目的、交通方式，同时可通过使用多源数据进行校核，寻找规律，提高信息提取的准确性，最后根据应用的需要进行相应的筛选、集计、分析。整个处理分析过程如图4-5所示。

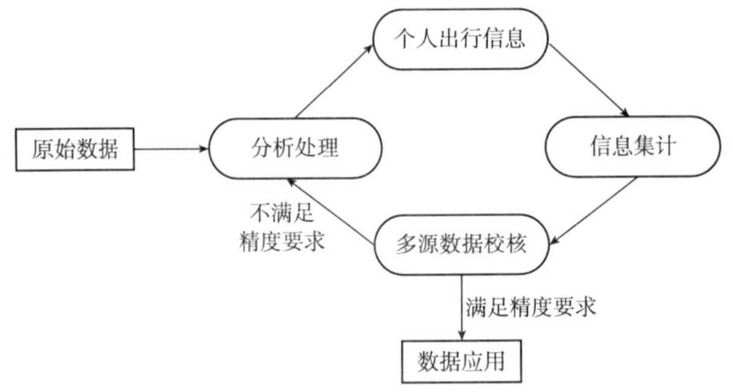

图4-5 基于移动定位技术提取交通信息及校核的基本流程

其中提取交通信息的详细流程及参数如图4-6所示。

利用移动定位进行交通信息提取需解决以下关键问题。

难点1：如何对海量数据进行高效管理及处理？

对海量数据的管理效率直接影响到计算的速度。手机数据量过大，一个城市可能每天产生多达几亿条的记录，若需对路网进行实时监控，则需在现有的计算机硬件条件下，对处理技术提出很高的要求。为此，如何采用合理的分批、分区、分类方法，合理分配系统资源，对海量的数据进行高效处理是一个技术难点及需求。

难点2：如何进行异常数据的处理？

为了保证移动通信网络的覆盖，一个地

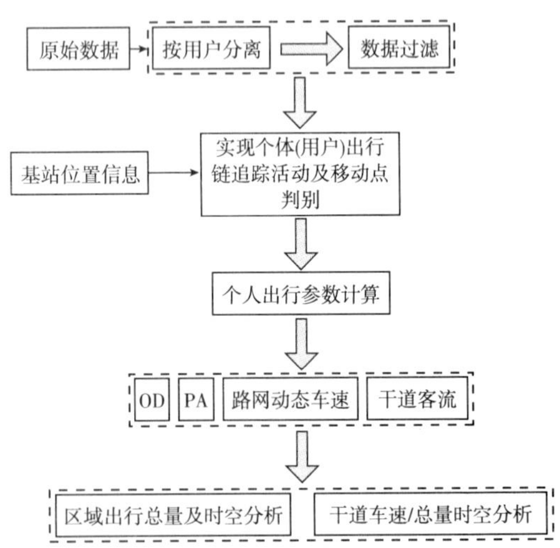

图4-6 基于移动定位技术提取交通信息的详细流程及参数

区往往被多个基站所覆盖。这在保证了网络覆盖的同时,也造成了信号漂移的可能。此外,信号反射等原因也能够造成信号漂移。各种交通出行分析都是基于通过无线通信网络数据获取的位置信息分析,因此必须将信号漂移造成的噪声数据有效过滤,这样才能保证分析的准确性。

另外,由于系统及非系统误差,某些用户上传的数据会出现异常。如有一处信息发射台,专用于向外发送信息,表现在手机记录上为一天没有发生任何的移动,却可能上传了成千上万条记录,显然这种用户不是研究需要的,必须予以剔除。

其次,基站覆盖的半径大小往往不一致,而且相差悬殊,这给基于位置分析的数据处理带来了很大的挑战,需要采取恰当的技术手段降低这种噪声。再次,单条信令数据包含的信息量非常有限,同时具有一定的随机性和离散性,其携带的信息中不可避免地带有噪声,需要聚合与对比分析大量数据,降低噪声对准确性的影响。

难点 3:如何基于手机定位信息提取居民出行及人口数据?

从海量的居民手机出行数据中获取居民的出行特性,不仅需要可靠的计算机程序,更需要精确的算法模型,才能确保提取数据的可靠性。基于手机定位信息提取居民出行及人口数据涉及出行活动点(起讫点)判别、就业岗位判别、居住地判别。如何确定判别阈值及方法,进行以上信息的准确判别是算法模型的关键,也是一个技术难点。

一个带有手机的人出行时,手机会按一定规则上报自己所使用基站对应的 Cell ID,追踪其一天的出行轨迹就能得到全天的出行链。要从这个出行链中判别出哪些点是交通规划时要求的 O 点(起始点),哪些点是 D 点(目的地点),就需要判断出哪些 Cell 是其对应的停留点,以停留点作为分隔,进而得到该用户一天的 OD。因此,停留点识别算法的精度高低,直接影响到最后的统计结果。

难点 4:如何准确划分出行方式?

出行方式划分是指出行者出行选择交通工具的比例。居民一天的出行表现出来的手机信息是一系列离散的点,只有 Cell ID 和上报的时间。提取交通方式一般有两种思路:第一种思路是根据各类不同出行方式之间的速度来区分。该方法对于区别快速和慢速出行方式有很好的效果,比如汽车出行和步行,这两类之间的速度差异明显,但对于小汽车与公交车及轨道交通,通过速度判定就暴露出它的局限性,因为这三类之间的速度差别不明显,无法有效地区分出来。其次就是快速和慢速之间的阈值界定是一个难点,很难用有说服力的数字作为分隔点。第二种思路是采用出行里程进行判断。该方法认为一种出行方式有它适用的出行范围,只要标定出各类出行方式的平均出行里程,就可以用来判断出行的方式。该方法的缺点是标定平均出行里程较困难,而且不同城市之间差异较大,此外各种出行方式之间出行里程在界定值附近时,容易引起较大的误差。

难点 5:如何基于手机定位信息进行关键路段交通流量及速度实时估计?

如何基于基站的切换信息,进行路径的准确地图匹配,同时根据各种出行方式特征,

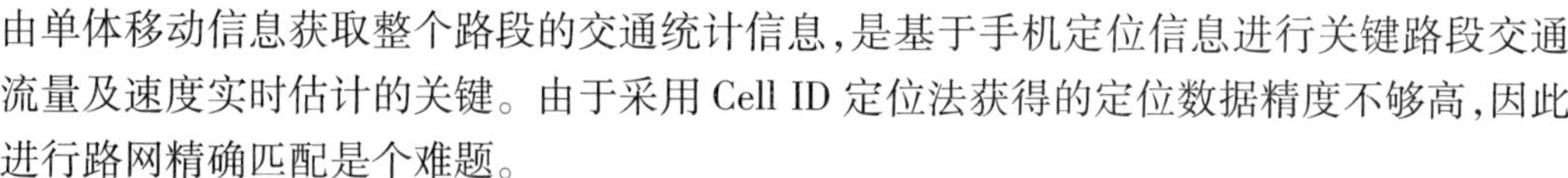

由单体移动信息获取整个路段的交通统计信息，是基于手机定位信息进行关键路段交通流量及速度实时估计的关键。由于采用Cell ID定位法获得的定位数据精度不够高，因此进行路网精确匹配是个难题。

难点6：如何对不均匀样本进行数据扩样？

手机信息产生只源于用户有手机的情况下，但目前仍有部分人没有手机，而即使有手机的用户也会出现上传数据缺失的情况。另外，由于基站空间分布的不同，不同类型的用户（如不同收入、职业等）的上传信息频率不同，使得出行链判断也存在不同程度的缺失。这些不同类型的缺失样本存在年龄、空间、职业的差异，属于不均匀样本，因此如何考虑样本的不均匀性进行全样本扩样是一个技术难点。

难点7：如何基于手机定位信息进行交通出行时空分析？

基于手机定位信息进行交通出行时空分析有必要根据不同应用部门的需求明确交通出行时空分析指标，并建立相关统计模型。这也是需要解决的问题。

4.4 基于移动定位的交通出行信息提取方法

本节介绍利用手机信息计算交通出行数据的新方法。该方法的基本原理是：出行者在一天内会经过或停留在不同的空间位置，这些位置由上传手机信息时的用户所处的基站地理位置来反映，此处将其称为位置点。对于任一用户，一天内经过或停留的位置点被划分为两类——经过点及逗留点，用来描述用户在其上所处的状态。经过点为出行者空间移动过程中短暂经过的点，逗留点是指出行者逗留时间较长的点（此处将其视为出行者出行的出发地点或目的地点）。通过对手机上传的移动信息的处理，可进行逗留点及所在交通小区的判断，进而结合上传时间可得到出行者一天内的出行链（按时间序列的起讫点集合），通过对所有持有手机的出行者一天的所有出行进行集计，可得出以持有手机的出行者为样本的两个小区间的日出行数量，即出行OD，以及各小区出行总产生量及吸引量，最后用统计方法进行扩样后即可得到实际出行量。

前文已述，手机上传数据信息包括用户编号、事件类型、基站编号、基站经纬度坐标、上传时间。事件类型对交通出行判断影响很大，包括周期性位置更新，一般无其他事件上传时在1～2h内上报一次位置信息；正常位置更新，通话时手机每变化一次基站，上报一次位置信息；电话主叫（被叫）；收、发短信；开、关机。

因为手机信息数据量巨大，导致处理过程中耗费较多的时间和资源；同时因存在异常数据及无用数据、基站重叠或信号漂移、信息上传时间不连续，导致计算精度难以保障。本节在对手机信息读取和按用户分类后，以用户为单位有针对性地对手机信息进行筛选，去除异常及与出行计算无关的经过点，同时通过对手机上传位置点的归并及对逗留点进行合理判断，在保证计算准确的同时提高处理效率。

假设一个用户一天经过 n 个 Cell 点，这些 Cell 点就构成了用户一天的出行链，要从这 n 个 Cell 点中判别出哪段是一次出行，首先需要明确“出行”的定义。在交通工程学中将“出行”定义为：具有某种确定的目的，并且经由有路名的市区或市郊街、巷或道路的人员空间位置变动。在上海市第四次综合交通调查中，将“出行”更确切地限制为：步行超过 5min 或使用交通工具出行距离超过 500m 的人员出行行为。对于用户的一次出行是否是“有目的”的，从手机用户上传的位置信息无法直观分辨出，只能通过间接的方法判断。这里以停留时间及出行距离作为判断依据，当用户在某处停留时间及距离超过一定的阈值时就认为其到该地进行了一次有目的的出行。通过停留点判别，把一天的出行链分隔为几个 OD 段。如图 4-7 所示，用户从 Home 点出发，经过一天的路径后，回到 Workplace 点，若经过一定的算法，判定出该用户一天当中的停留点（Stop Point，简称 SP）为 SP1 和 SP2，便可以把一天的出行链划分为 3 次 OD 出行，即起点 Home 到停留点 SP1，SP1 到停留点 SP2，SP2 到终点 Workplace。于是得到了该用户一天所有的 OD。由上面的分析可以看出，对停留点判定是获取 OD 的关键技术。

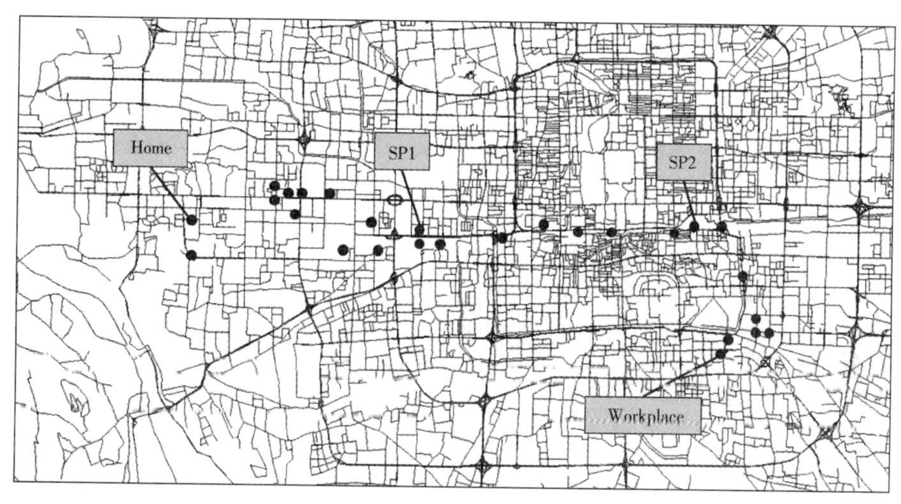

图 4-7　居民出行轨迹

本节提出的具体方法是首先由数据库中读取交通小区信息和基站信息，根据各自的地理位置建立相互之间的隶属关系；对手机记录按用户将位置点归类，并进行过滤非正常用户及过滤无用信息等数据处理；通过上传信息的时间差及事件类型判断用户的逗留点，进而通过两两连续逗留点计算交通小区间的出行量和各小区的交通产生吸引量。

以下为手机数据提取交通出行信息的具体步骤。

（1）交通小区信息及手机基站信息的装载及匹配。

本部分主要包括两个步骤：

①从数据库中读入交通小区信息和手机基站信息。

②根据基站和交通小区的位置关系，将各个基站匹配到小区内，建立基站和交通小区的隶属关系。

(2)手机上传信息按用户分离。

交通出行计算是各出行者出行的集计，因此需要将数据库中杂乱无章的手机上传数据归并到各自的用户，并将各自的手机位置信息按上传时间顺序存储在一起。本部分主要包括两个步骤：

①读取数据库一天内的用户手机数据记录。

②整理数据，以用户为单位把用户每次上传信息时(每次通信)所经过或停留的空间位置点(由基站编号来描述)归类，并以时间排序。

(3)数据预处理。

本部分主要包括两个步骤：

①过滤通信数据异常的非正常用户。手机用户中存在数据量异常的用户，如使用专门的设备不停发送短信等情况。这种用户为非正常用户，数据量大而且不能用于OD计算，对这种用户应该去除。

②基站重叠(含过于邻近)及信号漂移的处理。本章介绍的方法中手机用户空间位置的移动由基站编号的变化来体现，而部分基站存在空间位置的重叠，或者过于邻近。基站位置重叠或过于邻近会造成在同一位置没有移动(或在出行统计中可忽略的极短距离的移动)，但基站编号有变化，从而影响这一位置逗留时间的计算，造成逗留点的丢失。另外，手机信息上传时存在的信号漂移现象(即因信号强弱变化导致在同一位置没有移动但基站编号有变化，表现为在多个相邻基站之间往复跳跃)也会造成类似的结果。因此，若不将重叠或过于邻近的基站进行归并处理，则会与实际出行有重大的偏差。但如果对基站整体重新处理，使每一个位置有唯一的基站，则必须将手机记录中的基站编号也作相应的更正。这些工作对于上万个基站和每天上亿条记录的数据量来说，计算处理量相当大。此处以用户为单位，采用连续位置点距离判断的方法，通过设定阀值对重叠的基站进行合并，对多个相邻基站之间往复跳跃的连续位置点形成的方向角设定阀值，进行漂移点辅助判断及筛除。此方法可以大大减轻计算量，提高处理效率及准确性。

③去除经过点。经过点为出行者空间移动过程中短暂经过的点，对出行量统计没有实际意义。根据通信特征分析，可以将相当一部分用户移动过程中的经过点数据过滤，从而大大提高系统的处理效率，节省系统的资源。

(4)逗留点判断。

此处按每个位置点首次和末次所传信号时间差及信号类型(如周期位置更新)两种方法判断逗留点。

(5)交通小区间出行数量及小区产生吸引量的计算。

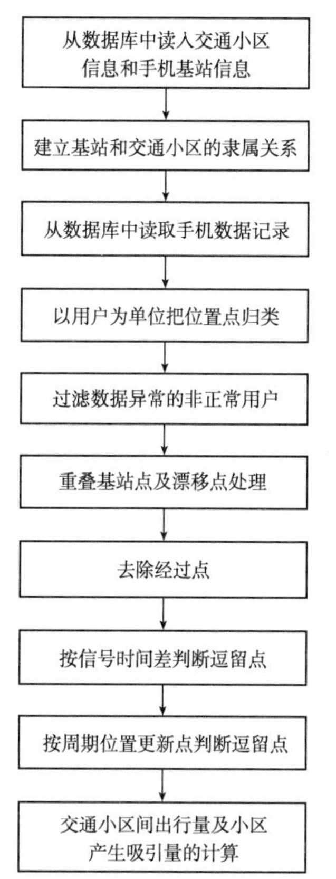

图 4-8　出行信息提取方法流程框图

将计算得到的所有逗留点按照时间顺序排序，两个连续逗留点所属两小区间出行数量计 1 次。前一小区出行产生量计 1 次，后一小区出行吸引量计 1 次，最后将所有用户小区间出行数量、小区出行产生量、小区出行吸引量进行总计，得出以持有手机的出行者为样本的小区间及各小区总出行数据。

本方法流程框图如图 4-8 所示。

4.5　基于移动定位的居住人口、工作岗位提取方法

居住人口及就业岗位是交通出行的重要影响因素。基于手机上传信息，可提取居住人口、工作岗位的相关参数。

对特定区域，其内居民呈现出某些相似出行特性。以图 4-9 为例，若该居民居住在 LA 1，工作在 LA 4，白天经过 LA 1、LA 2 到达 LA 4 上班，然后经过 LA 4、LA 3 返回居住地 LA 1。这两个过程都经历了 3 个 LA ，每个 LA 又包含有很多个 Cell。当该居民从家到工作地的过程中，若发生了打接电话、收发短信、开关机等事件时，会上报其所在的 Cell 点信息；若没有发生以上事件，只是进入或者离开一个 LA 也会上报所处的 Cell 点信息。

首先采集某人一天的出行轨迹，如图 4-9 所示，在分析结果出来之前，是不知道哪些 Cell 点对应的是居住地或者工作地的，但是居住地和工作地都有一定的特性。比如，若该 Cell 对应的区域为居住地，则在晚上一定时间段内出行者大多需要回到该区域休息；若该 Cell 对应的区域为工作地，则出行者在工作日的白天一定时段内大部分时间都在该区域。这其中可能有一部分是外来人口到该区域暂住一两天，因此，需要做一个较长时间周期的统计分析，以一个时间段为界限，比如一个月，若某人在这一个月的时间内出行大部分满足上述特性，则认为他是属于该区域的常住居民；若在一个月时间内只有少量的几天

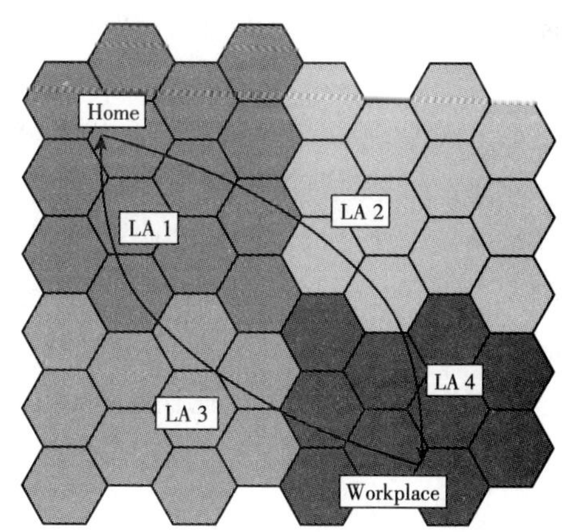

图 4-9　居住人口、工作岗位提取原理

手机-移动台；六边形-Cell 的覆盖范围；黑线-MS 移动轨迹

满足上述特性,则认为他不是属于这个区域的常住居民。

经过个体出行识别以后,可以得到每个用户的停留点,通过对用户停留时间及停留位置的分析,可以初步判断用户的居住地和工作地。基本的依据是假设在夜间休息时间用户应当在家休息,白天工作时间用户应当在固定的地点工作。具体的判别准则如下。

场景1　0:00～6:00,若用户在某点的停留时间总和大于3h,则认为该点为用户的居住地。

场景2　9:00～17:00,若用户在某点的停留时间总和大于3h,且该停留点与用户居住所在地的距离大于某一阈值,则认为该点为用户的工作地。

对于加班、出差等特殊情况,可以通过连续多天的数据分析得到更准确的结果。如采用连续30d的数据,对每个用户每天均进行判断,最后对每个用户连续30d的判断结果进行分析,其居住/工作地相同的结果超过某一阈值(如20d),则最终判定其为用户的居住/工作地。

利用居住/工作地信息,可以进一步区分不同特征的用户出行,如分为基于家的工作出行、基于家的其他出行、非基于家的出行。

对于特殊工作、长期没有固定工作场所、在家工作等情况目前尚不能进行有效识别,需要其他调查数据的补充。

在居住/工作地判定基础上,可进行区域工作人口、居住人口统计。

4.6　基于移动定位的出行速度提取方法

由于手机位置信息能够通过Cell表示手机用户的位置和时间信息,经特别处理,在用户移动时可以根据用户所属路段的不同位置和时间判断用户的移动速度,结合同一路段所有用户的移动速度可以计算某一时间段该路段的平均通行速度。相比其他交通采集系统来说,手机信息具有信息量多、覆盖范围大等特点。

海量数据处理及手机用户移动过程与路段的准确定位是利用移动定位数据实时估计道路平均速度的关键。其中最重要的是路径匹配技术,目前常用的地图匹配算法有点到点、点到曲线(最短距离法)、曲线到曲线、基于模糊逻辑、模式识别、误差代价函数等。无论采用哪一种算法,都是通过比较定位轨迹与候选道路方向的相似性、定位轨迹到候选道路远近的距离以及利用路网的拓扑性质来确定车辆当前行驶道路的。点到点和点到曲线的算法实现简单,没有利用路网的连通性和历史轨迹,具有实时性的优点,但对定位精度要求较高,且路段间距离较近时无法完成匹配。曲线到曲线的算法利用了路网的连通性和历史轨迹,匹配率较高,但需要知道车辆行驶起始节点,且要求定位轨迹与道路具有相当的相似性才能实现算法。误差代价函数算法综合利用了各种定位信息和路网信息,匹配准确率高,适合复杂的道路网络,但比较复杂。

以上算法均适用于以GPS定位数据为基础，定位信息精度和定位采样频率较高，定位轨迹与真实行驶道路也具有很高的相似性的情况。通过对手机定位误差的试验分析可知，手机定位随机分布在路段周围，若连续两点定位间的连线与道路相交，则用户行驶在此路段的可能性较大。手机定位误差较GPS大，且定位采样频率较低，因此定位轨迹的形状同真实行驶路线的相似性不明显，若仅用形状相似性规则判断行驶路段，极易导致匹配错误。此外，由于手机定位采样频率较低，可能出现两个连续定位点间的候选道路不相互连通的情况。如何使用路段的连通性来实现匹配，是能否完成地图匹配的关键。

西南交通大学杨飞提出过一种基于手机切换变化模式的道路匹配方法。其关键问题之一是建立起定位目标在通信网络层和实际路网层变化模式的映射关系，但问题的难点在于定位目标通信网络层和实际路网层变化模式之间可能不是一一对应的关系。于是他提出最大概率切换路径这一概念，如图4-10所示，多种不同的切换路径存在一定的概率，通过切换概率来进行路径匹配。该方法的缺点是无法进行大规模的实际运用，因为要把一个城市全部路径的切换序列标定好，几乎是一项不可能完成的工作。

利用移动定位数据计算道路平均速度不仅需要准确的路段匹配，还需要有很高的实时要求。此处通过两级三次地图匹配解决以上问题。第一级是Cell与路段匹配，目的是筛除与路段速度计算无关的Cell和大量手机数据信息。第二级通过用户数据点与路段两次匹配建立手机数据点与路段的隶属关系。第一次将每个手机数据点通过其唯一对应的Cell匹配到邻近多条路段。第二次通过同一用户连续两个数据点的移动方向与所属各条路段的方向比较，确定各个数据点所属路段。通过第一级匹配可建立相邻近的路段及Cell之间的隶属关系，进而有针对性地从数据库中读取路段附近的手机数据点，用于路段速度的计算。这样可以大大减少手机数据的处理量，提高计算效率。通过第二级匹配可有效提高匹配准确性。最后，利用连续数据点所在的Cell位置和时间计算路段上每个用户的通行速度，去除其中非正常的速度，用加和平均得到各条道路的平均速度。

出行者在某一时间内会经过或停留在不同的空间位置，这些位置由上传手机信息时的用户所处的Cell ID来反映，此处将其称为位置点。在每个位置点上传的信息统称为位置点数据(简称数据点)。由于手机数据量很大，将全部数据读入系统会大大耗费系统存储空间，增加计算量，降低计算效率。另外，手机通过Cell定位与实际定位有较大偏差，须与用户所经道路进行准确的匹配校准。本方法在对手机信息读取和按用户分类后，以用户为单位有针对性地对手机信息进行筛选及处理，在保证计算准确的同时可提高处理效率。

此处采用以下方法有选择性地读取手机数据，并进行定位校准。

(1)大量的数据不是在移动状态产生的，不能用于路段速度计算，因此首先需要过滤非移动点，提取出移动点。

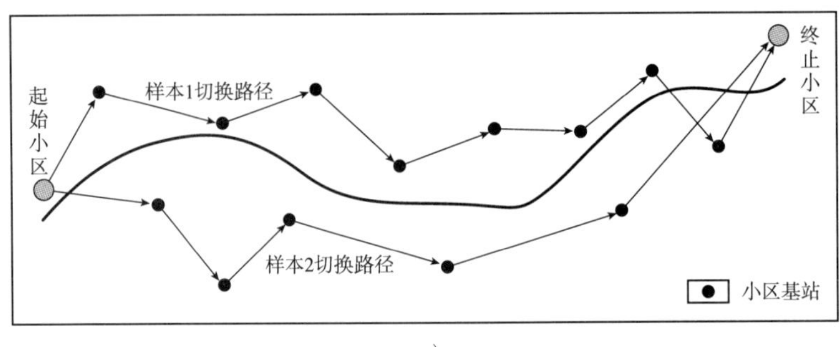

a)

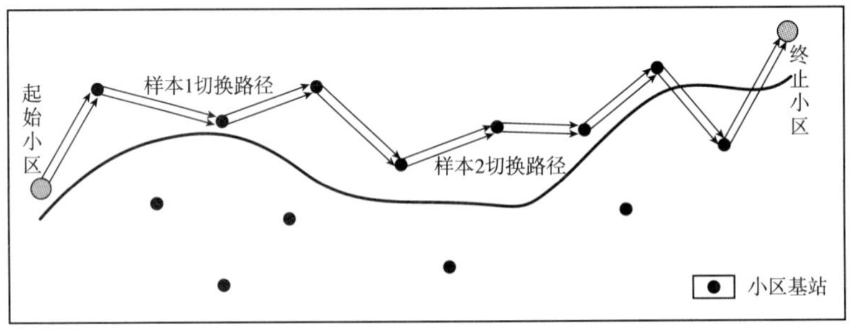

b)

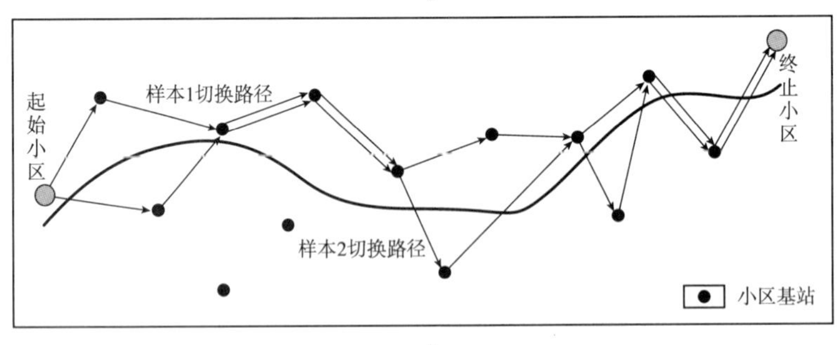

c)

图 4-10 两个切换测试样本之间的切换路径关系

a)样本切换路径完全不同;b)样本切换路径完全相同;c)样本切换路径部分重叠

(2)通过 Cell 与路段匹配。手机数据点通过 Cell 与路段匹配,避免了每个数据点与路段的直接匹配造成的巨大计算量,提高了计算效率。

(3)通过邻近原则及方向一致原则提高手机数据与路段的准确性。由于 Cell 分布于路段周围,与路段的所属关系存在不唯一性,如交叉口附近,Cell 可以同时属于多条路段。因此,手机数据点通过 Cell 与路段直接匹配难以得到唯一的对应关系。此处通过两级匹配进行手机用户移动点与路段的准确匹配。第一级将每个手机数据点通过其唯一对应的 Cell 匹配到邻近多条路段。第二级通过同一用户连续两个数据点的移动方向与所属各条路段的方向比较,确定各个数据点所属路段。

本方法流程框图如图 4-11 所示。

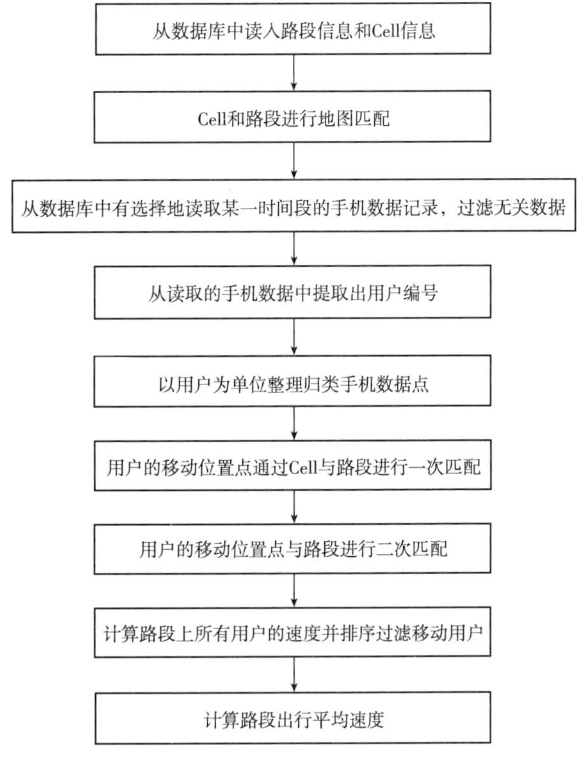

图 4-11　路段速度计算流程框图

4.7　基于手机定位信息的数据校核方法

4.7.1　误差产生原因及校核方法

基于手机定位的误差产生原因主要包括如下三个方面。

(1)通信网络定位精度及上传周期。

Cell ID 定位法定位精度与基站平均覆盖范围有关，一般在 300 ~ 2 000m，城市地区一般为 300 ~ 500m。受 Cell ID 定位法固有定位误差的影响，出行者的位置点信息与其真实点之间不可避免地存在误差。如图 4-12 所示，假设小汽车驾驶者在图中位置处产生了一个信令事件，将向 GSM 网络上传一个时间戳及位置点信息，但此位置点信息并非其实际位置点，而是与其关联的基站(图中的 BS 点)信息，因为 BS 点与实际点之间存在一定的距离，从而导致了误差的产生。同时，由于手机信令上传周期或间隔较长，也会对停留点的准确判断造成困难。

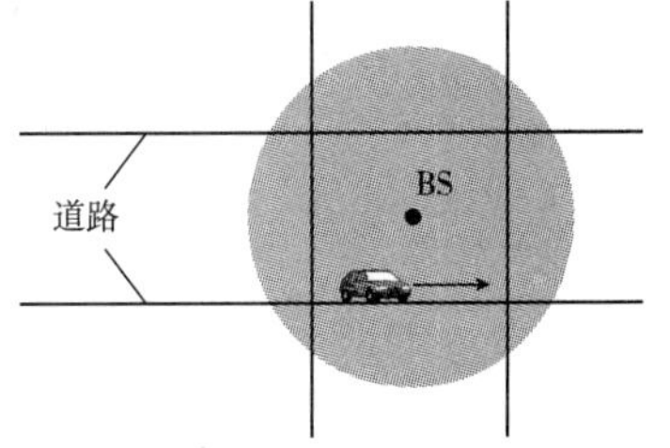

图 4-12　手机通信中产生的定位误差

(2)算法判定参数阈值。

以停留点判断为例,三个判断阈值即停留时间阈值、距离阈值、方向角的选择对判断准确性会产生一定的影响。

以居住/工作地判断为例,日停留时间、一定周期内出现次数、停留点与用户居住所在地的距离等的合理阈值选择对判断准确性会产生一定的影响。

(3)个体出行特征。

个体出行特征,如在停留点停留的时间、两次停留点之间的距离等,也会对精度有一定的影响。一般可通过合理小区划分、合理判断参数的选择来减少误差的产生。

为提高提取信息的可靠性,有必要进行算法的精度校核,并借助精度校核来辅助合理小区划分及判断阈值的选择。

此处设计了3种不同的方法来检验结果的准确性,分别是仿真校核法、志愿者校核法和多源数据校核法。

仿真校核法是利用软件模拟无线通信网络环境,在其中生成一些模拟用户的出行链,以此检验提取参数的可靠性。该方法的优点是可以产生大量的样本用于精度分析,并可进行判断参数的灵敏度分析。缺点是模拟的无线通信网络环境和真实的无线通信网络有一定的差距,不能完全真实地反映产生信令的过程。

志愿者校核法是为了将手机数据的个体出行计算结果与实际的数据进行直接对比校核,招募志愿者,记录其一天的出行位置信息,将其与手机数据直接对比的方法。

多源数据校核法是利用已有的其他数据源的信息对手机数据的结果进行校核的方法。目前可考虑的其他来源的校核数据主要包括公交IC卡数据、地铁AFC数据、浮动车数据、人工调查数据等。多源数据校核法主要用于集计后的宏观指标的校核,特别是用于确定合理的扩样系数及方法。

4.7.2 精度及影响因素的仿真测试

本节利用仿真方法进行手机提取信息的精度校验及影响参数的灵敏性测试。

仿真测试的基本思路是:通过搭建仿真平台,在一定环境下随机生成用户出行,同时根据手机数据生成的基本原理,采用手机数据的模拟生成器,生成用户在整个仿真时间内的手机数据。然后利用上文提出的手机数据出行识别方法生成用户的出行OD,最后将“实际”的用户出行数据和手机数据计算结果进行对比,从而对手机数据获取个人出行的效果进行检验和分析。手机数据仿真测试的流程图见图4-13。

用户停留点仿真生成类似于用户出行起讫点判断,对每一个仿真用户,用户的出行将通过用户一天中依次随机生成的多个停留点以及停留时间来表示:前后两停留点之间为用户出行,前一个停留点的停留结束时间到后一个停留点的停留开始时间即为用户的出行时间。用户停留点仿真生成的流程图如图4-14所示。

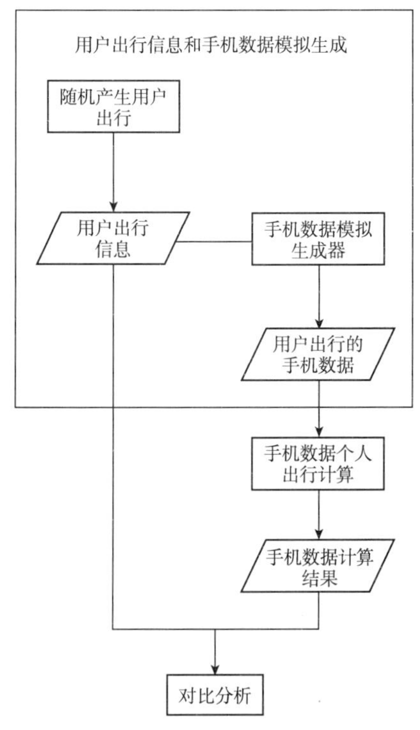

图4-13　手机数据仿真测试流程图

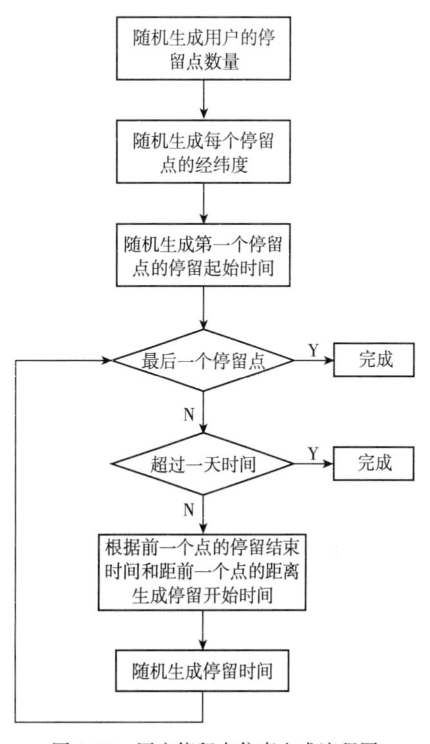

图4-14　用户停留点仿真生成流程图

最后，对每个用户将随机生成停留点表，表中每个用户参数包括用户编号、用户停留点编号、停留点经纬度、停留开始时间和结束时间、距上一个停留点的直线距离。

手机数据仿真生成的基本原理是利用生成的用户停留点数据表，按一定的时间步长更新用户的位置，并设置一定的规则为用户选择当前使用的基站，然后根据前文所述的数据上传规则，按照通信事件—正常位置更新—周期性位置更新的顺序判断用户是否触发上传事件，模拟生成用户的手机数据。流程图见图4-15。

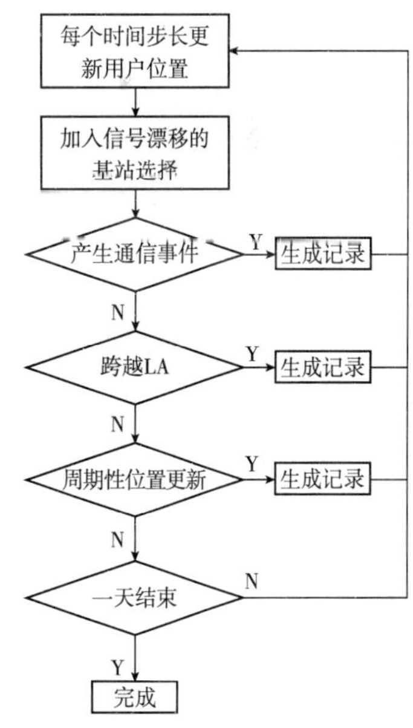

图4-15　手机数据仿真生成流程图

在仿真测试中时间步长可取为1s，信号漂移的模拟方法为首先找出与用户距离最近的基站，然后将与用户距离小于1.2倍最短距离的基站均选入一个选择集中，用户最后实际使用的基站将在选择集中以均等的概率随机选定。手机数据仿真生成的最后结果与原始数据中介绍的手机原始数据格式一致。

因为停留点准确判定是个体出行链准确判定的基础，

此处按前述方法,搭建一仿真环境(仿真通信网络的基本参数中周期性位置更新的周期设为2h,位置区的覆盖范围约为2km),以停留点判断的三个判断阈值,即停留时间阈值、距离阈值、方向角域值,作为主要的仿真测试参数,通过设计三因素三水平的正交试验进行仿真测试。根据仿真结果数据,得到各组参数停留点识别率,如表4-4所示。

仿真测试结果表 表4-4

试验号	时间阈值(min)	距离阈值(m)	方向角阈值(°)	识别率(%)	错误率(%)
1	20	100	110	89.99	1.78
2	20	300	130	87.31	0.76
3	20	500	150	83.31	0.11
4	30	100	130	87.85	1.60
5	30	300	150	85.78	0.76
6	30	500	110	83.80	0.18
7	40	100	150	86.01	1.55
8	40	300	110	85.65	0.79
9	40	500	130	81.66	0.11

仿真结果显示:时间阈值和识别率呈负相关的关系,即时间阈值越小,识别率越高,同时根据方差分析,时间阈值对识别的错误率基本没有影响。距离阈值对识别率和错误率均有非常显著的影响,且呈负相关关系,即距离阈值减小,识别率与错误率均升高。当距离阈值由300m减小到100m时,识别率由86.25%上刀到87.95%,增人了1.7%,错误率由0.77%上升到1.64%,增大了0.87%。方向角阈值对错误率基本无影响,对识别率有显著影响,呈现一定的负相关关系,主要原因是较小的阈值可以减少漂移被误判为出行的几率。综合考虑识别率及错误率,可选取最佳判断阈值。

在同样的判断阈值下,影响停留点准确识别的原因主要有两点:一是出行者距上一停留点的距离(即用户出行距离)过短,难以生成有效的手机数据判断用户出行,从而无法区分该停留点与前一停留点;二是用户在停留点的停留时间过短,小于预先设置的停留点判断阈值。

在位置区的覆盖范围约为2km、识别停留点的阈值为30min的条件下,将用户"实际"停留点按用户出行距离分为小于1km、1~2km、2~4km、4~8km和8km五组,分别计算各分组的停留点识别率,所得结果见图4-16。

由于仿真中位置区的覆盖范围约为2km,而区分两个不同的停留点至少需要两个处于移动状态的定位点,在不考虑通信事件更新位置的情况下用户在出行中至少需要两次跨越位置区边界。因此,当两个停留点距离在1km以内时,后一个停留点的识别率很低,识别率在距离1~2km的范围内快速增长,4km以上时识别率几乎不受到停留点间距的影响,保持在90%左右。

将用户停留点按“实际”停留时间分为小于 0.5h、0.5～1h、1～2h、2～4h 和 4h 五组，统计各组内的停留点识别率，结果如图 4-17 所示。

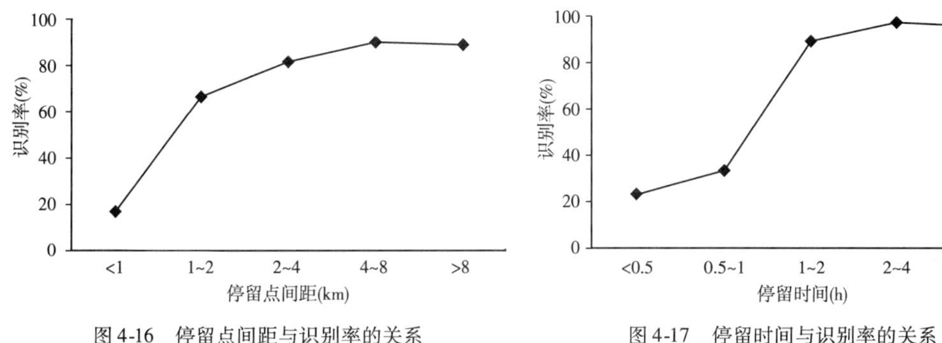

图 4-16　停留点间距与识别率的关系

图 4-17　停留时间与识别率的关系

由图 4-17 可以看出，停留点的识别率受停留时间的影响较大。仿真结果的计算中该阈值取为 30min，同时由于手机数据更新的规则限制识别的停留起止时刻通常与真实起止时刻有一段时间的误差，因此当用户停留时间在 30min 左右甚至以下时，停留点的识别率很低。当停留时间大于 1h 后，停留点识别率几乎不受到停留时间的影响。

另外，提取数据结果的精度很大程度是由单个用户的有效记录数决定的，同样的条件下，若用户的有效记录数越多，结果精度越高，反之则越低。而对于一个用户来说，其每天打接电话、收发短信、开关机发生的次数是相对稳定的，若要提高上传的记录数量，只能通过缩小周期性上传的时间间隔来提高精度。但在实际无线通信网络中，由于缩小上传周期间隔会增大网络的负荷，不可能无限制地缩小，因此可以通过该方法来寻求一个最佳上传周期，既能够保证计算结果精度的要求，同时可以确保无线通信网络的稳定性。

此处提出利用智能手机来进行周期性上传的时间间隔对精度影响的仿真测试。该方法是利用实际的无线通信网络，开发出可在手机上运行的程序，当手机上传信令数据时记录其相关信息。该仿真方法可以自定义上传周期的时间，因而可以对周期性上传时间与精度的关系进行研究。其优点是完全利用真实的网络环境，仅周期性上传的时间间隔为仿真设定，缺点是必须在智能手机上重新安装采集程序，因此决定了其能够采集的样本量有限。其流程如图 4-18 所示。

为了将手机数据的计算结果与实际的数据进行直接对比校核，采用志愿者校核法。具体做法是招募一批志愿者，签订保密协议和同意使用该用户实际手机数据的协议，设定试验日期和试验周期，要求用户以天为单位记录试验周期内的出行详细情况，包括出行地点、出行方式和各个时间节点的准确时间等，同时从运营商处提取该用户在试验周期内的全部位置更新数据。试验周期结束后，进一步对用户的实际出行和对应的手机数据进行仔细分析，利用手机数据计算方法计算志愿者在试验周期内的出行，然后与实际的出行进行对比校核，以进一步改进算法、调整参数，分析和验证算法的有效性。流程如图 4-19 所示。

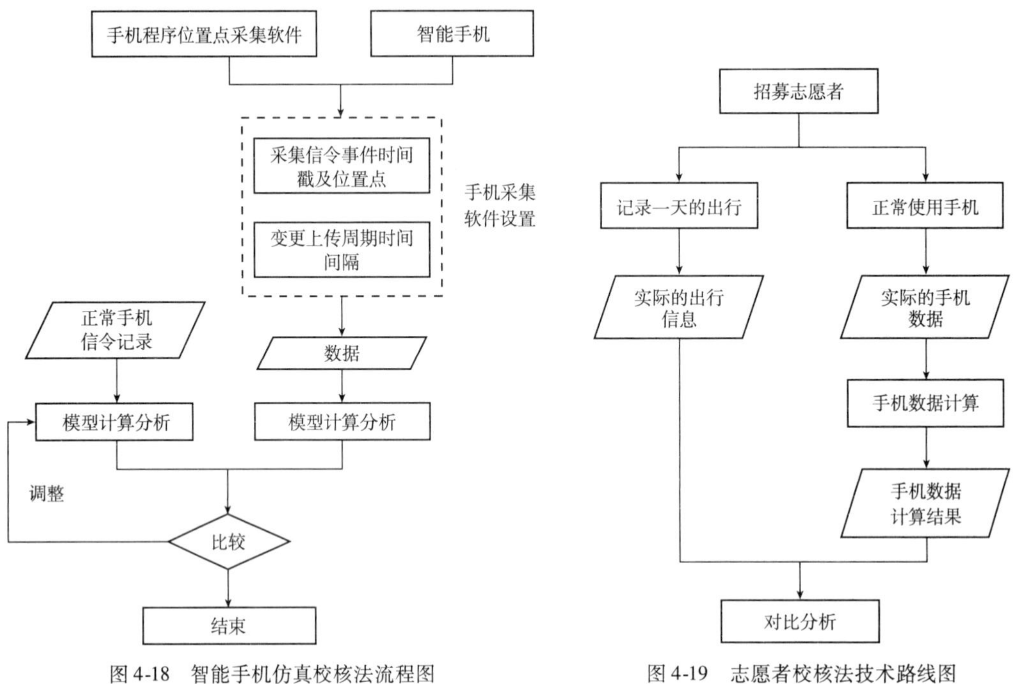

图 4-18　智能手机仿真校核法流程图

图 4-19　志愿者校核法技术路线图

4.8　交通信息时空分布分析技术

基于手机定位的信息提取,不仅可以进行人口、交通出行及交通运行状态的实时监控,还可利用第三章的空间分析方法,结合 ArcGIS 地理信息软件和 SPSS 等数据统计软件,进行居住、工作岗位分布及交通出行时空统计分析。本节以北京提取数据为例,论述相应的统计分析方法。

4.8.1　人口/工作岗位统计模型及分析方法

(1)居住人口空间分布分析 。

根据《北京市 2008 年度统计年鉴》资料显示,北京市土地面积 1.64 万 km^2,人口 1 633 万人。其平均人口密度为 995 人/km^2,但原东城区、西城区、崇文区和宣武区这 4 个首都功能核心区面积仅为 92.39km^2,而人口却有 206.9 万人,人口密度达到了 22 394 人/km^2,分布很不均匀。

此处对居住人口的空间分布状态分别进行描述和分析。

①基于统计的人口密度空间分布状态分析。图 4-20 所示为北京市人口密度空间分布图。

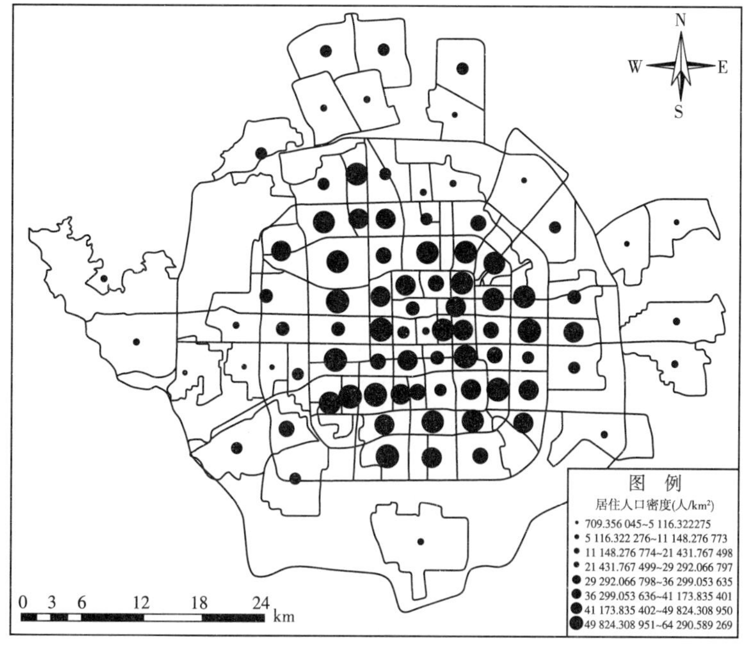

图 4-20　居住人口密度空间分布图

由图 4-20 可知：四环内区域人口密度较高。据统计，约有 38% 的居住人口分布在三环内。

居住人口聚集中心即居住人口数目加权平均中心，可通过式(4-1)计算得出。

$$(\bar{x}_{\mathrm{wmc}}, \bar{y}_{\mathrm{wmc}}) = \left(\frac{\sum_{i=1}^{n} w_i \cdot x_i}{\sum_{i=1}^{n} w_i}, \frac{\sum_{i=1}^{n} w_i \cdot y_i}{\sum_{i=1}^{n} w_i} \right) \tag{4-1}$$

式中：$\bar{x}_{\mathrm{wmc}}$ 和 $\bar{y}_{\mathrm{wmc}}$——居住人口加权平均中心的坐标值；

w_i——i 的权重，这里用的是该小区居住人口数目；

n——小区个数；

x_i、y_i——小区 i 的质心坐标值。

经计算，北京市人口加权平均中心位于天安门附近，偏西北约 35°。

②基于分形的居住人口密度分布分析。

a. 定义符合分形理论的标准：

以天安门为原点，以 0.005°为半径公差，做 30 个环带搜索圆内的居住人口数目。

以天安门为原点，将北京市分为四个象限，分别为一象限、二象限、三象限、四象限。为了能区分出各个方位的特点，以象限作统计，见图 4-21。

拟合后的幂函数，根据北京市的具体情况，取 $R^2>0.85$ 作为分形分布判断。

b. 居住人口数目的分形状态分布数据分析。

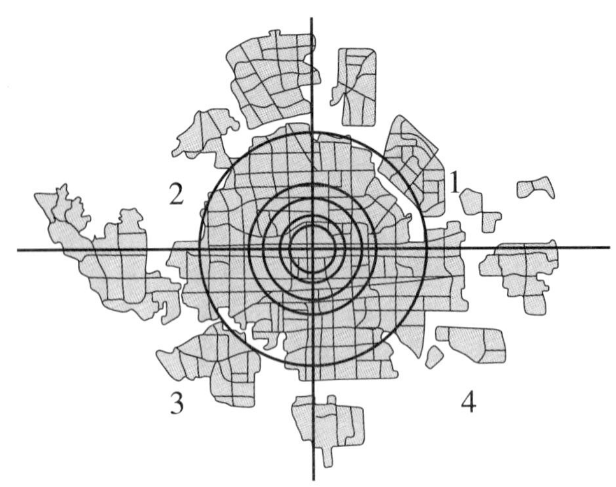

图 4-21 北京市空间象限划分图

按四个象限统计，表 4-5 所示为计算出的居住人口分形数据表，表 4-6 所示为居住人口分形状态表。

居住人口分形数据表 表 4-5

R	一象限	二象限	三象限	四象限
二环	1.6	2.1	2.2	1.7
二环～三环	0.4	0.8	0.5	0.5
二环～四环	0.3	0.5	0.4	0.1

居住人口分形状态表 表 4-6

R	一象限	二象限	三象限	四象限
二环	稍呈离散，均匀散开	稍呈离散，均匀散开	集聚	集聚
二环～三环	强集聚	不符合分形原理	强聚集	不符合分形原理
三环～四环	强集聚	强集聚	强集聚	强集聚

可以看出：东北方位（一象限），二环内，人口密度从天安门到二环越来越大，即居住人口数分布趋近于二环。二环到三环之间，人口密度从二环到三环越来越大，即居住人口分布趋近于三环。三环到四环之间，人口密度从三环到四环越来越小，即居住人口分布趋近于三环。

西北方位（二象限），二环内，人口密度从天安门到二环之间越来越大，即居住人口分布趋近于二环。二环到三环之间，人口数目分布比较均匀。三环到四环之间，人口密度从三环到四环越来越小，即居住人口分布趋近于三环。

西南方位（三象限），二环内，人口密度从天安门到二环之间越来越大，即居住人口分布趋近于二环。二环到三环之间，人口密度从二环到三环越来越大，即居住人口分布趋近于三环。三环到四环之间,人口密度从三环到四环越来越小,即居住人口分布趋近于三环。

东南方位(四象限),二环内,人口密度从天安门到二环之间越来越大,即居住人口分布趋近于二环。二环到三环之间,人口密度从二环到三环越来越大,即居住人口分布趋近于三环。三环到四环之间,人口密度从三环到四环越来越小,即居住人口分布趋近于三环。

(2)工作岗位空间分布分析。

北京市就业岗位大多分布在中心城区内。2004 年,占全市就业岗位总数 67.56% 的加工制造业、行政办公和零售业就业岗位中,有近 70% 集中在三环以内。这就造成居住在中心城区以外的居民每天往返于居住地与就业岗位间,形成大量上班交通流。

近年来,北京市实施的城区人口外迁进一步加剧了居住与就业的分离。统计数据表明,城区外迁人口主要分布在海淀、朝阳、丰台等新城区以及昌平、通州、顺义等远郊城区。由于近郊城区与远郊城区配套设施缺乏,外迁人口仍在城区工作,导致近郊城区与中心城区之间、中心城区与远郊城区之间的上班交通流不断增加,给北京交通系统带来巨大压力。

基于手机提取数据,此处对工作岗位的空间分布状态分别进行描述和分析。

①基于统计的工作密度空间分布状态分析。图 4-22 所示为北京市工作岗位密度空间分布图。

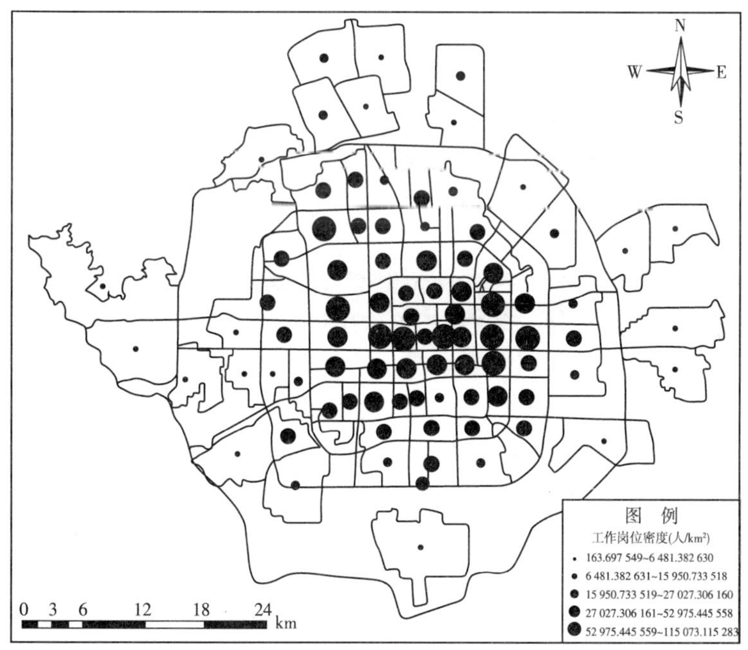

图 4-22　工作密度空间分布图

由图4-22可知：北京四环内、四环到五环间的北部工作密度较大。工作岗位密度（单位：个/km^2）均值为20 026，标准差为21 065，标准差大于均值，较居住人口分布更加不均衡。

据统计，约有49%的工作岗位数分布在三环内，和2004年近70%集中在三环以内比较，可以看出工作岗位有外迁的迹象。

工作岗位聚集中心即工作岗位加权平均中心，按与居住人口类似的分析方法，工作岗位数目加权平均中心，也位于天安门附近，与天安门所成角度是偏西北约37°。

②基于分形的岗位密度分布分析（分四个象限）。表4-7、表4-8所示分别为北京市工作岗位分形数据表以及工作岗位分形状态表。

工作岗位分形数据表 表4-7

W	一象限	二象限	三象限	四象限
二环内	1.7	1.7	1.4	1.4
二环～三环	0.5	0.2	0.5	0.4
三环～四环	0.4	0.3	0.2	0.1

工作岗位分形状态表 表4-8

W	一象限	二象限	三象限	四象限
二环内	集聚	集聚	集聚	集聚
二环～三环	强集聚	不符合分形原理	不符合分形原理	不符合分形原理
三环～四环	强集聚	强集聚	强集聚	强集聚

可以看出：东北方位（一象限），二环内，工作岗位密度从天安门到二环越来越大，即工作岗位数分布趋近于二环。二环到三环之间，工作岗位密度从二环到三环越来越小，即工作岗位数分布趋近于二环。三环到四环之间，工作岗位密度从三环到四环越来越小，即工作岗位数分布趋近于三环。

西北方位（二象限），二环内，工作岗位密度从天安门到二环之间越来越大，即工作岗位数分布趋近于二环。二环到三环之间，工作岗位密度从二环到三环越来越小，即工作岗位数分布趋近于二环。三环到四环之间，工作岗位密度均匀。

西南方位（三象限），二环内，邻近二环，工作岗位密度突然增加，其他区域密度分布均匀。二环到三环之间，工作岗位密度从二环到三环越来越小，即工作岗位数分布趋近于二环。三环到四环之间，工作岗位密度从三环到四环越来越小，即工作岗位数分布趋近于三环。

东南方位（四象限），二环内，工作岗位密度从天安门到二环之间越来越大，即工作岗位数分布趋近于二环。二环到三环之间，工作岗位密度从二环到三环越来越小，即工作岗位数分布趋近于二环。三环到四环之间，工作岗位密度从三环到四环越来越小，即工作岗位数分布趋近于三环。

4.8.2　交通需求时空分布及分析

根据交通规划和管理部门需求,可采用通过移动定位获取的交通信息建立交通出行时空及路网运行状态统计指标体系,并研究相应的时空统计模型及分析方法。目前利用手机提取的交通信息,可建立的交通出行需求表征指标有:出行强度、出行次数、出行OD、出行方式、出行总距离、平均出行距离、通勤距离、过境比例等。

此处选择一些指标介绍相应的统计分析方法。

(1)区域交通出行强度分布分析。

出行强度主要用于衡量各区域居民的出行需求、出行能力和城市交通的服务水平。此处小区 i 出行强度可用式(4-2)表达。

$$F = \frac{G}{S} \tag{4-2}$$

式中:F——小区 i 出行强度(人次/km^2);

G——小区 i 出行量(人次),等于小区产生量 P(人次)与吸引量 A(人次)之和;

S——小区 i 面积(km^2)。

若将北京市划分为86个交通小区,则各交通小区日总出行强度空间分布如图4-23所示。

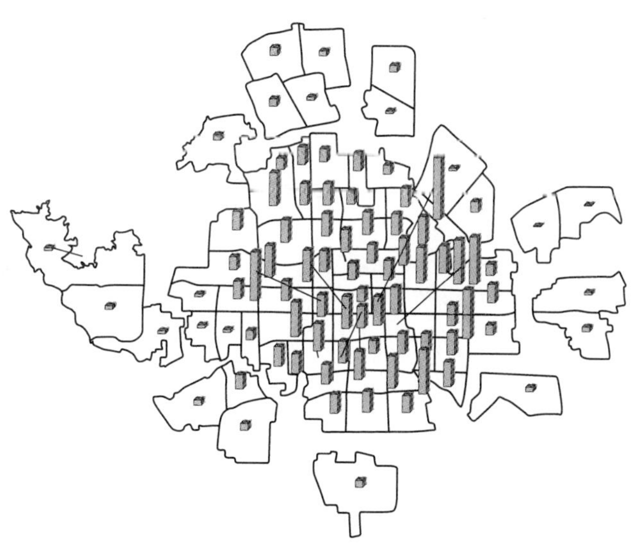

图4-23　区域日总出行强度分布图(单位:人次/km^2)

由日总出行强度分布图可以看出:日出行强度高的区域主要集中在四环内,尤其是二、三环附近的CBD区域、金融街、中关村区域、长安街沿线。

北京市日总出行强度频数分布如图 4-24 所示。

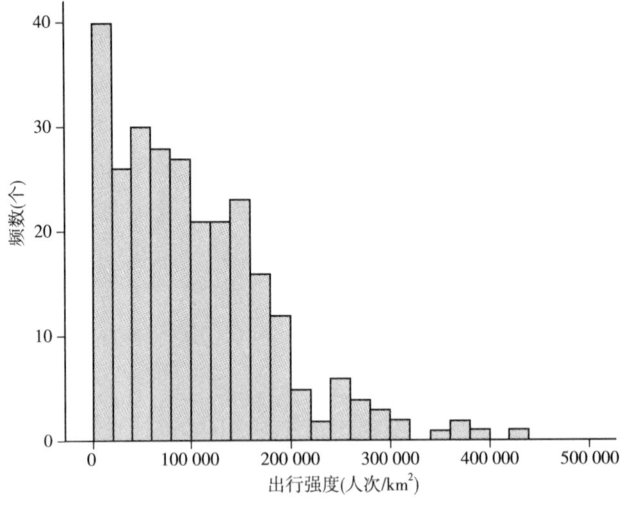

图 4-24　区域日总出行强度频数分布图

由出行强度频数分布图可以看出：中心城区出行强度（单位：人次/km^2）极小值为 1 367，极大值为 426 680，均值为 10 414，标准差为 8 016；标准差占均值比例约 77%，大于 50%，表示出行强度值的分布较离散。

北京市日总出行强度频数累积分布如图 4-25 所示。

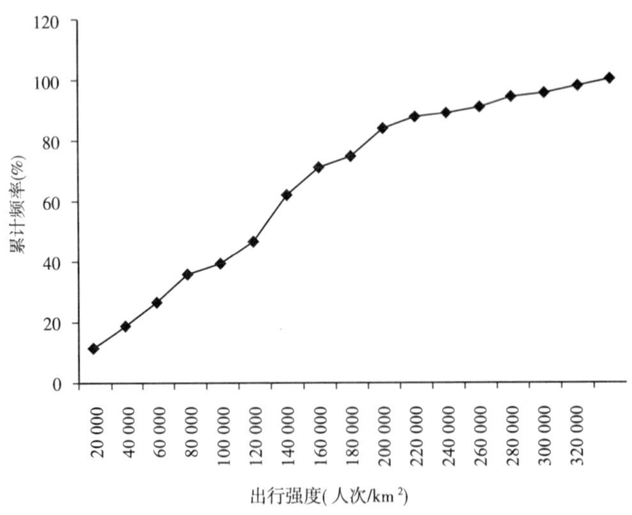

图 4-25　区域日总出行强度频数累积分布图

由出行强度频数累积分布图可以看出：约在 220 000 人次/km^2 附近曲线出现明显拐点，累计频率近 90%，说明近 90% 的区域出行强度低于 220 000 人次/km^2，而有约 10% 的区域出行强度较大，最大达到 400 000 人次/km^2 以上，表示部分区域的出行强度呈现明显的高积聚特点。

(2)区域间交通出行时空分布分析。

出行是指人、车、货从出发点到目的地移动的全过程。“起点”，指一次出行的出发点；“讫点”，指一次出行的目的地，两者用 OD 表示。根据获取的 OD 分布，可进行各种时空统计，如各方向各时段进出给定区域交通量的统计、出行距离统计。

根据北京市早高峰的 OD 分布，早高峰各方向进出城总量分布如图 4-26 所示。从图中可以看出，市区各方向进出交通量分布不均衡，反映出卫星城和边缘集团工作岗位及居住失衡，中心区功能未有效分散。

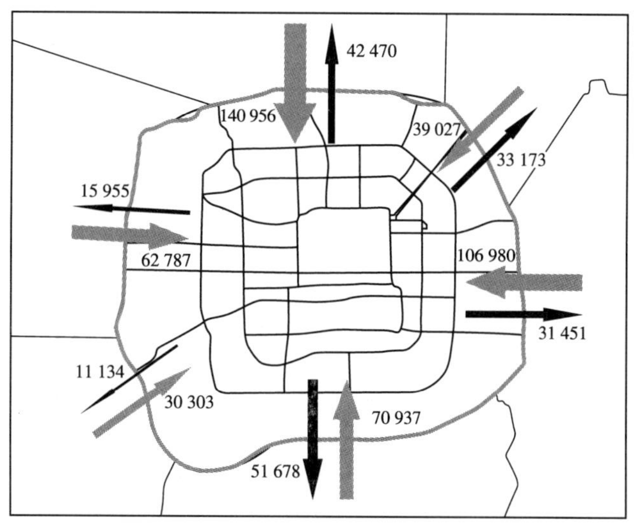

图 4-26　早高峰(7:00 ~ 9:00)各方向进出城总量(单位：人次)

交通需求的 OD 分布决定了各小区 i 内居住人口的出行距离。小区 i 平均出行距离可用式(4-3)表达。

$$D_{\text{avg}} = \frac{D}{P} \tag{4-3}$$

式中：D_{avg}——小区 i 内平均出行距离(m/人次)；

D——小区 i 内总出行距离(m)；

P——小区 i 出行量(人次)。

同时，通勤交通需求的 OD 分布决定了各小区 i 内居住人口从居住地到工作地的距离。小区 i 平均通勤距离可用式(4-4)表达。

$$D_{\text{wavg}} = \frac{D_{\text{w}}}{p_{\text{w}}} \tag{4-4}$$

式中：D_{wavg}——小区 i 内平均通勤距离（m/人次）；

D_w——小区 i 内总通勤距离（m）；

P_w——小区 i 通勤出行量（人次）。

利用手机信息提取的平均出行距离与通勤距离，按环带进行空间分布分析，分布图如图 4-27、图 4-28 所示。

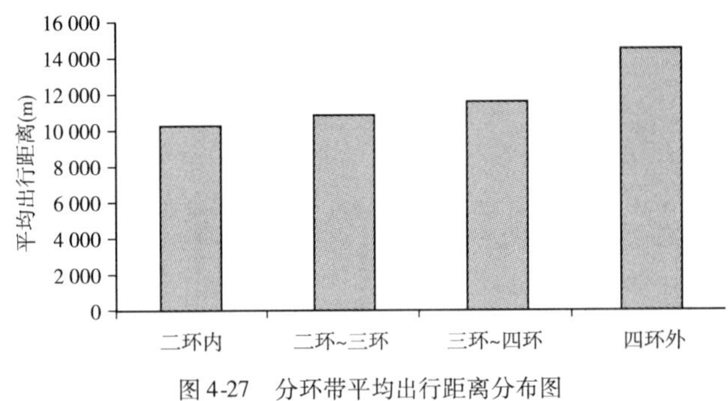

图 4-27　分环带平均出行距离分布图

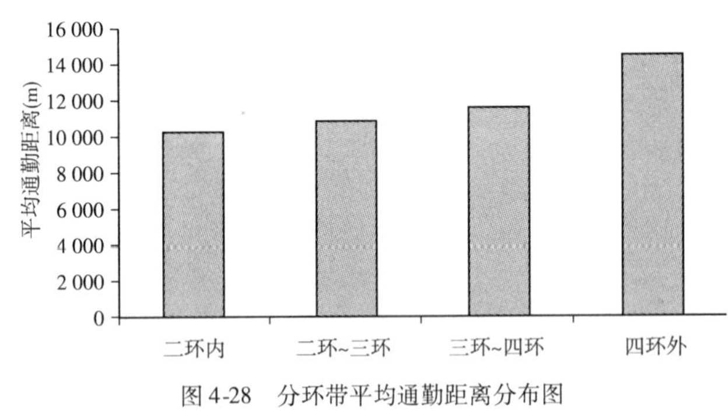

图 4-28　分环带平均通勤距离分布图

从上两图中可以看出：随着环带的增长，即离城市中心越远，区域平均出行距离和平均通勤距离均逐渐增加，其中通勤距离增加幅度更大。

第5章 浮动车数据处理及分析技术

5.1 概述

5.1.1 浮动车数据采集机理

当前,城市交通日益拥堵、事故频发,交通所带来的环境恶化和能源短缺已成为世界各国所面临的共同挑战,是各国政府亟待解决的重要问题。近年来我国道路交通基础设施建设水平虽有较大改观,但仍不能完全满足现代经济生活的需要。社会公众、政府和企业对全面、准确、实时的城市道路动态信息服务的迫切需求已达到了前所未有的状态。

解决城市交通问题的一个有效途径就是建设先进的交通信息系统(Advanced Traffic Information System,简称 ATIS),在完善的信息网络基础上,通过装备在道路、车辆、换乘站、停车场等的传感器和传输设备,获得各类实时交通信息并进行综合处理,向社会提供全面、准确、实时的道路交通信息,为公众出行提供诱导服务。

浮动车也称 GPS 探测车,是近年来国际 ITS 中所采用的获取道路交通信息的先进技术手段之一,具有应用方便、经济、覆盖范围广的特点。

GPS 系统是由美国国防部的陆海空三军在 20 世纪 70 年代联合研制的新型卫星导航系统,它的英文名称是 Navigation Satellite Timing and Ranging Global Positioning System,其意为卫星测时测距导航全球定位系统,简称 GPS 系统。它是一种为海上、陆地、空中的用户提供全方位实时三维导航与定位能力的卫星导航与定位系统,并以全天候、高精度、自动化、高效益等显著特点,成功地应用于航空航天、军事、交通运输、资源勘探、通信、气象等几乎所有的领域中,被视为一项非常重要的技术手段和方法。随着 GPS 系统的不断改进,硬、软件的不断完善,应用领域正在不断地开拓,目前已遍及国民经济各个部门,并开始逐步深入人们的日常生活。

GPS 系统由 24 颗 GPS 工作卫星及 3 颗在轨备用星组成,运行轨道约为 29 000km,分布在 6 个轨道面上。GPS 采用扩频调制信号,工作在两个 L 波段频率 1 575.42MHz(L1)和 1 227.60MHz(L2) 上,提供两种精度水平的导航服务:精密定位服务和标准定位服务。精密定位服务提供较高的精度和反干扰保护,它通过密码技术来控制。L1 频率上调制有 P 码(精密码)和 C/A 码(粗捕码),L2 上只调制 P 码。每颗卫星都传送 L1 和 L2 频率。用户 GPS 接收机应用卫星传送的数据来解出导航和时间信息。精密定位服务可让用户享有系统的全部精度,服务的主要对象是美国军事部门和其他特许民用部门。标准定位服务的主要对象是广大的民间用户,此种服务在未加 SA(Selective Avaibility,选择可用性)扰码时,可获得 30m(2DRMS)的精度,加 SA 扰码时,可获得 100m(2DRMS)的精度。SA 是美国为了保护国家安全,在 GPS 卫星信号中加入的干扰信息,人为降低了用户的实时定位精度,使携带 GPS 接收器导航的武器难以准确击中目标。具体做法是降低卫星星历的精度,同时在测距所依赖的时间基准中加入随机抖动的频率,这样就降低了起算位置与测距的精度,难以完成高精度的动态定位。美国在 2000 年 5 月 2 日取消了无差别 SA 干扰,但是也不否认在特殊时期会再一次使用。取消 SA 后,GPS 民用信号精度在全球范围内得到改善,使定位精度从原来的 100m 提高到了 20m,这将进一步推动 GPS 技术的应用。目前除了 GPS 系统外,欧盟的伽利略系统、俄罗斯的格洛纳斯系统和我国的北斗系统正在研发和应用中。

浮动车是安装有车载 GPS 接收机自由行驶在实际路段上的车辆,浮动车按照一定的周期通过无线通信向后台回传数据,数据包括车辆 ID 号、车辆位置坐标、瞬时速度、行驶方向角、回传时间等。后台处理中心将浮动车数据进行汇总,经过特定的模型和算法处理,生成反映实时路段情况的交通信息,如路段平均速度、行程时间、拥堵状态等,为交通管理部门和公众提供动态、准确的交通控制、诱导信息。

5.1.2 浮动车信息采集系统构成

浮动车信息采集系统主要由安装有车载设备的车辆、无线通信网络和后台处理中心三部分组成，无线通信网络起到承担车载终端和后台处理中心之间数据传输的作用。浮动车利用在车辆上安装的定位装置和车载移动通信设备，如 GPS 系统和无线通信模块，将车辆动态信息（当前所在位置坐标、时间、行驶速度和行驶方向等）实时传送到浮动车信息处理中心，后台处理中心通过对浮动车传回的数据进行处理分析来获取道路交通实时路况信息，如路段行程时间、平均速度和交叉口平均延误等。浮动车信息采集系统示意如图 5-1 所示。

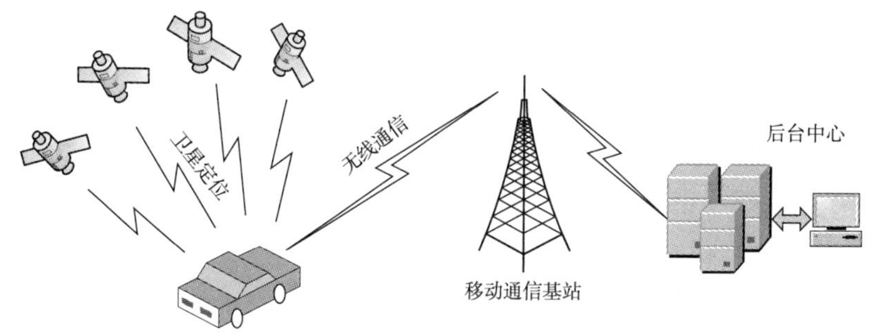

图 5-1　浮动车信息采集系统示意图

浮动车技术的数据范围覆盖地域广，能全天候 24h 进行数据采集。利用无线实时传输、中心式处理可大大提高信息采集效率；通过测量得到的车辆瞬时状态数据，能准确反映交通流变化；利用现有的 GPS 和通信网络资源，可降低采集设备维护和安装成本。

5.1.3　浮动车数据采集与传统数据采集方法的比较

传统的交通信息采集技术及手段多种多样，如磁感应线圈、压电传感器、超声波测量技术、视频监控等。但这些采集方式都是在固定点处测量实时交通流的变化情况，有着明显的劣势，主要表现如下。

（1）测量范围有限：由于受到资金和安装条件的限制，只有少数的路口或路段安装且距离间隔较长，不能达到对路段交通信息检测的全覆盖。

（2）可测参数有限：只能得到流量、时间平均速度、道路占有率等参数。

（3）安装和维护成本高：设备昂贵且寿命短，需人工长期维护，会经常破坏路面等。

浮动车采集技术能够通过少量装有车载设备的汽车获得大范围的道路实时交通信息，成本低且效率高，可以弥补固定地点检测所产生的局限性，主要优势如下。

（1）灵活性强、使用方便：由于浮动车可以在路网中自由行驶，因此浮动车数据的采集具有很大的灵活性，且使用方便。

（2）信息量、数据量大：浮动车不仅可以提供速度、时间和位置三方面信息，还可以推算流量等相关信息。

（3）成本低：浮动车技术相对于固定检测设施具有低成本的优势。

GPS 系统虽然具有全球性、连续性、定位精度较高、误差有界、成本较低等优点，可以解决车辆的导航和定位问题，但缺点是易受峡谷效应和多径效应的影响，目前商用 GPS 存在一定的误差。

5.2 浮动车信息处理基本方法

5.2.1 浮动车信息处理基本流程

目前，浮动车通过定位装置等采集数据并通过无线通信网络将运行数据传回信息中心的技术已经比较成熟。而用浮动车数据处理技术计算推测出的交通状态准确性仍不高，是浮动车技术中必须解决的关键问题。因此，运行于后台的信息处理子系统是浮动车系统的核心。浮动车数据处理过程主要包括数据预处理、地图匹配、车辆行驶路径推测、路况信息计算、状态评估及显示 5 个子模块。浮动车信息处理流程如图 5-2 所示。

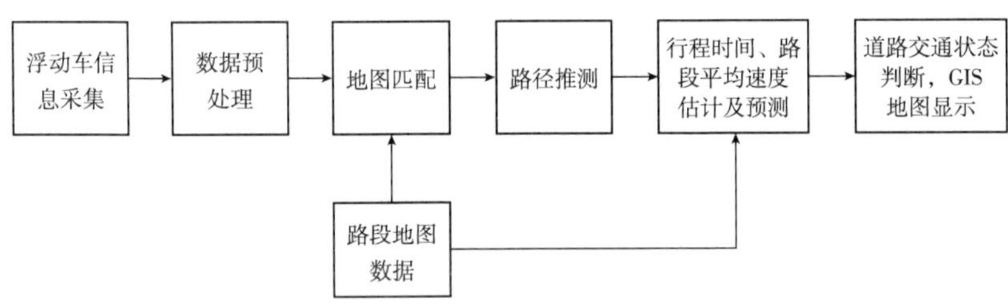

图 5-2 浮动车信息处理流程图

（1）车载 GPS 数据接收。

城市浮动车系统中的浮动车通常主要由城市出租汽车组成。出租车辆具有行驶时间长和行驶范围大的特点，非常适合作为城市交通实时信息采集车，每辆车载 GPS 设备按照一定的周期向后台信息中心上传一个 GPS 点数据包，包括车辆编号、上传时间、位置坐标、瞬时速度、行驶方位角、运行状态等内容。

图 5-3 所示为某城市一区域在 9:00 ~ 9:05 得到的浮动车上传的车辆原始位置点数据分布情况，图中每一个点是一个车辆数据点。数据包括车辆在各种运行状态、各类路段上的位置点数据。

（2）浮动车数据预处理。

由于受到 GPS 信号失真、漂移，浮动车自身运营原因等的影响，数据中存在大量不能正确反映道路交通状态的数据。这些数据不能用于交通状态的推测计算，而且加大了计算处理的工作量和难度，干扰计算结果。因此需要在数据处理前对这些无效数据运用一定的规则进行剔除，从而减小后续计算的工作量，提高计算的精度。

图5-3　浮动车9:00～9:05在地图上的数据分布情况

(3)地图匹配。

浮动车回传的GPS坐标只能反映车辆的位置,而不能直接与路网路段相关联,因此,车辆在道路网中行驶时,必须依赖地图匹配算法完成车辆位置与路网路段的关联。地图匹配的目标是通过一定的算法弥补GPS卫星定位的误差,把车辆坐标修正定位到准确的路段上,即主要完成车辆坐标数据点投影的工作,即通过将浮动车不同时刻的车辆定位数据向周围道路进行匹配投影,最终获得其可能行驶道路和相应投影点的信息。

图5-4所示为根据浮动车位置数据点与地图上需要获取交通状态的路段通过匹配算法匹配成功的位置点显示,主要是去除不在路段上的点,从图中基本可以看到车辆位置点聚集而成的路段形状。

(4)路径推测。

路径推测位于地图匹配之后,主要是综合每辆浮动车在某一时间段(通常是几分钟)内的所有车辆点数据,根据时间和道路的连续性,最终确定该车辆在本周期内的行车路线,然后可以进一步获得路线上每个定位点对应的唯一的投影点和道路信息。

(5)路况计算。

路况计算处理的对象是推测出的行车路线数据,主要是路段运行速度、行驶时间数据。计算每辆车相邻两个定位点之间途经道路的拥堵状况和行程时间,对横跨相邻路链的路线在交点处进行分割,依次完成所有浮动车所行驶道路的路况信息计算。最后对每条路链上所有车辆产生的路况信息作进一步的融合处理,生成以路段为单位的实时动态交通信息。

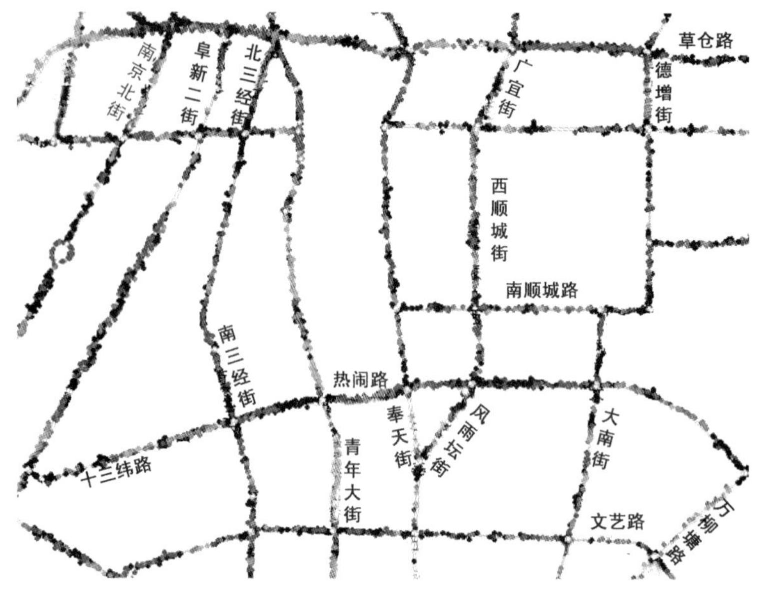

图 5-4　浮动车数据和地图路段匹配成功的车辆位置点显示

图 5-5 所示为在地图路段匹配的基础上进行路况计算得到的路段运行速度显示，按照不同的速度在地图上显示路段的通行情况，不同的颜色代表不同的交通状态，深色表示行驶缓慢路段，浅色为行驶畅通路段。

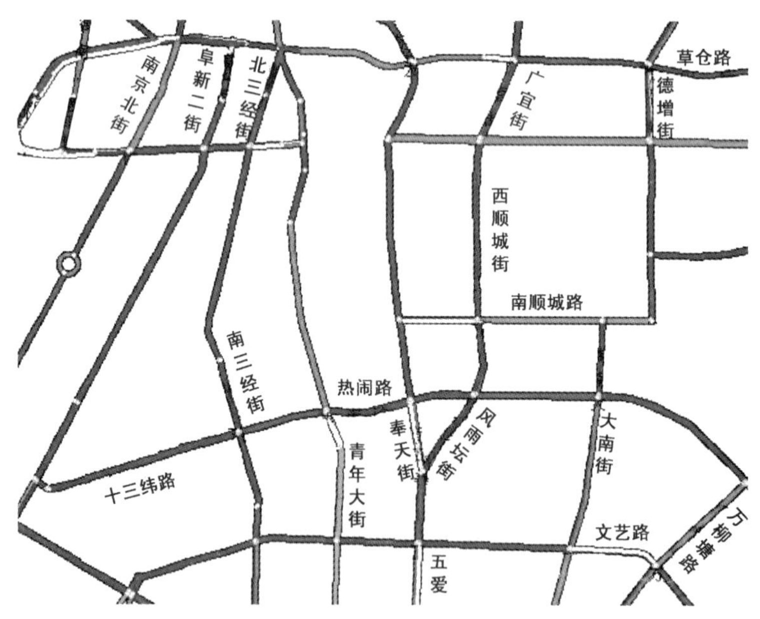

图 5-5　地图上分级显示路况交通信息

浮动车信息处理需要两个必不可少的要素:路网结构表示的电子地图及浮动车 GPS 位置点数据。在目前的技术条件下,以及基于成本的控制,浮动车 GPS 数据质量难以满足实际需求,突出表现在以下几个方面。

①可采集的参数有限,不能采集到判断车辆行驶特征的关键参数。

②GPS 定位精度有限,浮动车普遍装备的 GPS 接收机一般存在一定的定位误差。

③采样间隔大,连续两个定位点跨越了较长距离,存在多条可能的车辆行驶路径。同时,复杂的城市路网也制约了浮动车信息处理准确性的进一步提高。例如,北京市普遍存在的主辅路并行路网结构,主辅路之间的间隔一般在 15m 以内,而现有 GPS 定位精度很难将定位点准确匹配到主路或是辅路上,影响后续路况信息的计算。

浮动车数据分析的可靠性性及运算效率,可从与数据过滤合理性、GPS 数据地图匹配的速度与精度、路网覆盖率与结果可信度 4 个方面进行测试。

5.2.2　浮动车数据预处理

一般情况下,GPS 数据的精度约为 15m。由于车载 GPS 信号被建筑物遮挡等客观原因,个别 GPS 数据会产生漂移错误。另外,在实际应用中,通常选择出租车或公交车等运营车辆作为浮动车,而这些车辆所具有的某些特殊行驶特征往往给路况计算的准确性造成消极影响。如出租车超过 40% 的时间处在停驶状态或在道旁及宾馆等地待客或上下客,系统则会根据此时车辆的行驶速度作出该区域交通拥堵的误判。鉴于采集的 GPS 定位数据中充斥着大量的上述干扰数据,在进行进一步处理之前,对浮动车的行驶状态进行预处理和分析,甄别并剔除干扰数据,可以提高路况信息计算的准确性并提升系统处理的整体效率。因此,在计算前对接收到的车辆 GPS 数据进行预处理十分必要。

目前常用的数据预处理主要包括对原始数据的两类过滤措施:自身错误的数据过滤和根据浮动车(出租车)行驶状态的数据过滤。自身错误的数据过滤指位置坐标和速度的极值控制;根据出租车状态的数据过滤指过滤掉处于非载客状态的出租车泊于路边或沿路缓慢行驶待客的信息,因为车辆在这些状态下采集的数据并不能真实反映当时的路况。以出租车为主体的浮动车系统为例,通常认为浮动车存在 3 种行驶模式:①正常行驶模式;②停驶及待客模式;③拥堵及缓慢模式。根据浮动车记录包含的即时速度信息可以较准确地辨别正常模式,但由于浮动车 GPS 定位数据具有一定的误差,在低速情况下区分模式②和模式③具有一定的困难,需要结合浮动车的经纬度坐标变化、事件触发等其他数据特征,设计适当的分类器来判断。

文献[51]设计了一个浮动车行驶模式判断模型,以期将模式②和模式③正确区分开来,为干扰数据的剔除提供决策依据。分类器设计过程如下:首先提取数据特征,将原始数据映射到特征空间;然后通过特征选择,对特征空间进行降维,选择对分类最有利的特

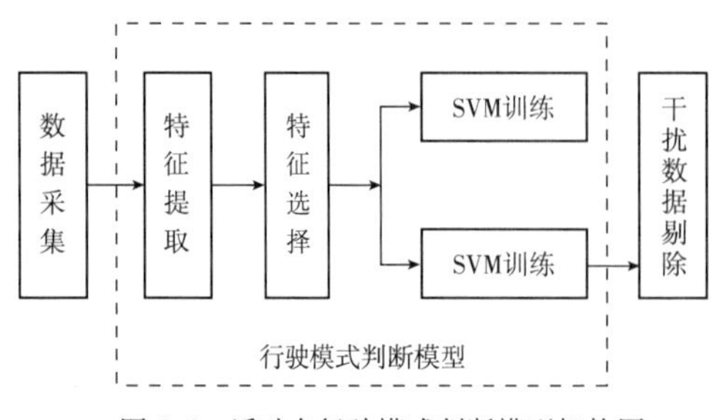

图5-6　浮动车行驶模式判断模型架构图

征组合;最后在低维空间中进行SVM(支持向量机)分类器的设计。模型的体系架构如图5-6所示。

此外,电子路网底图也需要采取一些必要的预处理措施,主要包括:

(1)地理范围及详细程度的确定。

(2)地图投影变换。

(3)建立路网拓扑,以保证路网的连通性和方向性。

(4)路网的双向显示,以展示道路运行状况成果图。

(5)路网格网分层,以提高路段检索效率。

5.2.3　地图匹配

(1)地图匹配技术概述。

地图匹配(Map-Matching)是一种基于软件技术的定位修正方法,其基本思想是将车辆定位轨迹与数字地图中的道路网信息联系起来,并由此确定车辆在地图上的位置。

在车辆导航、浮动车数据采集处理等涉及车辆位置信息采集的过程中,定位的准确性是非常关键的,只有准确地知道车辆所处的位置、所在的路段,才能进行下一步路径引导或计算道路上的交通流状态。因此,如何得到实时、准确的车辆位置就成了车辆移动位置采集及处理的重点和难点。然而,无论是哪种定位技术都有其无法克服的局限性,得到的实时定位数据仍然存在一定的误差,往往使得车辆的定位信息与电子地图中的道路信息不一致,车辆位置偏离当前所行驶的道路,造成系统不能识别车辆实际所在的路网位置。

为了解决这个问题,可以采取提高GPS定位精度以及电子地图精度的方法,但是这种方法成本高,且不可能完全消除定位点与电子地图之间的这种误差。地图匹配这一基于软件的定位修正方法,在接收到车辆当前时刻有关的信息后,从电子地图数据库中获取相关信息,然后通过匹配算法得到车辆位置的偏差信息,并对其进行实时修正,从而准确显示车辆的位置。它一方面减少了系统在硬件上的投入,节省资源和成本,另一方面又避免了其他定位技术无法克服的局限性。可以说,地图匹配算法的效果直接关系到车辆定位的精度,地图匹配技术是保证位置采集处理技术最终效果的关键技术。

(2)常用地图匹配方法介绍。

地图匹配是将车辆GPS位置数据和电子地图相匹配,从而得到车辆所在的路段位置。由于GPS数据和电子地图均存在一定程度的误差,车辆能否准确定位对行程时间、速度估计的影响很大，因此地图匹配是数据处理算法的核心，也是算法评价的关键标准。地图匹配算法有很多种，但根据利用信息的不同，大体上可以归结为两大类：①基于几何信息的地图匹配方法；②基于拓扑关系的地图匹配方法。其中，基于几何信息的地图匹配法逻辑简单，实现较为容易，但在复杂道路条件下匹配准确率较低；其他匹配法的匹配准确率较高，但是算法比较复杂，计算量偏大，影响匹配速度。

①基于几何信息的地图匹配方法。

a. 点到点的匹配。将定位点匹配到与定位点几何距离最近的节点或形状点上。算法的关键是节点和形状点的存储方式，即使估计点在正确道路附近。但若估计点附近的正确道路上没有节点或形状点，会将估计点匹配到附近有节点的错误路段上。可以通过增加道路节点和形状点的存储个数来提高匹配精度，但将大大增加路网的存储量。

b. 位置点的匹配。常规的地图匹配方法是基于位置点的匹配方法，通过投影距离和车辆行驶方向与路段矢量方向差值加权的方法来进行地图匹配，判断出车辆行驶的路段。这种方法需要用车辆行驶的位置和方向角作为主要参数。

图5-7表示了位置点匹配算法的基本原理。图中点 P 为待匹配的GPS定位点，R_1、R_2 表示GPS点附近的道路。

在位置点匹配算法中，把待匹配的GPS定位点向附近所有道路做投影，计算GPS点与各道路间的投影距离 r_i 及车辆行驶方向与道路间的夹角 θ_i。选出 r_i、θ_i 值小于给定阈值的所有道路，并根据式(5-1)计算各候选道路的距离度量值 M_i。

$$M_i = \omega_r r_i' + \omega_\theta \theta_i \tag{5-1}$$

式中：ω_r、ω_θ——分别为投影距离和方向夹角的权值。

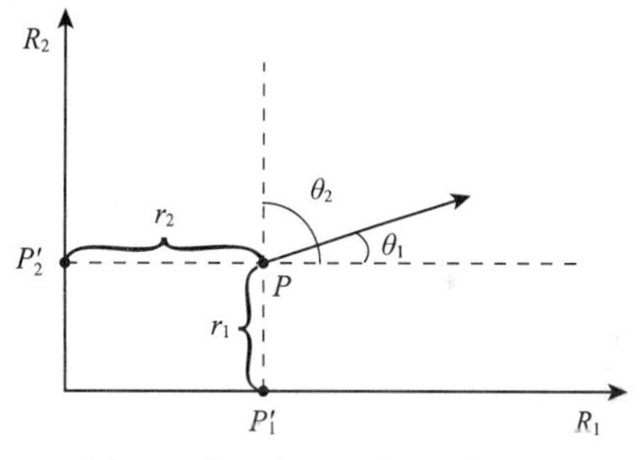

图5-7　位置点匹配原理示意图

在所有候选道路中选择距离度量值最小的作为匹配道路，即认为车辆正在该道路上行驶。算法最后将车辆在匹配道路上的投影点作为车辆的当前位置。在图5-7中，经过以上计算，选择道路 R_1 作为匹配道路，并以点 P 在 R_1 上的投影点 P_1' 作为车辆的当前位置。

c. 点到曲线的匹配。算法将定位点直接投影到距其几何距离最近的路段(分段线性化后的道路的一段)上，若 A 为定位点附近一条路段且通过 $a(a_1,a_2)$、$b(b_1,b_2)$ 两点，$c(c_1,c_2)$ 为定位估计点，则定位点 c 到直线 A 的距离为 $d(c,A)$。$d(c,A)$ 由式(5-2)计算，匹配点 $P\{x,y\}$ 的位置由式(5-3)计算，其中 k 为路段 A 的斜率。

$$d(c,A) = \sqrt{\frac{[(a_2-b_2)c_1+(b_1-a_1)c_2+(a_1b_1-b_1a_2)]^2}{(a_2-b_2)^2+(b_1-a_1)^2}} \tag{5-2}$$

$$\begin{cases} x = \dfrac{k(c_2 - a_2) + c_1 - a_1}{k^2 + 1} + a_1 \\ y = k\dfrac{k(c_2 - a_2) + c_1 - a_1}{k^2 + 1} + a_2 \end{cases} \tag{5-3}$$

因为没有用到历史轨迹，当估计点离两条曲线距离较小或相同时易产生误匹配。

d. 曲线到曲线的匹配。考虑由连续的定位点 $P^0, P^1, \cdots, P^m$ 构成的定位轨迹曲线被匹配到附近"最近"的道路上去。定位轨迹 A 与道路 B 之间的"距离"有多种定义方法，最简单的定义为 A、B 之中任意两点的最小距离，但容易产生误匹配，只要任意一个定位点距离任意错误的候选道路距离最近，就会匹配错误。另一种定义为 A、B 中所有点之间的平均距离，即 $\| A - B \| = \int_0^1 \| a(t) - b(t) \| \mathrm{d}t$。这种定义更为合理，但由于没有考虑方向和路网拓扑信息，有时会产生无法预料的误匹配。

②基于拓扑关系的地图匹配方法。该方法是在道路层数据建立网络拓扑关系的基础上进行的。空间拓扑关系反映地理实体之间的相互关系，在 GIS 中一般表示为节点、弧段、面域三者之间的拓扑关系，网络拓扑关系则是节点和弧段之间的相互关系。基于网络拓扑关系的方法通过对前一次匹配结果和车辆前进方向的分析，利用道路层的空间网络拓扑关系，确定当前 GPS 数据待匹配路段的范围并计算出当前 GPS 数据的匹配点。与基于几何信息的地图匹配方法类似，该方法也仅利用了数字地图的单一信息，同时其匹配效果有时也会受到空间拓扑关系质量的影响，因此，不能保证在任何情况下都得到正确的匹配结果。

在实际操作中，要根据数据资源情况确定适合的匹配算法。目前浮动车系统上传数据时间间隔较大，前后两点差距会达到 1 ~ 2km，往往无法获取完整的轨迹曲线作为匹配样本。因此，在点匹配的基础上，可考虑利用路网拓扑关系选择前后两点间的最优路径作为匹配结果。

传统的地图匹配算法只应用了 GPS 定位点和路链之间的位置参考信息，而没有考虑路链拓扑特性与车辆行驶特性之间深层次的内在联系。经过深入细致的数据分析，可以发现车辆在高速和载客的情况下倾向于在高等级道路上行驶。因此，地图匹配可参考的因素就扩展至 4 个：定位点到路链的投影距离、车辆的行驶方向和路链方向的夹角、平均车速、车辆载客状态。

5.2.4 路径推测

路径推测是浮动车数据处理过程中的关键技术之一，即利用浮动车在不同路链上连续运动的轨迹点来搜寻车辆的真实行驶轨迹。经过路径推测过程，浮动车数据就可以在时间和空间上同道路关联起来，由车辆 GPS 定位点信息得到车辆在具体城市道路上的行驶状态,从而反映出车辆所在道路的路况信息。

路径推测在本质上是路径搜索的过程,即将当前定位点的候选匹配点作为起点,搜索车辆可能经过的下一条或下几条路链,直到找到下一个定位点所在的路链,从而确定两个定位点之间的车辆行驶轨迹。这可以归结为图的深度优先遍历问题,可以采用启发式的搜索方法,对搜索过程进行剪枝,提高搜索效率。将一个定位点的候选匹配点作为起点,按时间顺序选择下一个定位点作为终点,建立一条向量,计算向量的方向与长度,向量的方向为浮动车行驶路线的方向,向量的长度为浮动车行驶路线的最小可能距离。设向量长度为 L_1,起点与其所在路链终点的距离为 L_2,如果 $L_1 < L_2$,说明车辆还未驶出当前路链,否则说明车辆驶入当前路链的下一条或后续若干条路链。

当车辆驶入当前路链的后续路链时,存在两种行车状态,一种是保持直行(图5-8),另一种是拐弯。在拐弯情况下,向量和车辆所行驶过的路链形成类三角形,如图5-9所示。按照一般道路建设的规划,相邻路链的夹角大于60°,根据三角形的性质,向量为三角形最长边,则车辆实际行驶的距离应当小于两倍的向量长度,这可以作为路径搜索的一个极重要的约束条件。同时,所搜索路链的方向与向量方向夹角应当小于90°。

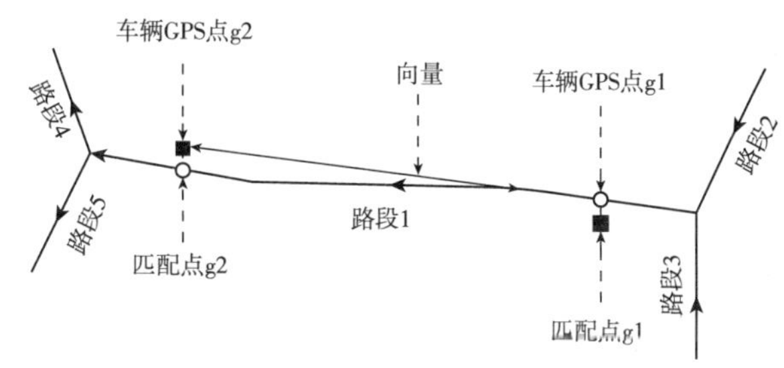

图5-8 车辆直行示意图

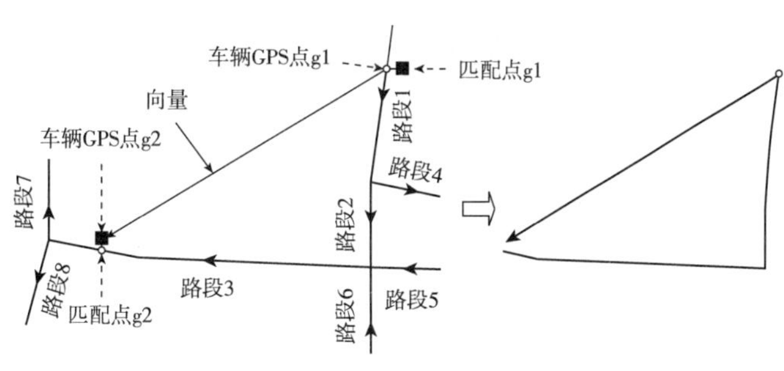

图5-9 车辆跨路链转弯

依据上述约束条件,路径推测算法可以在较短的时间内推测出车辆可能的行驶轨迹,并计算出车辆的平均速度,作为评估其途经路链的路况信息的基本标准。

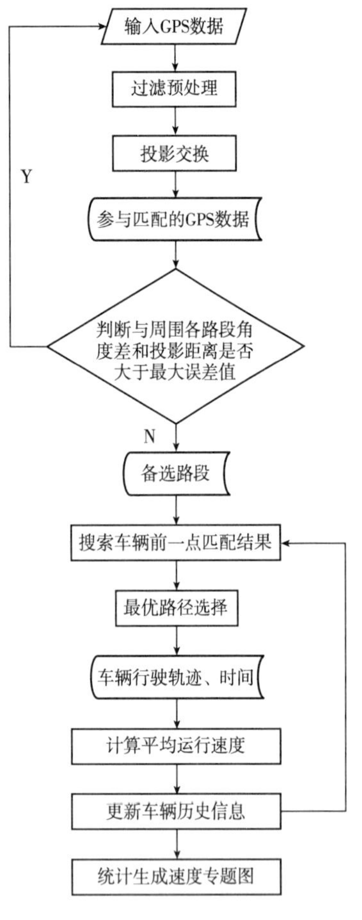

图 5-10 浮动车实时系统流程图

5.2.5 行程时间及运行速度计算

地图匹配完成后，得到电子地图中各路段所对应的GPS数据点，利用这些数据点可以得到路段的行程时间和平均速度。行程时间估计算法主要有两种：一种方法是确定车辆在路段的驶入时刻和驶出时刻，计算两者的时间差即可；另一种方法是估计车辆在路段上行驶的平均速度，计算路段长度和平均速度的比值，可以得到车辆在该路段的行程时间。

系统采用路径搜索的办法，可以获得完整的行驶路径与行驶时间，直接得到路段运行速度。但在计算周期为5min的浮动车实时系统中，由于存在多辆车驶过同一路段的情况，即该路段对应多条运行速度记录，故可用式(5-4)计算5min内该路段的平均运行速度。

$$\bar{v}=\frac{\sum_{i=1}^{n}L_i}{\sum_{i=1}^{n}\frac{L_i}{v_i}} \tag{5-4}$$

式中：$\bar{v}$——平均运行速度(km/h)；

L_i——第 i 条记录中车辆在该路段上的行驶距离(km)；

v_i——第 i 条记录中车辆在该路段上的行驶速度(km/h)。

系统算法流程综合了上述4部分内容，如图5-10所示。

5.3 浮动车数据中零速度点数据处理方法

对浮动车数据进行处理时首先要进行地图匹配，地图匹配的目标是确定浮动车所在的路段。浮动车回传的GPS坐标只能反映车辆的位置，而不能直接与路网路段相关联，因此，必须依赖地图匹配方法将车辆位置与路网路段关联起来。

常规的地图匹配方法是通过投影距离和车辆行驶方向与路段矢量方向差值加权的方法来进行地图匹配，判断出车辆行驶的路段。这种方法需要用车辆行驶的方向角作为主要参数，当浮动车的瞬时速度不是零时，其回传的GPS方向角是准确的，可以用常规的方法进行地图匹配；当浮动车的瞬时速度是零，即车辆静止时，其回传的车辆行驶方向角是不准确的，不能用常规的投影和几何地图匹配方法进行地图匹配。而且当瞬时速度很小时,GPS 数据往往会产生严重的静态漂移现象。因此,目前往往将大量瞬时速度很小或为零的数据提前剔除,记录成空载、驻车或停运的数据,但这样也会造成大量真实数据的丧失。

目前大部分浮动车系统是由正常运营的装有 GPS 设备的出租车构成,出租车运营时停车状态较多,因此采集到的浮动车数据存在大量由于频繁停车导致的瞬时速度为零的数据点。经统计,速度为零的车辆记录占整个车辆数据记录的 40% 左右,由于这些速度为零的停车点传回的方向角不能正确反映车辆的行驶方向,所以不能用常规的地图匹配方法确定车辆所在的路段。目前针对浮动车数据中零速度点处理方法的文献很少,在实际的数据处理中通常采用简单过滤的方式将停车点不加分析地作为无用数据剔除。这种抛弃所有速度为零的点的做法,在特定时间内会大大降低路段样本有效数量,影响地图匹配的效率。而采用轨迹曲线匹配方法,会导致算法复杂、计算量大,不能满足实时性要求。

本节通过对浮动车停车原因进行分析,提出一种基于浮动车停车点数据过滤筛选的地图匹配方法,可以将能够表示路段交通状态的交叉口车辆排队零速度点提取出来,匹配到路段上,同时过滤掉和交通状态无关的零速度点,从而大大增加有效样本数量及匹配效率,为进一步对整个路网运行状态的全面评估提供数据支持。

5.3.1 异常停车点和正常停车点判别

浮动车数据中的零速度记录点是由于浮动车当前移动速度为零,即停车状态下产生的。导致车辆停车的原因多种多样,基本分为交叉口信号灯排队等待、上下客、路边待客等几种。这里根据这些停车点与交通状态的关系,把这些停车位置点分为两类,即异常停车点和正常停车点。

由于出租车的特殊性质,车辆上下客和路边待客的情况很多。这些数据与当前路段交通状态无关,不能用于交通状况的计算。此处定义这样的零速度点为异常零速度点。

车辆正常行驶中等待交通指示灯时引起的浮动车速度为零的情况:此时的停顿只是由于交通标志的原因导致的,能够表征当前交通状态,并在位置和时间上与车辆上一位置和时间存在连续关系。这些车辆零速度点被定义为正常零速度点。这里仅考虑交叉口等待信号灯零速度点的匹配问题。由于道路拥堵造成的非规律性的零速度点不是本节讨论的内容。

可以注意到,通常正常零速度点大量出现在路段终点的交叉口附近(排队等待通行信号),即路段矢量方向终点附近,路段矢量方向是从路段的起点到终点的方向,和车辆行驶方向是一致的。因此,首先对路段上靠近交叉口和路段终点排队长度内的零速度点进行初步判断,但是并不能保证这些零速度点就一定属于该路段,需要一个验证过程。单位时间内同一车辆在一条路段上通常会有一系列连续的轨迹点,如果该零速度点浮动车能够找到另一个已知的属于该路段的点,则可以判定它也属于该路段。因而可以采用同一路段同一车辆非零速度点和零速度点比对的方法来进一步确定车辆的位置，将零速度点匹配到路段上。

5.3.2　零速度点地图匹配的实现方法

首先将浮动车记录集根据浮动车速度分为两部分：非零速度点记录集和零速度点记录集，然后分别进行非零速度点地图匹配和零速度点地图匹配。

(1)非零速度点地图匹配。

按照常规投影距离与路段矢量方向差值加权的方法进行匹配，计算匹配结果，步骤见图5-11。

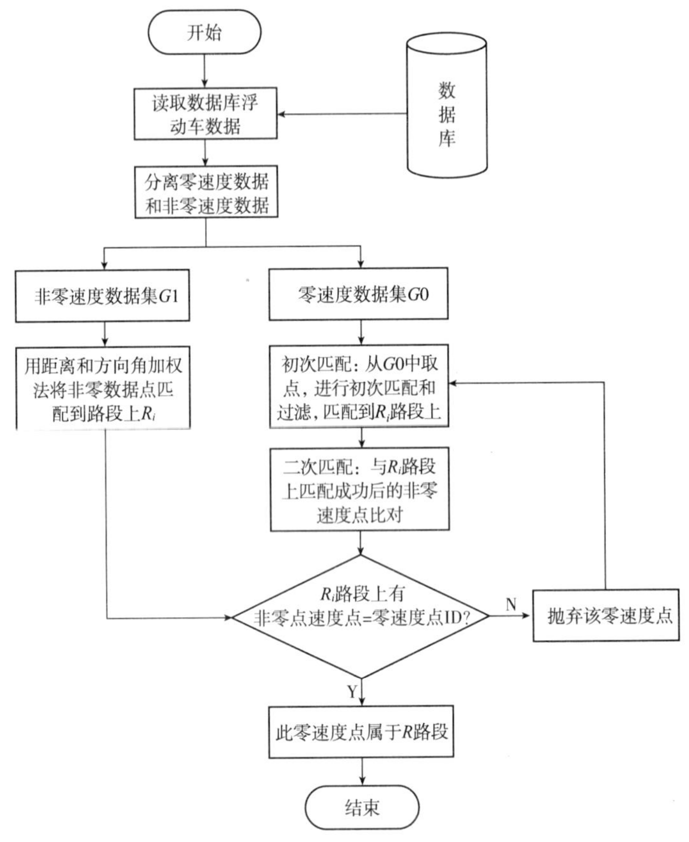

图5-11　地图匹配处理框图

(2)零速度点的初步匹配。

用停车点与路段的偏移范围、交叉口排队长度初步判定属于该路段的停车点，将停车点初步匹配到路段上。交叉口排队长度是指从路段矢量方向上的终点开始反方向上的长度。如果选取过短会导致排队等待的正常零速度点丢失，如果选取过长会增加计算量。车辆排队长度可以由历史数据获得,简单起见,也可以取路段的一半长度,排队长度值存储在路段属性表中。

(3)零速度点的二次匹配。

这一步用于验证初步匹配的正确性,采用与该零速度点同一路段上已经匹配成功的非零速度点比较。如果在同一路段有同一设备数据点存在,则该点属于该路段,步骤见图 5-12。

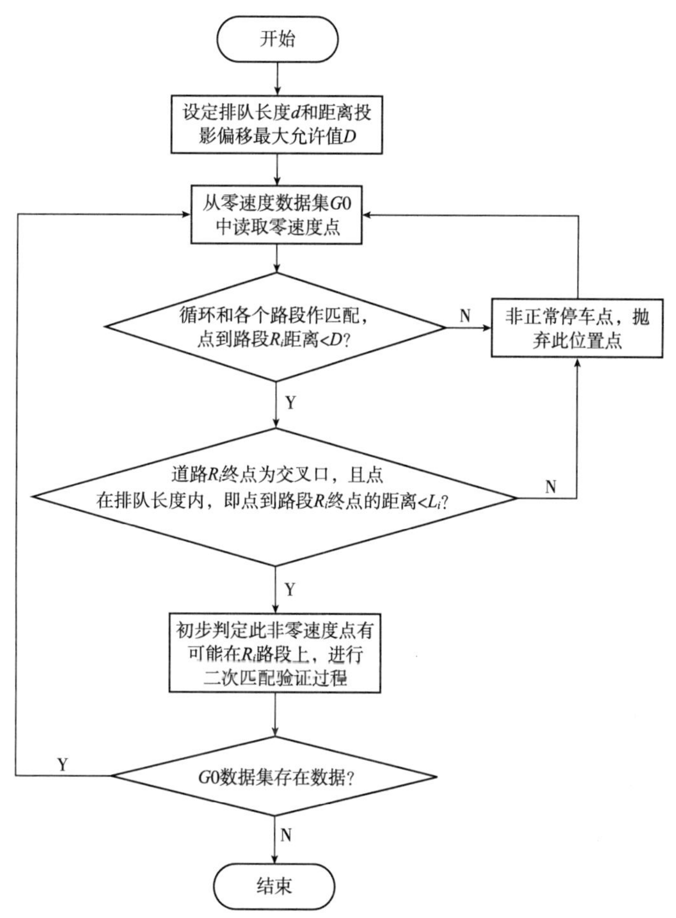

图 5-12　零速度点初次匹配过滤框图

设定点到路段投影距离的最大允许偏差值为 D,通常根据 GPS 的定位精度值选取,这里为了避免 GPS 点丢失,取较大的范围 $D=40$;行驶方向与道路矢量方向夹角最大允许偏差值为 θ;各个路段排队长度为 L_i。

(4)从数据库中读取浮动车数据。

将浮动车数据中速度为零的数据和速度非零的数据分开,分为两个数据集:零速度

数据集 $G0$ 和非零速度数据集 $G1$。

(5)非零速度点地图匹配。

采用基于投影的匹配算法—— GPS 点到路段距离、行驶方向角和地图路段矢量方向差值加权的方法将 GPS 数据匹配到路段上。

步骤 1:从 $G1$ 数据集中取出 GPS 数据,循环选取路网中各个路段。

步骤 2:计算该 GPS 点与各个路段间的投影距离 r_i。

步骤 3:计算该 GPS 点行驶方向角与各个道路矢量方向夹角之差 θ_i。

步骤 4:计算距离度量值 $M_i = \omega_r r_i + \omega_\theta \theta_i$。

步骤 5:取所有 M_i 最小的路段为车辆点所在的路段 R_i。

步骤 6:这里需要用最大允许范围值限制,d_i 为点到路段 i 的投影距离,如果 $|d_i| < D$,执行步骤 7,否则执行步骤 1。

步骤 7:GPS 点属于路段 R_i,在路段 R_i 属性值内写入 GPS 点的设备 ID 号,执行步骤 1。

步骤 8:所有非零点与各个路段匹配完成。

(6)零速度点初步匹配方法。

步骤 9:从 $G0$ 数据集中取出 GPS 数据,循环选取路网中各个路段。

步骤 10:计算该 GPS 点与各个路段间的投影距离 r_i。

步骤 11:如果点和路段 R_i 投影距离小于最大偏差值,即 $r_i < D$,执行步骤 12,否则执行步骤 9。

步骤 12:如果路段 R_i 的终点为交叉口(可以通过拓扑关系判断),且点到路段终点的距离在路段排队长度内,即 $l_i < L_i$,执行步骤 13,否则执行步骤 9。

步骤 13:初步判断点属于路段 R_i,记该零速度点的 ID 号为 ID_i,执行步骤 14。

(7)零速度点二次匹配方法。

步骤 14:从该路段属性表中读取已经匹配到该路段的设备 ID 号,ID_i 循环和这些 ID 号比对。

步骤 15:如果 ID_i 找到和它相同的 ID 号,执行步骤 16,否则执行步骤 9。

步骤 16:确定该点属于 R_i,匹配成功,执行步骤 9。

步骤 17:程序结束。

5.3.3 算法实例

使用上述匹配方法将图 5-10 中零速度点匹配到路段上。图 5-13 表示一个十字交叉路口附近 5min 内浮动车传回位置点的分布情况,该路口由路段 1、路段 2、路段 3 组成,黑色圆点代表浮动车停车点,白色方块代表浮动车移动点。由图中可以看到路段 1 附近越靠近十字交叉路口区域内,停车点黑色小圈越集中,这说明这些车辆在正常停留等待信号灯。根据该路段实际交通状况设定这个区域车辆等待信号灯的排队长度为 L。

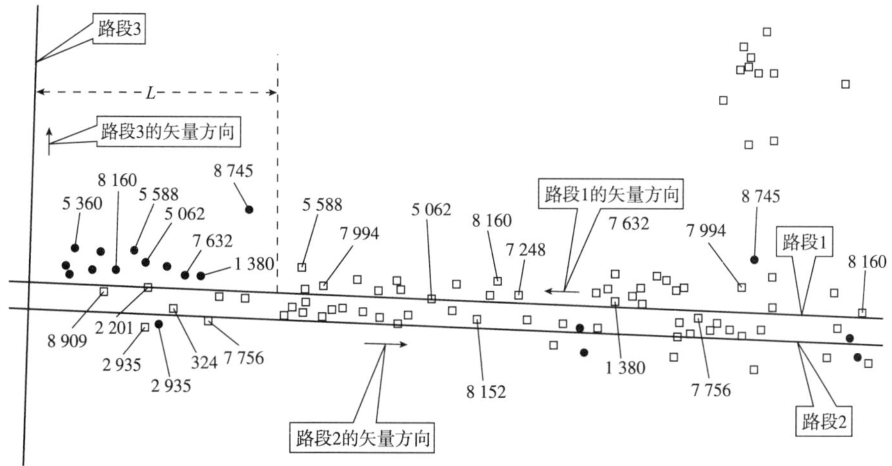

图 5-13　5min 内浮动车位置点分布图

下面用本算法计算浮动车点和路段 1 的匹配情况。

表 5-1 所示为任取 5min 内部分浮动车传回记录，共有 24 条浮动车记录，16 台移动点浮动车，9 个零速度点记录，通过投影距离与路段矢量方向差值加权的方法进行计算，将非零速度点匹配到路段 1 上。表 5-2 所示为非零速度点和路段 1 的匹配结果，表中内容包括记录点和三条路段匹配过程中的各个参数计算，取距离度量值项中路段 1 为最小值的 M_i 作为匹配到路段 1 的结果，共有 11 个点。表 5-3 所示为对零速度点进行初步匹配过程中各个参数的计算结果，有 7 个点满足投影距离和排队长度条件。

浮动车传回记录　　表 5-1

记录编号	浮动车 GPS 设备编号	速度(km/h)	方向角(°)	经度(°)	纬度(°)
1	5588	22	270	123.423 213	41.769 261
2	5360	0	0	123.421 933	41.769 348
3	7994	39	272	123.427 158	41.769 105
4	8909	22	272	123.422 176	41.769 168
5	5588	0	275	123.422 268	41.769 331
6	8160	41	270	123.427 213	41.769 183
7	8152	43	90	123.424 220	41.769 035
8	7994	51	273	123.423 335	41.769 178
9	8160	28	273	123.424 368	41.769 191
10	7632	5	272	123.425 218	41.769 223
11	5062	54	275	123.423 980	41.769 110
12	8160	0	0	123.422 150	41.769 256

续上表

记录编号	浮动车 GPS 设备编号	速度(km/h)	方向角(°)	经度(°)	纬度(°)
13	5062	0	0	123.422 313	41.769 250
14	8745	0	0	123.424 433	41.769 208
15	1380	43	267	123.425 125	41.769 111
16	7632	0	0	123.422 568	41.769 225
17	1380	0	273	123.422 648	41.769 218
18	8745	0	0	123.422 906	41.769 470
19	7248	43	273	123.424 465	41.769 143
20	2935	12	94	123.422 360	41.769 030
21	2935	0	0	123.422 413	41.769 036
22	7756	35	92	123.422 633	41.769 048
23	324	46	91	123.422 461	41.769 103
24	2201	42	270	123.422 470	41.769 206

非零速度记录匹配结果 表 5-2

设备编号	GPS 点与各路段间的投影距离 r_i(m)			GPS 点方向角与道路矢量方向夹角之差 θ_i(°)			距离度量值 $M_i=\omega_r r_i+\omega_\theta \theta_i$(m)		
	路段 1	路段 2	路段 3	路段 1	路段 2	路段 3	路段 1	路段 2	路段 3
5588	11	26	115	3	177	268	14	203	382
7994	6	21	432	1	179	268	7	200	702
8909	2	13	108	1	179	270	3	192	378
8160	12	27	568	3	177	268	14	204	836
8152	8	7	268	183	3	88	187	10	356
7994	3	18	123	0	180	271	3	198	394
8160	8	23	280	0	180	271	8	203	551
7632	9	24	394	1	179	270	10	203	664
5062	1	14	462	2	183	273	3	197	735
1380	3	18	380	6	174	265	9	192	645
7248	3	18	304	0	180	271	3	198	575
2935	17	2	49	179	1	92	196	3	141
7756	3	12	419	181	1	90	184	13	509
324	8	7	64	182	2	89	190	9	153
2201	3	18	62	3	177	268	6	195	330

零速度点初步地图匹配结果 表 5-3

设备编号	零速度点与各路段间的投影距离 r_i(m)			零速度点到路段终点的距离 l_i(m)			路段排队长度 L_i(m)
	路段 1	路段 2	路段 3	路段 1	路段 2	路段 3	
5360	15	30	28	14	557	616	100
5588	14	29	56	49	522	603	100
8160	7	22	46	37	534	614	100
5062	7	22	59	50	521	609	100
8745	11	26	443	227	344	1 363	100
7632	5	20	92	71	500	615	100
1380	4	19	110	78	493	608	100
8745	33	48	540	103	468	1 456	100
2935	16	2	62	61	511	604	100

重新搜索非零连续点,从非零连续点中筛选特征点对零速度点进行二次匹配,验证初步匹配的正确性。比较表 5-2 和表 5-3,找出设备 ID 号相同的记录点,这些车辆单位时间内在路段 1 上有非零速度点,且它们的零速度点满足初步匹配条件,所以这些零速度点属于路段 1。表 5-4 中共有 5 个零速度点记录成功匹配到路段 1 上。

零速度点二次地图匹配结果 表 5-4

记录编号	浮动车 GPS 设备编号	速度(km/h)	经度(°)	纬度(°)
5	5588	0	123.422 268	41.769 331
12	8160	0	123.422 150	41.769 256
13	5062	0	123.422 313	41.769 250
16	7632	0	123.422 568	41.769 225
17	1380	0	123.422 648	41.769 218

分别使用前文描述的匹配方法和常规的投影距离路段矢量方向差值加权的方法进行道路行程时间计算,进行算法比较。

测试路段名称:文化路;长度:571m;时间段:2008-10-30,10:00 ~ 10:30。

计算结果见表 5-5。

两种算法行程时间计算比较 表 5-5

测试时段	真实值(s)	本匹配算法		常规匹配算法	
		计算值(s)	有效样本数(个)	计算值(s)	有效样本数(个)
10:00 ~ 10:05	106	105	35	92	18
10:05 ~ 10:10	108	123	33	90	14

续上表

测试时段	真实值(s)	本匹配算法		常规匹配算法	
		计算值(s)	有效样本数(个)	计算值(s)	有效样本数(个)
10:10～10:15	103	115	35	108	21
10:15～10:20	111	104	29	91	14
10:20～10:25	119	99	31	97	15
10:25～10:30	108	106	27	122	13
平均值			31.7		15.8

表5-5中行程时间真实值是同一时间段现场道路两端通过拍摄，计算该时间段车辆通过的时间，取平均值得到的。有效样本数是指同一路段上能够用于计算的车辆的ID个数。

根据表5-5，对两种算法的有效样本量进行比较，可知本方法的有效样本量各时段平均为31.7个，常规计算的有效样本量各时段平均仅为15.8个。而通过分别对两种方法得到的计算值和真实值进行比较统计，可知本方法行程时间的计算准确度为91.4%，常规计算的准确度为88.9%。

由此可知，由于有效地利用了数据中的零速度点，在计算道路的行程时间时，同一路段上同一时段，本算法的有效样本量大大高于常规计算的样本量，且行程时间的计算准确率也高于常规算法的准确率。

由于本方法克服了常规匹配方法不能有效匹配浮动车零速度点的不足，可以快速有效地将能够表示路段交通状态交叉口车辆排队的零速度点匹配到路段上，同时去除掉和交通状态无关的零速度点，从而大大提高了计算的有效样本量，同时提高了运算效率。但是在某些特殊情况下，如车辆在一条道路行驶至交叉口附近路边非正常停车，如何将交叉口处正常停车点和交叉口附近商业设施引起的非正常停车点加以区分，仍是下一步需要进行解决的问题。

5.4 基于决策圈的路段识别匹配方法

在浮动车数据处理中，路段识别匹配技术是关键技术之一。目前车辆导航中常用的地图匹配方法是通过GPS点与路段相对位置的计算结合道路方向、车辆行驶方向及路段拓扑关系等方法判断行驶车辆是否在路段上。但对于距离、方向均相近的平行道路，难以使用这种路段匹配方法来区分。而实际路网中道路主路和辅路同向、平行、相近的情况较多，相同行驶方向主辅路之间距离经常在5m左右，GPS现有精度通常大于10m，很难准确区分，常常出现由于识别路段错误而导致的浮动车地图匹配错误。其他一些地图匹配算法如最短路径、神经网络、模糊逻辑等方法的计算一般较为复杂，难以实时处理数据。而在路侧加标识站的方法是通过车载设备和路侧标识站通信，直接获取路段标识号，达到路段匹配的目的，虽然这种方法能够较好地解决匹配不准的问题，但是需要额外在现场架设路侧设备，花费人力和物力。

通过观察分析得知，在实际道路路网中地图匹配方法容易混淆的区域所占的比例不大。对于难以进行路段匹配的地方，本节提出匹配决策圈的概念，即划定决策区域、对区域内采用不同于路网中其他路段匹配方法的特殊处理方法进行地图匹配，从而克服常规算法路段识别匹配不准确的问题。

本节描述的基于决策圈的匹配方法包括以下三个步骤：

(1)分析路网的具体情况，在难以进行地图匹配的部分定义决策圈区域。

(2)在决策圈内各个路段上预先采集相等数量的精确位置点，即决策点，标示各个点所属路段的属性值。

(3)在车辆进入决策圈后，采用与决策圈内各个路段上精确位置的决策点点点匹配的方式进行匹配识别。

本节描述两个方面的内容：一是决策圈、决策点的定义及设定方法；二是决策圈内路段的识别匹配方法。

5.4.1　决策圈、决策点定义及设定方法

(1)决策圈定义及设定方法。

决策圈是指对路网中难以用常规地图匹配方法区分路段划定的区域，决策圈可以根据具体情况采用圆形、多边形或其他形状，但必须是闭合区域。以图5-14为例，路段1和路段2距离相近，平行、同向，而采用常规地图匹配难以将这两条路段区分开，因此需要对该区域采取其他匹配方法的特殊处理，达到正确匹配的目的。

决策圈的划定方法：对不易识别的路段进行划圈，划圈范围仅包含路段起点、不包含路段终点。决策圈尽可能不要包括其他不相关的路段，决策圈之间不能有交集。决策圈的划定可在常用的GIS软件平台上编辑完成。

决策圈如图5-14所示，路段1和路段2为同向相近路段，路段1起点为A，终点为B；路段2起点为C，终点为D。决策圈选取仅包含路段起点A、C两节点，选取范围不包含节点B、D、E、F，但尽可能选取路段1和路段2的绝大部分。

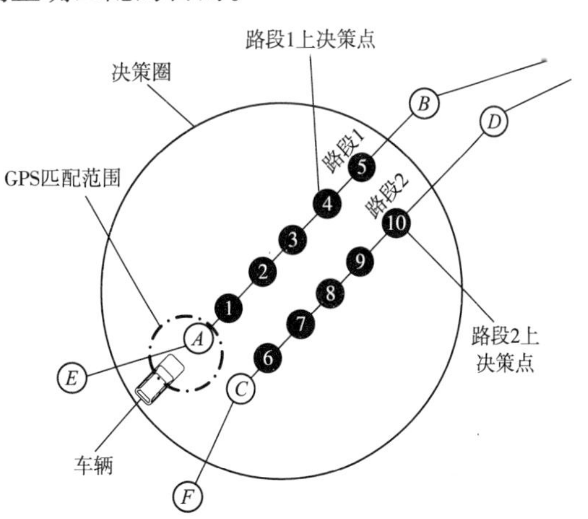

图5-14　虚拟决策圈、决策点设置示意图

(2)决策点定义及设定方法。

①决策点定义及路段分布设定。决策点是预先通过精确定位设备采集得到的决策圈内各个易混淆路段上的精确点,将精确点布设于相近的不同路段上,并赋予路段的属性值及所属决策圈的属性值,作为与车辆实际位置点相比对参照的基准点。包含这些点的路段,路段上的精确点数量应该相同,且沿各自路段均匀分布,标号统一。决策点的个数不宜过多,各点间距车辆正常行驶速度以1~2s距离点为宜。

决策点分布情况如图5-14所示,图中决策圈内共有10个决策点,决策点编号从1到10,标号统一,在每条路段上各有5个数量相同的决策点,沿路段均匀分布。决策点1、2、3、4、5属于路段1;决策点6、7、8、9、10属于路段2。

②决策点多车道设置方法。当两条相近路段为多车道时,决策点应设置在两条路段内车道的中心线上,即决策点处在两路段横向最短距离上,这样设置能够使车辆在两路段最近路径上易于区分。

图5-15所示的路段1和路段2均为同向两车道路段,车辆行驶方向如图所示。图中黑色圆点编号1~8是路段1上的决策点,位于路段1车道2(内车道)的中心线上;图中白色圆点编号9~16是路段2上的决策点,位于路段2车道1(内车道)的中心线上。

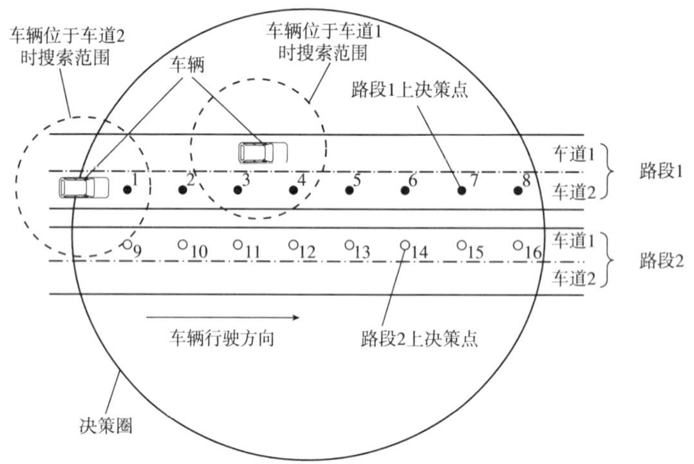

图5-15 决策点多车道设置及GPS车辆搜索范围示意图

(3)决策圈属性定义。

决策圈属性定义包括决策圈内GPS车辆搜索范围、所包含决策点等信息。

①GPS车辆搜索匹配范围定义。由于每个决策圈内易混淆路段情况不同,所以搜索范围也不相同,需根据情况分别设定。车辆行驶过程中以1次/s的频率进行搜索匹配路段,搜索匹配范围的大小直接关系到搜索匹配的准确率和效率。搜索匹配范围过大,匹配误差较大,路段识别难度加大;搜索匹配范围较小,容易漏点,匹配效率较低。对于相近路段识别而言,搜索范围值与两条路横向距离有关。由于精确点在道路中心线上,因

此GPS搜索范围一般应为路段车道总宽度的2倍,这样能够保证车辆在路段任何位置都能够覆盖路段上的精确点。图5-15中所示的在路段1上的车辆GPS搜索匹配范围大于路段1总宽度的两倍,这样无论车辆在车道1或车道2上行驶,搜索匹配范围都能够覆盖路段1,保证了和路段1上决策点匹配的准确性。

②决策圈属性定义。路网通常有多个决策圈,需要对各个决策圈的属性进行定义,属性定义包括决策圈编号、决策圈范围、GPS搜索匹配范围及和路段、决策点的所属关系。这些信息存储在车载存储单元中,供路段匹配识别时调用,见表5-6。

决策圈属性定义及所属关系表 表5-6

决策圈编号	决策圈范围值	匹配范围(m)	包含路段编号	包含决策点号
1	区域坐标	4	1	{1,2,3,4,5}
			2	{6,7,8,9,10}
2	区域坐标	7	3	{……}
			4	{……}

如表5-6所示,决策圈1包括决策圈范围、圈内搜索匹配范围,包含路段有路段1和路段2,路段1有决策点{1,2,3,4,5},路段2有决策点{6,7,8,9,10}。

5.4.2 决策圈内路段识别匹配方法

本节提出的地图匹配方法与常规匹配方法中点与线(路段)的匹配识别方法不同,用沿着路段均匀分布的多个位置精确点代替电子地图上的路段,从而减小电子地图路段位置不准确带来的误差。该方法将点与线的匹配变为点与多点的匹配,通过计算得到GPS点与精确点的比对匹配率来确定点与线的关系,大大减小了传统匹配中的误差,提高了匹配的准确性。

以两条相近路段为例说明具体的匹配方法,按照上述方法对决策圈、决策点及搜索范围定义,设共有 n 个决策点,各有 $n/2$ 个决策点分别在两条路段上。下面进行决策圈路段的匹配工作。

初始化设置GPS车辆位置点到各个决策点的距离为一大值:$L_{gps,i}=100(i=1,2,\cdots,n)$。

(1)通过GPS点与决策圈范围的位置关系判断车辆是否在决策圈内。

车辆行驶时通过安装在车上的车载终端以1次/s的频率接收GPS车辆当前位置信息,通过车辆点与决策圈的位置关系,判断车辆是否进入决策圈内,如果没有在决策圈内,采用常规路段匹配算法。

(2)在决策圈内,计算车辆点与匹配成功决策点间的最短距离。

车辆进入决策圈后,GPS 车辆点与决策点进行匹配,记录匹配成功点标号,并在匹配范围内计算车辆点与匹配成功决策点间的最短距离。

根据该决策圈的编号,提取车载存储单元上该决策圈内各个路段的决策点,以及该决策圈的匹配范围。GPS 车辆搜索范围改变为该决策圈指定的搜索范围 R,车辆在行驶中与该决策圈内的决策点点点匹配。

按如下方法判断在 GPS 车辆搜索范围 R 内是否有决策点位置。

GPS 点到决策点 i 的距离为:

$$L'_{gps,i} = \sqrt{(x_i - x_{gps})^2 + (y_i - y_{gps})^2} \tag{5-5}$$

若 $L'_{gps,i} < R$,则决策点 i 位于 GPS 搜索范围内,与 i 点匹配成功,记录该决策点 i 的标号。

更新 GPS 点到决策点 i 的距离值:将 $L'_{gps,i}$和原存储的 GPS 点到该点的距离值 $L_{gps,i}$相比较,取小值。如果 $L'_{gps,i} < L_{gps,i}$则 $L_{gps,i} = L'_{gps,i}$。

(3)车辆离开决策圈,两步法识别路段。

第一步:统计各个路段匹配率,匹配率最高的路段为车辆所属路段。

当车辆离开决策圈,统计匹配成功决策点的个数和所属的路段编号,计算各路段匹配成功率,将路段决策点匹配率高的路段识别为车辆所在路段。

匹配成功率为某一路段上匹配成功决策点数与总匹配成功点数的百分比。假如共有 $s = m + n$ 个决策点匹配成功,通过读取决策点的路段属性值得知,其中 m 个决策点属于路段 1,n 个决策点属于路段 2。

设路段 1 的匹配成功率为 P_1:$P_1 = m/s \times 100\%$;路段 2 的匹配成功率为 P_2:$P_2 = n/s \times 100\%$。

如果 $P_1 > P_2$,则车辆所在的路段为路段 1;如果 $P_1 < P_2$,则车辆所在的路段为路段 2;如果 $P_1 = P_2$,则无法判断所属路段,进行第二步判断。

第二步:如果多条路段匹配成功率相同,比较各路段决策点与 GPS 距离之和。

设 GPS 车辆位置与属于路段 1 上的决策点距离之和为 S_1;GPS 车辆位置与属于路段 2 上的决策点距离之和为 S_2。i_1为属于路段 1 的决策点序数,i_2为属于路段 2 的决策点序数。

$$S_1 = \sum_{i_1=0}^{n/2} L_{gps,i_1} \tag{5-6}$$

$$S_2 = \sum_{i_2=0}^{n/2} L_{gps,i_2} \tag{5-7}$$

如果 $S_1 > S_2$,则车辆属于路段 1;如果 $S_1 < S_2$,则车辆属于路段 2。

至此匹配完成。流程如图 5-16 所示。

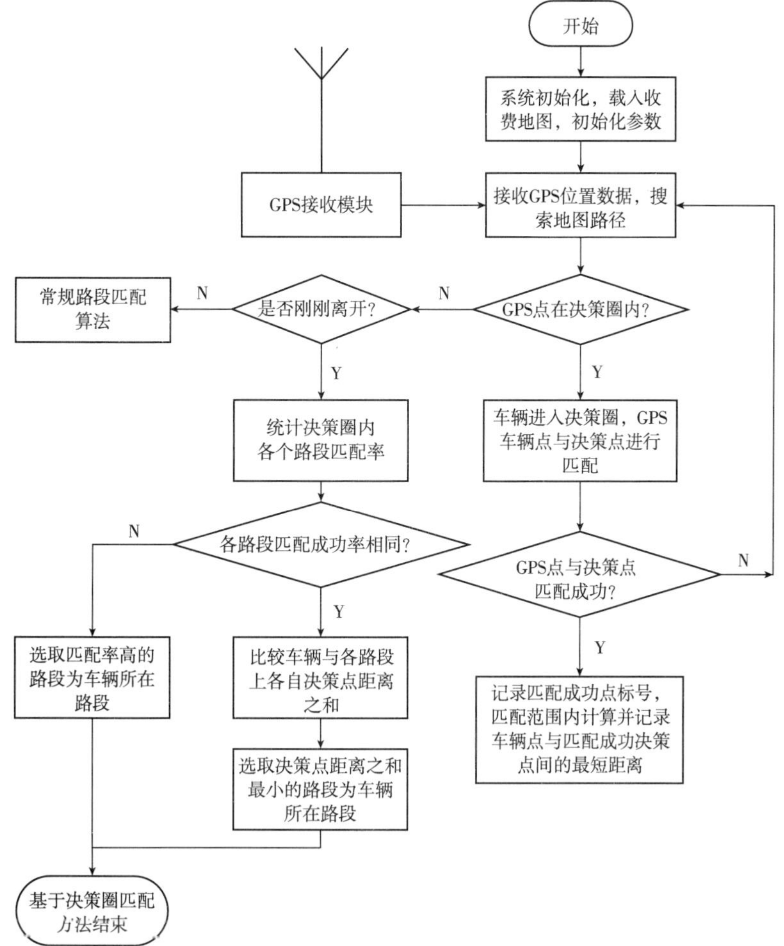

图5-16　基于决策圈路径识别流程图

5.4.3　基于决策圈匹配识别方法实例

此处以北京市八达岭高速公路靠近上清桥附近主辅路为例,说明匹配方法的试验情况。该路段主路和辅路同向、距离相近,主路为3车道,辅路为2车道。根据车辆进入高速公路和走辅路的情况,对车辆行驶的路段进行识别。

首先在八达岭高速公路主路、辅路上用精确定位GPS以正常匀速行驶,采集频率为1次/s,各采集20个精确决策点,共40个精确点,主路采集的决策点位于主路最外车道,辅路采集的决策点位于主路最内车道。

在图5-17中靠左一侧黑色方块为主路上的决策点,右侧灰色圆点为辅路上的决策点。为了进行比较,图中黑色圆点为车辆在主路行驶时的实际行驶轨迹点。由图中可以看出,电子地图路段(灰色线条)和行驶轨迹点存在较大的整体误差,因此依靠电子地图进行主辅路匹配识别是比较困难的。此外,车辆实际行驶轨迹点(黑色圆点)与主路精确点(黑色方块)是比较接近的。

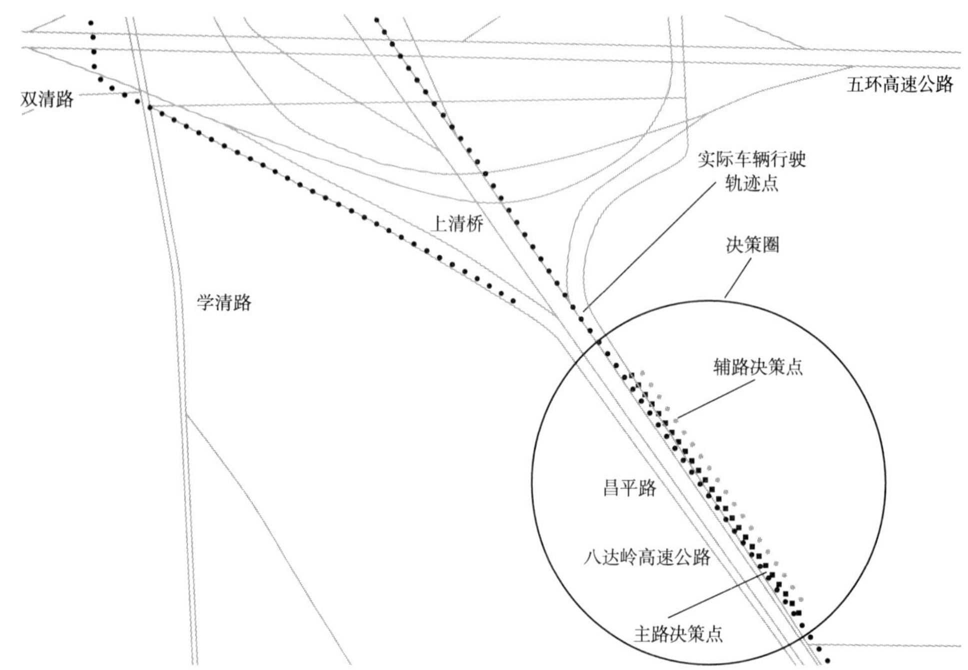

图 5-17 八达岭高速实际路段基于决策圈地图匹配示意图

主路和辅路上部分决策点坐标及序号见表 5-7。

决策点坐标举例列表 表 5-7

主路决策点			辅路决策点		
序号	经度(°)	纬度(°)	序号	经度(°)	纬度(°)
1	116.351 666 7	40.016 616 7	21	116.351 723 3	40.016 675 0
2	116.351 576 7	40.016 733 3	22	116.351 641 6	40.016 780 0
3	116.351 485 0	40.016 850 0	23	116.351 558 3	40.016 888 3
4	116.351 391 7	40.016 970 0	24	116.351 473 3	40.017 000 0
…	…	…	…	…	…
17	116.350 213 3	40.018 520 0	37	116.350 376 6	40.018 423 3
18	116.350 130 0	40.018 631 7	38	116.350 291 6	40.018 530 0
19	116.350 048 3	40.018 743 3	39	116.350 210 0	40.018 638 3
20	116.349 966 7	40.018 853 3	40	116.350 126 6	40.018 745 0

由于主路为单向 3 车道,所以为保证车辆在任何车道都能完全覆盖,搜索范围应为 3 车道宽度的 2 倍。假如单车道宽度为 3.75m,则取搜索范围为 $2 \times 3 \times 3.75 = 22.5(\mathrm{m})$。在主路内、中、外侧车道各行驶 5 次,路段识别计算结果见表 5-8。

基于决策圈地图匹配路段识别计算结果 表5-8

试验次数		1		2		3		4		5	
路段类别		主路	辅路	主路	辅路	主路	辅路	主路	辅路	主路	辅路
内侧车道	匹配数	16	3	18	2	16	1	18	3	17	2
	第一步匹配成功率	84%	16%	90%	10%	94%	5%	86%	14%	89%	11%
	距离之和(m)										
	第二步匹配成功率										
	识别结果	主路		主路		主路		主路		主路	
中间车道	匹配数	20	15	20	17	20	14	20	15	20	16
	第一步匹配成功率	57%	43%	54%	46%	59%	41%	57%	43%	56%	44%
	距离之和(m)										
	第二步匹配成功率										
	识别结果	主路		主路		主路		主路		主路	
外侧车道	匹配数	20	20	20	19	20	19	20	20	20	20
	第一步匹配成功率	100%	100%	51%	49%	51%	49%	100%	100%	100%	100%
	距离之和(m)	85.6	134.4					91.2	154.1	96.7	165.4
	第二步匹配成功率	小						小			
	识别结果	主路		主路		主路		主路		主路	

由表5-8可知,采用本方法计算的结果全部正确地识别出车辆所在道路为主路。但是从识别的过程来看,识别的难易程度和车辆行驶车道有关,距决策点越远的车道,第一步识别成功的可能性越大,越容易识别;而距决策点近的车道需要进一步比较GPS与各路段的决策点距离之和。

在辅路行驶试验中由于搜索范围是按照主路宽度的两倍设置的,而辅路车道数少于主路,GPS搜索匹配范围较大,试验中几乎两路段匹配成功率相同,均需要通过第二步计算得到识别结果。在试验中发现,当车速较快时,匹配率和距离之和有所降低,但不影响计算结果。

5.5 基于浮动车数据计算交叉口车辆排队长度的方法

浮动车是由安装有车载GPS设备,自由行驶在实际路段上的车辆构成,目前大部分浮动车是由正常运营的装有GPS设备的出租车构成。浮动车按照一定的周期通过无线通信向后台回传数据,数据包括车辆GPS设备编号、车辆GPS位置坐标、瞬时速度、行驶方向角、回传时间等。后台计算机处理中心将浮动车数据进行汇总,经过特定的模型和

算法处理,生成反映实时路段情况的交通信息,如路段平均速度、行程时间、拥堵状态等,为交通管理部门和公众提供动态、准确的交通控制、诱导信息。

在智能交通控制系统中,道路交叉口处车辆排队长度是最关键的交通参数之一,可以为交通信号控制和管理提供非常重要的信息。目前常用的检测交叉口车辆排队长度的方法有以下两种。

(1)通过视频检测技术测量交叉口的车辆排队长度,即通过固定摄像头得到的车辆排队的视频序列,综合利用车辆检测和运动检测来计算车辆排队长度。它需要在交叉口安装检测设备,但视频流检测排队长度容易受天气、光照、摄像头抖动等因素的影响。

(2)通过建立基于统计的排队长度与信号灯配时、车辆到达率及交通量的关系模型检测交叉口车辆排队长度,它需要大量实测数据,且模型移植性差。

在现有技术中还没有利用浮动车数据计算推测交叉口车辆排队长度的方法。本节提出一种基于浮动车数据提取车辆排队长度的方法,首先通过路段匹配技术判断和提取出道路交叉口前正常排队等待通过的浮动车位置点数据,然后对浮动车停止点距离交叉口的位置密度分布变化进行二次统计,推算出交叉口车辆排队长度。本方法通过浮动车数据进行统计和计算,无需安装检测设备及人工进行现场实测,可节省大量的人力物力。

5.5.1 浮动车移动点数据和停止点数据的定义

浮动车传回的数据可分为两大类:一类是移动点浮动车数据,也就是浮动车处于行驶状态、瞬时速度不为零时回传的 GPS 数据;另一类是停止点浮动车数据,也就是浮动车处于停止状态、瞬时速度为零时回传的 GPS 数据。

在交通管理部门的后台计算机中心的浮动车信息数据库中存放有包括移动点、停止点在内的所有浮动车数据记录,其中假设所有移动点浮动车数据已经通过常规的地图匹配方法完成了路段的匹配,具体的地图匹配方法在前文已经做了介绍。

由于车辆排队时处于停车状态,因此采用浮动车数据进行排队长度的计算需要使用停止点浮动车数据,而不能用移动点浮动车数据。车辆排队时处于停止状态,交叉口附近停止点浮动车数据与车辆排队状态有一定的联系。如何利用这些联系进行交叉口排队长度的估算是本节要解决的问题。

浮动车数据中停止点数据有相当一部分是车辆在交叉口排队等待信号灯时产生的,这些停止点集中在路段交叉口附近,位置沿路段距交叉口距离由小到大排列,密度分布具有一定的规律性,是排队车辆的数据表现形式,因此可以利用这些停止点数据计算车辆排队长度。

5.5.2 提取车辆排队长度的方法

(1)交叉口处排队停车点数据提取方法。

本方法首先将停止点浮动车数据，即速度为零的数据匹配到路段上，提取出排队车辆点；然后以交叉口为起点，按照到交叉口距离从近到远的顺序排列。分段统计路段上单位长度内排队车辆点的密度分布，设定判断条件确定排队队尾位置，推导出某一时间段内交叉口的最大排队长度。

在速度为零的数据地图匹配中需要采用特殊的处理方法，这是由于常规的地图匹配方法是通过投影距离和车辆行驶方向与路段矢量方向差值加权的方法来进行地图匹配，判断出车辆行驶的路段。这种方法需要用车辆行驶方向的方位角作为主要参数，当浮动车的瞬时速度不是零时，其回传的 GPS 方位角是准确的，可以用常规的方法进行地图匹配，但当浮动车的瞬时速度是零时，其回传的 GPS 方位角是不准确的，因此不能用常规的方法进行地图匹配。

零速度点的地图匹配不仅能够完成对交叉口处有效排队停车点的提取，同时可以排除附近路段上的非排队停车点（如上下客、路边待客等）引起的停车。零速度点的地图匹配分两步进行，初次匹配时，用偏移范围初步判定属于路段的停止点，过滤异常停止点，二次匹配时，将停止点与同一路段上已经匹配成功的移动点相比较，采用回查的方式验证停止点数据。具体的匹配方法在本书 5.3 节中有详细描述。

（2）交叉口处排队长度计算方法。

排队长度计算的基本原理是对时间段内排队车辆的密度分布进行统计，设定最佳判断阀值条件，计算出车辆的排队长度。利用浮动车数据进行交叉口排队车辆点提取和判断，可以估算出交叉口车辆排队的长度。

①计算各个排队停车点到交叉口的距离，对停车点浮动车的排队位置进行排序。首先按照本书 5.3 节的计算方法获得交叉口处有效排队停车点，然后计算每个车辆停止点浮动车到交叉口的距离。

根据地图上交叉口路段的位置信息和矢量方向（车辆行驶方向）可知交叉口处路段的终点坐标（路段与交叉口交点），同时路段上各个排队停止点浮动车 GPS 位置坐标通过上面的计算已经得到。

按照点到点距离公式，可以计算出路段上每个车辆排队停车点到交叉口路段终点的投影距离。

假设交叉口路段终点坐标为 $A(x,y)$，路段上的任一排队停车点 i 的坐标为 $P_i(x_i,y_i)$，则 i 点到路段终点的距离为：

$$L_i = \sqrt{(y_i - y)^2 + (x_i - x)^2}$$

对上一步得到的各个浮动车排队停车点按照距交叉口距离从小到大的顺序进行排列：$(C_1, C_2, C_3, \cdots, C_n)$。

②等距间隔长度阈值的选取。通过观察分析得知车辆交叉口排队时，车与车之间车距较小，因此排队队列中单位距离内车辆数呈现一定的规律变化（数量变化不大），但是

到接近队列末端时,单位间隔内车辆数减小,趋近于零。根据这一密度分布规律,从交叉口处沿路段反方向设置连续的等距离间隔,通过判断各个间隔内的车辆个数找到距离间隔内车辆最少的位置,即排队的队列末端,以此来计算排队长度。此处定义这个等距离间隔为等距间隔长度。

等距间隔长度值的选取非常重要,实际选取中应比较在数据处理周期内浮动车单位长度内排队车辆密度分布之间的关系得到的最佳判断建议值。实际浮动车处理周期大于几分钟,而几分钟内随着信号灯的变化,会出现几次车辆排队情况,每次的排队长度基本变化不大,因此浮动车处理单位时间内车辆点在排队长度内的车辆密度会增大。等距长度的选取应该保证在等距长度间隔内有一定数量的车辆。如果间隔长度过小,则间隔内车辆少,容易在队列中车辆分布密度小的位置造成判断错误;如果间隔长度过大,则容易导致排队长度超出实际长度。为了保证间隔中车辆有一定的数量,数据处理周期越大,等距间隔长度的选取应减小。

这里采用简单的方法选择等距判断长度值,通常一般小型车长度在 4 ~ 5m,加上车辆间距,如果保持 5 ~6 台车的数量,等距判断长度应为 20 ~ 30m,但是几分钟内会有多次排队,如果有 3 次排队,则应保持至少 5 台以上车辆,等距间隔长度应该减小,如取 10m。定义等距间隔长度值为 D。

③对停车点浮动车的数量进行第一次统计,得到一次等距间隔数据记录。一次统计的目的是对排队车辆密度分布情况有一个初步判断,找出排队间隔中两个密度较大的值,作为下一步二次统计密度判断的依据。

以上面参考长度阈值 D 为一次度量区间,对交叉口处路段上已排序的排队车辆数据列($C_1,C_2,C_3,\cdots,C_n$)进行统计,统计出各个一次度量区间内的浮动车数量,直到出现连续两个一次度量区间内浮动车数量为零为止。得到一次等距间隔数据记录为($S_1,S_2,S_3,\cdots,S_i,S_{i+1}$),其中 S_1 为 0 到 D 距离之间的车辆数,S_2 为 D 到 $2D$ 之间的车辆数,S_3 为 $2D$ 到 $3D$ 车辆数,……,$S_i=0,S_{i+1}=0$。

④对停车点浮动车的数量进行第二次统计。其目的是通过扩大等距间隔,使密度分布更加平均,从而提高排队统计准确率,避免由于个别位置密度不均引起的计算失误。

在一次等距间隔数据记录($S_1,S_2,S_3,\cdots,S_i,S_{i+1}$)中提取出浮动车个数最大和次大的两个一次度量区间值,对这两个一次度量区间中的浮动车数量进行相加求最大和。

$$S=S_A+S_B$$

其中,S_A 为一次等距间隔数据记录中车辆数量最大值,S_B 为一次等距间隔数据记录中车辆数量次大值,S 为两者之和。

以一次等距长度间隔值的两倍 $2D$ 作为二次度量区间,以 $i\times 2D-D$ 的间隔顺序对交叉口排队一次等距间隔数据记录($S_1,S_2,S_3,\cdots,S_i,S_{i+1}$)进行统计,其中 $i=0,1,\cdots,n$,依次统计出每个二次度量区间内浮动车的二次等距间隔数据记录:($S_1+S_2,S_2+S_3,\cdots,S_{i-1}$

$+S_i, S_i+S_{i+1}$)。

⑤确定交叉口路段排队长度。用最大和 S 与二次度量区间内浮动车的二次等距间隔数据记录($S_1+S_2, S_2+S_3, \cdots, S_{i-1}+S_i, S_i+S_{i+1}$)中的每个二次度量区间的浮动车数量比较,直到第一次出现二次度量区间内浮动车的数量小于最大和的 1/4 为止,则取该二次度量区间的中间值为排队长度值。

定义第 i 个二次等距间隔数据记录的车辆数为 $R(S_i+S_{i+1})$。假如 $R(S_i+S_{i+1})<S/4$,则排队长度为 S_{i+1}的车辆距交叉口的距离为 $i\times D$。

5.5.3　基于浮动车数据提取车辆排队长度的计算示例

图 5-18 表示一个十字交叉路口附近 20min 内浮动车传回位置点的分布情况,该路口由路段 1、路段 2、路段 3 组成,黑色圆圈代表浮动车停车位置点。由图中可以看到路段 1 附近的停车点向靠近十字交叉路口区域集中,而向左方向车辆点稀疏,这说明这些车辆在正常排队等待信号灯。图 5-15 中的 43 个停车点浮动车回传了数据,每条停止点浮动车数据记录包括 GPS 设备编号、GPS 位置坐标(经度和纬度)、瞬时速度、行驶方向角及回传时间。

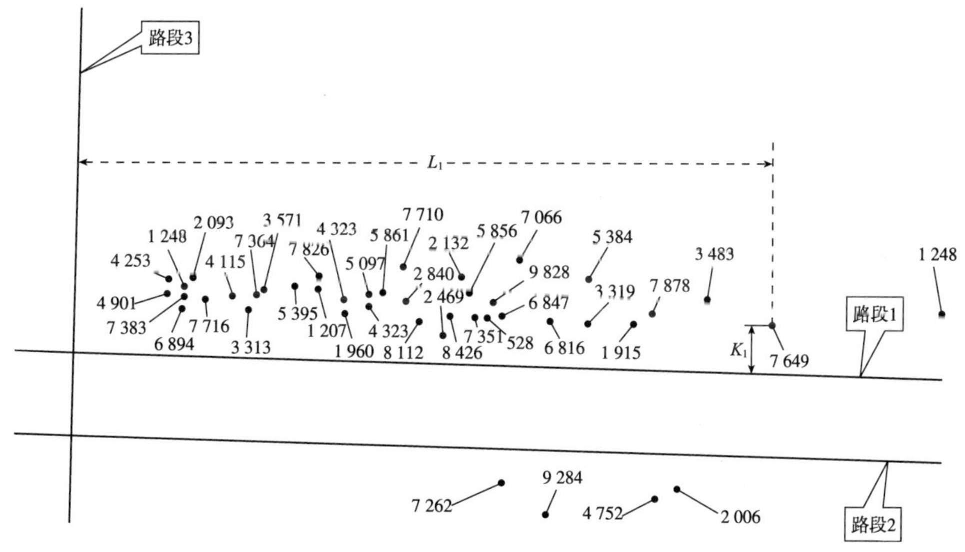

图 5-18　交叉路口为 20min 内浮动车的分布情况示意图

(1)地图匹配、正常停车点判断及排序。

经过与路段 1 的地图匹配和正常停车点的判断,排除了不在路段 1 上和路边非排队的车辆点。表 5-9 所示为对提取的交叉口正常排队停车点按照距交叉口的距离从小到大排序的记录表。

浮动车到交叉口排队序列子数据库 表 5-9

设备 ID 号	到交叉口距离(m)	经　度(°)	纬　度(°)	方位角(°)	时　间
4901	16	123.443 826	41.768 68	0	9:48:23
1248	19	123.443 858	41.768 69	273	9:51:19
7383	19	123.443 861	41.768 67	0	9:51:20
4253	19	123.443 835	41.768 71	0	9:54:18
7716	22	123.443 906	41.768 66	0	9:45:50
2093	22	123.443 881	41.768 70	278	9:56:30
4115	26	123.443 956	41.768 68	0	9:46:01
3313	27	123.443 976	41.768 66	0	9:40:30
7364	30	123.444 000	41.768 68	0	9:48:25
3571	31	123.444 020	41.768 69	0	9:43:17
1775	31	123.444 028	41.768 65	273	9:59:36
5395	36	123.444 073	41.768 69	0	9:59:03
7826	40	123.444 121	41.768 70	0	9:43:06
1207	40	123.444 121	41.768 69	283	9:51:12
1960	43	123.444 171	41.768 65	275	9:47:30
5097	47	123.444 220	41.768 68	0	9:40:25
5861	49	123.444 243	41.768 68	0	9:43:09
7710	53	123.444 281	41.768 71	0	9:43:09
2840	53	123.444 286	41.768 67	0	9:56:11
8112	55	123.444 316	41.768 64	0	9:43:12
2469	59	123.444 363	41.768 62	0	9:40:36
5856	63	123.444 413	41.768 68	0	9:51:24
2132	63	123.444 396	41.768 70	270	9:53:51
7351	64	123.444 421	41.768 65	0	9:46:18
528	66	123.444 443	41.768 65	282	9:56:44
6847	68	123.444 473	41.768 65	0	9:53:50
7066	72	123.444 506	41.768 72	0	9:51:26
6816	76	123.444 568	41.768 64	0	9:48:30
5384	82	123.444 641	41.768 70	0	9:45:55

续上表

设备ID号	到交叉口距离(m)	经 度(°)	纬 度(°)	方位角(°)	时 间
3319	82	123.444 636	41.768 64	0	9:46:04
1915	89	123.444 725	41.768 64	271	9:46:05
7878	92	123.444 765	41.768 66	0	9:48:28
3483	101	123.444 870	41.768 66	0	9:48:23
7649	112	123.445 006	41.768 64	0	9:49:13
1248	145	123.445 400	41.768 64	264	9:49:42

(2)排队车辆一次统计。

取等距间隔长度值 $D=10\text{m}$,按照前文描述的方法对上面停车点浮动车的数量进行第一次统计,统计出各个一次度量区间内浮动车的数量,直到出现连续两个一次度量区间内浮动车的数量为零为止。即统计距交叉口每间隔10m内的车辆密度,车辆密度统计的结果放入表5-10排队车辆一次统计结果中。

排队车辆一次统计结果 表5-10

一次度量区间	车辆个数(台)	一次度量区间	车辆个数(台)
0~10m	0	70~80m	3
10~20m	4	80~90m	1
20~30m	4	90~100m	0
30~40m	5	100~110m	1
40~50m	4	110~120m	0
50~60m	5	120~130m	0
60~70m	2	130~140m	0

在表5-10中一次度量区间的第一项(0~10m),车辆个数为0,这是由于地图数据中路段1终点(路段1与路段3的交叉点)位置和实际交通规划的停车线位置不一致,而排队长度是以停车线处为起点计算的,因此车辆排队时道路交叉口到停车线之间没有车辆。由于两者之间通常相距10m左右距离,所以实际计算中需要将距交叉口实际距离减掉10m得到距停车线实际排队长度。

(3)排队车辆二次统计。

在一次等距间隔数据记录(表5-10)中取最大值和次大值并求和,一次度量区间内最大的车辆台数为5,次大的车辆台数为4,两者之和为 $S=5+4=9$(台)。

对停止点浮动车的数量进行二次统计,参考长度阈值的两倍即 2×10 作为二次度量区间,以 $i\times2\times10-10$ 的度量区间为间隔对浮动车到交叉口排队序列中浮动车的数量进行统计，其中 $i=1,2,3,\cdots,n$，依次统计出每个二次度量区间 20m 内浮动车的数量，将统计结果放入表 5-11 排队车辆二次统计结果中。

排队车辆二次统计结果 表 5-11

二次度量区间	车辆个数(台)	二次度量区间	车辆个数(台)
0 ~ 20m	4	70 ~ 90m	4
10 ~ 30m	8	80 ~ 100m	1
20 ~ 40m	9	90 ~ 110m	1
30 ~ 50m	9	100 ~ 120m	0
40 ~ 60m	9	110 ~ 130m	0
50 ~ 70m	7	120 ~ 140m	0
60 ~ 80m	5		

(4)确定排队长度。

用最大和 $S=9$ 与排队车辆二次统计结果中的每个二次度量区间的浮动车数量比较，直到第一次出现二次度量区间内浮动车的数量小于最大和的 1/4 为止，取该二次度量区间的中间值为排队长度值。由于 80 ~ 100m 的车辆数为 1、最大和 9 的 1/4 大于 1，由此可以确定最大排队长度在 80 ~ 100m 之间，即 90m 为最大排队长度。

车辆排队密度的分布图能够比较直观地反映排队车辆的密度分布。分布图如图 5-19 所示，以距交叉口距离为横坐标，车辆数为纵坐标。以 20m 为递增量统计每 $i\times 2D-D$ 内的车辆数，可以得到图 5-19 所示的分布曲线，从中能够注意到车辆密度分布随着车辆排队接近队尾，单位内车辆的密度在逐渐减少，直到接近于零。

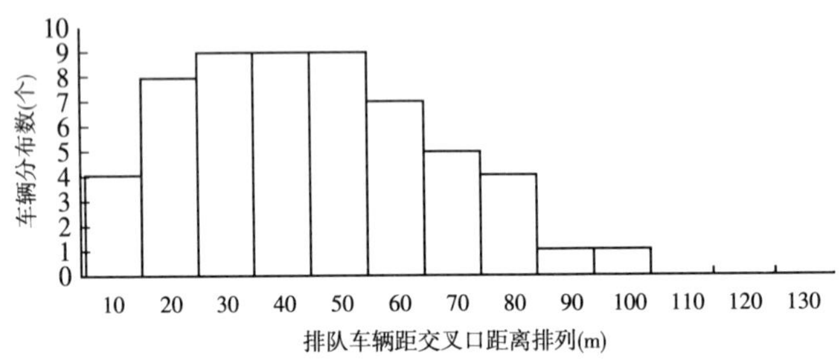

图 5-19 排队车辆一次统计分布曲线图

基于浮动车数据提取计算交叉口车辆排队长度的方法简单，易于实现，一次可以计算出重要路段上单位时间内的交叉口平均排队长度，为交通规划、交通诱导等提供数据和决策支持，同时可以避免安装检测设备及人工进行大量的现场实测造成的浪费。但是本方法是基于浮动车数据推算出的在数据处理周期内排队长度的估计数值，因此只能表征一个时间段内交叉口排队长度的大概平均值。通过实际观测，在常规交叉口和短时间内计算出的排队长度和实际排队长度基本是一致的。

第6章 公交信息采集处理及分析方法

6.1 概述

美国、日本、加拿大、英国、法国、韩国等国家都投入了较大的人力和物力从事智能公共交通系统研究,在国际上处于领先地位,并已取得了显著的成果。自20世纪80年代以来,许多国家公共交通部门开始应用先进的信息与通信技术进行公交车辆定位、车辆监控、自动驾驶、计算机辅助调度及各种公共交通信息提供以提高公交服务水平。美国城市公共交通管理局(UMTA)已经启动了智能公共交通系统项目(Advanced Public Transportation Systems,简称APTS)。经过现场试验,UMTA关于APTS的评价是:"APTS可以显著提高公共交通服务水平,吸引更多乘客采用公交和合伙乘车的出行模式,从而带来了减少交通拥挤、空气污染和能源消耗等一系列社会效益。"根据1998年美国运输部的联邦公共交通管理局(FTA)出版的《APTS发展现状》,美国的APTS主要研究基于动态公共交通信息的实时调度理论和实时信息发布理论,以及使用先进的电子、通信技术提高公交效率和服务水平的实施技术。具体包括车队管理、出行者信息、电子收费和交通需求管理等几方面的研究。其中车队管理主要研究通信系统、GIS、自动车辆定位系统

(APL)、自动乘客计数(APC)、公交运营软件和交通信号优先;出行者信息主要研究出行前、在途信息服务系统和多种出行方式接驳信息服务系统。

日本城市公共交通智能化的发展经历了3个阶段:20世纪70年代末开始应用公共汽车定位系统——公共汽车接近显示系统;80年代初开始应用公共交通运行管理系统,其中包括乘客自动统计、运行监视和运行控制;进入90年代,由于机动车数量的增长和严重交通拥挤的影响,要保持正常的行车速度十分困难,由此引起的公共交通的不便性和不可靠性导致乘客数量急剧减少。东京都交通局开发了城市公共交通综合运输控制系统(CTCS),旨在改进公共汽车服务,重新赢得乘客。在CTCS中,公共交通运营管理系统是一个基本的框架,其目的是通过掌握运行情况以及乘客数据实现精确、平稳的公共交通运营服务。它在运营中的公共汽车和控制室之间建立信息交换,并利用诱导和双向通信的方法,将服务信息提供给公共汽车运营人员和驾驶人员,同时这些信息也通过进站汽车指示系统和公交与铁路接驳信息系统提供给乘客。公共交通综合管理系统包括累积运营数据、乘客计数、监视和控制公共汽车运营以及乘客服务等功能,其中乘客服务功能包括进站汽车指示、信息查询和公共交通与铁路接驳信息提示。

欧洲许多国家城市街道一般都比较狭窄,它们通过实施公交优先政策、设立公交专用道、为公交车提供优先通行信号、布设智能公交监控与调度系统等措施,提高公交车辆运行速度和公交服务质量以吸引公众乘坐公交车出行,从而有效地缓解了城市交通压力,解决了城市交通问题,并取得了明显的社会经济效益,这些经验值得我国许多大中城市借鉴。

在我国,北京是进行公交运营调度系统研究和建设的重要城市。1998年3月,北京市公交总公司决定开展"北京市公交总公司智能化调度系统总体方案设计及示范工程"项目,这是我国第一个综合性公交ITS项目。系统建成后,在总公司调度指挥中心屏幕上能监视线路上公交车辆运营的动态情况,并通过综合业务通信网实现总公司、分公司和区域调度中心的实时通信,区域调度中心能对运营车辆进行实时监控指挥。到2009年,北京市公交智能化调度系统建设了调度指挥中心,以及公交救援抢修、危险品运输管理、快速公交管理(BRT)、枢纽站运营调度管理与乘客信息服务、区域调度、奥运公交智能调度、三级调度管理、应急指挥车、图像信息管理9大应用系统。

1999年上海市第一条应用GPS技术进行调度管理的公交线路——981路在浦东投入运行。该系统选择了无线通信技术来传送定位信息,其车载设备用液晶显示和语音提示相结合的方式提示驾驶员,有利于驾驶员安全驾驶。该系统的监视软件提供了行驶速度预警,预测车辆到达站点的时间,并且具有较为完善的电子地图显示功能。

杭州市是我国第一个将GPS定位技术应用到公交车辆调度管理中的城市。该系统具备一定的车辆监控、管理和查询功能,但是目前只在杭州市部分公交线路上应用,而且传递信息的方式是单向的,调度室可以获得驾驶员发来的信息,但不能对驾驶员的操作发布实时指令。

除此之外,我国长春、重庆、西安等市分别在公共交通管理信息系统、公共汽车微机调度管理系统等方面作了一些有益的尝试。

鉴于公交信息采集及处理分析是智能公交系统的核心,本章重点对实时公交信息采集及处理分析技术进行详细探讨。

6.2 实时公交信息采集系统构成

公交运营服务的好坏直接关系到居民的切身利益。准确掌握公交运营中的车辆运行信息能够大大地提高公交服务质量,提升行业管理水平。随着卫星定位技术和移动通信技术的发展及其应用的扩展,以及移动位置服务不断的进步,公交信息实时动态采集成为可能。

公交运行信息包括车辆运行位置、站点停靠时间、上下乘客信息、行驶速度等,这些信息对公交调度、运营和公交线网规划有着极为重要的作用,为公交规划提供决策依据。信息的采集和获取通常是由人工完成,往往采集量大且准确率不高,达不到实时性的要求。为了获得车辆的实时位置信息及各种运行情况,公交信息采集系统中必须有一套硬件设备安装在被监控的公交运营车辆上,这就是车载单元。这套系统要能够实时地获取车辆的地理位置信息、车辆的运行情况等,并将关键信息通过通信网络回传给监控调度中心。但现有的车辆车载调度系统只能起到监控车辆位置的作用,缺乏车载端对信息的分析处理,传输数据的有效性难以保障。

另外,目前的公交 IC 卡信息以二进制数据文件的形式存储于 IC 卡读卡器上,每天由人工用移动存储器将这些数据文件转移到后台计算机内,再由专业人员将这些数据文件中的数据读出,进行分类处理,存储到数据库中。由于公交线路和车辆班次较多,导致数据文件较多,处理数据的工作量较大。这种方式下,尽管 IC 卡数据在车载端是实时得到的,但是数据是后处理的,所以数据难以有效地加以实时利用。本书将这些信息通过一定的方法进行有效的采集及处理,并通过无线通信技术实时传送回后台管理中心,使得公交管理人员能够快速掌握公交车辆的运行状态,对公交车辆进行调控。

此处提出一种利用 GPS 定位和无线通信技术实时采集公交信息的新方法,能够将公交车辆运行中采集到的信息和 IC 卡乘客刷卡信息经过处理,通过无线通信实时传输到后台管理中心。该方法克服了传统车辆监控中频繁上传位置数据耗费通信资源的缺陷,通过与公交站点的匹配、分站点处理和传递满足车辆调度所需要的公交运行信息,从而减轻了后台管理中心的压力并节省了资源。

鉴于 GPS 定位技术较为成熟,在全球被广泛使用,因此此处选用 GPS 定位系统作为公交车辆定位的工具。

为使公交信息采集系统能够应对公交客流量起伏大、分布分散、路网交通负荷较重

的公共交通环境,可从以下几方面对通信方式进行合理的选择:

(1)信息采集规模比较大。

(2)具备高实时性,能够负担大容量数据传输。

(3)系统能够提供面对调度员以及乘客的多种业务。

(4)具备抗干扰和多径效应功能,能够提供高通信质量的服务。

(5)通信费用低,系统组建成本不能太高。

此处选择可满足以上要求的 GPRS 通信方式作为公交信息采集系统的网络通信方式。

本方法中的车载设备包括 CPU 处理器、GPS 定位模块、IC 卡信息读取模块和 GSM/GPRS 通信模块,以及存储有该公交线路的公交站点地图。在车辆运行中车载设备程序可以接收 GPS 每秒传送的车辆位置信息,与车载公交站点地图进行匹配判断,采集站点停留时间,读取 IC 卡刷卡等信息,计算运行速度,预测下站到达时间,并可对状态进行识别及报警。最后将这些信息通过 GSM/GPRS 模块传送到后台管理中心。

通过该设备,可采集车辆所在站点的位置、站点的停靠时间、IC 卡上下车人数、车辆经过各路段行驶速度。在保证信息完整的情况下,采用全路程信息采集,按站点无线发送数据的方式,可最大限度地减少发送信息量,减轻后台压力。

公交车载设备构成见图 6-1。

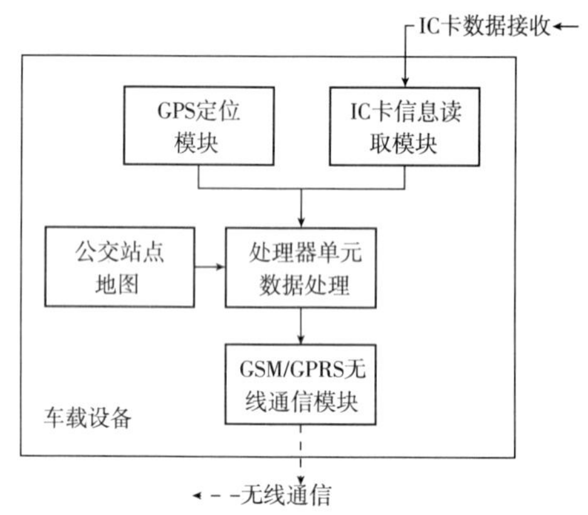

图 6-1　公交车载设备构成图

如图 6-1 所示,车载单元主要由以下几个模块组成。

(1)GPS 定位模块。

该模块在监控调度系统中是一个重要的部分,是车载单元获取地理位置信息、车速等信息的途径。它由 GPS 用户机及其卫星接收器组成,接收 GPS 卫星为其提供的位置信息。该模块获得位置信息后,会将数据提供给 GIS 显示模块和通信模块并送往控制中心。

(2)IC 卡信息读取模块。

该模块利用 IC 卡读取器采集客流乘降量,按照一定频率将客流数据打包,通过网络通信模块提供给调度中心。

(3)数据处理模块。

该模块可和车载公交站点地图进行匹配判断,分析站点停留时间和上车乘客量数据,计算运行速度,预测下站到达时间,并可对状态进行识别及报警。

(4)网络通信模块。

该模块负责使调度中心和车载单元进行有效的沟通。通过网络通信模块,车载单元可以及时将自身的位置、状态、客流信息上报给监控调度中心。

车载单元主要实现了 4 种功能:定位功能、客流采集功能、状态功能、通信功能。各功能具体如下。

(1)定位。

定位功能主要是指车载单元实时获取自身位置,结合 GIS 电子地图,在调度中心显示线路运营车辆当前位置,为调度员提供实时的地理位置信息。

(2)客流采集。

客流采集功能是指采集客流数据,实时向调度中心提供当前客流量,使调度人员掌握客流变化趋势。

(3)状态。

状态功能主要包括了车载单元工作状态、车辆运营状态、当前卫星信息等基本信息。

(4)通信。

通信功能主要是指为车载单元和调度中心建立连接,使车载单元可以向调度中心或其他车载单元发送各种消息,包括紧急提示信息、路况信息、实时位置等。

将日常线路实时运营数据加以存储统计,可生成线路、站点客流量变化规律,车辆行驶速度变化曲线等基本的报表,为调整调度模型相关参数提供直观依据。

6.3　基于标准线路匹配的公交准确定位方法

基于 GPS 定位系统的公交运行动态数据采集是动态信息发布及动态调度的基础。但在城市道路上,常常因树木、楼房、立交桥等的遮挡使得采集到的 GPS 数据偏离实际位置或遗失。传统的方法是采用差分、惯性导航或添加路测设备的方法来提高定位精度,但这些方法都需要额外添加硬件模块,从而提高了设备造价。

事实上,公交运行时是沿着固定线路的,而城市道路上采集到的 GPS 位置漂移通常会围绕着实际位置附近发生,而且常常是整体偏移,有一定的规律性。这些规律为通过将 GPS 数据与 GIS 地图数据相匹配寻找一种新的定位技术提供了可能。但普通的 GIS 公交线路地图数据因缺少高密集度的形状点信息及准确的站点信息,难以作为纠偏依据。

本节提出一种在不提高设备造价的基础上,基于标准线路匹配的公交准确定位方法。该方法的设计原理是根据城市公交车载 GPS 采集数据的偏移或遗失规律,结合公交运行特点,通过与具有高密度形状点的 GIS 公交线路地图数据相匹配,从而有效提高 GPS 定位的准确性。

本方法首先在理想状态下生成具有高密集形状点及准确站点位置的 GIS 公交线路地图数据,进而以此为参照,作为纠偏及遗失数据填补的依据,将实时采集数据与之进行匹配,从而得到较为精确的位置信息,满足公交定位的要求。此方法也可应用于其他具有同样固定线路的定位信息校正问题。

本方法主要包括标准线路生成、GPS 漂移点纠偏及遗失数据填补等内容,具体步骤如下。

第一步:标准公交线路地理信息生成。

步骤 1:标准线路地理信息采集。将装配有 GPS 采集设备的车辆沿公交运行的道路从起点到终点匀速行驶,按 1s 间隔接受 GPS 信息。信息包括经纬度定位信息、车速信息、方位角信息。每秒接受的 GPS 定位信息对应的点为线路形状点,当行驶至公交站点时,可利用软件进行站点标记,并记录下站点的名称。匹配纠偏后的位置精度与采集点的密集程度成正比。

步骤 2:标准公交线路地理信息后期处理。在 GIS 软件上,对采集到的形状点及站点按公交线路从起点到终点的先后顺序进行从小到大编号,并将 GPS 采集到的各点经纬度信息转换为直角 x、y 坐标信息,最终形成满足定位精度要求的包含公交线路形状点及站点属性信息的数据文件。

其中,线路形状点属性信息包括所属线路编号信息、形状点编号 $m(m=0,1,2,3,\cdots)$ 信息、经纬度信息、x 及 y 坐标信息;站点信息包括所属线路编号信息、站点标号信息、经纬度信息、x 及 y 坐标信息、站点名称信息。

在 GIS 平台上将形状点及站点按编号从小到大的顺序连接,形成可供动态采集数据参照比对的静态标准线路电子地图。

第二步:动态定位信息采集及匹配初始化。

装配有 GPS 车载设备的公交车辆沿公交线路行驶,从起始站发车时启动 GPS,按 1s 间隔接收并传回计算终端 GPS 定位信息。当有匹配需求时,标准线路数据文件中的属性数据会动态地装载入终端,参与计算。将从起始点发车时第一次收到 GPS 信号的时刻作为第一个采集点的实时时间信息,记为 T_0,随后以 1s 为采集间隔,则第 n 个采集点($n=0,1,2,3,\cdots$)对应时刻记为 $T_n(n=0,1,2,3,\cdots)$。将标准线路的起始形状点的位置坐标默认作为第一个采集点的实时位置坐标,将第一个点作为已校准点。校准点标号记为 m_0,则第 n 个采集点校准后的标号记为 m_n。

若 GPS 未从起始站发车时启动,或匹配在途中开始,则将按第三步第一次得到的横向纠偏后的位置点作为第一个已校准点。

第三步:动态采集信息校准及补缺处理。

此步骤中将第二步采集到的动态位置信息与第一步生成的同一线路的标准静态位置信息进行比对,对 GPS 数据进行校准,并对遗失点进行补缺。具体校准过程如下。

步骤 1:缺失数据判断。当在某时刻 T_n 接收到 GPS 定位信息时,转入步骤 2 及步骤 3 进行数据初步筛选及纠偏。当在某时刻 T_n 未接收到 GPS 定位信息时,将该时刻对应点作为实时位置信息遗失点,按步骤 4 进行遗失数据补缺。

步骤 2:数据初步筛选。判断实时接收到的数据点是否在合理范围内,若在合理范围,则进入步骤 3 进行纠偏。若不在合理范围内,则丢掉该点,把该时刻作为实时位置信息遗失点对应时刻,按步骤 4 遗失点处理方法处理。纠偏及补缺后的点为校准点。

判断实时接收到的数据点是否在合理范围内的判断方法及原则如下。

将 GPS 采集到的经纬度信息转换为直角 x、y 坐标信息,对当前时刻 T_n 对应的位置点 n(当数据 1s 一上传时,$T_n = n$),若满足式(6-1),则 n 点在合理范围内。

$$\sqrt{(x_n - x_{n-1})^2 + (y_n - y_{n-1})^2} < L_0 \tag{6-1}$$

式中:x_n、y_n——当前位置点 n 的 x 坐标及 y 坐标;

x_{n-1}、y_{n-1}——上次已校准的位置点 $n-1$ 的 x 坐标及 y 坐标;

L_0——合理范围阈值,建议取 300 ~ 500m。

步骤 3:偏移数据校准。将每秒接收到的在合理范围内的位置点数据,分别进行横向及纵向纠偏。横向纠偏是沿垂直于线路方向的纠偏,它使得偏离实际位置的采集数据归位于线路上。纵向纠偏是沿线路方向的纠偏,它使得已归位于线路上的数据点与实际点沿线路先后位置不一致时进行进一步纠偏。具体的横向及纵向纠偏方法如下。

①横向纠偏。将当前时刻 $T_n(n=0,1,2,3,\cdots)$ 采集到的位置点与标准线路上的所有形状点坐标数据循环比对匹配,得到相应距离最小的标准线路上的形状点,将此形状点的位置数据替换当前点的实际采集的位置数据。具体校准方法如下。

对当前时刻点 T_n 采集到的位置点 n,分别计算其距标准公交线路上所有形状点的距离 d_{nm}。

$$d_{nm} = \sqrt{(x_n - x_m)^2 + (y_n - y_m)^2} \tag{6-2}$$

式中:d_{nm}——当前点实际采集到的位置点 n 与标准线路上各形状点 $m(m=1,2,\cdots,M)$ 的距离,M 为形状点的总数;

x_m、y_m——标准线路形状点 m 的 x 坐标及 y 坐标。

比较所有 d_{nm},取 $\min(d_{n0}, d_{n1}, \cdots, d_{nm})$ 对应的形状点的位置数据(经纬度及直角坐标)作为横向纠偏后的当前点 n 的位置数据,并记录下相应形状点的标号(记为 $m_{n,临}$)。此标号为临时标号,需要根据下面纵向纠偏的结果进行修改。

②纵向纠偏。将当前时刻 T_n 横向纠偏后对应的形状点的标号 $m_{n,临}$ 与上一时刻已校准的位置点对应的形状点标号 m_{n-1} 对比。

若 $m_{n-1} \leqslant m_{n,临} \leqslant m_{n-1} + 2$,则认为 GPS 采集在误差范围内,令 $m_n = m_{n,临}$,无需纵向纠偏。事实上是将 $m_{n,临}$ 对应的形状点的位置数据作为当前点的位置数据。

若 $v_{n-1} < v_0$(v_0 为标准线路采集时的车速,v_{n-1} 为 T_{n-1} 时刻的车速),则令 $m_n = m_{n-1}$,实际上是将上一时刻标号 m_{n-1} 对应的形状点的位置数据作为当前点的位置数据。

若 $v_{n-1} \geqslant v_0$,将 v_{n-1}/v_0 取整,记为 $\mathrm{int}(v_{n-1}/v_0)$,令 $m_n = m_{n-1} + Q$,其中 $Q = \mathrm{int}(v_n/v_0)$,实际上是将 $m_{n-1} + Q$ 对应的形状点的位置数据作为当前点的位置数据。

步骤 4:遗失信息补缺。对遗失数据的时刻点 T_n,按以下说明进行信息补缺。

假设当前位置点 n 的 GPS 信号丢失，通过上面得到的 $n-1$ 点和 $n-2$ 点 GPS 位置信息计算当前 n 点的位置。具体步骤如下。

①根据上一时刻车辆的速度推测计算出这一秒应该移动的距离 d。

$$d = v_{n-1} \times 1\,000/3\,600 \tag{6-3}$$

②根据上两个位置点的位置信息，计算上次车辆在 x 方向和 y 方向上的位移 A 和 B，其中 x_n 为当前位置 n 点的 x 坐标值，y_n 为当前位置 n 点的 y 坐标值。

$$A = x_{n-1} - x_{n-2} \tag{6-4}$$

$$B = y_{n-1} - y_{n-2} \tag{6-5}$$

③计算上一秒车辆的绝对移动距离 L。

$$L = \sqrt{A^2 + B^2} \tag{6-6}$$

④计算当前位置点的位置。

$$x_i = x_{i-1} + A \times d/L \tag{6-7}$$

$$y_i = y_{i-1} + B \times d/L \tag{6-8}$$

⑤取速度及方位角与上一位置点一致。

$$v_n = v_{n-1} \tag{6-9}$$

$$\mathrm{ANG}_n = \mathrm{ANG}_{n-1} \tag{6-10}$$

式中：ANG_n、ANG_{n-1}——分别为 n 点及 $n-1$ 点的方位角。

⑥执行步骤 3，进行偏移数据校准。

动态采集信息校准及补缺处理具体过程见图 6-2，而其中偏移数据校准的具体过程见图 6-3，图中符号说明见前文。

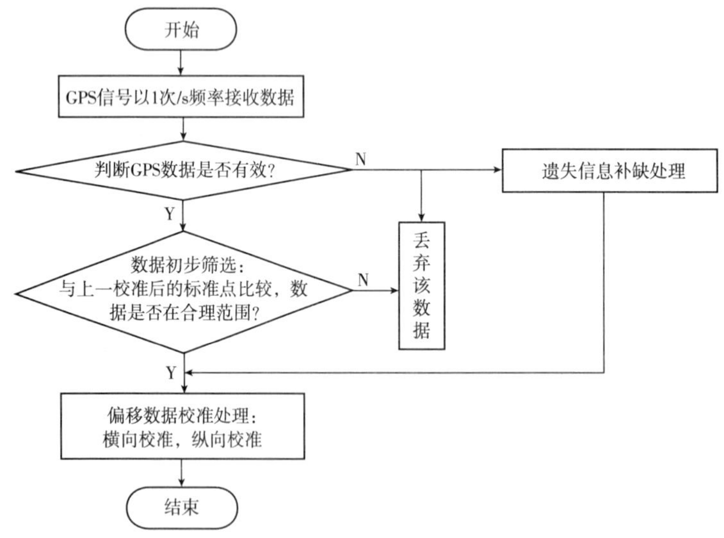

图 6-2　动态定位信息校准及补缺处理总流程图

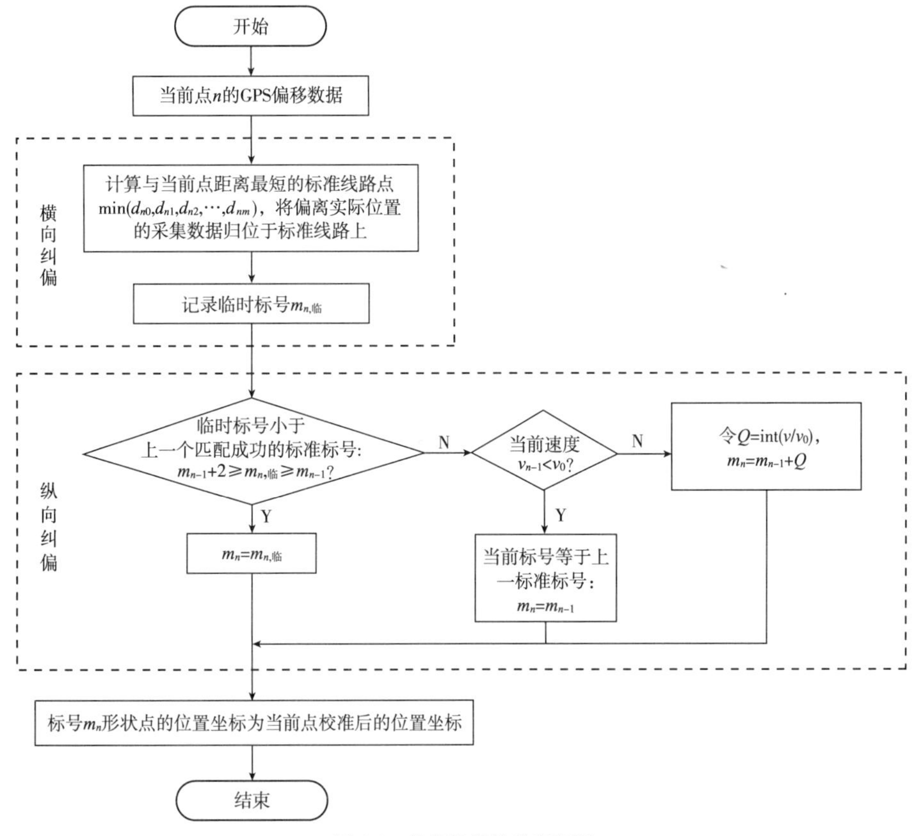

图6-3　偏移数据校准流程图

第四步:将校准及补缺后的位置点在终端GIS平台上实时显示。位置点之间用直线顺序连接。

以上方法在北京市的422路公交上进行了试验,该线路为普通地面公交,日间高峰平均速度为15km/h,夜间标准线路信息采样车速为15km/h,采样间隔为1s,形成的线路电子地图见图6-4中深色圆点。图6-4所示为对北三环中路422路公交车GPS信号的校准纠偏情况,图中浅色圆点为受附近建筑物遮挡后422路公交车收到的GPS信号的情况,呈现一定的连续性偏移。为了说明纠偏过程,图中偏移的GPS点和相对应的纠偏后的点用细线段相连。通过对车辆实际位置和校准位置的比较可知,车辆实际位置和校准后的位置基本吻合,发生偏移的GPS位置信号被有效地纠正到正确的位置上。

图6-5所示为北京市北三环中路422路公交车在马甸桥发生的GPS信号丢失情况,图中浅色圆点为实际GPS信号信息。黑色方块处由于受到建筑物的遮挡或干扰没有收到GPS信号,这里采用前面未经校正的原始历史信息和当前的速度信息,使用前文第三步步骤4中遗失信息补缺的相应算法推算车辆位置信息,推算出的GPS位置信息推算值

不是准确的 GPS 信息，是发生偏移的 GPS 信息。然后再采用纠偏算法，将 GPS 信号校准到准确的车辆位置点，如图中和黑色方块相连的深色圆点。根据在实际现场进行的比较，GPS 信号丢失的位置通过位置推算和纠偏后，校准后的 GPS 信号点与实际车辆的行驶位置基本符合。

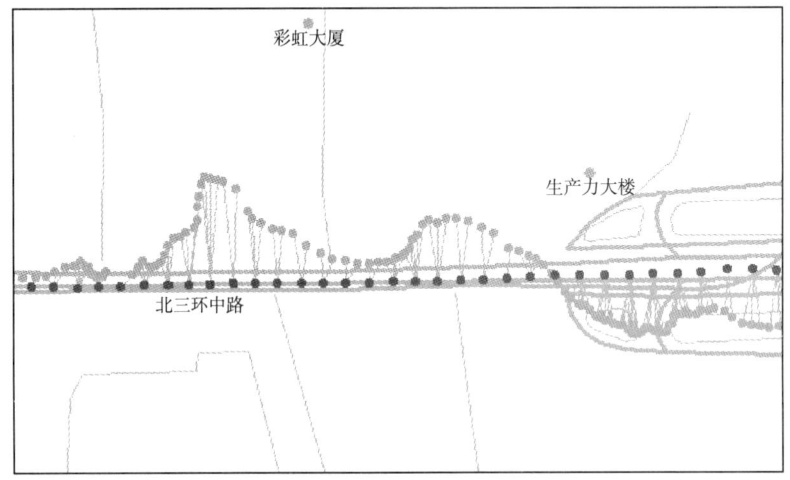

图 6-4　示例中对发生偏移的 GPS 信号的校正情况

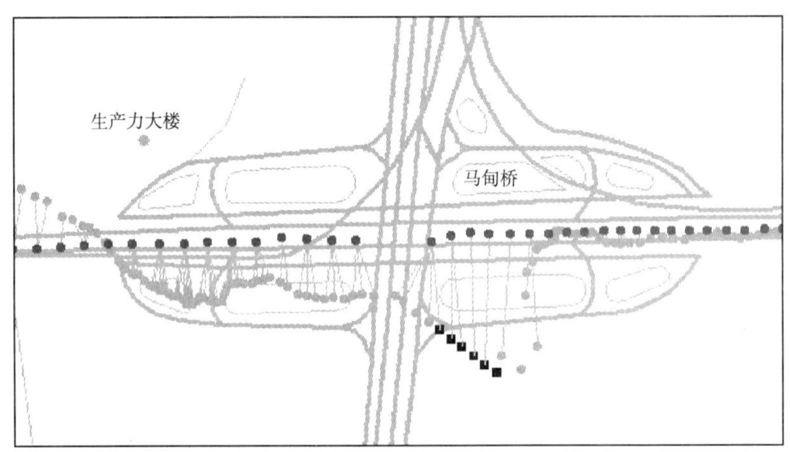

图 6-5　示例中 GPS 信号丢失的校正纠偏情况

6.4　公交全路程综合信息采集技术

目前很多城市的客流 IC 卡数据未能实现实时上传，难以对客流异常作出及时判断。本节提出一种利用 GPS 定位、公交 IC 卡和无线 GSM/GPRS 技术，实现公交车辆运行信息及 IC 卡客流信息集成的实时采集和发送的方法。公交车辆实时信息和 IC 卡乘客信息的采集和发送处理过程运行于车载设备上。通过GPS定位信息和公交站点的匹配技术，结合IC卡刷卡信息，判断公交车辆站点停靠时间、上下车人数，计算路段运行速度等，并以每站点一次的频率将信息发送到后台公交管理中心，为公交调度和管理提供数据支持。

本方法能够准确采集车辆所在站点位置、站点停靠时间、上下车人数、车辆经过各路段的行驶速度，在保证信息完整的情况下，采用全路程信息采集，按站点无线发送数据的方式，最大限度地减少发送信息量，减轻后台压力。

其基本技术思路为：

①采集车辆行驶中的运行及客流信息，包括车辆所处站点位置、上传时间、站点停靠时间、上下车人数、行驶速度。

②计算车辆经过的各个站点间的速度及行程平均速度，估计下一个站点的到达时间，将部分数据处理功能放在车载终端完成，减轻后台管理中心压力。

③公交信息无线传送频率为每站点发送一次信息，在判断离开站点范围后传输，克服传统车辆监控中频繁上传位置数据耗费资源的缺陷，减轻后台管理中心的压力。

④针对城市中常见的GPS信号漂移和车辆同一站点多次停靠的情况进行有针对性的信息处理，保证信息在上述两种情况下的可靠性。

⑤本信息上传的基础上，保留本地信息存储备份，提高数据的可靠性。

本方法在站点匹配时涉及站点范围的设定和站点标示值的设定。其中，站点范围是车辆可能在站点周围停靠时的位置距站点位置的最大距离。由于有时车辆进入站点时站台区拥挤，可能造成车辆在站点前后停靠以上下乘客，另外GPS精度也存在一定的误差，所以需要适当扩大站点范围，避免由于站点拥挤原因造成的车辆停靠点遗漏。根据实际现场观察和测量的结果，取站点周边范围为以站点为中心、半径在60~100m的区域。站点标示值是判断车辆进入站点和离开站点的依据。站点标示值为1，表示车辆在站点范围内；站点标示值为0，表示车辆离开站点。

以下为具体方案的详细说明。

步骤1：车载设备启动，载入公交线路信息，包括公交站点坐标、站点编号及站点顺序。站点标示值设置为0，IC卡上下客信息初始值设置为0。

步骤2：行驶中车载设备GPS接收模块以1次/s的频率接收GPS车辆定位位置信息，并和车载地图上公交站点位置进行匹配，即判断车辆是否在站点范围内。同时IC卡采集模块接收各个IC卡刷卡器传来的信息，根据IC卡信息传输次数和上下客类型，进行上下客统计。

步骤3：站点停靠GPS漂移点判断。如果GPS车辆位置及车辆速度符合停靠点条件，则进行站点停靠判断。GPS信号失真的情况下，可根据站点是否经过及上下站连续关系进行漂移点判断，返回步骤2，否则执行步骤4。

步骤4：同一站点多次停靠判断。车辆有时会由于在站前有车辆阻挡或乘客上下车等情况在同一站点多次停靠,需专门处理。如果该点在站点范围内,该站点为上一站点,且站点标示值为1,则判断为同一站点多次停靠,执行步骤5。

步骤5:同一站点多次停靠数据处理。计算站点停靠时间(站点前等待进站同样耗费时间,也计算在正常停靠时间内,可以计算同一站点多次停靠的情况;站点停靠时间为站点范围内各个车辆零速度停留的时间之和),执行步骤8。

步骤6:站点正常停靠判断。如果满足站点标示值为0、GPS车辆位置进入站点范围内且车辆速度为零三个条件,不满足步骤3和步骤4,则为站点正常停靠,站点标示值置为1,执行步骤7。

步骤7:站点停靠时间计算。累计计算车辆速度等于零时的车辆停靠时间,当车速大于零时,计时停止。

步骤8:车辆离开站点后,数据整理及计算。如果站点标示值为1,车辆离开公交站点范围,则判断车辆驶离站点,进行数据整理及计算,记录车辆在该站点的位置坐标、站点号及时间,记录本站点上车刷卡次数得到本站点上车乘客数,记录下车刷卡次数得到本站点下车乘客数。通过本站点和上一站点记录的信息计算上一站点间车辆行驶速度,利用起始站点的信息和本站点的信息计算车辆已行驶路线的平均速度,通过车辆上一站点间的速度和到下一站点的距离计算预计到达下一站点的时间。

步骤9:车辆信息发送。将车辆线路号、站点号、停靠时间、上车人数、下车人数、上一站点间的行驶速度、车辆行驶的平均速度、预计到达下一站点的时间等参数通过GPRS无线传回到后台管理中心。站点标示值置为0,IC卡上下客信息值置为0。

步骤10:如果本站点为终点站,程序结束,否则返回步骤2。

本方法所需公交车载设备包括处理器单元、GPS定位模块、IC卡读写模块和GSM/GPRS无线传输模块,并存储有公交站点地图。其中GPS定位模块以1次/s的频率接收车辆当前位置信息,包括车辆位置坐标、行驶速度、方位角和回传时间等;IC卡读写模块和公交车辆上各个IC卡刷卡器相连,实时接收乘客刷卡信息,刷卡信息仅记录刷卡次数和上下车类型;GSM/GPRS模块负责将采集处理后的数据通过无线通信传输到后台管理中心。

根据公交车辆乘客使用IC卡的情况,通常是车辆在公交站点停车时,乘客上车先刷卡,下车时部分乘客在到站前提前刷卡等待下车。因此,乘客上车信息可以在上车的站点采集到,而乘客下车信息需要在车辆到达站点前进行采集,离开站点后采集结束。

由车载公交站点地图可知各个站点位置坐标、各个站点间的距离等站点地理信息。本方法的流程如图6-6所示。

通常会有多个线路共用一个公交站点,经常出现车辆排队停靠的情况,所以站点匹配范围应设置较大值,站点范围及车辆进入站点情况如图6-7所示,虚线圆圈为站点范围。

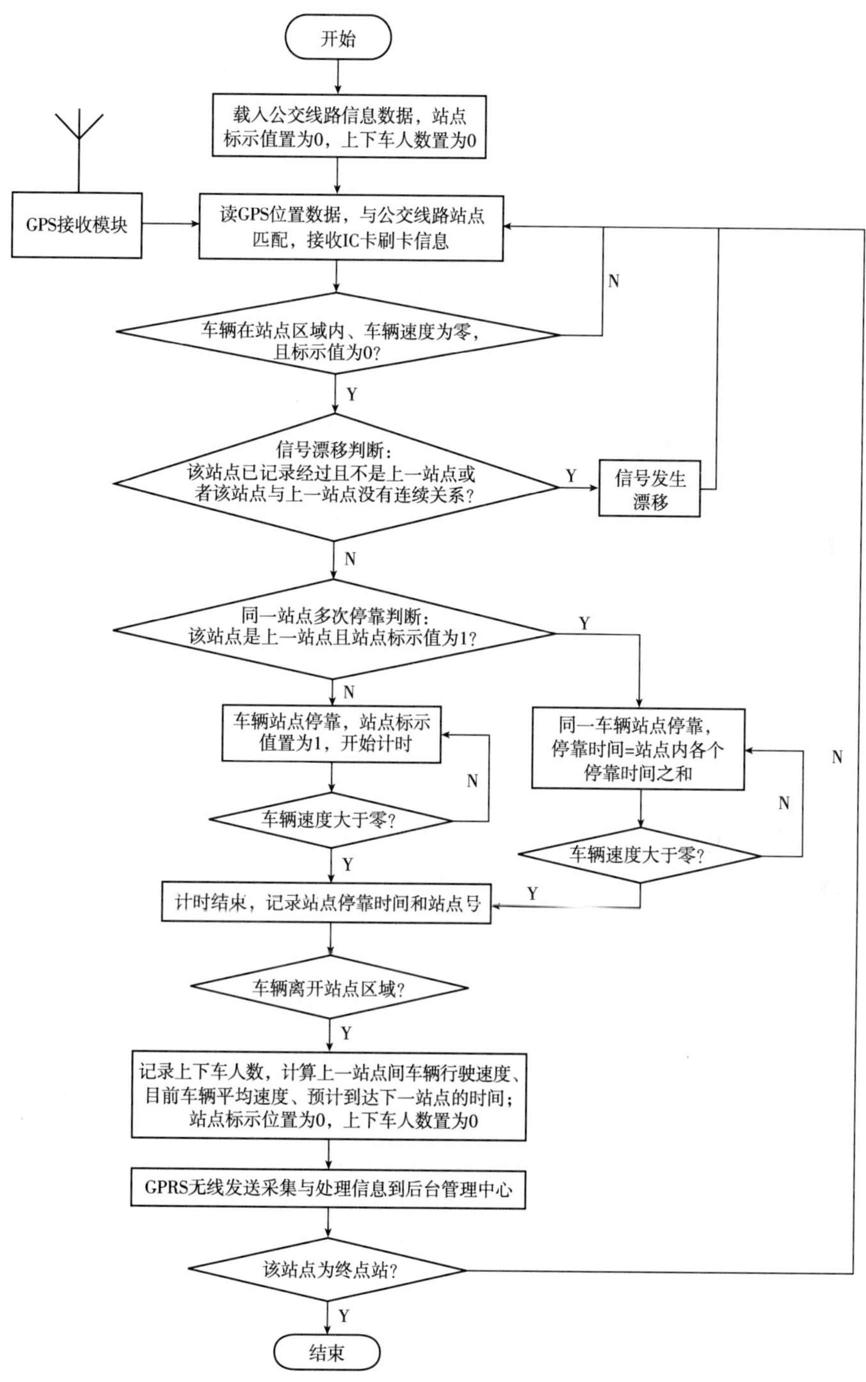

图6-6　公交信息采集处理程序流程图

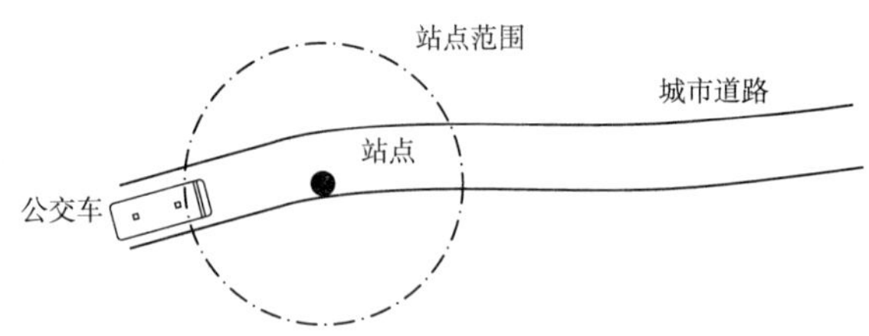

图 6-7　公交车辆与公交站点匹配示意图

表 6-1 所示为试验路线某公交车运行过程中系统经过信息采集和处理,发送到后台的公交信息结果。

采集处理后的公交信息结果　　表 6-1

线路号	车辆号	离开站点号	时　　间	停留时间(s)	路段速度(km/h)	上车人数(个)	下车人数(个)
53	00 01 49 72	0	09.07.01　6:21:50	49	21	17	0
53	00 01 49 72	1	09.07.01　6:23:58	67	14	25	0
53	00 01 49 72	2	09.07.01　6:25:14	4	14	2	2
53	00 01 49 72	3	09.07.01　6:27:29	13	11	7	3
53	00 01 49 72	4	09.07.01　6:29:19	8	12	3	0
53	00 01 49 72	5	09.07.01　6:31:16	14	16	9	1
53	00 01 49 72	6	09.07.01　6:34:12	26	29	15	4
53	00 01 49 72	7	09.07.01　6:37:21	9	17	5	2
53	00 01 49 72	8	09.07.01　6:40:07	14	16	7	4
53	00 01 49 72	9	09.07.01　6:40:52	8	16	5	2
53	00 01 49 72	10	09.07.01　6:43:02	38	13	16	4
53	00 01 49 72	11	09.07.01　6:47:26	19	13	6	7
53	00 01 49 72	12	09.07.01　6:49:15	16	19	8	4
53	00 01 49 72	13	09.07.01　6:51:25	7	22	4	1
53	00 01 49 72	14	09.07.01　6:53:35	9	30	6	4
53	00 01 49 72	15	09.07.01　6:58:22	27	22	11	5
53	00 01 49 72	16	09.07.01　6:59:37	22	20	15	7
53	00 01 49 72	17	09.07.01　7:02:44	8	13	4	5
53	00 01 49 72	18	09.07.01　7:07:05	12	6	3	1
53	00 01 49 72	19	09.07.01　7:08:10	10	22	13	4
53	00 01 49 72	0	09.07.01　6:21:50	49	21	7	17

续上表

线路号	车辆号	离开站点号	时　　间	停留时间(s)	路段速度(km/h)	上车人数(个)	下车人数(个)
53	00 01 49 72	1	09.07.01　6:23:58	67	14	6	21
53	00 01 49 72	2	09.07.01　6:25:14	4	14	3	0
53	00 01 49 72	3	09.07.01　6:27:29	13	11	7	2
53	00 01 49 72	4	09.07.01　6:29:19	8	12	5	1
53	00 01 49 72	5	09.07.01　6:31:16	14	16	7	8
53	00 01 49 72	6	09.07.01　6:34:12	26	29	11	3
53	00 01 49 72	7	09.07.01　6:37:21	9	17	6	4
53	00 01 49 72	8	09.07.01　6:40:07	14	16	8	6
53	00 01 49 72	9	09.07.01　6:40:52	8	16	3	5
53	00 01 49 72	10	09.07.01　6:43:02	38	13	5	18
53	00 01 49 72	11	09.07.01　6:47:26	19	13	7	12
53	00 01 49 72	12	09.07.01　6:49:15	16	19	5	3
53	00 01 49 72	13	09.07.01　6:51:25	7	22	4	8
53	00 01 49 72	14	09.07.01　6:53:35	9	30	5	2
53	00 01 49 72	15	09.07.01　6:58:22	27	22	11	4
53	00 01 49 72	16	09.07.01　6:59:37	22	20	14	8
53	00 01 49 72	17	09.07.01　7:02:44	8	13	5	3
53	00 01 49 72	18	09.07.01　7:07:05	12	6	6	5
53	00 01 49 72	19	09.07.01　7:08:10	10	22	5	11

6.5　公交运行异常事件识别技术

公交信息采集的一个主要作用是进行公交运行异常事件识别，异常事件检测包括客流异常检测、线路异常检测、车辆异常检测，如图6-8所示。

客流异常信息主要可通过实时上传的IC卡数据获得。线路异常可以通过GPS信号直接获取，车辆异常主要是因为车辆长期处于不稳定的交通流环境中，受到随机性事件的干扰，导致车辆出现串车、堵车、大间隔等现象。车辆异常主要是突发性异常，本节基于GPS信号，采用小波理论进行不稳定的交通流状态识别。

利用小波检测事件的原理为：将GPS传递的速度信息看成随时间变化的一维离散时

间序列信号,通过小波的时频分析特性将信号在时频空间中展开,利用小波 Mallat 算法对信号进行多尺度分解,既能够观察信号的整体趋势又能深入到信号的内部观察信号的细节部分。综合考虑一维信号在时域及频域上的特性,并结合小波分解后细节部分的特征,此处利用模极大值原理标定公交调度中出现的车辆事件阈值,从而达到对公交调度中经常发生的事件及突发事件的辨识。

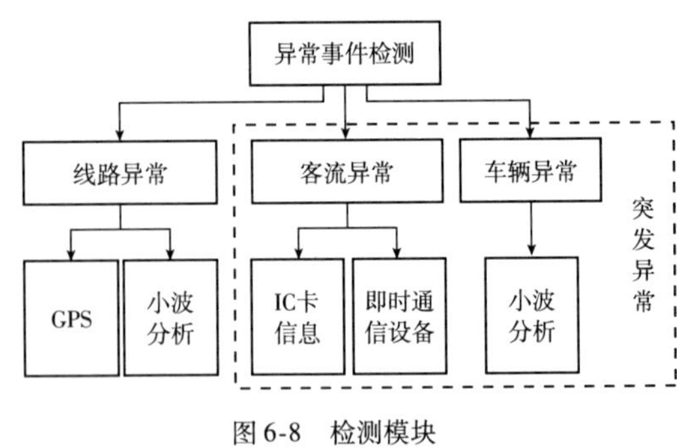

图 6-8　检测模块

(1)信号的奇异性表示。

信号的奇异性表示方法原理在本书第三章已述,此处不再介绍。

(2)信号的突变检测原理。

利用小波变换检测信号突变点的原理在本书第三章已述,具体流程如图 6-9 所示。

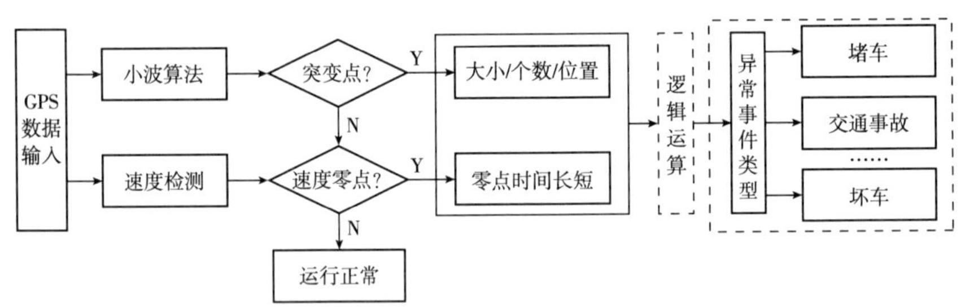

图 6-9　公交事件小波检测流程图

(3)事件类型分析。

公交车运行过程中,由于受到客流及交通流环境的影响,其运行状态会不断发生变化。根据运行状态是否稳定,可将这种变化表示为自由行驶状态、跟驰行驶状态、进出站状态、堵车状态、串车状态及并不常见的交通事故状态和坏车状态。将每一种运行状态看做一类事件,如图 6-10 所示。

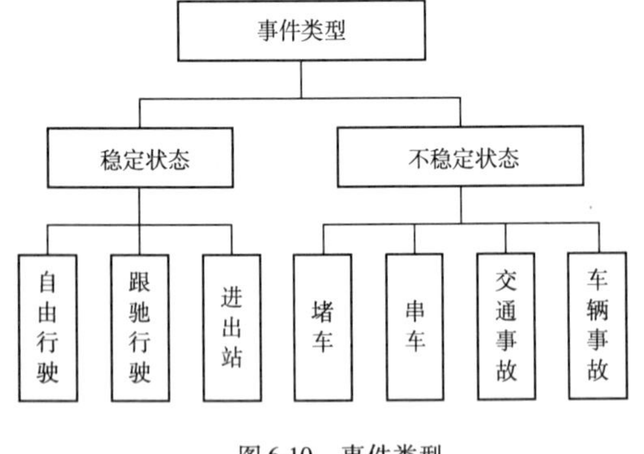

图 6-10　事件类型

(4)事件类型判别。

虽然信号经小波分解后能够很容易地判断出是否含有突变点以及突变点的位置和个数,但仅凭上述数据并不能判断公交运行的状态。为了得到更加准确的公交运行信息,作如下假设。

①对某一时间域(t_i,t_j)的突变点用$P(\lambda_1,\lambda_2,\lambda_3)$表示。其中$\lambda_1,\lambda_2,\lambda_3$为$P$的三个参数,分别表示突变的大小、个数以及突变发生的位置。当有多个突变点时,λ_1取最大值,λ_2取自然数表示突变的个数,λ_3取以下值(站点、路段)。

②速度用v表示,因为GPS采样率为1s,因此v_i表示t_i时间点的瞬时值。$\bar{v}$表示在时间域(t_i,t_j)上的均值。

$$\bar{v}=\frac{\sum_{k=1}^{j-i}v_k}{j-i+1} \tag{6-17}$$

③用$T_i(0)$表示第i个速度为零的时间段的大小。

$$T(0)=\sum_{i=1}^{n}T_i(0) \tag{6-18}$$

由信号的分解结果可知,当没有突变点发生时,表示信号平稳,公交车处于自由行驶或跟驰行驶状态;当有突变点发生时,根据突变点的大小、位置、个数来判断公交车的其他运行状态,见表6-2。

事件判别 表6-2

事件类型	事件判别
自由行驶	$P(\lambda_1,\lambda_2=0,\lambda_3)\cap T(0)=0\cap\bar{v}\geqslant 60$
跟驰行驶	$P(\lambda_1,\lambda_2=0,\lambda_3)\cap T(0)=0\cap\bar{v}\leqslant 60$
进出站	$P(\lvert\lambda_1\rvert\leqslant 5,\lambda_2=1,\lambda_3=$站点$)\cap T(0)>0$
堵车	$P(\lvert\lambda_1\rvert>5,\lambda_2>1,\lambda_3=$路段$)\cap T(0)>0$
串车	$P(\lvert\lambda_1\rvert>5,\lambda_2>1,\lambda_3=$站点$)\cap T(0)>0$
交通事故	$P(\lvert\lambda_1\rvert>15,\lambda_2=1,\lambda_3)\cap T(0)>0\cap\bar{v}\leqslant 10$
坏车	$P(\lambda_1,\lambda_2=0,\lambda_3)\cap T(0)>0\cap\bar{v}=0$

(5)数据来源及算法评价。

本节选择了北京市53路公交车进行GPS全程记录,从始发站北京西站至末站四方桥西,全程共27站。GPS采样率为1s,采样数据包括公交车行驶速度、经纬度、采样时间。跟车记录内容包括了以上提到的公交车行驶过程中出现的事件,其中交通事故及坏车数据为仿真数据。根据实际需要共采集四组数据,其中一组数据用来标定事件的阈值,三组数据进行算法的评价。算法通过Matlab实现。

传统的事件检测算法多为基于交通流理论、统计理论、人工智能、模式识别以及模糊逻辑的检测算法。算法的思想大多是通过交通流突变点前后的交通流参数的变化来进行识别,有的需要大量的样本才能够做到准确识别。以上检测算法都需要事件发生时,交通流参数有较大的波动,算法对交通流参数的变化敏感度不够。而公交车的运行特点为运行状态多变但波动范围不大,因此用以上算法并不能满足对公交车运行状态的判别。利用小波分析对公交车的运行状态进行检测有两大优点:一是小波的时频分析能力便于对信号进行频域与时间于的分析，保证了检测的实时性；二是小波的多分辨分析能力被誉为数学中的“显微镜”，对信号的微小变化具有很高的敏感度。以上两点是能够利用小波对公交车运行状态进行判别的基础。以实测数据为例，对出现的各种公交运行状态进行检测，其中事故和坏车用模拟数据检测，检测结果如表 6-3 所示。

算 法 评 价 表 6-3

事件类型	事件数(次)	检测数(次)	检 测 结 果		
			检测率(%)	误报率(%)	平均检测时间(s)
自由行驶	3	3	100	0.0	60
跟驰行驶	27	25	92	3.7	60
一次进出站	25	20	80	8.0	60
堵车	23	19	83	1.7	120
串车	36	33	92	5.5	120
交通事故	10	9	90	10	160
坏车	10	9	90	10	240

6.6 基于卡尔曼滤波的地面公交信息预测技术

通过 GPS、乘客计数等技术采集公交车辆运营及客流信息数据，利用历史数据以及相应的预测算法可对公交车辆到离站时间、乘客到达率等进行预测。公交信息预测是实施公交优先和优化公交车辆调度的前提和基础，其主要作用体现在以下几个方面：

①为乘客提供公交车辆到达时间等实时信息，缓解乘客紧张、焦躁情绪。

②改善公交车辆动态调度效果，提高公交车辆运营调度管理水平和行车安全。

③提高公交服务质量，改善公交公司形象。

④为实现公交优先提供基础数据，提高交通资源利用率。

公交信息预测流程如图 6-11 所示。

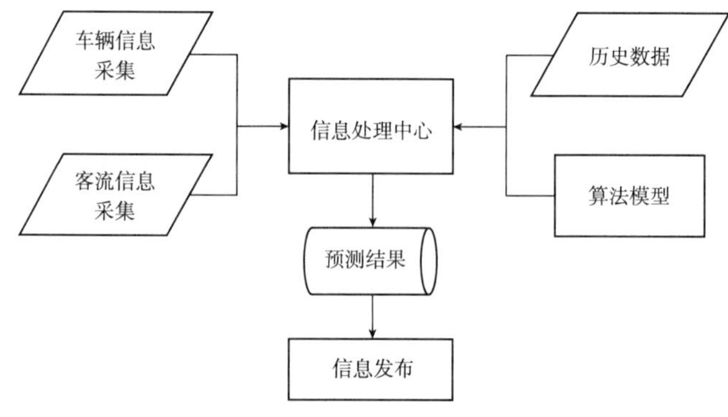

图 6-11 公交信息预测流程

本节根据历史车辆运行信息与实时信息，采用卡尔曼滤波模型推断下一时刻公交车辆在路段中的运行状况，算法描述如下。

设 n 代表公交车辆，i 代表当前车站，则有：

$$AT_{n(i+1)} = DT_{n(i)} + RT_{n(i,i+1)} \tag{6-19}$$

式中：$AT_{n(i+1)}$——车辆 n 到达车站 $i+1$ 的预计到达时间；

$RT_{n(i,i+1)}$——车辆 n 在车站 i 与车站 $i+1$ 之间的预计运行时间；

$DT_{n(i)}$——车辆 n 离开车站 i 的实际离站时间。

基于车站 $i+1$ 的乘客到达率以及平均乘客上车时间，预测到站时间 $AT_{n(i+1)}$，进而预测车辆 n 在车站 $i+1$ 的停靠时间。

$$DWT_{n(i+1)} = \rho_{(i+1)} \times (AT_{n(i+1)} - AT_{n-1(i+1)}) \times t^{b}_{avg(i+1)} \tag{6-20}$$

式中：$DWT_{n(i+1)}$——车辆 n 在车站 $i+1$ 的预计停靠时间；

$\rho_{(i+1)}$——车站 $i+1$ 的乘客预计到达率；

$AT_{n-1(i+1)}$——上一班车辆 $n-1$ 在车站 $i+1$ 的实际到达时间；

$AT_{n(i+1)} - AT_{n-1(i+1)}$——车辆 n 在车站 $i+1$ 的预测车头时距；

$t^{b}_{avg(i+1)}$——车站 $i+1$ 的乘客平均上车时间。

本节把公交车辆到站的预测时间分成 3 部分。

①交叉口红绿灯排队等待时间。交叉口等待时间按以下规则计算：

a. 如果公交车在红灯亮之前到达，等待时间等于红灯时间。

b. 如果公交车在红灯亮的时候到达，等待时间为红灯剩余时间。

c. 如果没有遇到红灯，则等待时间为零。

②车辆停靠站时间。

车辆停靠站时间 = 乘客数量 × 平均上车（下车）时间 + 车辆加速（减速）进出站时间

③车辆在路段自由行驶时间和通过交叉口时间。本节利用卡尔曼滤波算法对车辆到站时间进行预测。就算法本身而言，卡尔曼滤波模型具备兼顾考虑当前状态与历史规律的特性，只是在不同的应用领域，由于影响因素或随机事件各不相同，该类特性的灵敏度也不尽相同。一般而言，可用于公交车辆到站时间预测的卡尔曼滤波算法有如下结构：

$$g(k+1) = \frac{e(k) + VAR_i(data_{out})}{VAR_i(data_{in}) + VAR_i(data_{out}) + e(k)} \tag{6-21}$$

$$a(k+1) = 1 - g(k+1) \tag{6-22}$$

$$e(k+1) = VAR_i(data_{in}) \cdot g(k+1) \tag{6-23}$$

$$P(k+1) = a(k+1) \cdot rt_i(k) + g(k+1) \cdot rt'_i(k+1) \tag{6-24}$$

式中：$P(k+1)$——滤波器增益；

$a(k+1)$——环路增益；
$e(k)$、$e(k+1)$——滤波器误差；
$g(k+1)$——预测值；
$rt_i(k)$——当天前一班次 k 时刻在 i 路段的行驶时间；
$rt'_i(k+1)$——历史各天同班次 $k+1$ 时刻在 i 路段的平均行驶时间；
$\mathrm{VAR}_i(data_{out})$——当天同一时段内车辆在路段 i 运行时间预测值的均方差；
$\mathrm{VAR}_i(data_{in})$——历史各天 $k+1$ 时刻车辆在路段 i 实际行驶时间的均方差。

由于在同一时段范围内公交车辆运行环境相似，故在预测车辆于 $k+1$ 时刻的到站时间时，可取同时段内的 $k, k-1, \cdots, k-n$ 时刻的预测值来计算 $\mathrm{VAR}_i(data_{out})$，本节选取 k、$k-1$、$k-2$ 三个时刻的预测值来计算 $\mathrm{VAR}_i(data_{out})$。对每日前三班车进行预测时，由于没有当天预测信息，则选用历史预测数据计算 $\mathrm{VAR}_i(data_{out})$。

另外，对于工作日与节假日、早晚高峰而言，公交车辆运行、客流变化呈现着不同的特征，故在运用卡尔曼滤波算法时，可对历史数据采取不同的选取方法，来计算 $t'_i(k+1)$ 与 $\mathrm{VAR}_i(data_{in})$ 的值。

方法1：选取相邻几天的车辆运行历史数据计算。

方法2：选取单日车辆运营历史数据计算，如预测周一的车辆到站时间，则选取周一的历史数据计算。

方法3：按单日运行规律处理，即对工作日、双休日及特殊节假日数据分类计算。

方法4：根据气象状况、交通管制、市政工程等不同条件下的公交线路运行规律，选取相应的历史数据，此类方法需要充分的数据积累及数据库细化分类。

本节采用方法2来选取历史数据，具体为选取与预测天相邻三个星期的同一工作日的历史数据，计算 $rt'_i(k+1)$ 与 $\mathrm{VAR}_i(data_{in})$ 的值。

对交通环境复杂的城市道路而言，当公交车辆在途中出现较大延误时，受算法本身的限制，在预测误差增大的情况下，$\mathrm{VAR}_i(data_{out})$ 的值可能会在后续的预测中被放大，从而使预测误差发生扩散，影响预测精度。为了减小该类误差的影响，本节提出基于动态数据的动态调整方法，用于提高预测精度。根据动态信息，可知 k 时刻车辆在路段 i 的行驶时间 $rt_i(k)$ 与历史数据 $rt'_i(k)$ 之间的偏差程度。一般而言，若 $rt_i(k)$ 与 $rt'_i(k)$ 的偏差程度较大，则下一时刻行驶时间 $rt_i(k+1)$ 会更接近于 $rt_i(k)$，而远离 $rt'_i(k+1)$。因此在计算中，倾向于使预测值 $P(k+1)$ 接近 $rt_i(k)$，即使环路增益值 $a(k+1)$ 增大，滤波器增益值 $g(k+1)$ 减小。

根据上述原理，本节以 k 时刻的实际值 $rt_i(k)$ 替代历史数据中的某一个 $rt'_i(k+1)$ 值，重新计算 $\mathrm{VAR}_i(data_{in})$，从而更改 $a(k+1)$ 与 $g(k+1)$ 的值，具体替换步骤如下。

①识别 $rt_i(k)$ 与 $rt'_i(k)$ 均值的偏差程度。若 $|rt_i(k)-\overline{rt'_i}(k)|\geqslant\Delta$，则认为需要根据动态信息调整，$\Delta$ 为判断阈值；Δ 应根据公交线路当前时段平均发车间隔选取，一般取发车

间隔的 20% ~50%。

②替换历史数据 $rt_i'(k)$。以本节研究内容为例，用 $rt_i(k)$ 替换三天的历史数据中方差最大的数据，即由 $rt_i(k)$ 替换 $\max\{\mathrm{VAR}[rt_i'(k)]\}$。

③替换完成后，重新计算 $\mathrm{VAR}_i(data_{in})$ 以及 $P(k+1)$。

以北京市 53 路公交车为例，通过手持 GPS 定位设备对 53 路的车辆运营、客流实时情况进行调查，结合历史数据，运用卡尔曼滤波算法对 53 路车辆到站时间进行预测，结果如图 6-12 所示。

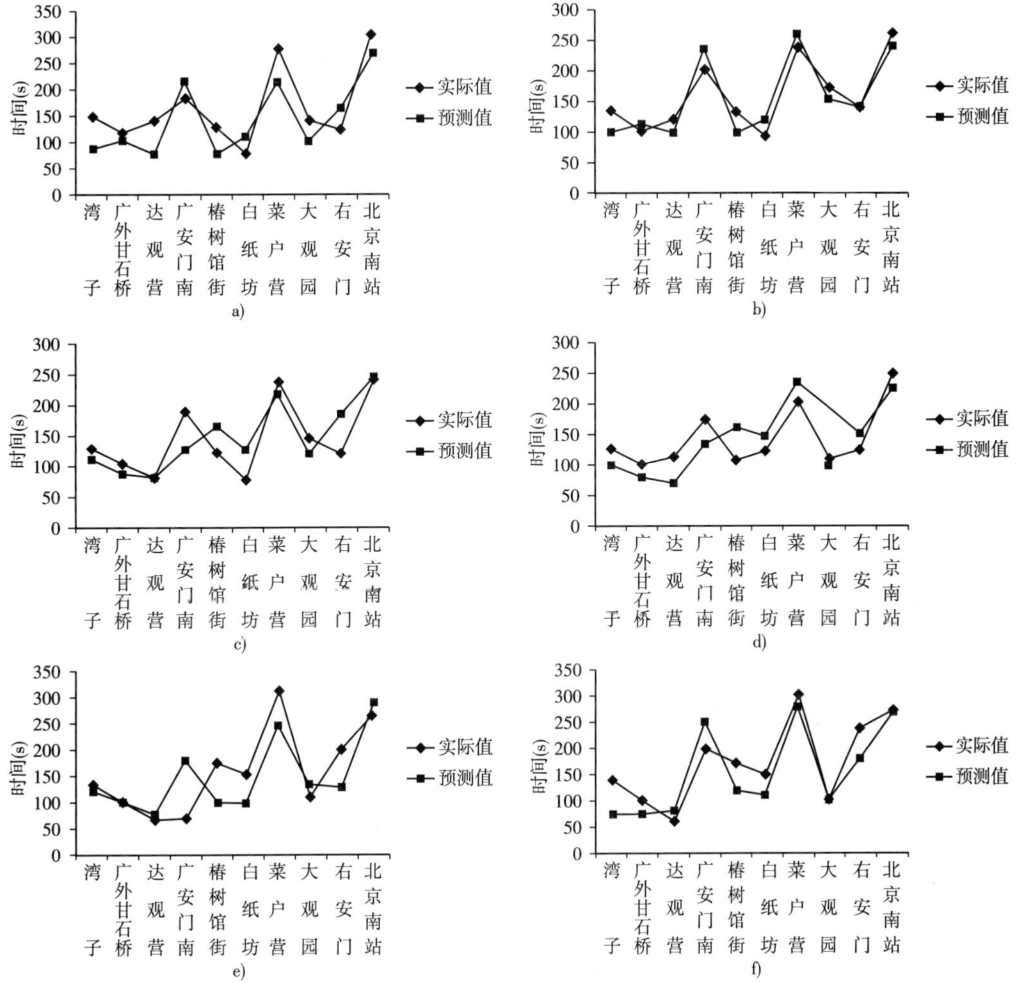

图 6-12　53 路到站时间预测结果(7:00 ~ 8:00)

a)2008 年 4 月 21 日 -1;b)2008 年 4 月 21 日 -2;c)2008 年 4 月 23 日 -1;
d)2008 年 4 月 23 日 -2;e)2008 年 4 月 25 日 -1;f)2008 年 4 月 25 日 -2

计算相对误差 ε 如下：

$$\varepsilon = \left| \frac{X_{\text{true}}(t) - X_{\text{pred}}(t)}{X_{\text{true}}(t)} \right| \tag{6-25}$$

式中：$X_{\text{true}}(t)$——t 时刻的度量值；

$X_{\text{pred}}(t)$——t 时刻的预测值。

图 6-13 所示为 53 路车辆到站时间预测的相对误差 ε。

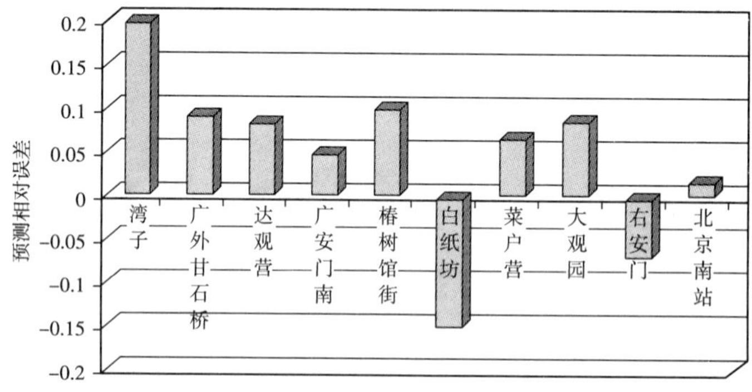

图 6-13　预测相对误差

第7章 公交一卡通数据处理分析技术

7.1 国内外研究现状

城市公交系统能否正常和高效地运营，不仅取决于道路和车辆等设施条件，更有赖于运营管理手段和技术手段的先进性。对公交客流的全面、准确把握是公交管理工作的基础，不仅为日常调度提供依据，也为线网优化提供了参考。公交规划部门和公交经营者必须深入了解城市居民的公交出行特征，及时、准确、全面地掌握公交出行数据，才能作出科学的公交规划和运营决策。公交数据采集和分析技术正是为公交运营决策提供及时、准确、可靠的公交运营信息和客流信息的重要方法。然而公交基础信息采集分析作为公交规划和公交运营决策的基础，其研究还存在着一定的不足。

随着公交一卡通在北京公交的广泛应用，一种低成本、高质量的公交基础数据获取方法得以采用，快速高效的一卡通公交数据采集分析技术，对建立高效合理的城市公交系统具有决定性作用，对确立城市公交的主体地位具有重要意义。而建立相应的一卡通数据提取需求与标准是进行一卡通公交数据采集分析的前提。这也是本章的主要内容。

国外的公交IC卡使用较早,其功能已由早期的单一公交收费功能发展成跨行业、跨部门、多领域的多功能IC卡。法国是世界上最早在公共交通领域使用IC卡的国家,以IC卡取代传统纸张式车票,用于公共汽车、地铁、火车等。其公交IC卡分为两种:一种相当于长期月(年)票,在卡中储存有关信息,持卡人可设定付款银行、结算方式等,法国大部分市民使用这种卡;另一种IC卡替代了10张为一本的传统车票本,适合偶尔使用公共交通的乘客。日本实施公共行业间一卡通的合作,以先期发行的居民基本信息卡为基础,从技术上采用非接触一卡通,支持多种应用,其中包括行政、医疗、流通、交通及金融等,应用之间设置防火墙。韩国的IC卡发展也比较迅速,例如釜山市在1998年就建立了基于非接触IC卡的城市公交系统,并于2000年发行了适合多种应用的双界面CPU卡——数字釜山卡。新加坡致力于IC卡跨行业、跨部门的多领域应用,其电子钱包可用于超市、公路收费、停车场收费、图书馆、学校以及网上交易。我国于1994年开始使用IC卡收费系统。先由珠海亿达技术开发公司引进国外IC卡技术,接着在杭州公交公司开发试用,并取得了可喜的成果。在此期间,全国有许多城市纷纷试用IC卡收费系统,上海市在推广应用IC卡收费系统中速度快、范围广,应用领域拓展到了地铁、公交、轻轨、出租车、轮渡、高速公路、停车场、公用事业缴费、加油站收费系统等14大领域,并实现了上海、无锡、苏州等地"交通IC卡"的互通互联。2005年上海公共交通卡累计发放170万张。除上海以外,南京、广州、杭州、沈阳、苏州、常州等我国几十个城市均大力推行公交IC卡,该技术已经比较成熟,并且具有广泛的发展前景。

北京市于2006年5月10日正式推行市政交通一卡通,目前一卡通的电子收费服务已覆盖全部公交车辆、8条轨道交通线路、约6万辆出租车、部分停车场和高速公路。截至2009年2月底,发卡已超过2 800万张,日最高交易量超过1 400万笔,系统累计处理交易超过80亿笔,每天有超过86%的公交乘客和超过75%的地铁乘客使用一卡通刷卡乘车。就交通领域的使用情况来看,刷卡交易量及使用率均居全国第一。

通过数据挖掘市政交通一卡通数据,可以统计城市公共交通客流特征信息,辅助公共交通管理者和规划者进行相关决策。然而,目前我国开发IC卡收费系统的公司多为电子、软件公司,它们能够解决的只是收费方面的问题,而几乎没有涉及对交通数据的采集、处理。这主要是由于它们缺乏交通领域的知识,使得公交IC收费系统的功能很难完全发挥出来。相关系统的设计研究也存在同样的问题,如北京科技大学陈鹏提出了车辆一卡通信息采集系统设计,但是没有探讨一卡通数据分析方法;吉林大学于滨的硕士论文《基于一卡通收费系统的动态交通信息采集研究》,对公交IC数据采集过程及客流数据处理作了一些探讨,但对于具体的数据分析方法没有作进一步的研究。东南大学戴霄的硕士论文《基于公交IC信息的公交数据分析方法研究》则对市政交通一卡通数据采集方法、处理方法及过程作了较为详细的阐述和总结。

近年来,随着公交一卡通在多个城市公交车上的大力推广使用,通过市政交通一卡通数据获得公交基础数据的研究课题日益增多。吉林大学杨兆升对公共交通信息采集和分析方法作了较系统的研究，在相关论文中对公交信息的采集方法、数据处理方法以及利用采集到的数据进行客流预测等方面进行了深入探讨。东南大学陈学武对一卡通信息挖掘技术以及分析方法作过相应研究；吉林大学韩秀华利用一卡通信息匹配公交出行OD；北京交通发展研究中心高永利用市政交通一卡通数据挖掘公交乘客换乘信息。这些研究各有特色，但是在数据分析精确性及应用研究方面还有待完善。

本章以市政公交一卡通数据为分析对象，利用信息分析处理技术、数据挖掘技术研究一卡通数据处理技术，从辅助公交运营管理决策和公交规划两方面确定一卡通数据提取需求，建立分析系统框架及方法。根据应用需求统计线路客流量变化曲线、乘客换乘系数、线路负荷度、公交出行时间等具体指标，为公交线网优化、站点布设、公交企业管理决策等实际问题提供可靠的数据支持。

7.2　一卡通数据提取需求分析及系统框架

保证市政交通一卡通数据分析方法成功的关键有两个：一是准确地定义所要解决的问题，即明确公交IC数据分析的目的；二是综合利用、合理选择各类数据分析工具和方法，建立完整、高效的市政交通一卡通数据分析系统。市政交通一卡通数据分析是一个系统的过程，需要经过数据采集、数据处理、数据分析、结果表示等流程，借助数据分析工具，利用适合的数据分析算法才能得以实现。因此，进行市政交通一卡通数据分析必须将数据分析的各个环节有机地结合，正确选用各类数据分析工具及算法，保证各数据处理环节科学、准确，进而建立起一套完整的数据分析系统。

7.2.1　一卡通数据提取需求

分析一卡通数据的目的是为了使决策者掌握更加详细、准确的数据与相关指标，为决策提供可靠依据。其主要需求来自于公共交通管理者和规划者这两个主体。公共交通管理者注重线路运营管理效率的高低，需要掌握线路与站点的日客流量、客流时空特性、线路车辆运营速度、满载率等指标，以此为依据，进行各项运营管理决策，如制订、修改线路车辆发车、工作人员排班计划等；作为公共交通规划者，需要掌握全市或某区域公共交通客流总量随时间的变化以及客流出行起讫点，通过对未来年进行客流预测，结合其他必要因素，完成公交线网优化、站点布设等工作。因此，管理层面需要的数据指标包括：线路、站点日客流量，高峰小时客流量，换乘客流量，乘客出行时间，车辆周转时间，线路不均匀系数，满载率，运营速度等；规划层面则需要线路、站点季度/年度客流量，站点换乘流量，出行时间，乘客出行起讫点等。

7.2.2 一卡通数据提取分析过程

由原始数据到公交运行信息，市政交通一卡通数据分析需要经过数据预处理、数据分析、解释评价三个过程。

(1)数据预处理。

数据预处理是对数据仓库中数据进行筛选、清理，保留合理、准确的数据，缩小数据范围，以提高市政交通一卡通数据分析的质量。数据预处理是简单的数据筛选过程，可以利用数据仓库工具或数据分析工具进行。

(2)数据分析。

数据分析是市政交通一卡通数据分析的核心环节，是指综合利用多种数据分析方法对预处理过的公交 IC 原始数据进行信息提取。

(3)解释评价。

解释评价是指根据市政交通一卡通数据分析得到的结果，利用可视化图表、曲线显示给用户，以便用户直观掌握公交客流各类特征。根据用户的不同要求，分析结果以不同的内容和形式表现。如分析某条公交线路高峰小时或者一天的客流分布情况，数据分析系统会给出不同的结论和表现方式，这些分析结果不仅可提供给用户查看，也可以存储在知识库中，供日后分析和比较。

一卡通数据需经过提取、分析、处理等步骤，才可得到相应的需求信息，从而对相关指标进行统计分析。考虑海量数据的流程化处理及在数据库中存储、调用的便利性、统一性，有必要对其提取、存储数据格式进行规范。

市政交通一卡通数据可提取信息包括：线路客流信息、站点客流信息、总客流信息、断面客流信息、运营速度、站点间行程时间等。通过深入的数据分析，可得到公交客流时空分布历史、现状及未来预测数据，据此可对公交运营方案作出辅助决策。历史及现状各天客流数据的获取比较容易，运用普通的数据统计方法便可得到。公交客流预测较为复杂，目前的主要方法有时间序列法和神经网络法。两种方法各有长处，神经网络模型在处理大量数据时具有比较好的预测效果，并且具有自学习功能，能够随着历史数据的增加，自动调节模型参数以达到更好的预测效果。

一卡通数据提取分析流程如图 7-1 所示。

7.2.3 一卡通数据分析系统框架

根据前述的市政交通一卡通数据分析目标和数据分析过程，可以建立市政交通一卡通数据分析系统，系统结构如图 7-2 所示。市政交通一卡通数据分析的三个过程：数据预处理、数据分析提取、解释评价，分别由数据分析系统的三个模块实现，即数据库平台模块、数据分析模块、用户控制界面模块。三个模块承担不同的数据处理与分析功能，通过接口连接而形成完整的市政交通一卡通数据分析系统。

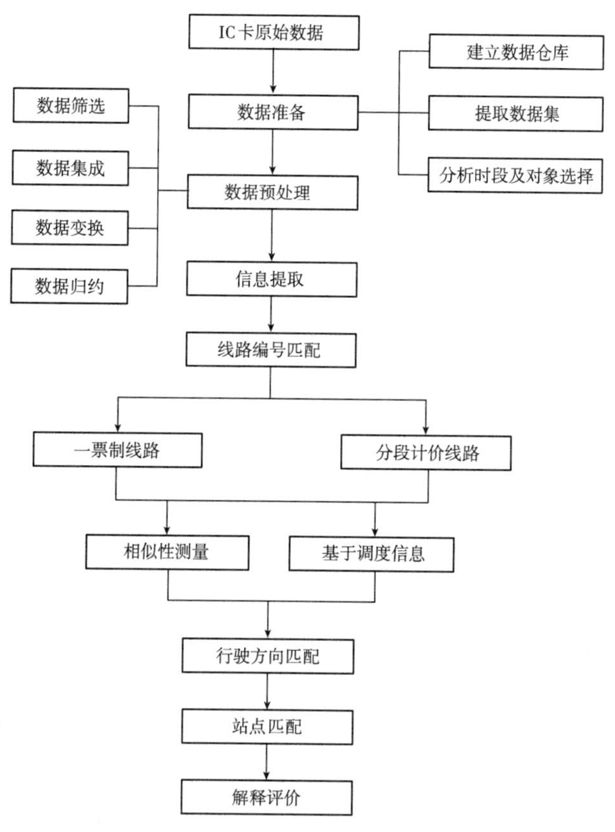

图 7-1　数据提取分析流程

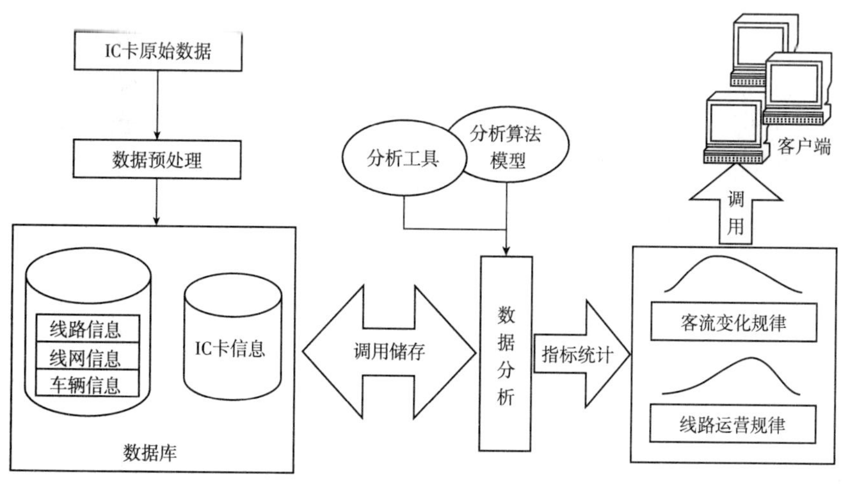

图 7-2　市政交通一卡通数据分析系统框架

数据库平台模块执行数据采集和数据预处理功能，用于汇总通过各种手段获得的城市公交信息，并进行必要的清洗、整合和转换，处理后的数据按主题分类存储到不同的数据库中。

数据分析模块执行数据提取及一部分数据预处理功能，利用数据提取程序对数据库中的数据进行自动分析。它是一个封闭的过程，由计算机运行。

用户控制界面模块执行解释评价功能，可根据用户要求，指定挖掘工具使用的算法和模型，并选择报表或其他形式显示数据分析结果。

7.3 数据准备

7.3.1 初始数据仓库的建立

市政交通一卡通数据为海量数据，有必要建立数据仓库来提高数据处理速度。可以利用 Oracle、SQL 等相关数据库软件，通过集成形成数据仓库，对一卡通数据信息进行分类存储，提高数据处理分析的效率。

市政交通一卡通数据信息一般可分为两种。一是线路实行分段计费的双次刷卡线路数据，其一卡通数据的特点是同时包含乘客上下车站点刷卡信息，通过上下车站点信息能够确定乘客的实际乘坐区间并扣缴相应车费。这类一卡通数据记录的内容主要包括乘客卡号、线路号、上车站点、下车站点、车辆号、下车刷卡时刻等，所获得的信息比较全面。二是单次刷卡线路数据，乘客只在上车时刷一次卡，一卡通数据信息主要包括乘客卡号、线路号、上车刷卡时刻、车辆号和卡类型等，缺少乘客下车站点信息。

在建立数据仓库的过程中，需要对原始一卡通数据进行必要的预处理，提取出有利用价值的信息，剔除一些与数据分析无关的信息，如城市号、卡发行号、行业号之类的信息，故首先应了解一卡通数据包含的信息种类。

一卡通数据记录的信息包括：交易类型、交易序号、交易日期、交易时间、实收余额、卡内余额、TAC 码、SAM 卡号、CSN、城市号、行业号、卡发行号、卡交易计数、卡类型、卡物理类型、月票类型、应收金额、线路号、车辆号、上车站、下车站、驾驶员号、监票员号。其中，除上车站与下车站内容，单、双次刷卡储存的其他信息形式均相同，单次刷卡数据的上车站和下车站编号分别为 0、1；双次刷卡数据中的上车站和下车站储存的是站点编号。图 7-3 所示为单次刷卡的一卡通记录信息。

如图 7-3 所示，刷卡日期、刷卡时间、刷卡对应的线路号、车辆号等信息，是进行一卡通数据处理分析的重要基础信息。表中每一行代表一次刷卡记录，表中各列则记录刷卡记录的各类信息。

交易类型	交易序号	交易日期	交易时间	实收余额	TAC码	卡发行号	卡交易计数	卡类型	应收金额	线路号	车辆号	上车站	下车站	驾驶员	监票员
06	01000000	20071231	71309	0.20	E713CFFA	14449514	2002	13	1	21	00014141	0	1	01001248	01004998
06	02000000	20071231	71427	0.40	473D499C	05230578	F200	01	1	21	00014141	0	1	01001248	01004998
06	03000000	20071231	71431	0.40	3C886EFF	18133357	3900	01	1	21	00014141	0	1	01001248	01004998
06	04000000	20071231	72129	0.20	3B64ED7B	15780922	D204	13	1	21	00014141	0	1	01001248	01004998
06	05000000	20071231	72331	0.40	DCFD3697	15199195	CC00	01	1	21	00014141	0	1	01001248	01004998
06	06000000	20071231	72713	0.20	E4265A13	14517986	E300	13	1	21	00014141	0	1	01001248	01004998
06	07000000	20071231	72714	0.40	8AB4D5EB	02374329	5204	01	1	21	00014141	0	1	01001248	01004998
06	08000000	20071231	72716	0.40	4214F0E3	18081788	7700	01	1	21	00014141	0	1	01001248	01004998
06	09000000	20071231	72723	0.40	B578EA5C	13788000	CF00	01	1	21	00014141	0	1	01001248	01004998
06	0A000000	20071231	72725	0.40	748DD774	05472031	0102	01	1	21	00014141	0	1	01001248	01004998
06	0B000000	20071231	72729	0.40	2C1548BD	06961380	BA01	01	1	21	00014141	0	1	01001248	01004998
06	0C000000	20071231	73226	0.40	28B44D67	10175123	6402	01	1	21	00014141	0	1	01001248	01004998
06	0D000000	20071231	73228	0.20	2F2AD712	16039052	D000	13	1	21	00014141	0	1	01001248	01004998
06	0E000000	20071231	73247	0.40	A4A693E5	10088639	2600	01	1	21	00014141	0	1	01001248	01004998
06	0F000000	20071231	73545	0.40	7A1C0C59	02125381	4001	01	1	21	00014141	0	1	01001248	01004998
06	10000000	20071231	73547	0.20	29D257E9	15538136	D401	13	1	21	00014141	0	1	01001248	01004998
06	11000000	20071231	74127	0.40	E000B276	07194479	3002	01	1	21	00014141	0	1	01001248	01004998
06	12000000	20071231	74129	0.40	C2B2577D	20314959	6100	01	1	21	00014141	0	1	01001248	01004998
06	13000000	20071231	74550	0.40	F872AB22	15060658	7B01	01	1	21	00014141	0	1	01001248	01004998
06	14000000	20071231	75008	0.40	8467A23B	13145053	F403	01	1	21	00014141	0	1	01001248	01004998
06	15000000	20071231	75011	0.40	C314C82B	01109759	4106	01	1	21	00014141	0	1	01001248	01004998
06	16000000	20071231	75013	0.40	DCD08A31	17603606	9901	01	1	21	00014141	0	1	01001248	01004998
06	17000000	20071231	75918	0.40	8BB737A3	10213391	FC00	01	1	21	00014141	0	1	01001248	01004998
06	18000000	20071231	80259	0.20	FDC58F5E	13405122	0D02	13	1	21	00014141	0	1	01001248	01004998
06	19000000	20071231	80829	0.40	44338896	15271624	FC00	01	1	21	00014141	0	1	01001248	01004998

图 7-3　一卡通记录信息(单次刷卡)

市政交通一卡通数据同样适用于地铁,但其一卡通数据信息与地面公交有所区别。地铁收费系统分为简易系统和 AFC 系统。简易系统记录的信息包括:交易类型、SAM 卡号、交易金额、交易序号、卡内余额、交易日期、交易时间、卡序列号、卡交易计数、城市编码、行业编码、卡发行号、TAC 码、交易前余额、卡类型、卡物理类型、记录序号、应收余额、入口线路号、入口站号、检票口编号、进站时间、出口线路号、出口站号、检票口编号、联乘线路号、联乘站号、联乘金额、月票类型。AFC 系统则相对复杂,所包含的信息也更多。除了简易系统所包含的信息,还包括多种运营信息,如延误操作模式、延误站点、延误日期、旅程原始站点、旅程上一站点、旅程是否结束、旅程总金额、定票期的最后有效日期等信息。建立地铁一卡通数据库的处理方法,与地面公交相同。

7.3.2　提取数据集

数据库建立完成后,可对数据库中的一卡通数据进行初步挖掘。为提高数据的利用效率和运算速度,可以按照分析对象的不同从数据仓库中提取不同的信息集合。例如分析客流基本信息时,只需从数据库中提取线路号、车辆号、上车站、下车站、交易日期、交易时间等字段数,而不必提取交易金额、卡类型等信息;在计算某条线路的换乘系数时,则需要筛选出该条线路的所有记录数,并提取乘客的一卡通号。按上述原则筛选图 7-3 后的信息如图 7-4 所示。

7.3.3　选择分析时段及对象

城市公交是按照运营时刻表运营的,其服务主要面向城市居民的日常出行需求。这样的运营方式和服务对象的出行特点决定了公交运营及其客流具有很强的分布时段特性和周期性。公交运营以一日、一周、一月作为基本运营时间单位。相应地,市政交通一卡通数据分析,也是以一日、一周、一月作为数据分析基本时段。根据分析的需要,一日公交刷卡数据可以进一步细分到小时或更小时段。为了分析城市公交客流时空特性,还可区分地铁、BRT、公交普线及支线,增加多个细化的分析指标。此处,建议以其中一日刷卡数据作为基本分析数据段,一周数据作为数据分析的一个最小周期。

交易类型	交易日期	交易时间	实收余额	线路号	车辆号	上车站	下车站	驾驶员	监票员号
06	20071231	71309	0.20	21	00014141	0	1	01001248	01004998
06	20071231	71427	0.40	21	00014141	0	1	01001248	01004998
06	20071231	71431	0.40	21	00014141	0	1	01001248	01004998
06	20071231	72129	0.20	21	00014141	0	1	01001248	01004998
06	20071231	72331	0.40	21	00014141	0	1	01001248	01004998
06	20071231	72713	0.20	21	00014141	0	1	01001248	01004998
06	20071231	72714	0.40	21	00014141	0	1	01001248	01004998
06	20071231	72716	0.40	21	00014141	0	1	01001248	01004998
06	20071231	72723	0.40	21	00014141	0	1	01001248	01004998
06	20071231	72725	0.40	21	00014141	0	1	01001248	01004998
06	20071231	72729	0.40	21	00014141	0	1	01001248	01004998
06	20071231	73226	0.40	21	00014141	0	1	01001248	01004998
06	20071231	73228	0.20	21	00014141	0	1	01001248	01004998
06	20071231	73247	0.40	21	00014141	0	1	01001248	01004998
06	20071231	73545	0.40	21	00014141	0	1	01001248	01004998
06	20071231	73547	0.20	21	00014141	0	1	01001248	01004998
06	20071231	74127	0.40	21	00014141	0	1	01001248	01004998
06	20071231	74129	0.40	21	00014141	0	1	01001248	01004998
06	20071231	74550	0.40	21	00014141	0	1	01001248	01004998
06	20071231	75008	0.40	21	00014141	0	1	01001248	01004998
06	20071231	75011	0.40	21	00014141	0	1	01001248	01004998
06	20071231	75013	0.40	21	00014141	0	1	01001248	01004998
06	20071231	75918	0.40	21	00014141	0	1	01001248	01004998
06	20071231	80259	0.20	21	00014141	0	1	01001248	01004998
06	20071231	80829	0.40	21	00014141	0	1	01001248	01004998

图 7-4　数据筛选处理

7.4　数据预处理方法

数据预处理是从大量的数据属性中提取出对目标有重要影响的属性来降低原始数据的维数,或是处理一些不好的数据,从而改善实例数据的质量和提高数据分析的速度。数据预处理的内容包括数据筛选、数据变换和数据归约等。通过开发数据预处理程序,可对公交一卡通原始数据进行筛选、集成、转换、归约等操作,删除无效、异常数据。

下面介绍公交一卡通数据预处理各环节的具体方法。

(1)数据筛选。

数据筛选主要是为了滤除不希望包括进来的数据,去除数据中的噪声并纠正其不一致。一卡通数据的不一致性,常表现在各类数据之间相同属性数据的定义上,例如一卡通刷卡数据中的线路编号与公交线路基础数据中的线路编号,这在建立数据仓库的同时应加以统一。

以一卡通数据的字段"交易日期"为例,交易日期的字段数为八位,前四位表示"年",五、六位表示"月",最后两位表示"交易日",如:20080403 表示 2008 年 4 月 3 日。当交易日期中年份数据出现异于当前年、月份位数大于 12、日期位数大于 31 时,视为异常数据。

对一卡通数据初步预处理后，诸如客流总量等特征量也可以得到，其中可能存在一些客流异常数据。如某地铁站点客流，统计全天的客流量小于100时，明显与实际情况有较大偏差，即把该天该站点的客流记录数定为异常数据。根据各站点统计出的总体客流规律，视偏差较大的数据为异常数据。

一卡通原始数据中存在许多用于管理、监控的数据，对于客流、线路运营数据分析没有太大意义，可视为冗余数据。如一卡通数据中测试标志的记录数，这些记录数只是起到测试机器的作用，对一卡通数据分析没有意义，因此在预处理数据时可以剔除。

一卡通数据分析要求数据的完整性，如发生数据缺失，可能会导致统计结果产生较大误差。公交IC刷卡数据缺失的情况很少，但公交调度资料由于人工统计容易发生缺失，这种情况可以根据经验和已知连续数据进行推测。

公交IC数据中的公交调度信息、公交线路信息、公交站点信息等由人工输入，难免会有拼写错误，例如站点名称打字错误，会对分析过程产生阻碍。当交易日期中出现字母时，也视为输入错误。

(2)数据集成。

数据集成主要是将多文件或多数据库运行环境中的异构数据进行合并处理。数据集成方法对于一卡通数据按日期或时间段进行挖掘有着重要的作用。如数据集中记录了一段时间内乘客的刷卡记录，对该数据集的聚集方法可以是按各条线路和各个站点分类汇总，也可以是对数据对象按月份、日期、时刻统计，照此方法聚集后的数据对象可大大降低数据量。

(3)数据变换。

数据变换涉及噪声去除技术和聚集技术。运用数据变换可以聚集日刷卡数据，计算月、年客流量等。

(4)数据归约。

对一卡通数据进行挖掘时，将数据库中的数据分组会涉及两个问题：一是数据应该分为哪几组；二是如何根据数据属性进行分组。这就需要数据分析者对分析对象有充分的认识，必要时需要采取实地调查，通过经验以及调查结果找到分组的标准，确定分组的方法。

7.5　线路编号匹配方法

匹配线路号时，可先按照各分公司将各线路号分类提取。然后将提取的线路号与公司现有的线路作比较，线路号相同则匹配成功，未成功匹配的线路则和剩余的实际公司线路数进行二次匹配。通常情况下，数据集中未匹配的线路数会大于或等于实际剩余线路数，若出现小于的情况，则可能是导入的原始数据出现问题，需重新检查导入数据；若数据集中未匹配的线路远大于实际剩余线路数，则可以初步剔除线路刷卡记录异常的线路。如已知某条线路客流量较大，但数据集中其刷卡记录仅为个位数或小于50，则属于异常线路，应按照一卡通中单双次刷卡等属性匹配公司剩余线路数。对于双次刷卡可通过上下车站号的总站数匹配，对于单次刷卡线路则通过聚类分析其刷卡时间进行站点匹配，来辅助线路号的匹配。

通过开发数据预处理程序，可对公交线路号进行匹配。预处理及线路匹配流程如图7-5所示。

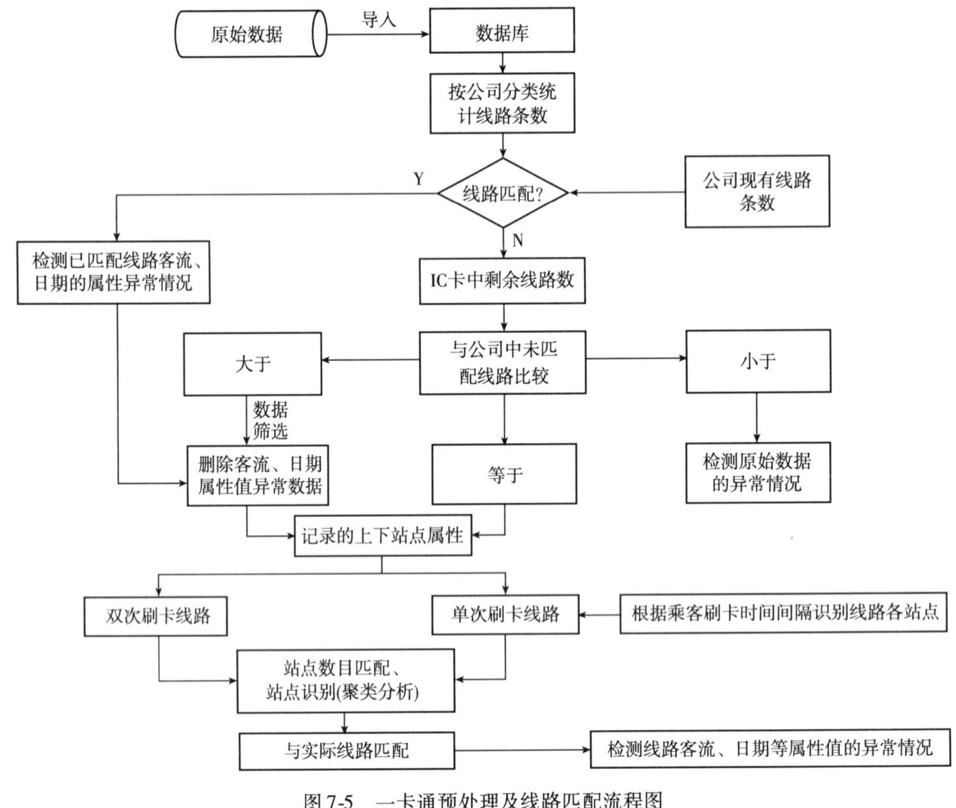

图7-5 一卡通预处理及线路匹配流程图

图7-5所述流程中涉及的站点匹配的具体方法见本书7.7节。

7.6 车辆行驶方向匹配方法

在市政交通一卡通数据的匹配工作中，确定线路车辆运行的方向是不可缺少的环节。只有保证车辆上下行方向信息准确，站点匹配与客流统计等工作才有意义。而一卡通数据中并没有记录车辆行驶方向的信息，根据首末站点客流量判断车辆行驶方向的方法只适用于首末两端站点客流量差别较大、潮汐性较强的线路,不具有普遍适用性。因此,准确地确定出线路车辆行驶方向,仅仅依靠一卡通数据目前还难以实现。

随着公交车辆智能化的发展,通过车载 GPS 也可以获取车辆行驶方向,但受到公交车辆 GPS 设备覆盖率的限制,以及容易出现首班次数据丢失情况,不能保证 IC 卡数据中每个班次的方向都能被获取。

在车辆行驶方向匹配方面,公交一票制线路与分段计价线路有所不同。分段计价线路记录乘客上下车站点编号,可根据乘客上下车站点及站点编号方向规律来获得车辆行驶方向,而一票制线路未记录乘客上下车站点,因此需要借助其他数据如调度信息或数据挖掘手段等来辅助判断车辆行驶方向。

7.6.1 基于调度信息的方向匹配方法

将车辆调度信息表中的各班次车辆号与 IC 卡数据中的车辆号进行匹配,是判断车辆行驶方向的简便方法。在公交线路行车计划表中,一般都详细记录着每台车辆的发车时间和起始站点,尤其是每天首末各三个班次的车辆都能严格按照行车计划发车。其他时段内,若某车辆在运营过程中出现较大延误而不能按时到达终点站,该事件将被记录在调度运营信息表中,包括临时调整发车的班次、驾售人员工号、时间、起始站点等信息,形成完整的事件数据库。因此,利用线路行车计划表以及调度运营信息表中的车辆编号、驾售人员编号信息,与一卡通数据中车辆编号、驾售人员编号信息进行匹配,可进一步确定车辆的起始站点,从而确定车辆的行驶方向。具体分可为四个步骤:

(1)匹配驾驶员编号。

(2)匹配售票员编号。

(3)根据发车计划表、调度运营信息表确定起始站点。

(4)增加一卡通数据中车辆行驶方向的属性。

具体流程见图 7-6。

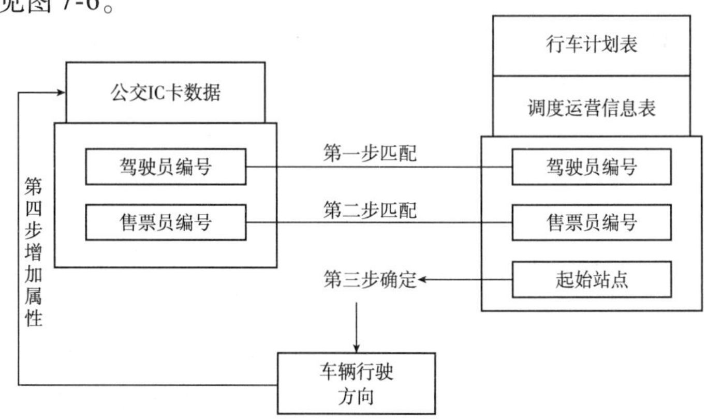

图 7-6 车辆行驶方向匹配流程

上述匹配方法只针对地面公交线路，轨道公交线路的运营情况相对地面公交更稳定，到站准点率很高，实际运营中车辆一般情况下能够按照行车计划发车，可直接参照行车计划表来确定车辆行驶方向。

7.6.2 基于时间序列相似性的方向匹配方法

有时候，车辆调度信息表无法获得，可通过其他自动识别的方法进行方向匹配。公交 IC 卡数据记录了乘客的乘车信息，如交易时间等，这些信息具备时间序列的特征，因此可借助时间序列相似性测量方法来分析不同班次的 IC 卡站点客流数据，根据数据序列相关性的高低来判断车辆行驶方向。

时间序列是指随时间变化的序列值或事件。单车单日公交 IC 卡数据可看做由多个时间序列组成，每个班次的数据都是一组时间序列，记录记作$\{r_j\}_{j=1}^{N}$。N 为交易记录的个数，每个交易记录为 $m+1$ 维数据，即 $r_j=\{a_1,a_2,\cdots,a_m,t_i\}$，$t_i$ 为交易时间。a_i 为特性值，表示每条交易记录中包含的字段，如 IC 卡号、交易序号、站点编号等。时间序列的相似性测量主要针对某个重要的动态特性值，即与时间有关的特性值，但在公交 IC 卡数据中，除交易时间外，其余字段都是静态特性值，无法进行相似性测量。通过对 IC 卡数据聚类分析可得到近似的站点客流，该数据与交易时间相关，符合动态特性值特点。因此，单个班次 IC 卡数据相似性测量问题，可转化为对比单个班次站点客流数据序列的问题。

时间序列的相似性测量，主要涉及欧几里得距离测量方法、相关性测量法以及动态时间扭曲法等。由于两个不同班次的站点客流数据序列长度不等，且在时间轴上并不一致，欧几里得距离测量方法在此处并不适用。此处选择相关性测量法与动态时间扭曲法进行计算。

(1)相关性测量法。

相关性测量法能够将相似性作为位置的函数，而且不必对时间序列产生所有长度为 n 的子序列。设目标班次站点客流数据序列为$\{x_i\}$，长度为 n，经验站点客流数据序列为$\{y_j\}$，长度为 N，则其线性相关可定义为：

$$c_i=\frac{\sum_{i=1}^{n}x_i y_{i+j}}{\sqrt{\sum_{i=1}^{n}x_i^2}\sqrt{\sum_{j=1}^{N}y_j^2}} \tag{7-1}$$

其中，$i=1,2,\cdots,N+n-1$。由于乘客到站是离散分布的，故不同班次站点客流数据序列长度并不相等，且对于$\{x_i\}$比较长的序列计算耗时较长。根据傅里叶变换的卷积定理，需要在$\{x_i\}$和$\{y_j\}$末尾补充 0，使得两个序列都变成长度为 $l=N+n-1$ 的新序列$\{x_i'\}$和$\{y_j'\}$，对新序列进行离散傅里叶变换生成$\{X_i\}$和$\{Y_j\}$，通过两者逐点相乘得到相关系数，变为如下形式：

$$c_i = \frac{F^{-1}\{X_j \cdot Y_j\}}{\sqrt{\sum_{j=1}^{n} X_j^2}\sqrt{\sum_{j=1}^{N} Y_j^2}} \tag{7-2}$$

相关性因子 c_i 在\[$-1,1$\]范围内，若为 1 则说明两组站点客流序列完全匹配，当有干扰信号时，相关因子一般小于 1，且序列值 $\{c_i\}$ 的峰值位置就是 $\{y_j\}$ 与 $\{x_i\}$ 匹配的可能位置。

(2)动态时间扭曲法。

不同班次的站点客流数据，在固定时段内客流数据变化规律大致相似，但在时间轴上却无法对齐，如图 7-7 所示。

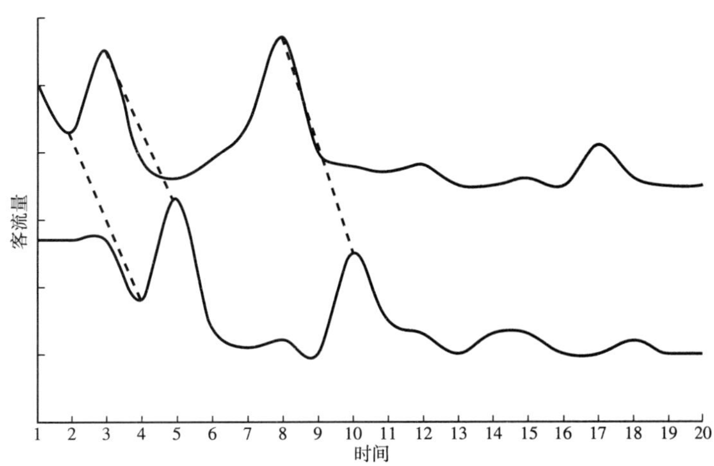

图 7-7　时间轴偏移的时间序列示意图

动态时间扭曲法允许在时间轴上有弹性的移动，从而在两个序列的不同时间段发现相似的波形。若站点客流序列 X 与 Y 长度分别为 n、m，且有：

$$X = x_1, x_2, \cdots, x_i, \cdots, x_n$$

$$Y = y_1, y_2, \cdots, y_j, \cdots, y_m$$

则用动态时间扭曲法调整两个序列，需要构建一个 $n \times m$ 矩阵，记作 r。其中第(i,j)个元素是两个序列的点 x_i 和 y_j 之间的距离 $d(x_i, y_j)$，如图 7-8 所示。定义扭曲路径 W 为上述矩阵元素的连续集，W 的第 k 个元素定义为 $w_k = (i,j)_k$，可得到一个路径集为：

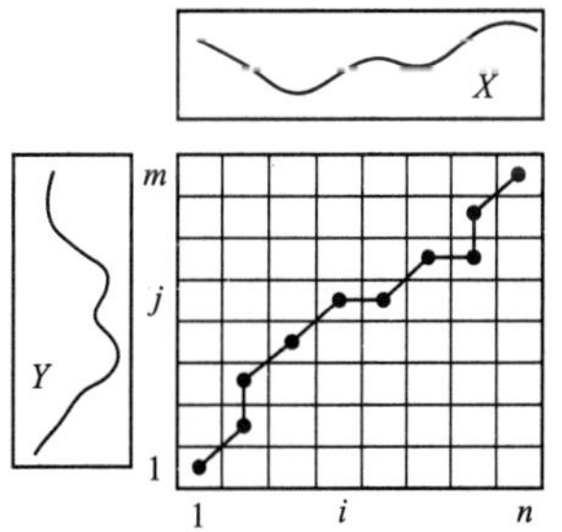

图 7-8　扭曲路径示意图

$$W = w_1, w_2, \cdots, w_k, \cdots, w_K \quad [\max(m,n) \leqslant K \leqslant m + n - 1] \tag{7-3}$$

扭曲路径要求满足如下条件限制。

①边界条件：$w_1 = (1,1)$，$w_k = (m,n)$，即扭曲路径必须从矩阵的起始位置开始，并在

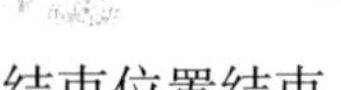

结束位置结束。

②连续性：给定 $w_k=(a,b), w_k=(a,b), w_{k-1}=(a',b')$，要求 $a-a'\leqslant 1$ 和 $b-b'\leqslant 1$，即扭曲路径每一步都是连续的。

③单调性：给定 $w_k=(a,b), w_k=(a,b), w_{k-1}=(a',b')$，要求 $a-a'\geqslant 0$ 和 $b-b'\geqslant 0$，即扭曲路径必须在时间轴上单调递增。

满足上述条件的路径有多个，为了获得测量最佳效果，要求路径满足最小的扭曲代价（Warping Cost）。

$$\mathrm{DTW}(X,Y)=\min\left(\frac{1}{k}\sqrt{\sum_{k=1}^{k}w_k}\right) \tag{7-4}$$

关于点 x_i 和 y_j 之间的距离 $d(x_i,y_j)$ 度量的选择，与应用领域高度相关。距离度量方法包括：①对连续值的时间序列有 L_p 范数等；②对事件序列有编辑距离；③交易序列通常不使用成对比较的距离度量，这是由交易项目的稀疏性决定的。乘客到站的随机性使得公交 IC 卡站点客流数据具有交易序列的特征，但考虑车辆到站时间的规律性，在大多数站点有乘客乘车的前提下，站点客流数据具备事件连续发生、与时间相关这两个特征，可以看做是一个时间序列。而对连续值的时间序列距离的度量，最常见的 L_p 范数距离定义如下：

$$L_p(X,Y)=\left(\sum_{i=1}^{l}|x_i-y_i|^P\right)^{1/P} \tag{7-5}$$

其中，$l=|X|=|Y|$；$P=1,2,\cdots,\infty$；L_1 是曼哈顿距离；L_2 是欧几里得距离。此处选择常用的欧几里得距离进行计算，基于动态最优的原则，在所有路径中发现欧几里得最小路径的距离公式为：

$$D(i,j)=d(x_i,y_i)+\min[r(i,j-1),r(i-1,j),r(i-1,j-1)] \tag{7-6}$$

动态时间扭曲法是计算两个比较序列长度的乘积，缺点是计算较为复杂。对于长度较长的序列，可采用离散傅里叶变换、小波变换等方法对时间序列进行重新描述，把信号大部分能量集中到很少的几个系数中，提高算法效率，但存在着如特征数据损失、受序列长度限制等局限性。Keogh 等人提出了分段算法，将时间序列分为若干段，用改进的距离公式对每一段的均值进行相似性度量。由此可见，获取较短的、能反映数据特征的序列，是保证算法效率和精度的关键。

公交 IC 卡数据记录了单车单日所有乘客的交易记录，每个班次包含的交易数据从几十到几百不等，逐一计算代价较大。因此在进行相似性测量之前，需要对公交 IC 卡数据进行聚类处理，找出用于比较的对象班次交易数据，再对其聚类，得到对象班次内的近似站点客流数据，将长度为上百条的单人交易数据序列简化成只有十几条或几十条（一般小于线路站点数）的站点客流数据序列，如图 7-9 所示。

公交 IC 卡交易时间具有明显的团聚特征，即同一站点刷卡上车的乘客交易时间距离近，不同站点上车乘客交易时间距离较远，聚类处理比较容易实现。此处选取简单聚类方法对公交 IC 卡进行聚类，根据相似性阈值和最小距离原则对 IC 数据中的交易时间

进行聚类。设IC卡数据中的交易时间为t_i，判断班次的聚类相似性阈值T，一般大于900s，判断站点客流的相似性阈值T'，一般大于30s。聚类时计算相邻交易时间差值，即曼哈顿距离，如果$d(t_i、t_{i+1}) = |t_i - t_{i+1}| \leqslant T$，则$t_i$、$t_{i+1}$隶属同一类。如果$d(t_i, t_{i+1}) = |t_i - t_{i+1}| > T$，则$t_{i+1}$属于其他类。

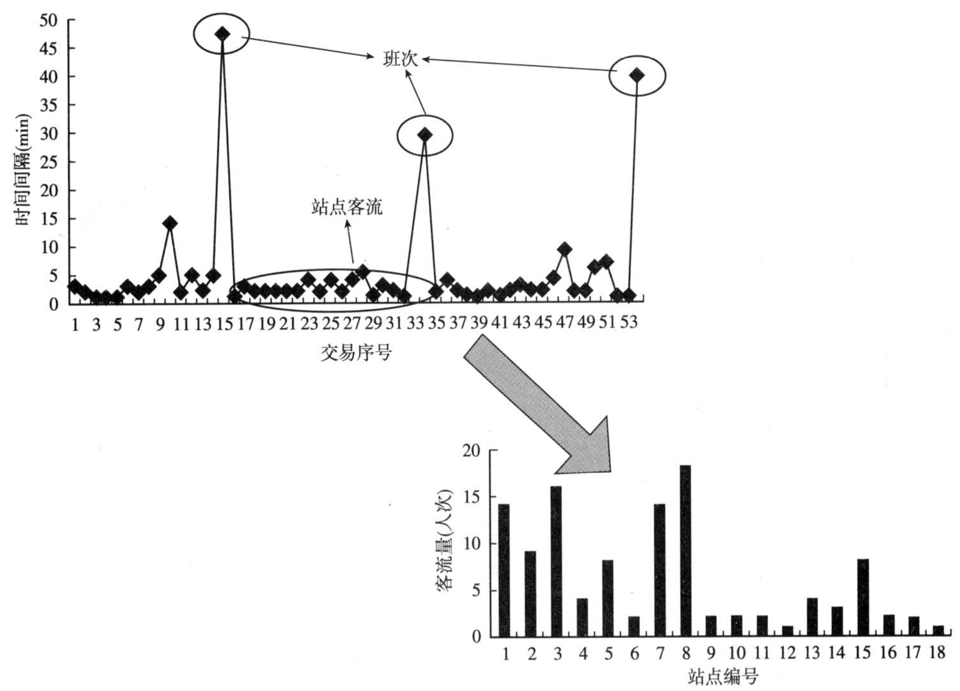

图7-9 公交IC卡数据聚类计算

选取北京市53路公交车2010年1月中5个单日单车IC卡数据，每组单车数据选择前两个班次数据进行处理。上下行方向站点客流调查曲线根据人工调查结果求得，如图7-10所示，时段为7:00～8:00。

聚类处理后，获得10个班次的近似站点客流量曲线，如图7-11所示。

根据相关性测量方法计算聚类后的近似客流曲线与调查曲线的相关性，获得的班次运行方向与人工调查结果完全一致，如图7-12所示。从计算结果可以看出，同一班次序列与两个方向经验序列的相似系数差别较大，表明该线路上下行方向客流差别较为明显，与调查曲线所示结果吻合。从车辆角度分析（1-1表示1号车辆第一个班次），单车的前两个班次行驶方向相反，符合单车运行方向交替出现的运营规律，也证明了聚类的有效性。

利用Matlab编程，基于动态时间扭曲法计算班次序列的相似性，获得各班次站点客流序列与调查客流序列的距离值（Dist）。如图7-13所示，该值越小，说明站点客流序列与调查客流序列越相似,其结果与相关性测量计算结果吻合。通过相似性测量计算,可统计得到运行方向相同的班次,其站点客流曲线如图 7-14 所示。

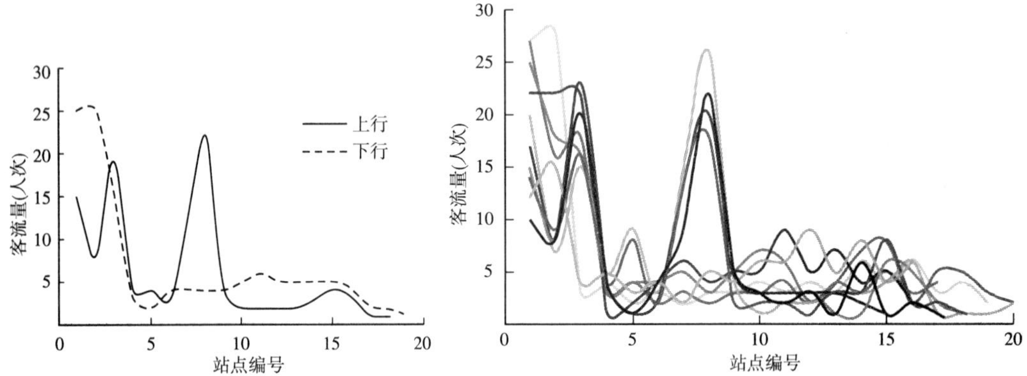

图 7-10　站点客流调查曲线(7:00 ~ 8:00)

图 7-11　近似站点客流曲线(聚类后)

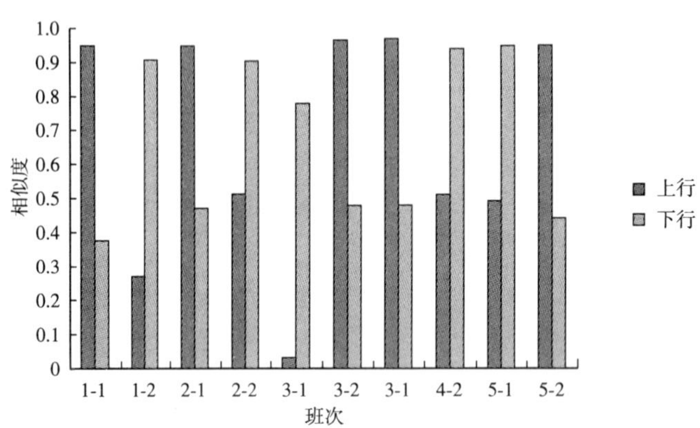

图 7-12　相关性测量结果(7:00 ~ 8:00)

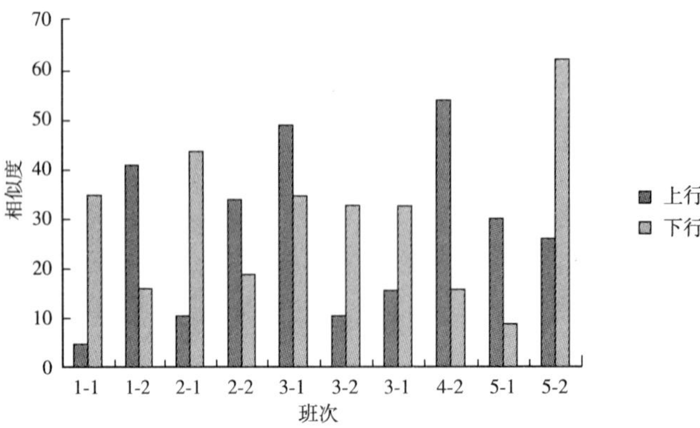

图 7-13　动态扭曲法计算结果(7:00 ~ 8:00)

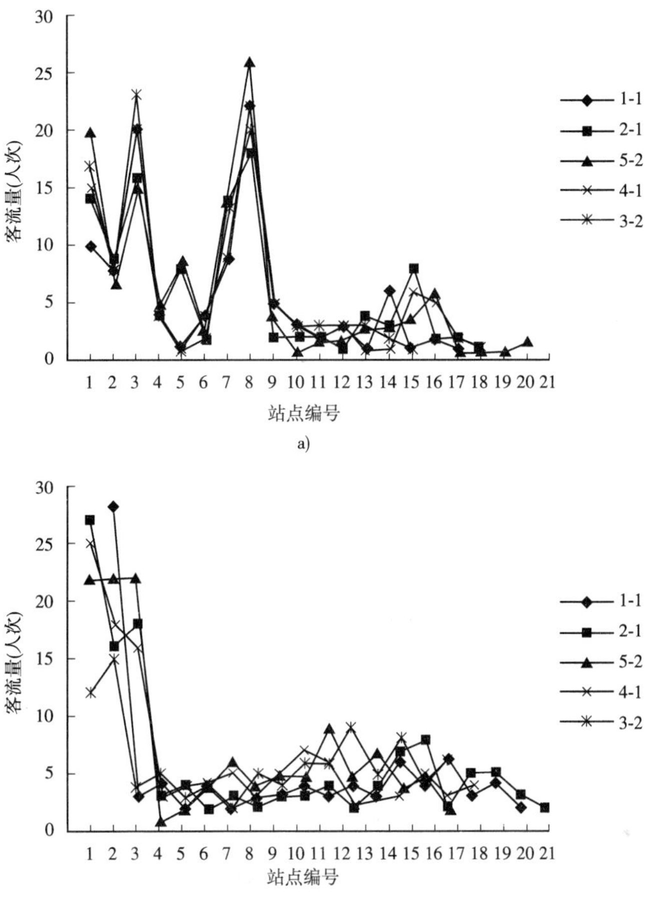

图7-14　相同运行方向班次站点客流曲线(7:00～8:00)

a)上行方向;b)下行方向

获取单车单日首个班次运行方向后,后续班次运行方向可以推算。设班次数为 n,若首班次为上行,则单车单日IC卡上行班次数 n^{up} 推断为:

$$n^{\mathrm{up}}=\begin{cases}\dfrac{n}{2} & (n\text{ 为偶数})\\[2mm] \dfrac{(n+1)}{2} & (n\text{ 为奇数})\end{cases}$$

上下行班次交替出现。为验证算法在客流平峰时段的表现,选取上述试验班次的后续10个班次进行分析,上下行方向站点客流调查曲线根据人工调查结果求得,如图7-15所示,时段为9:00～11:00。

运算结果如图7-16、图7-17所示,利用两种方法计算的结果相吻合,但与图7-12、

图7-13对比可知,根据车辆运行班次方向交替出现的规律,班次1-4、2-4、3-3、3-4出现了判断错误。从站点客流曲线来看(图7-18),该线路客流平峰时的站点客流并无明显规律,且没有较为明显的方向性差别,这也是导致计算结果偏差较大的重要原因。

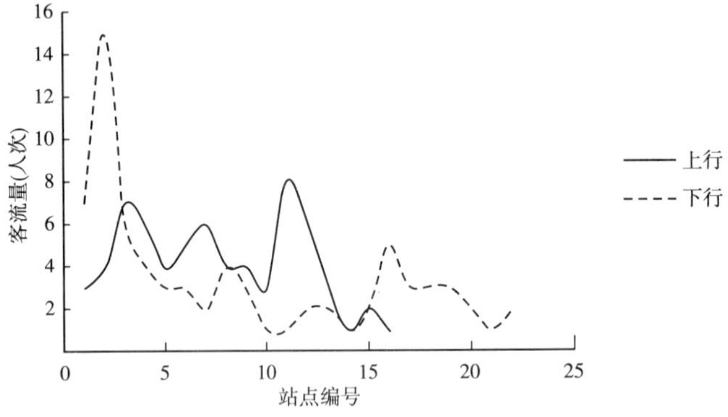

图7-15　客流经验曲线(9:00～11:00)

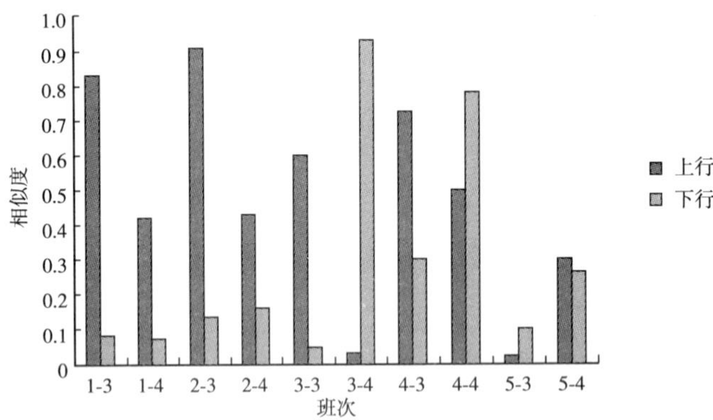

图7-16　相关性测量结果(9:00～11:00)

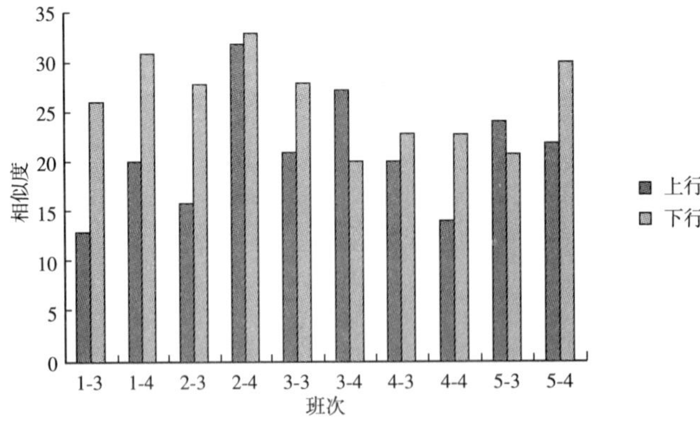

图7-17　动态扭曲法计算结果(9:00～11:00)

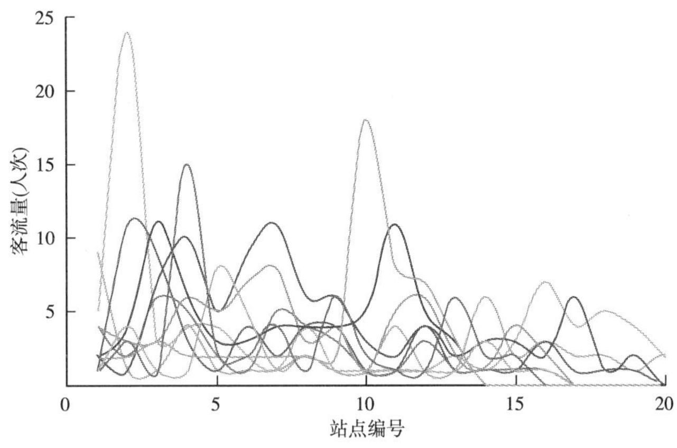

图 7-18　站点客流曲线(9:00 ~ 11:00)

利用相似性测量方法对公交 IC 卡班次数据序列进行处理,可得到以下结论。

①在基于公交 IC 卡数据的车辆运行方向判断中,首先对数据进行聚类分析,可大幅提高相关性测量与动态时间扭曲法的运算效率,使其具备处理海量数据的能力。

②两种方法在计算精度上表现大致相近,且较依赖于线路客流规律。对于存在一定客流规律的时段(如早高峰时段)或班次,计算精度较高,反之则误差较大。因此,相似性测量方法适用于存在方向性客流特征差别的线路,如市区郊区联络线,乘客出行目的以工作、学习居多的线路。

7.7　站点匹配方法

7.7.1　公交出行过程

定义公交乘客完成一次出行目的的公交出行路径为一次公交出行过程,公交出行过程涉及出行起点、乘车线路、中途站点、换乘站点、换乘线路、出行终点等。图 7-19 表示了一个完整的公交出行过程。

如图 7-19 所示,某乘客由出行起点刷卡上车,乘坐线路 A 到达站点 i 下车,接着该乘客在站点 $i+1$ 刷卡上车,乘坐线路继续出行,经过若干次换乘,最终到达出行终点。图中椭圆形圈出部分表示换乘过程,乘客一次出行可以有若干次换乘也可以不换乘,通常公交乘客愿意选择直达线路,无直达线路往往选择换乘最少的线路,因此乘客一次出行换乘次数通常在 1 ~2 次,3 次很少,4 次或 4 次以上换乘的情况几乎没有。

在乘客整个公交出行过程中,对单次刷卡的线路,有刷卡数据的站点是出行起点和换乘站点,对双次刷卡的线路,出行两端站点均有刷卡记录。出行起点、换乘站点、出行终点的判断为本节研究的重点。

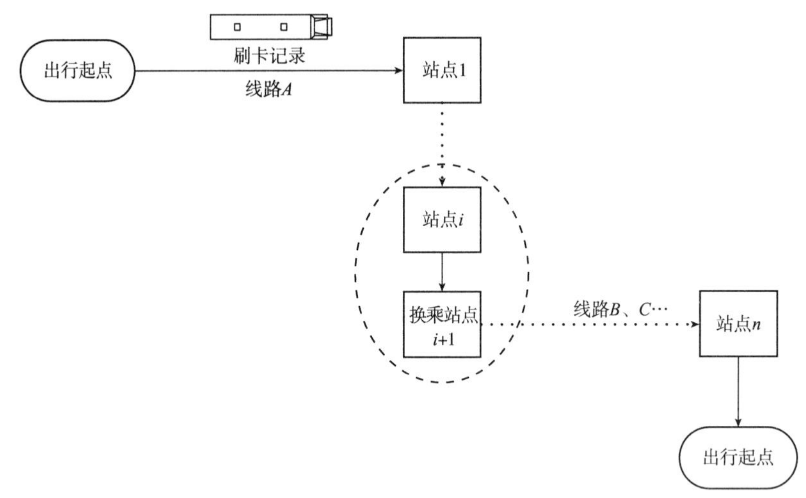

图 7-19　公交出行过程

7.7.2　基于聚类分析的上车站点判断

由于双次刷卡线路的一卡通数据记录了上下车站的站点编号,使得客流上下车站信息十分便于统计并能相对保证精确,而单次刷卡线路数据没有站点编号,需要采用相关方法进行处理。因此,应建立聚类分析方法,对单次刷卡线路车站号进行模糊识别,为各类客流指标特征统计提供精确、全面的数据。

通过在车站刷卡上车的实际情况可以得知,乘坐同一车次乘客的刷卡数据在时间上具有集中性,可以运用时间聚类方法将乘坐同一车次乘客的刷卡记录聚合成为一组。如果线路上每一个站点均有乘客刷卡,则产生的各组数据与公交线路沿途站点一一对应。但是实际中公交线路基本不可能在每个站点均有乘客上车刷卡,所以通过聚类分析一卡通数据只能统计到有刷卡乘客站点的刷卡数据,而不能通过一一对应判断各组数据对应的公交站点。

由一卡通数据的刷卡时间记录可知,线路编号、车辆编号与公交调度信息表发生多对一的关系。根据公交调度信息中的发车时间、到达时间即可推算公交车辆在所有公交站点停靠的时间,同时,根据不同站点间刷卡时间差可对刷卡数据进行聚类分析。选取合适的时间差阈值,将小于阈值的记录归为上游站点,大于阈值的记录归为下游站点。对于阈值的选取,可根据实际调查的数据判定。依据阈值的选取可对上车站点进行识别,而刷卡时间可近似认为是公交车辆在公交站点的停靠时间,通过这两个时间的匹配,结合一卡通数据的聚类结果,即能较为准确地判断各上车站点。上车站点识别流程如图 7-20所示。

下面主要介绍市政交通一卡通数据聚类分析。

(1)聚类分析概述。

公交 IC 卡数据记录了每辆公交车全天的交易记录,数据按交易时间由早到晚依次排列，且交易时间具有明显的团聚特征，即同一站点刷卡上车的乘客交易时间距离近，不同站点上车乘客交易时间距离较远。基于数据自身特征，简单聚类方法、最短距离法、快速聚类法（k-means算法）理论上都适用于公交IC卡数据聚类分析。

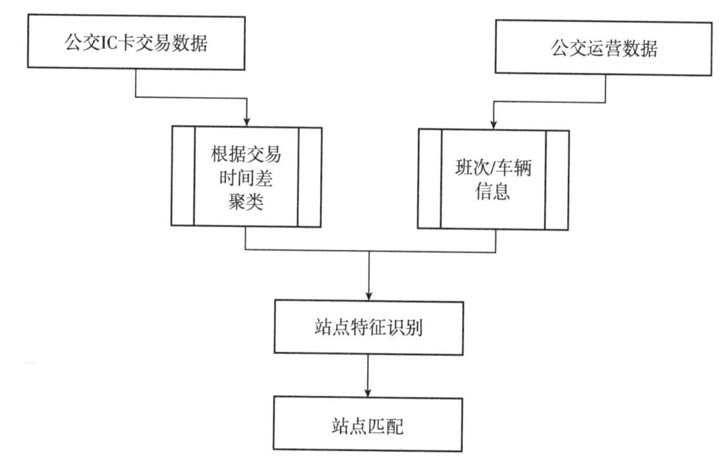

图7-20　上车站点识别流程图

简单聚类方法是基于相似性阈值与最短距离来对数据样本进行聚类，计算模式特征矢量到聚类中心的距离并和门限阈值比较而决定归属该类或作为新的一类中心。该方法计算简单，但聚类结果很大程度上依赖于距离门限的选取。

最短距离法是在模式特征矢量集中以最短距离原则选取新的聚类中心，以元素间最小距离原则进行模式归类。由于最短距离法每次合并分类后都是将该类与其他类中距离最近的两个样本之间的距离作为该类与其他类的距离，随着步骤的进行，类与类之间的距离一般来说越来越小，因此该方法有连接聚合的趋势，容易使大部分样本被聚在一类中，形成一个大类。

k-means算法是把n个对象分成k个类，按最小距离原则将对象分配到其中的某一类，不断地计算类的中心或平均值，最终使得每个对象的特征矢量到其所属类的距离平方之和最小，也称作误差平方和准则函数收敛。误差平方和准则函数计算如下：

$$E=\sum_{i=1}^{k}\sum_{p\in T_i}\|p-m_i\|^2 \tag{7-7}$$

式中：m_i——聚类中心，即每个类中交易时间的平均值；

p——数据集中的点。

k-means算法在对大规模数据进行聚类时被广泛应用，效率较高。此处以该方法为例，对公交IC卡数据进行聚类，算法流程如下：

①任意选择k个对象作为初始的类中心。

②根据类中对象的平均值，将每个对象（重新）赋予最相似的类。

③重新计算每个类中对象的平均值，直到不再发生变化。

城市公交具有定线、定站的运营特征，公交乘客需要在公交站点乘车，当公交车到达站点，上车乘客连续进入公交车辆。因此，对于一趟公交车，乘客上车客流具有很强的时间群集特性。一卡通数据中的刷卡时间字段描述了刷卡乘客上车时间，因此也具有时间群集特征。对刷卡时间数据进行聚类分析，以间隔时间长短作为聚类的相似性依据，即两次刷卡时间间隔较短的刷卡记录作为一组或一类。由于存在有些公交站点无上车刷卡乘客的情况，因此对刷卡时间进行聚类的分类数量不能确定，需要对聚类算法进行适当调整，获得初始聚类个数。

通过计算相邻交易时间差，可得到如图 7-21 所示的曲线，纵轴表示相邻交易时间点的差值。根据相邻交易时间差值曲线特征，可直观得到两类突变点。一类突变点差值较大，一般在 30s 以上，可初步确定为相邻站点首末交易时间的差值，即后一站点首位交易时间与前一站点末位交易时间的差值。二类突变点差值相对较小，既可能为相邻站点的首末交易时间差值，如相邻两站点间距小，站间运行时间短；也可能为相同站点内相邻交易时间的差值，如车辆在站内停留时间较长，导致相邻的交易时间间隔较大。

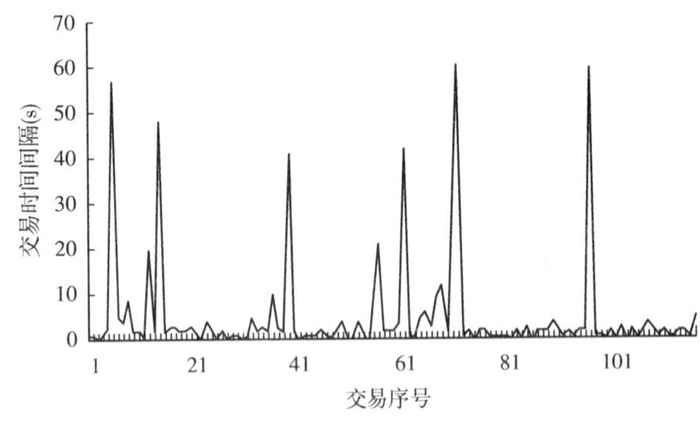

图 7-21　公交站点交易时间差示意图

在聚类开始时，以一类突变点的个数作为聚类初始数，能够有效减少聚类循环次数，节约计算空间。调整后的聚类步骤如下：

①计算交易时间差，以一类突变点的个数作为初始聚类个数。

②计算初始聚类中心，将交易时间数据赋予聚类子集中，计算准则函数。

③增加聚类个数 k，并重复步骤②，直到准则函数 E 收敛。

需要说明的是，受站点数量约束，聚类个数 k 是有范围的，由于公交线路至少在末端站点无人上车，因此聚类个数要小于线路站点数。

（2）站点匹配。

聚类结果产生后，需要与对应的站点匹配。由于中途部分站点会出现无客流的情况，若简单地按照聚类子集与途经站点的先后顺序匹配，误差较大，因此需要根据公交运营规律来辅佐站点匹配，下面介绍两种方法。

①基于站点客流量特征匹配。通过对公交线路站点客流的调查统计可知，特定时段内的线路站点客流是有规律可循的，如图 7-22 所示。受城市区域功能定位及土地使用的影响，不同站点所服务的乘客数量和范围不尽相同，因此站点客流量曲线也呈现出具有规律的峰值。将具有客流峰值的站点视为线路的特征站点，可在站点匹配过程中用作标志点，以保证标志点和相邻站点的匹配结果精确。具体步骤如下。

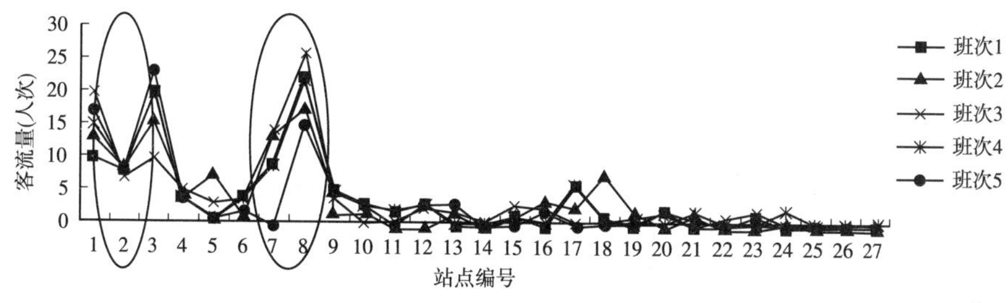

图 7-22　站点客流量曲线

设聚类子集 k_i 的客流量为 P_i，客流峰值站点个数为 n，$D_{q-1,q}$ 为站点 $q-1$ 与 q 的站间距离，$\overline{V}_t$ 为站点间车辆运行平均速度，t 为的交通时间段，$\overline{RT}_{(q-1,q)}$ 为站点平均运行时间，则站点匹配步骤为：

a. 根据客流统计规律特征，确定线路客流峰值站点个数，可以为一个或多个。

b. 按照聚类子集中心 m_i 由大到小的交易时间，由先到后顺序排列，取与客流峰值站点个数相等的前几个聚类子集 k_i 与客流峰值站点匹配。

c. 计算相邻聚类子集之间的时间距离和站点间平均运行时间，以客流峰值站点为基准点，根据相邻站点平均运行时间与聚类子集时间距离的大小关系匹配其余站点。

d. 所有聚类子集与站点匹配完成后，对无匹配结果站点插入零值。

②换乘站点特征匹配。当线路客流存在换乘行为时，换乘站点可作为特征站点，与换乘客流匹配。如图7-23所示，对象公交线路 A 的换乘站点客流来源有两类，一是其他线路换乘到线路 A 的乘客（模式 1），二是由线路 A 换乘到其他线路的乘客（模式 2）。在获得聚类结果后，选取可能为换乘站点客流的聚类子集，根据子集中交易记录的 IC 卡号，搜索出行交易记录，判断是否为换乘客流。换乘站点匹配步骤如下：

a. 确定换乘站点编号，线路换乘站点选取枢纽节点或换乘客流较大的站点。

b. 计算相邻聚类子集之间的时间距离和站点间平均运行时间，根据相邻站点平均运行时间与聚类子集时间距离的大小关系匹配其余站点。

c. 根据站点初次匹配结果，对换乘站点以及相邻站点的交易记录进行搜索，获得乘客出行交易记录。

d. 根据乘客刷卡记录判断换乘行为，将有换乘行为的 IC 卡号所属的聚类子集，与换乘站点匹配。设线路 A、B 乘客交易时间分别为 t_{Ai}、t_{Bj}，站点平均运行时间为$\overline{RT}_{(i-1,i)}$，换乘站点编号为 r，δ 为判断阈值。当乘客出行 IC 卡交易记录中包括线路 A、B 时，若 $t_{Ar}-t_{Bj}-\overline{RT}_{(Bj,Br)}<\delta$，则该乘客为换乘客流，$t_{Ar}$所属的聚类子集即可与换乘站点匹配。

根据站点客流峰值与乘客换乘特征将站点与聚类子集匹配，两种匹配方法可以同时使用，流程见图 7-24。

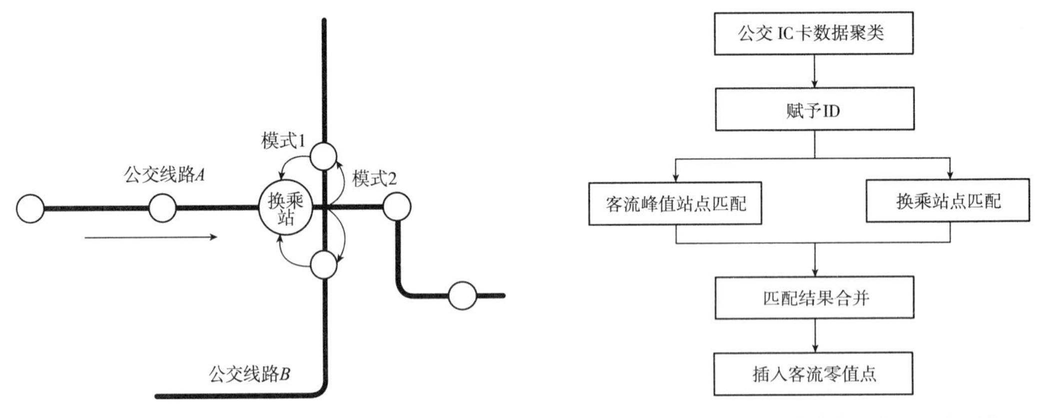

图 7-23　公交乘客换乘示意图

图 7-24　公交 IC 卡数据与站点匹配流程图

7.7.3　基于站点吸引的下车站点判断

由于单次刷卡线路的一卡通数据没有关于下车站点的记录，不能像判断上车站点一样，通过刷卡时间判断下车站点。但是由于公交定线、定站的运营特征，以及城市居民的出行特点，决定了公交出行在路线的选择和客流的分布上具有一定的规律性和稳定性。利用这些特性，可以采用基于站点吸引的下车站点判断方法。

(1)下车站点判断基本公式。

首先引入公交下车概率矩阵的概念。用 P_{ij}表示某乘客在公交站点 i 上车、在站点 j 下车的概率，若某线路有 m 个停靠站(包含首末站)，则可以建立下车概率矩阵：

$$P = (P_{ij})_m \times m \tag{7-8}$$

以一条公交线路单向运行一趟的数据分析为例。用 D_i表示 i 站点下车人数，S_i表示 i 站点上车人数。上车站点已进行过判断，因此 S_i可运用统计方法得到。

根据公交单向运行的特性，起始站点没有下车乘客，因此 $D_1 = 0$。

在第 2 个站点下车的乘客来自于起始站上车的乘客，因此有：

$$D_2 = S_1 \times p_{13} + S_2 \times p_{23} \tag{7-9}$$

以此类推，得到下车人数计算公式：

$$D_i = \sum_{k=1}^{i-1}(S_k \times p_{ki}) \quad (i=1,2,\cdots,m) \tag{7-10}$$

带入式(7-10)即可求得各站点下车人数。

(2)下车概率确定方法。

根据已有的城市公交客流调查数据可知,决定站点下车概率的主要因素有两个:一是下车站点与上车站点的站距,二是下车站点附近的土地利用性质。

居民公交出行距离分布具有一定的规律,近似服从正态分布。公交出行属于中长距离出行,出行距离在5~10km范围内的出行比例最大,出行距离过长或过短的居民很少采用公交出行方式。居民公交出行的距离特征反映在公交出行的途经站点数量上,表现为途经站点数量在某一个范围内下车人数为最大,即下车概率最大,当途经站点较少或较多时,下车概率较小。可以看出,下车概率随途经站点数量服从泊松分布。因此,只考虑途经站点数量得到的下车概率为:

$$F_{ij} = \frac{e^{-\lambda}\lambda^{j-i}}{(j-i)!} \tag{7-11}$$

式中:F_{ij}——i站点上车乘客在j站点下车的概率;

λ——平均公交出行途经站点数量,当i站点以后的站点数量小于平均出行途经站点数时,$\lambda = m - i$,m为线路单向站点数量。

同时,居民公交出行也受用地性质影响。有购物、休闲、娱乐等设施在附近的站点与普通站点相比,吸引半径更大,吸引力更强,而且附近多有交通枢纽,在这类站点上下车乘客通常最多。由站点看来,某站点上车的人数越多,说明该站发生量越大,而公交出行具有很强的往返性,因此站点发生、吸引客流总量基本保持均衡,也就是说,站点发生量同时可以反映站点的吸引量。根据统计各站点上车客流总量,可以计算各站点吸引强度。定义W_i为公交线路各站点吸引权,则有:

$$W_i = \frac{S_i}{\sum_{k=1}^{m} S_k} \tag{7-12}$$

下车概率P_{ij}与居民公交出行途经站数和站点吸引强度相关,即:

$$P_{ij} \propto F_{ij} \tag{7-13}$$

$$P_{ij} \propto W_j \tag{7-14}$$

$$P_{ij} = \begin{cases} \dfrac{F_{ij} \times W_j}{\sum_{k=i+1}^{m} F_{ik} \times W_k} & (i<j) \\ 0 & (i \geqslant j) \end{cases} \tag{7-15}$$

将下车客流量与P_{ij}相乘,即可求得各站点下车人数。

(3)方法优缺点。

基于站点吸引的下车站点判断方法,是根据站点上车人数和站点间的下车概率来计算各站点的下车人数的。因此该方法不能判断单个公交乘客下车站点,不能通过其结果把握单个乘客的出行路径。但是该方法约束条件较少,运算简单,得到结果较为准确,而且就目前常用的公交规划及运营决策方法而言,只需要了解公交客流总量数据,因此是目前条件下比较好的下车站点判断方法。

7.8　一卡通数据统计指标分析方法

以下为常用的公交客流及运营指标的统计方法。这些指标均可由IC卡数据所提取的站点上下客流量及到站时间直接或间接统计获得。

(1)站点客流数据。

站点客流表示为单位时间(如1h或1d)公交站点上下车乘客数量,反映公交站点及其周边的公交需求情况,可作为公交规划及公交站点改造的重要依据。公交站点客流数据主要包括全天站点客流量、高峰小时站点客流量等。

①全天站点客流量。以上车客流量统计为例,将一天全部刷卡数据作为选择集A,以上车站点字段作为分组依据,计算同一站点一天刷卡记录条数,利用站点刷卡率e进行样本扩大计算,即得到站点全天客流量。

下车客流量统计方法与上车客流量统计方法基本相同,这里不再详述。

②高峰小时站点客流量。城市公交日客流通常呈现早晚两个高峰,不同站点因为附近用地性质不一其高峰小时不太一致。例如郊区站点与市区站点高峰小时会有30min左右的时差。因此计算站点高峰小时客流量,需要将一日客流分为若干小时段客流,再分别合并为小时时段客流量,取最大客流量为站点高峰小时客流量。

具体步骤如下。将一天全部刷卡数据作为选择集A,并对记录分组。分组原则为:分析时段为调查站点的所有经过线路中最早发车时刻至最末班车到站时刻,每隔15min分成一组,统计各组时间段内刷卡记录条数,即得到各组的持卡客流量。要确定高峰小时,须对小组重新合并。合并原则为:从第四组开始将其与上面三组合并,每四个小组合并为一大组,统计各大组的记录条数。

(2)线路客流数据。

①全天线路客流量。线路全天客流量反映了线路的运营效益,也是预测规划年线路客流量必需的基础资料。首先将调查线路所有车辆一天的刷卡记录存储到一个选择集A中,调查线路所有持卡乘客人数,即选择集中的所有记录总数n,利用线路刷卡率e,进行样本扩大计算,得到线路客流全天客流量N。另外,可根据调度表确定车辆上下行属性,分别统计上下行总客流量,其总和即为线路全天客流量。在能够确定车辆上下行的前提下,建议使用后者,即:

$$N = \frac{N_{上行} + N_{下行}}{e} \tag{7-16}$$

②高峰小时线路客流量。线路高峰小时的客流量决定了公交线路的最大客流需求,可以反映线路服务水平和满足需求的能力,因此高峰小时客流量是一个必须得到的基础性指标。公交线路由于其功能走向的差别,高峰时段不尽一致。线路高峰小时客流量的计算步

骤与站点高峰小时客流量的计算步骤基本相同。

(3)满载率。

满载率是衡量公交车辆是否满足需求的重要指标,包括高峰满载率和全天线路满载率。高峰满载率用于评价高峰时段公交服务水平及发车频率是否合理,全天线路满载率用以评价线路公交发车频率或投放车辆数是否满足需求。

①高峰满载率。高峰满载率表示高峰期间车辆在主要线路的单向、高峰断面上载运乘客的平均满载程度,计算公式为:

$$\text{高峰满载率}=\frac{\text{主要线路单向高峰断面通过量}}{\text{车辆通过高峰断面的客位数总和}}\times 100\% \tag{7-17}$$

车辆通过高峰断面的客位数可根据经过高峰断面的车辆数计算。通过高峰期间线路断面流量的计算可以确定高峰断面位置。假设高峰时段为 $T_{\max}$,且高峰断面位于站点 i 与 j 之间。已知线路全天各车次在站点 i 与 j 的到站时间 T_i、T_j,以及线路在两站点间平均运行时间 t_1 与站点 i 停靠时间 t_2,则认为到站时间满足:

$$T_i+t_2=\frac{t_1}{2}\in T_{\max}\text{ 或 }T_j-\frac{t_1}{2}\in T_{\max} \tag{7-18}$$

这些到站时间所对应的车辆即为高峰小时通过高峰断面的车辆。车辆额定载客数存储在公交车辆数据表中,将额定载客数相加即得到高峰时段通过高峰断面的客位数总和。

②全天线路满载率。全天线路满载率是指运营车辆全天载运乘客的平均满载程度,计算公式为:

$$\text{全天线路满载率}=\frac{\text{全天乘客周转量}}{\text{全天客位行程}}\times 100\% \tag{7-19}$$

全天线路乘客周转量是线路全天刷卡数据对应出行距离的总和,出行距离即为刷卡数据对应上车站点与下车站点之间的距离。全天客位行程是指全天线路各车次客位行程之和,各车次客位行程可以用车辆额定客位数与车辆行驶距离之积计算。车辆行驶距离通常为线路长度 L,当车辆不行驶完线路全程(如线路区间车)时,车辆行驶距离用调度数据表中的发车站点与到达站点间距代替。

(4)客流不均匀系数。

路段客流不均匀系数表示某一路段的客流量占线路总流量的比例,计算公式为:

$$\text{路段客流不均匀系数}=\frac{\text{第 }i\text{ 路段客流量}}{\text{全线单向平均客流量}} \tag{7-20}$$

可以通过计算路段客流不均匀系数确定区间车开设的必要性。若路段客流不均匀系数大于1,视为高峰路段;若路段客流不均匀系数在1.2~1.4之间,属于正常调节范围,不需开设区间车;若路段客流不均匀系数大于临界值(1.2~1.4),则有开设区间车的必要。

线路客流不均匀系数表示公交线路上下行两个方向的客流量差别。线路上下行两个方向上可能一天总客流量差别较大,也可能某时段客流量差别较大(通常为高峰小时),计算公式为：

$$一天线路客流不均匀系数=\frac{单向线路全天总客流量}{线路双向全天总客流量} \tag{7-21}$$

$$高峰线路客流不均匀系数=\frac{单向线路高峰小时总客流量}{线路双向高峰小时总客流量} \tag{7-22}$$

(5)周转时间。

周转时间是指车辆在营业线路上，完成一次从始站到末站、再从末站到始站的运输过程平均所耗费的时间，等于两倍的单程时间与始末站停站时间之和，即：

$$周转时间=2\times单程时间+始末站停站时间 \tag{7-23}$$

一天内的沿线客流及道路交通量具有不均衡性，对车辆的周转时间有直接的影响。因此，车辆周转时间必须按照客流峰段分别确定。在早晚客流低峰及各峰段之间的过渡时间段，在满足乘客需求的前提下，线路车辆数或车次应该有比较明显的增减变化，以提高车辆运行的效率。实践中，为便于组织车辆运行，允许此时段的车辆周转时间为一个小的区间值。不同客流峰段内的车辆周转时间应尽可能与该峰段延续时间相匹配，或不同峰段相邻时间段内的车辆周转时间与相应时间段总延续时间相协调。如A时段之车辆周转时间与相邻的B时段之车辆周转时间的加权平均数，同A与B两个时段作为一个大时段所要求的车辆周转时间相一致。具体可依据下述条件确定周转时间定额：

①客流峰段内各次周转时间之和等于该峰段的延续时间。

②客流峰段内周转时间区间值中的某一值与该峰段延续时间成整倍数关系。

③相邻峰段内各次周转时间之和等于其对应峰段延续时间之和。

通过一卡通刷卡数据可以粗略估计公交车周转时间，即计算驾乘人员或乘客刷卡时间差。公交调度时刻表内已经记录了公交车辆准确的发车及到站时刻，可依据运营调度数据进行运算。公交车辆运营过程中在首末站的发车与到站时间由调度员记录在调度运营表中，并存储在市政公交一卡通数据库内。车辆首站发车时刻与再次回到首站到站时刻之间的时间间隔即为一次周转时间。

周转系数是指单位时间（通常为1h）内车辆沿线路所完成的往返循环次数，计算公式为：

$$周转系数=\frac{1}{周转时间} \tag{7-24}$$

(6)行车间隔。

行车间隔表示相邻车次的行车时间间隔，根据调度数据表可以计算相邻车次的发车间隔，利用一卡通刷卡数据可统计相邻车次在任意站点的行车间隔。公交车辆发车间隔由调度人员控制，但是由于道路交通条件影响，公交车辆在线路上运营速度不均匀，造成行车间隔变化很大，常常发生站点长时间没有车辆到达或者同时多辆车到达的情况，造成公交服务水平降低。掌握线路在各站点的行车间隔有助于发现容易造成行车间隔不均的路段，以采取有效措施解决问题。

在判断上下车站点过程中，已推断出各车次到达各站点的时刻，并存储在车次到站时刻数据表中，相邻车次在某站点的行车间隔即为到达该站点时刻的时间差。

（7）运营速度。

运营速度是指车辆在线路上来回周转的速度，计算公式为：

$$运营速度 = \frac{2 \times 线路长度}{周转时间} \tag{7-25}$$

车辆在线路上一个来回的时间等于车辆在线路上来回行驶的时间、在中途各站停靠的时间，以及在线路两端始末站停留时间的总和。运营速度高，车辆在线路上周转快，就能完成更多的客运任务。所以，它是标志客运工作好坏的一项重要指标，也是计算公共交通车辆拥有量的一项重要指标。线路长度存储在市政公交一卡通数据库中的线路基础数据表中。

（8）行车频率。

行车频率是指单位时间内通过线路某一断面或站点的车辆数。根据车次到站时刻数据可以简单统计得到单位时间内通过任意站点的车辆数，即行车频率。具体过程此处不进行详述。为保证客流在一个时间段内能够被及时运送，任何时间段内行车频率的计算公式为：

$$行车频率 = \frac{某时间段某断面客流量}{载客率定额} \tag{7-26}$$

根据行车频率和周转时间，可得到某时间段线路应该配置车辆数，计算公式为：

$$车辆数 = \frac{行车频率}{周转系数} = 行车频率 \times 周转时间 \tag{7-27}$$

7.9　一卡通数据处理统计分析示例

本节以北京市 305 路公交车为例，选取 2008 年 1 月 4 日 ~27 日一卡通数据，对其客流特征及运营特征进行统计分析。

7.9.1　公交线路客流量统计

（1）线路全天客流量统计。

通过图 7-25 可以掌握 305 路全天客流量的变化规律。除 2008 年 1 月 1 日、1 月 2 日处于元旦假期客流量较少外，其余各日客流量总体比较稳定，周末偏低。

图 7-26 所示为 305 路节假日与工作日全天客流量变化，数据取自 2008 年 1 月 7 日、1 月 8 日（周一、周二），1 月 12 日、1 月 13 日（周六、周日）。从图中可以看出，工作日与

节假日全天客流量变化有显著的区别。工作日出行目的多为上班、上学,时间较为固定,高峰小时一般集中在7:00～8:00、17:00～18:00;而节假日因出行目的多为购物、访友、休闲娱乐等,客流高峰多集中在10:00～16:00,高峰曲线也较为缓和。

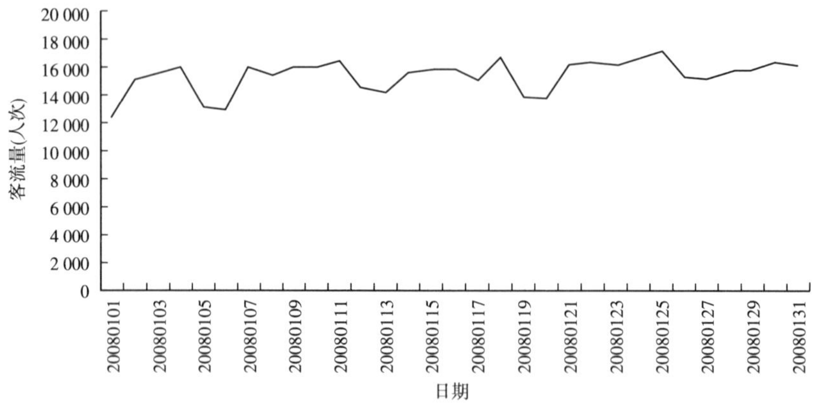

图7-25　2008年1月客运量分布曲线(305路)

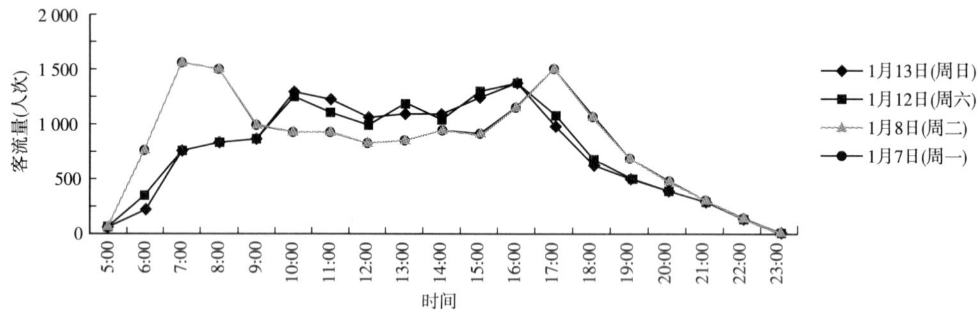

图7-26　节假日与工作日全天客流变化

(2)线路站点客流量统计。

305路首末站点分别为宝盛里小区站与德胜门站,途经马甸桥、健翔桥、永泰路等站点,连接北二环至北五环,与地铁10号线以及2号线形成接驳,其日平均客运量达到了1.4万人次。从图7-27可以看出,与地铁2号线接驳的德胜门站客流量较大,换乘的乘客较多。

图7-28所示为305路各工作日站点客流变化对比曲线,图7-29所示为305路节假日、工作日站点客流变化对比曲线,图7-30所示为2008年1月周一各站点客流变化对比曲线。

由图7-28可以看出,305路工作日(周一～周五)站点客流变化规律基本相同,首末站及线路中途站(清河南镇、花虎沟等站)客流量较大。而对比工作日与节假日站点客流变化规律(图7-29)发现,节假日与工作日站点客流变化曲线间有一定差别,站点节假日客流或高于或低于工作日客流。图7-30则表示单日(周一)各站点客流变化规律基本相同,说明居民出行规律性较强。

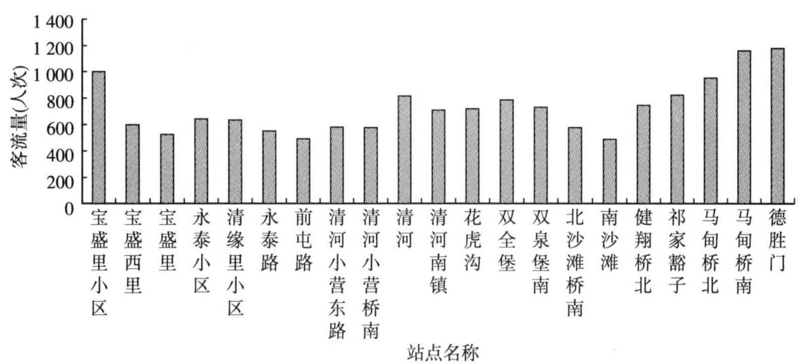

图7-27　全天站点客流量分布柱状图(305路)

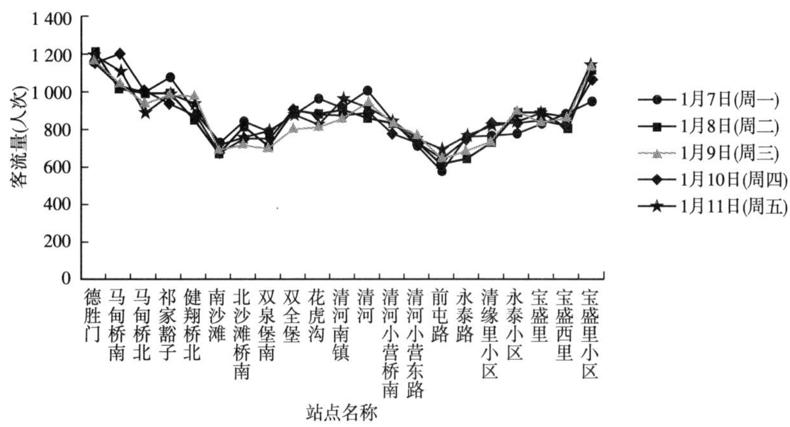

图7-28　工作日站点客流变化对比曲线(305路)

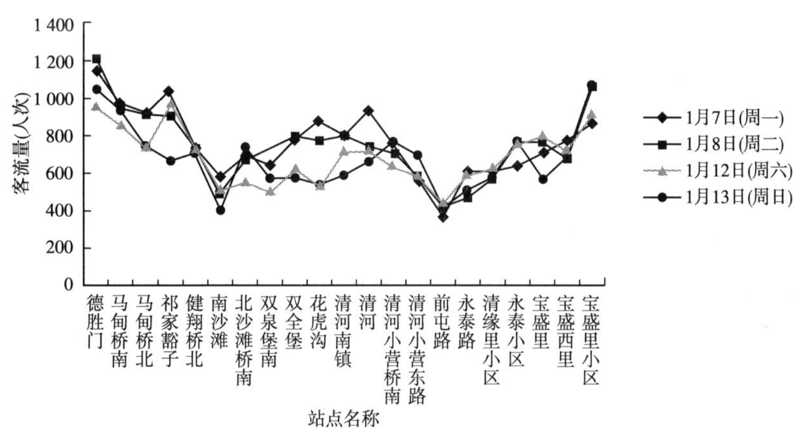

图7-29　节假日、工作日站点客流变化对比曲线(305路)

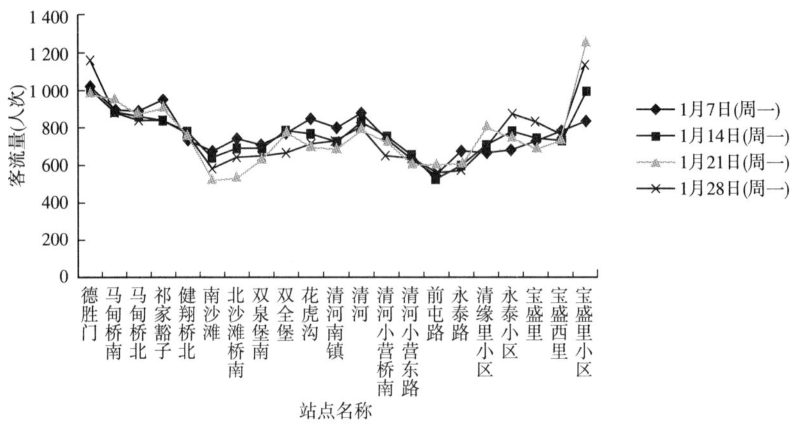

图7-30　2008年1月周一各站点客流变化对比曲线(305路)

综合图7-27～图7-30可以得出如下结论：

①305路各站点工作日客流量稳定,与节假日客流量有一定差别。

②工作日乘坐该线路的乘客出行规律性较强,高峰小时客流量激增明显。

③节假日与工作日客流高峰小时所处时段差别明显。

7.9.2　公交线路运营指标统计

(1)运营速度。

根据从305路一卡通数据中提取出的2008年1月4日～27日的数据,按照高峰、平峰四个时段统计线路运营速度。统计结果见表7-1。

305路运营速度表　　表7-1

时段	6:00～8:00	8:00～10:00	12:00～14:00	16:00～18:00
平均运营速度(km/h)	14.51	14.76	13.80	14.27
总平均运营速度(km/h)	14.34			

(2)客流方向不均匀系数。

通过2008年1月305路一卡通数据提取出的信息,按照高峰、平峰时段对线路上下行不均匀系数进行统计,结果见表7-2。从表中可以看出,早高峰时客流主要流向为宝盛里小区至德胜门,晚高峰时正好相反。

305路客流方向不均匀系数表　　表7-2

时段		6:00～8:00	8:00～10:00	12:00～14:00	16:00～18:00
不均匀系数	上行	0.78	0.71	0.52	0.31
	下行	0.21	0.29	0.48	0.69

注:上行方向为宝盛里小区—德胜门。

第8章 公路网运行监控及状态评估

8.1 概述

近年来我国国民经济持续快速增长，人民生活水平不断提高，对公路交通运输和出行提出了更高的要求。在这种态势下，虽然公路建设蓬勃发展，公路运输能力不断提高，但仍然满足不了持续增长的出行需求，交通拥挤时常发生。同时公众对公路出行服务水平的要求也在不断提高，对运用信息化、智能化手段提升现有公路运行效率和服务水平的需求日益突显。

长期以来，我国公路管理信息化水平较低，缺乏有效的公路交通信息采集系统，尚未建立对区域公路数据资源共享和统一管理的机制和技术手段，无法对公路运行、养护、路政管理、监测等数据进行有效归集、汇总、分析管理，限制了各级公路交通部门对公路基础设施和运营管理等的监管力度，无法为公众出行提供统一、高效、实用的公路信息服务。

本章基于公路网交通运行特征，研究公路网运行信息采集、状态分析与评估关键技术，为实施公路网交通运行的智能化监管及信息服务提供理论及方法支持。

8.2 路网运行状态信息采集及评估系统

8.2.1 信息采集及评估系统需求分析与构架

路网运行状态信息采集及评估系统通过前端设备对关键点段交通流状态参数进行实时采集,并在后台进行路网运行状态特征和历史数据的挖掘分析,实现对常态下公路网运行状态的评估,以及紧急事件(包括交通事故、交通管制、异常天气等)下公路网关键点、段的异常状态自动辨识。

影响公路网交通运行状态的主要因素有如下几点。

(1)道路几何构造:在特殊的道路线形,如急弯、上下坡等,以及公路网之间的衔接处,路网运行状态容易发生突变。

(2)管理瓶颈:收费站、治超站等关口是导致公路交通状态瓶颈现象产生的主要原因。

(3)混合交通的车辆构成:混合交通主要是指公路网中大型车辆、三轮机动车等的加入,由于这些车辆的行驶性能和体积与小客车相差悬殊,容易干扰小客车的正常行驶,从而使路网整体运行水平降低。

(4)车辆之间的相互影响:公路网路面多采用单幅路形式,不设置中央分隔带,车辆在运行过程中容易受到对向车辆的影响;同时,车辆在行驶中超车、变换车道等行为也会对其他车辆造成影响。

(5)异常天气:由于公路网覆盖面积大,所处地段环境复杂,气候条件较不稳定,安全设施不如城市道路网完善,因此公路网极易受到雾、雪、降雨等气象条件的影响。

根据影响公路网交通运行状态的主要因素,以及交通运行状态的表征参数,可明确路网运行状态信息采集及评估系统的采集参数、采集设备及布设地点、分析及评价指标。系统总体框架如图 8-1 所示。

系统通过在关键点、段设置前端检测设备采集数据(如车流量、服务站点排队长度、车辆类型、气象信息等)以及道路养护工人巡逻获取数据,对所采集的数据进行加工处理,提炼出公路网运行状态评价所需的基本参数(如道路流量、行程时间等)及异常判别所需的各类基本参数。针对发布信息对象的需求特征(主要针对两种用户:路网管理部门和路网用户),实现面向对象的路网状态评价指标研究;同时根据运行状态分析结果,结合道路网历史信息数据库,对异常状态进行判别,实现异常状态的致因分析(如交通事故、异常天气、自然灾害引起的道路设施损毁、交通管制等)。

前端交通采集设备可根据实际需求及情况选取线圈、微波、视频等设备。路网运行状态与获取手段及获取对象结构关系如图 8-2 所示。

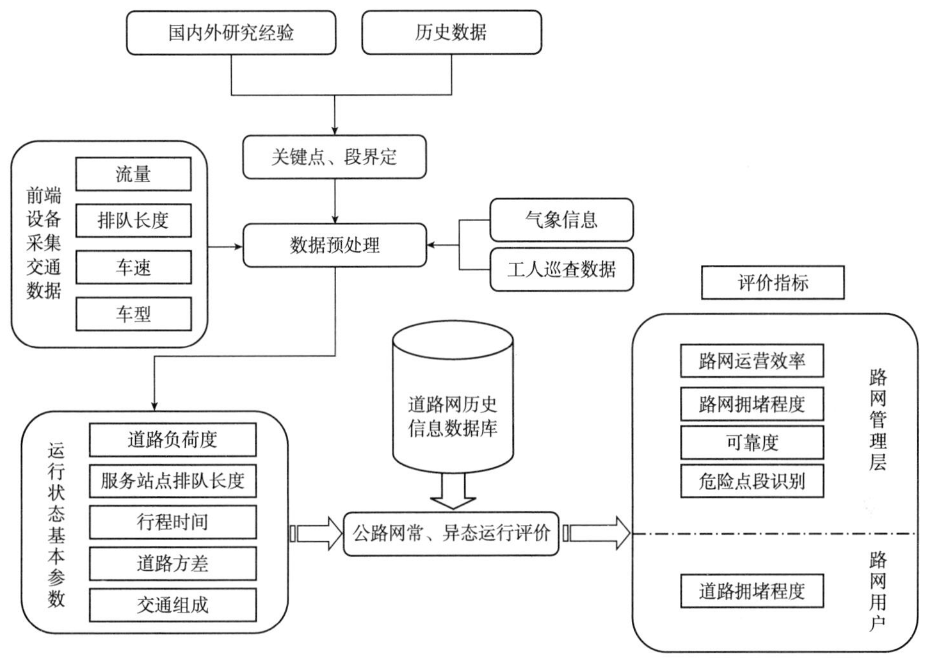

图8-1 路网运行状态信息采集及评估系统总体框架

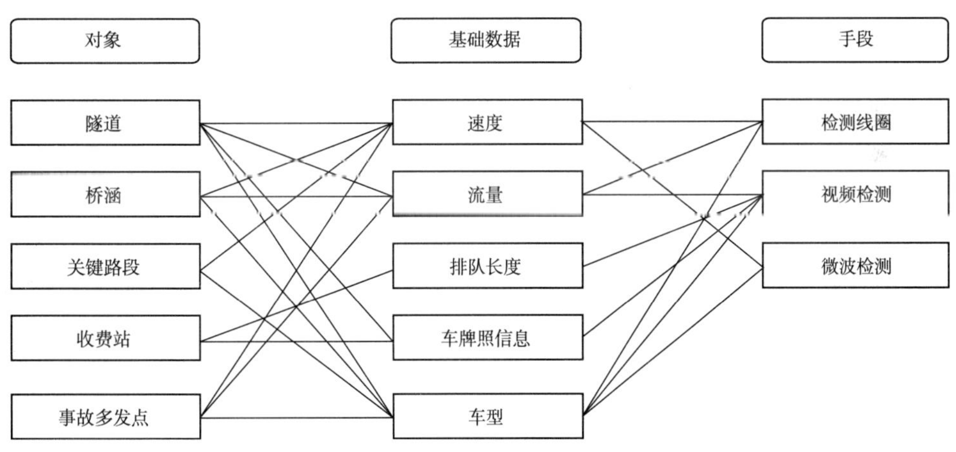

图8-2 路网运行状态数据与获取手段及获取对象结构关系图

通过科学、合理地设置交通运行状态监测设施，可构建全面覆盖公路网的、具备动态交通数据采集能力的公路网交通运行状态监测体系（图8-3），面向管理部门及出行者需求，进行路网运行服务水平评价，为公路网管理、应急处置和公众出行信息服务等应用提供支持。

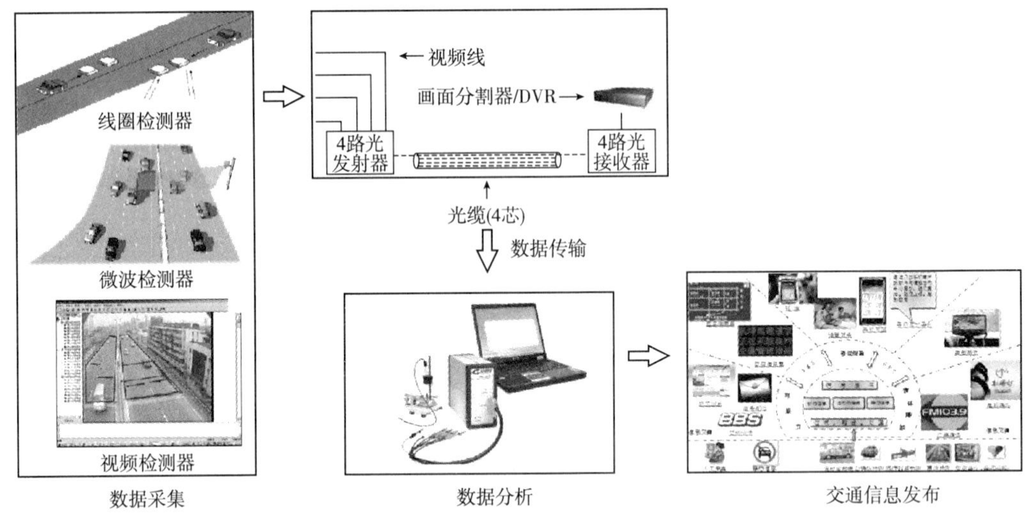

图 8-3　系统物理框架

8.2.2　重要监控点位置选择

受成本约束条件,信息采集应尽可能布设在运行状态波动较大或易发生异常的关键点段。这些设备布设的基本原则如下:

(1)国省道沿线重要桥梁、隧道,应设置交通运行状态监测设施。

(2)具有城市交通运行特征的国省道路段,应参照城市道路交通量检测密度设置交通运行状态监测设施。

(3)与高速公路并行、一定范围内可作为高速公路替换路径的公路路段,应设置交通运行状态监测设施。

(4)国省道互通立交、重要交叉口和主要分流匝道,应设置交通运行状态监测设施。

(5)国省道与重要县道交叉处,根据路口实际交通运行量,适当设置交通运行状态监测设施。

(6)主要交通吸引点周边国省道,如重要旅游景区、大型活动中心等,应设置交通运行状态监测设施。

(7)国省道临近交通瓶颈区的上游路段,应设置交通运行状态监测设施。

(8)重要国省道在主要郊县、城镇的过境路线,根据实际交通量情况,选择中等或高流量的道路交通量点位,适当设置交通运行状态监测设施。

(9)事故多发区及特殊的道路线形,如急弯、上下坡等处,应设置交通运行状态监测设施。

(10)公路网之间的衔接处,根据实际交通量情况,选择中等或高流量的道路交通量点位，适当设置交通运行状态监测设施。

（11）延误易发的收费区、治超站上游，应设置交通运行状态监测设施。

8.3　路网交通信息采集最佳间距及路段交通参数估计

交通流运行状态的定性、定量特征称为交通流特性，常用各种物理量来进行描述，这些物理量被称为交通特性变量或简称为交通流参数。目前路段上交通信息采集设备布设是离散的，而且采集设备一般只能获取断面交通流参数。由于路网各项平均指标均是基于路段交通状态评价参数进行计算的，因此需要根据断面交通状态参数获取路段参数，从而进行路网运行状态评价。

相比城市道路网，受成本限制，公路网的交通检测设备布设间距一般比较稀疏，为保证路段参数估计有一定的精度，布设间距应保持一定的密集度。因此，如何统筹考虑精度及成本的平衡，进行采集设备布设间隔的决策是一个必须解决的问题。

为此，本节提出一种交通检测设备布设间距确定及路段参数估计同步进行的方法。图8-4所示为该方法的流程。

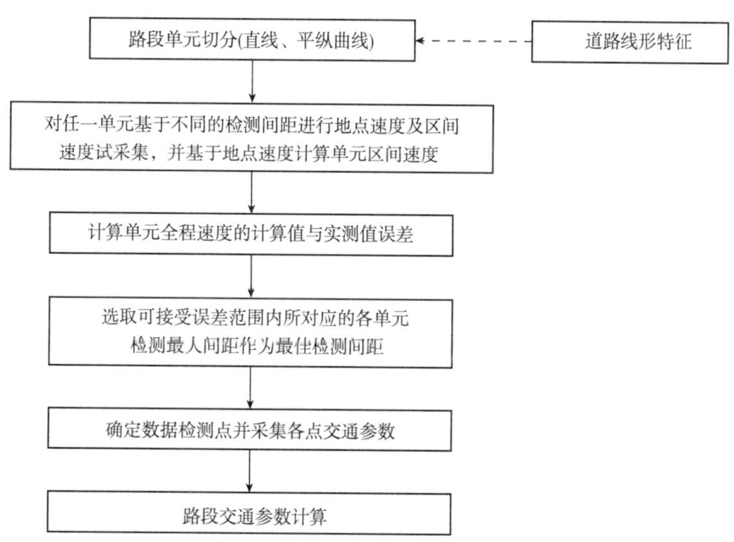

图8-4　交通检测设备布设间距确定及路段参数估计流程图

路段交通参数估计主要是指路段区间车速、行程时间等参数估计。

下面以北京市平谷县230省道K5+000～K12+000路段为例，计算路段区间车速，说明该方法的应用。230省道为三级公路，道路宽9m，双向两条机动车道，每条机动车道宽3.5m，两侧路肩各为1m。该路段设计车速为40km/h，直线段实测平均车速为50km/h，弯道路段实测平均车速为40km/h。路段沿线多树林果园，有部分村庄和风景区。该道路是连接城市与各类风景区的重要通道。图 8-5、图 8-6 所示为所选道路示意图。本例中需确定最佳采集设备布设间距，使路段参数估计精度在 90% 以上。

图 8-5　230 省道所在位置

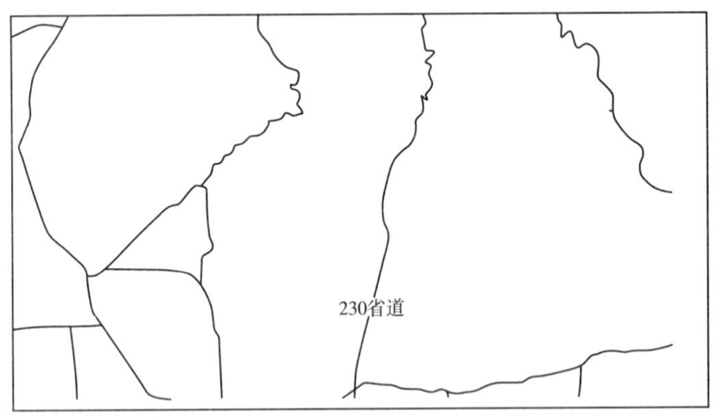

图 8-6　研究路段平曲线线形

方法步骤如下。

第一步：根据研究路段线形特征，将研究路段划分为直线段和曲线段，划分结果如图 8-7 所示。

第二步：分别对直线段和曲线段进行交通特征参数调查。研究人员于 2010 年 10 月 4 日 8:00～20:00 对路段分直线段和曲线段进行车速、流量调查。调查采用牌照识别法、雷达枪法两种方法。人员分为 7 组，呈 2＋2＋2＋3＋2＋2＋2 阵型，即路段两端分别配置 3 组人，路段中点处配置 1 组人（确认位置时注意道路里程桩号），两端从中点开始每隔 100m 配置 1 组人。

直线段参数观测（K4＋800～K7＋200）、曲线段参数观测（K8＋000～K9＋000）：路段中点的 3 人，利用雷达枪，观测经过路段断面 K6＋000 的车辆车速，并记录车辆类型，同时测每 5min 的单向交通量。秒表记录小组 2 人一组，负责记录来车的车型、车牌照的后三位和经过自己所在断面的时间(1 人测、1 人记);调查完一张表后,往中点外侧退300m,重新开始观测,直到退至本段路段两个端点为止。

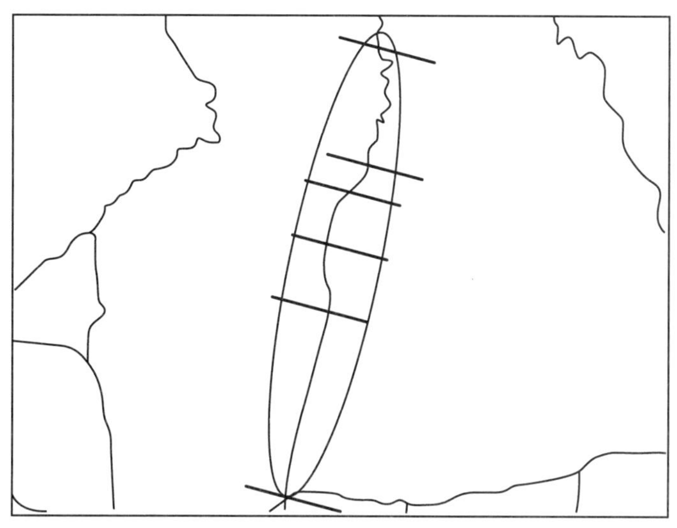

图 8-7　研究路段单元初分

第三步:计算单元全程速度计算值与实测值误差,计算结果如表 8-1、表 8-2 所示。

直线段计算结果　　表 8-1

路段长度(m)	$\bar{v}_t$(km/h)	$\bar{v}_s$(km/h)	换算方法	误差	
			$\bar{v}_s=\bar{v}_t-\frac{\sigma_t^2}{\bar{v}_t}$(km/h)	绝对误差(km/h)	相对误差(%)
200	52.64	51.35	51.90	0.55	1.06
400	51.55	52.97	51.20	1.77	3.46
600	52.59	49.40	51.20	1.80	3.52
800	50.32	52.63	48.13	4.50	9.35
1 000	50.32	53.50	49.02	4.48	9.14
1 200	50.32	53.50	49.02	4.48	9.14
1 400	49.24	54.94	48.21	6.73	12.25
1 600	49.38	53.05	46.62	6.43	12.12
1 800	49.41	52.66	45.56	7.10	13.48
2 000	48.61	51.97	44.92	7.05	13.57

曲线段计算结果 表 8-2

路段长度(m)	$\bar{v}_t$(km/h)	$\bar{v}_s$(km/h)	换算方法	误差	
			$\bar{v}_s=\bar{v}_t-\frac{\sigma_t^2}{\bar{v}_t}$(km/h)	绝对误差(km/h)	相对误差(%)
100	44.97	43.70	44.11	0.41	0.94
200	47.75	44.69	47.24	2.55	5.72
300	50.23	50.53	48.69	1.84	3.63
400	48.83	45.28	47.39	2.11	4.66
500	49.95	45.03	48.54	3.51	7.79
600	51.64	44.58	51.00	6.42	14.39
700	50.88	43.42	50.65	7.23	16.65
800	50.21	42.39	49.72	7.33	17.29

第四步:取最大可接受误差为10%,得直线段最佳路段划分间距为1 200m,曲线段最佳间距为500m,以此标准将研究路段进一步细分,得到如图8-8所示的结果。

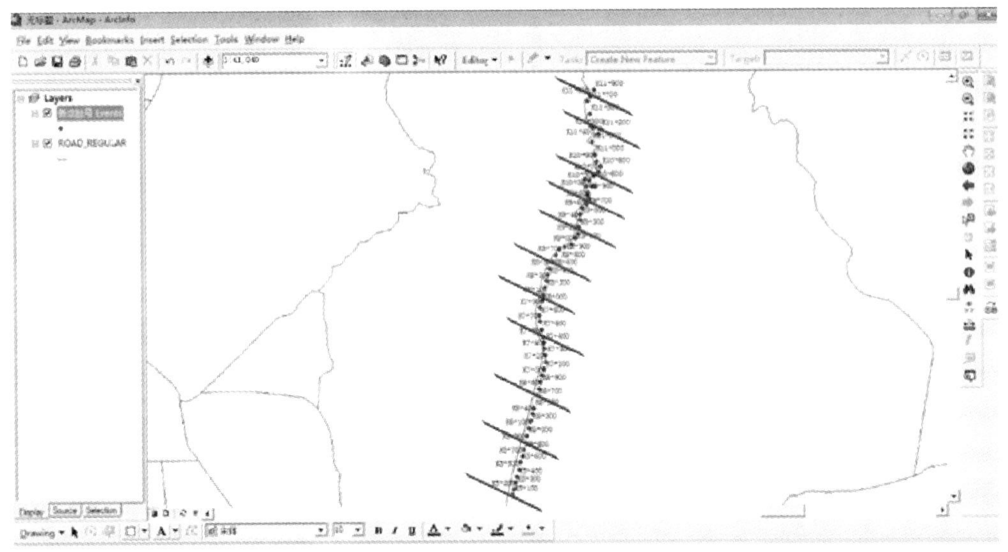

图8-8 研究路段细分

第五步:研究人员于2010年10月9日8:00~20:00对已划分路段进一步进行数据采集,获取各路段单元的车速和流量参数,对路段整体情况进行计算。表8-3所示为计算结果,该表为9:25~9:30时间段数据。

研究路段平均速度计算结果　　表 8-3

路段编号	1	2	3	4	5	6	7	8	9	10
路段长度(m)	1 200	500	1 200	500	500	1 200	500	500	500	500
路段单元中点速度(km/h)	48.7	44.7	48.7	44.7	45.1	40.6	39.5	42.2	32.8	38.0
路段单元区间车速(km/h)	44.7	43.8	48.0	43.1	43.6	39.0	36.8	40.1	32.6	36.6
被选路段平均车速(km/h)	41.74									

实测 230 省道路段 K5 +000 ~ K12 +000 平均速度为 46.31km/h，与计算值的相对误差为 9.87%，在可接受范围内。

通过上例可以看出，路段交通参数提取时，需要合理地划分路段，以保证交通参数的准确性。若取交通参数的可接受误差为 10%，则路段划分时直线段单元可按 1 200m 划分，曲线路段单元可按 500m 划分。该方法简单，易操作，在实际工程中有较强的可行性。

8.4　公路网交通状态评价

8.4.1　常用的交通运行状态评价指标

目前，国内外学者已进行了很多关于交通状态的研究，但是对于交通状态本身并没有明确、统一的定义。劳云腾、杨晓光等学者认为交通状态是一个感觉量，描述交通系统的拥挤程度。姜桂艳等认为城市道路交通状态是交通流的总体运行状况，而公路网交通运行状况亦可借鉴。从微观上看，交通流运行状态可通过交通流量大小、车辆速度快慢、车辆排队长短、延误时间大小等定量指标来描述。从中观上看，交通流运行状态可描述为某一路段或路口交通状况的综合水平，可分为正常状态和异常状态(正常状态是指所有车辆都能够有秩序、安全、顺畅地运行；异常状态即非正常状态，包括常发性交通拥挤、偶发性交通拥挤和交通事件)。从宏观上看，交通流运行状态可描述为公路网或局部路网的交通顺畅程度以及交通事件的数量，可用不同拥挤程度的道路里程百分比、不同影响程度的交通事件数量等表示。

在过去的研究中，交通运行状态常用的评价指标有以下几种：饱和度、拥挤度、平均车速、延误、车道占用率、用户满意度、服务水平、车流自由度、路网可靠度等。

(1)饱和度。

饱和度(负荷度)是常用的反映道路拥挤程度的综合指标，是道路流量与实际通行能力的比值。它表示路网的利用程度，是路网交通质量的重要反映。

(2)拥挤度。

拥挤度(CD)为某路段实际交通量与一天 24h 或白天 12h 的评价基准交通量之比。评价基准交通量可由规划等级和设计通行能力、峰值率、同方向率求出。拥挤度不能直接反映各时刻、各地点的交通状态，因此该指标仅限定于进行宏观性评价。

(3)平均车速。

路网平均车速是现有路网交通量下道路状况和车辆行驶状况的综合反映。它反映了道路上车辆的实际运行情况，是公路交通中公路系统、车辆系统和管理系统综合作用的结果。

(4)延误。

延误是由交通路阻与交通管制引起的行驶时间损失。可根据延误指标和延误之间的对数函数关系，通过不同的道路类型和车辆的平均延误求出相应的延误指标。延误指标可用于评价道路的服务水平，也可为交通管理提供帮助，但不利于理解和应用。

(5)车道占用率。

车道占用率可用空间占用率计算，表示某一时刻车辆占用路段的比例；也可用时间占用率来计算，从车辆行驶时间占用方面来反映道路的拥挤情况。但应用车道占用率评价道路交通运行状态不易被理解。

(6)用户满意度。

用户满意度是以出行者可接受的出行时间和延误为依据，通过计算给定出行距离或出行时间与出行者的满意程度的关系来评价交通系统的服务质量。用户满意度主要适用于交通管理人员。

(7)服务水平。

服务水平亦称服务等级，是衡量交通流运行条件以及驾驶员和乘客所感受的服务质量的一项指标，通常根据交通量、速度、行驶时间、驾驶自由度、交通间断、舒适和方便等确定。服务水平反映了道路在某种交通条件下所提供运行服务的质量水平，其质量可从自由运行、高速、舒适、方便的最高水平，到拥挤、受阻、停停开开、难以忍受的最低水平。

(8)车流自由度。

车流自由度是指车流在不同交通组成中，个体车辆行驶的自由程度，能够综合评价出车辆相互干扰的程度。

(9)路网可靠度。

路网可靠度是一个概率性指标，用于表述交通出现某一状态的概率，能够有效而全面地描述具有随机性的交通流情况。目前的可靠度指标主要有：畅通可靠度、行程时间可靠度、服务水平可靠度、容量可靠度、恢复可靠度。

8.4.2 指标筛选原则

公路网的交通运行状态评价指标筛选应遵循以下原则。

(1)客观性原则。

指标应能够对交通状态的本质特征进行客观描述，为交通状态判别的目的服务，且能够随着交通状态的变化有明显的变化，以保证算法分类效果的性能稳定，为判别结果提供依据。

(2)科学性原则。

指标的概念要正确，含义要清晰，尽可能避免或减少主观判断，对难以量化的评价因素应采用定性与定量相结合的方法来设置指标，各指标之间应协调统一。

(3)全面性原则。

选取指标应围绕判别目的，全面反映公路网交通状态，不能遗漏重要方面或有所偏颇，否则判别结果就不能真实地反映路网的交通状态。

(4)适用性原则。

选取指标应考虑到现有判别方法、现有算法的限制，以及适用者对指标的理解接受程度。

(5)可操作性原则。

所选取的指标应便于数据的调查和收集，以及指标的测量和计算，应尽可能采用相对成熟和公认的指标，与国内外相关方面的工作相衔接，以便判别结果的比较和应用。

8.4.3 公路交通运行状态评价指标体系

对于公路网管理部门而言，需要把握路段及路网的畅通性、安全性、可靠性以及高效性。

畅通性用以反映路段及路网的畅通程度，此处采用畅通指数作为拥堵性的量化指标。路段畅通指数以路段流量及速度作为基础评价参数。

安全性用以反映不同运行状态下路段及路网发生事故的可能性，此处采用安全指数作为安全性的综合量化指标。路段安全指数从路段中运行车辆的个体稳定性以及大车的混入程度两个方面综合考虑，可以速度方差和大车混入率作为基础评价参数。

可靠性用以描述路段或路网实现其功能的可靠程度，其概率指标为可靠度，可从路段或路网整体运行的稳定性给予考虑。此处采用畅通可靠度，即路段达到畅通状态(或给定服务水平)的概率作为基础评价参数。

高效性用以反映道路及路网的运营效率，此处采用效率指数作为高效性的综合量化指标。路段效率指数可以路段的车辆周转率作为基础评价参数。

对于公路网出行者而言，路网交通信息的需求主要为所用道路当前的交通运行状态，因此对这类群体只需要提供所在或所经路段的拥挤性状态即可。

(1)路段交通状态评价指标体系。

从上述分析可知，公路交通状态评价指标体系可分为路段和路网整体两个层面。可先对路段进行交通状态评价，然后在路段评价指标的基础上，通过时间及空间的统计来进行路网评价。路段交通状态评价指标体系如表8-4所示。该指标体系的建立，有助于信息发布系统的底层数据库结构的构建。

路段交通状态评价指标体系表　　表 8-4

综合指标	基础评价参数	更新或统计周期	发 布 对 象
畅通指数	流量	5 分钟/日/月	路网用户、路网管理者
	速度		
安全指数	速度方差	5 分钟/日/月	路网管理者
	大车混入率		
可靠指数	路网畅通可靠度	月/季	路网管理者
效率指数	周转率	日/月/季	路网管理者

公路网的出行者需要实时掌握所经道路的情况，因此，提供的指标必须是实时的，这类指标主要是表征道路交通运行状况的实时拥挤程度。而路网管理者不仅需要了解各路段实时拥堵程度及安全指数，还需要逐日或逐月的统计。路网运行效率和路网可靠度主要用以衡量日常公路网的运行情况，基于历史数据的统计值获取更有意义。因此，可以根据用户管理者的需求，按日、月、季自行选择统计更新周期。各指标的计算方法如下。

①畅通指数。此处采用畅通指数作为畅通性的量化指标，路段畅通指数可分别以流量、平均速度作为基础评价参数。

畅通指数的取值范围为 0 ~ 1，平均分为四段，分别对应“畅通”、“缓行”、“拥堵”和“严重拥堵”四个级别，数值越高表明交通拥堵状况越严重。

根据我国《公路通行能力手册》对公路服务水平的分类，畅通指数的四个级别对应的交通状态表现如下。

畅通：交通量小，速度高，驾驶员能自由或较自由地选择行车速度，行驶车辆不受或基本不受交通流中其他车辆的影响，交通流处于自由流状态，超车需求远小于超车能力，被动延误少，为驾驶员和乘客提供的舒适便利程度高。

缓行：随着交通量的增大，速度减小，车辆间的相互干扰较大，开始出现车队，被动延误增加，为驾驶员和乘客提供的舒适便利程度下降，超车需求等于超车能力。

拥堵：驾驶员选择车辆运行速度的自由度受到很大限制，行驶车辆受其他车辆或行人的干扰很大，交通流处于稳定流的下半部分，并已接近不稳定流范围，流量稍有增长就会出现交通拥挤，不受限制的超车需求超过了超车能力，但可通行的交通量尚未达到最大值。

严重拥堵：行驶车辆受其他车辆或行人的干扰非常大，交通流处于不稳定流状态，靠近下限时每小时可通行的交通量达到最大值，驾驶员已无自由选择速度的余地，车速降到一个较低但相对均匀的数值。交通流变成强制状态，能通过的交通量很不稳定，其变化范围从通行能力到零，时常发生交通阻塞。

参考《公路通行能力手册》，将路网交通状态运行判别参数阈值进行如下界定。

a. 速度。

双向多车道公路（表 8-5、表 8-6）：

设计速度 80km/h 的多车道公路　　表 8-5

交通状态分级	畅通	缓行	拥挤	严重拥挤
车速阈值(km/h)	≥60	60≥v>40	40≥v>20	≤20

设计速度 60km/h 的多车道公路　　表 8-6

交通状态分级	畅通	缓行	拥挤	严重拥挤
车速阈值(km/h)	≥40	40≥v>30	30≥v>15	≤15

双向两车道公路(表 8-7 ~ 表 8-9)：

设计速度 80km/h 的两车道公路　　表 8-7

交通状态分级	畅通	缓行	拥挤	严重拥挤
车速阈值(km/h)	≥60	60≥v>40	40≥v>20	≤20

设计速度 60km/h 的两车道公路　　表 8-8

交通状态分级	畅通	缓行	拥挤	严重拥挤
车速阈值(km/h)	≥40	40≥v>30	30≥v>15	≤15

设计速度 40km/h 的两车道公路　　表 8-9

交通状态分级	畅通	缓行	拥挤	严重拥挤
车速阈值(km/h)	≥30	30≥v>20	20≥v>10	≤10

b. 流量。

双向多车道公路(表 8-10、表 8-11)：

设计速度 80km/h 的多车道公路　　表 8-10

交通状态分级	畅通	缓行	拥堵	严重拥堵
流量阈值(pcu/ln)	≤540	540<q≤900	900<q≤1 440	>1 440

设计速度 60km/h 的多车道公路　　表 8-11

交通状态分级	畅通	缓行	拥堵	严重拥堵
流量阈值(pcu/ln)	≤480	480<q≤800	800<q≤1 280	>1 280

双向两车道公路(表 8-12 ~ 表 8-14)：

设计速度 80km/h 的两车道公路　　表 8-12

交通状态分级	畅通	缓行	拥堵	严重拥堵
流量阈值(pcu/ln)	≤540	540<q≤900	900<q≤1 440	>1 440

设计速度 60km/h 的两车道公路　　表 8-13

交通状态分级	畅通	缓行	拥堵	严重拥堵
流量阈值(pcu/ln)	≤480	480<q≤800	800<q≤1 280	>1 280

设计速度 40km/h 的两车道公路 表 8-14

交通状态分级	畅通	缓行	拥堵	严重拥堵
流量阈值(pcu/ln)	≤360	$360<q\leqslant600$	$600<q\leqslant960$	>960

综合车速和流量阈值,对路段拥挤程度进行打分,打分结果如表 8-15、表 8-16 所示。

流 量 打 分 结 果 表 8-15

速度方差	畅通	缓行	拥堵	严重拥堵
分值	0.25	0.5	0.75	1

车 速 打 分 结 果 表 8-16

大车混入率	畅通	缓行	拥堵	严重拥堵
分值	0.25	0.5	0.75	1

路段畅通指数取值 0 ~ 1,数值越高,路段越拥挤。计算公式为:

$$路段畅通指数 = \gamma \times 速度分值 + \rho \times 流量分值 \tag{8-1}$$

根据专家打分,此处取 $\gamma = 0.59$,$\rho = 0.41$。

②安全指数。此处采用路段安全指数表征路段交通状态的安全性。Monash 大学事故研究中心对车速和平均车速的差值与事故率的关系进行了研究,得出车速与平均车速的差值越大,事故率越高的结论。裴玉龙教授对我国北方几条重点高速公路连续几年的交通事故进行调查分析后,拟合得出速度方差和事故率为指数关系。此外,大车混入率的值越趋于 0.3,路段车速越不稳定,路段发生事故的概率也越大。因此,安全指数分别可以速度方差和大车混入率作为基础评价参数。

a. 速度方差用于表明路段车辆速度的离散程度,其值越大,说明路段车速的离散程度越大。速度方差是车速与其平均车速离差平方的平均数,对于未分组数据,其计算公式为:

$$S = \sqrt{\frac{\sum_{i=1}^{n}(v_i - \bar{v})}{n-1}} \tag{8-2}$$

式中:v_i——样本车速;

n——样本数;

$\bar{v}$——平均车速;

S——车速标准差。

b. 大车混入率用于描述大车在交通流中占的比重。计算公式为:

$$大车混入率 = \frac{统计周期内路段的大车数}{统计周期内路段的车辆总数} \tag{8-3}$$

此处利用综合打分法对安全指数进行求算,首先对速度方差以及大车混入率进行打分,安全指数为速度方差与大车混入率的分值加权。

速度方差分值打分结果如表 8-17、表 8-18 所示，分值越高，安全性越高。

速度方差打分结果　　表 8-17

速度方差	\[0,3)	\[3,8)	\[8,15)	\[15,∞)
分值	0.25	0.5	0.75	1

大车混入率打分结果　　表 8-18

大车混入率	\[0,0.1),\[0.8,1\]	\[0.1,0.2), \[0.6,0.8)	\[0.2,0.25), \[0.35,0.6)	\[0.25,0.35)
分值	0.25	0.5	0.75	1

路段安全指数取值 0 ~ 1，数值越高，路段越安全。计算公式为：

$$路段安全指数 = \delta \times 速度方差分值 + \lambda \times 大车混入率分值 \tag{8-4}$$

根据专家打分，此处取 $\delta = 0.61$，$\lambda = 0.39$。安全指数与路网安全等级的对应情况如表 8-19 所示。

安全指数与路网安全等级对应表　　表 8-19

安全指数	\[0,0.25)	\[0.25,0.5)	\[0.5,0.75)	\[0.75,1\]
安全等级	危险	较危险	较安全	安全

③可靠指数。可靠指数主要用畅通可靠度表征。路网畅通可靠度定义为：在规定时段内，路网在正常使用条件下，道路交通运行状态能满足畅通状态的概率。

路段畅通可靠度近似计算公式为：

$$路段畅通可靠度 = \frac{统计周期内路段处于畅通状态的观测次数}{统计周期内的总观测次数} \tag{8-5}$$

将可靠指数进行分级，其与道路网运行状况的对应情况如表 8-20 所示。

可靠指数与路网畅通等级对应表　　表 8-20

可靠指数	\[0,0.4)	\[0.4,0.6)	\[0.6,0.8)	\[0.8,1\]
可靠等级	总是拥堵	经常拥堵	有时拥堵	偶尔拥堵

④效率指数。效率指数用于评价路段的周转性能，由周转率表征。高效指数的取值范围为 0 ~ 1，数值越大，表明路网的利用率越高，路网的周转性能越好。

周转率计算公式为：

$$周转率 = \frac{统计周期内路段的总交通量}{统计周期内路段的承载能力} \tag{8-6}$$

效率指数与路网运行效率的对应情况如表 8-21 所示。

效率指数与路网运行效率对应表　　表 8-21

效率指数	\[0,0.4)	\[0.4,0.6)	\[0.6,0.8)	\[0.8,1\]
效率等级	低	较低	较高	高

(2)路网交通状态评价指标体系。

路网评价可在路段评价指标的基础上，通过时间及空间的统计来作综合评价。路网交通状态评价指标体系如表 8-22 所示。该指标体系的建立,有助于管理者对路网整体运行状态的把握。

路网交通状态评价指标体系表 表 8-22

综合指标	基础评价参数	更新或统计周期	发布对象
拥挤指数	流量	日/月	路网管理者
	速度		
安全指数	速度方差 大车混入率	日/月	路网管理者
可靠指数	路网畅通可靠度	月/季	路网管理者
效率指数	周转率	日/月/季	路网管理者

①路网拥挤指数。路网拥挤指数用于评价路网的畅通状态,以路段长度作为权重,利用路段拥挤指数加权求出。计算公式为:

$$\psi = \frac{\sum_{i}^{n} l_i \varphi_i}{\sum_{i}^{n} l_i} \tag{8-7}$$

式中:ψ——路网拥挤指数,无量纲;

φ_i——道路 i 的路段拥挤指数;

l_i——道路 i 的长度。

②路网安全指数。路网安全指数用于评价路网的行车安全性,以路段长度作为权重,利用路段安全指数加权求出。计算公式为:

$$\Omega = \frac{\sum_{i}^{n} l_i \omega_i}{\sum_{i}^{n} l_i} \tag{8-8}$$

式中:Ω——路网安全指数,无量纲;

ω_i——道路 i 的路段安全指数;

l_i——道路 i 的长度。

③路网可靠指数。路网可靠指数用于评价路网的可靠性,以路段长度作为权重,利用路段可靠指数加权求出。计算公式为:

$$R = \frac{\sum_{i}^{n} l_i R_i}{\sum_{i}^{n} l_i} \tag{8-9}$$

式中:R——路网可靠指数,无量纲;

R_i——道路 i 的路段可靠度;

l_i——道路 i 的长度。

④路网效率指数。路网效率指数用于评价路网的周转性能，以路段长度作为权重，利用路段效率指数加权求出。计算公式为：

$$\eta = \frac{\sum_{i}^{n} l_i \eta_i}{\sum_{i}^{n} l_i} \tag{8-10}$$

式中：η——路网的效率指数，无量纲；

η_i——道路 i 的路段效率指数；

l_i——道路 i 的长度。

8.5　公路网交通状态异常判别

8.5.1　公路网交通异常状态定义

异常状态即非正常状态，包括常发性交通拥挤和偶发性交通拥挤。交通拥挤主要存在于交通瓶颈（包括固定瓶颈和临时瓶颈）处，瓶颈是由于上游的交通需求量大于某点的通行能力而形成的，产生瓶颈将不可避免地出现拥挤。

常发性交通拥挤主要是由于车道减少、交织路段短、道路横截面窄、视线不良、收费站、不符合标准的交叉口等引起的，这类交通拥挤发生的特点是空间位置比较固定。而偶发性交通拥挤，主要是由交通事故、车辆抛锚、恶劣天气（如雨、雪、冰、雾）、桥梁或道路坍塌、货物散落等因素引起的。由于不能预测突发交通事件发生的时间和地点，因此只能通过各有关部门（如公路管理部门、公安交通管理部门、消防部门）的协调、合作，采取一定的补救措施降低其影响程度。由于这种交通拥挤产生的时间和地点都是随机的，因此只能依靠现场的组织、协调等手段对其进行管理。

8.5.2　公路网交通状态异常自动判别方法

国外交通事件检测关于公路交通事件自动检测（Automatic Incident Detection，简称 AID）算法的研究过程主要经历了早期的基于模式识别、统计分析和突变理论的经典 AID 算法研究阶段及后期的人工智能 AID 算法研究阶段。早期的 AID 算法研究相对全面、系统和成熟，具有许多公认的经典算法，这些算法在高速公路交通事件检测中发挥了重要作用；而后期的人工智能 AID 算法则是基于新兴的理论和技术研究开发的，多数仍在研究和探索中，但在交通事件检测效率和效果上明显表现出突出的优势。

国内对 AID 算法的研究主要集中在近些年发展起来的新技术和新理论的应用研究方面，包括小波变换、神经网络、模糊理论以及支持向量机等，也有少数基于其他技术的 AID 算法研究。这些算法研究能够跟踪国际交通研究领域的方向，具有一定的前瞻性，然而对于各种基于新理论、新技术的 AID 算法研究目前尚缺乏系统性。

总结现有对交通状态异常的研究成果，综合考虑自动判别算法的使用效果和被引用次数较高的 California 算法、McMaster 算法、指数平滑法、标准偏差法，以及新理论小波变换、支持向量机，对这些方法进行比较，可根据实际情况筛选出适合公路网交通状态异常的自动判别方法。

（1）California 算法。

California 算法于 20 世纪 60 年代晚期由美国加州运输部开发，并得到广泛承认和应用，一般作为评价新算法的参考。该算法属于双截面算法，基于事件发生时上游检测截面占有率增加和下游检测截面占有率下降这一事实。利用时刻 t 从检测站 $i=1,2,\cdots,n$ 得到的平均占有率 $\mathrm{OCC}(i,t)$，该算法使用下面三个条件来判断拥挤是否发生。

$$\mathrm{OCCDF} = \mathrm{OCC}(i,t) - \mathrm{OCC}(i+1,t) \geqslant K_1 \tag{8-11}$$

$$\mathrm{OCCRDF} = \frac{\mathrm{OCC}(i,t) - \mathrm{OCC}(i+1,t)}{\mathrm{OCC}(i,t)} \geqslant K_2 \tag{8-12}$$

$$\mathrm{DOCCTD} = \frac{\mathrm{OCC}(i+1,t-2) - \mathrm{OCC}(i+1,t)}{\mathrm{OCC}(i+1,t-2)} \geqslant K_3 \tag{8-13}$$

式中：OCCDF——拥挤路段上下游占有率的差值；

OCCRDF——拥挤路段上下游占有率的相对差值；

DOCCTD——拥挤开始时上下游占有率的相对差值；

$\mathrm{OCC}(i,t)$——第 i 个检测站 t 时刻所测得的占有率；

K_1、K_2、K_3——分别为相应条件的阈值。

如果上面三个条件都满足，则判断拥挤发生，California 算法的拥挤识别逻辑流程如图 8-9 所示。

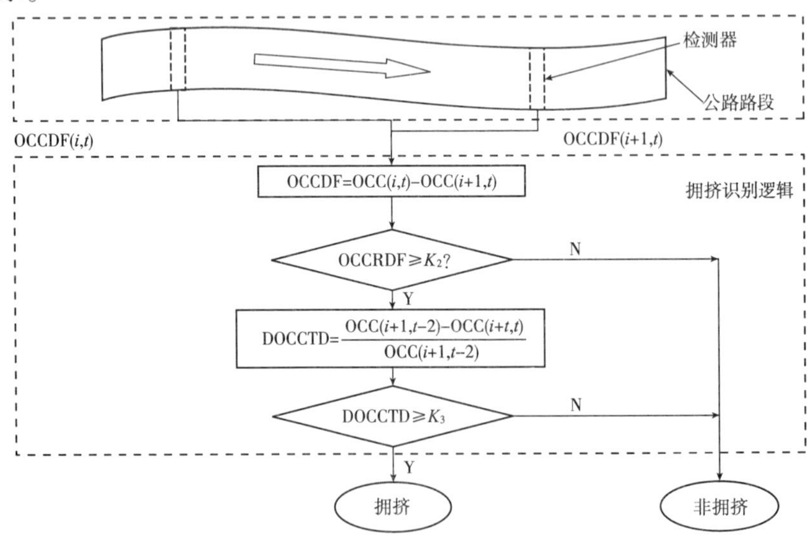

图 8-9　California 算法的拥挤识别逻辑流程图

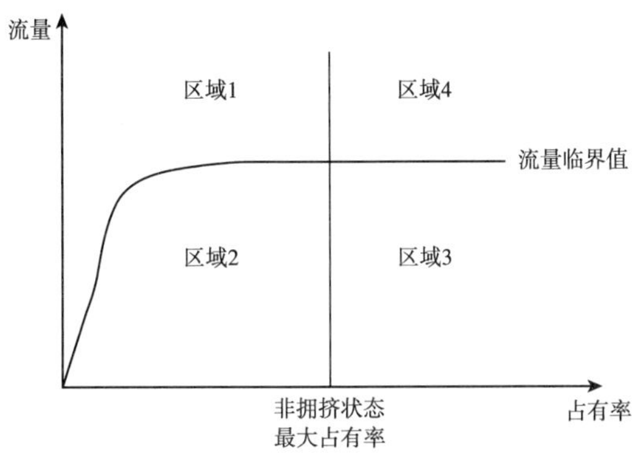

图 8-10　McMaster 算法的状态分类图

(2) McMaster 算法。

McMaster 算法是由加拿大的 McMaster 大学土木工程系基于突变理论开发的，该算法对交通拥挤的判别过程包括两个阶段：①判别拥挤的存在；②判别拥挤的类型。这种算法将获得的交通流量和占有率的数据表示在一维空间上，并将流量-占有率两维图形划分为四个区域，每个区域代表一种交通状态。如图 8-10 所示。

区域 1 表示正常(非拥挤)交通状态；区域 2 表示偶发性拥挤地点上游的交通状态；区域 3 表示缓慢交通流阻塞状态，一般认为这个检测站下游发生拥挤；区域 4 表示常发性拥挤地点上游的交通状态。通过检查实测数据点在四个区域中的分布情况，可以对某个监测站点下游交通拥挤状态的开始、持续和结束时刻进行判别。

该算法规定在三个连续的采样周期内，车速降至阈值以下或占有率超过阈值，流量与占有率都在非拥挤区域之外，可判定拥挤存在；在连续两个采样周期内，车速、流量和占有率中任意两个超过各自的阈值，可判定发生了交通拥挤。

(3) 指数平滑法。

在通常情况下，检测器采集到的交通参数数据中含有较多的噪声，如果将其直接用于交通拥挤的判别，将导致较高的误判率。指数平滑法先对原始交通数据进行平滑，去除短期的交通干扰，如随机波动、交通脉冲和压缩波等，然后将处理过的数据与预先设定的阈值进行比较，判断是否有拥挤发生。交通参数的指数平滑计算公式为：

$$ST_i(t) = \alpha T_i(t) + (1 - \alpha) T_i(t - 1) \tag{8-14}$$

式中：α——平滑指数，$0 < \alpha < 1$，一般取值范围为 0.1 ~ 0.3；

$T_i(t)$——第 i 检测站 t 时刻的交通参数值；

$ST_i(t)$——第 i 检测站 t 时刻交通参数值的平滑值。

该算法的拥挤判别流程如图 8-11 所示，所输入的交通参数可以是流量、速度、密度和占有率等。

(4) 标准偏差法。

这种算法利用时刻 t 之前 n 个采样周期交通参数数据(流量或占有率)的算术平均值作为交通参数在时刻 t 的预测值，再用标准正态分布偏差来度量交通参数相对于其以前平均值的改变程度，当它超过预先设定的阈值时，则认为发生了偶发性交通拥挤。

设时刻 t 交通参数的实际值为 $x(t)$，时刻 t 之前 n 个采样周期的交通参数实际值为 $x(t-n)$，$x(t-n+1)$，…，$x(t-1)$，则判别公式为：

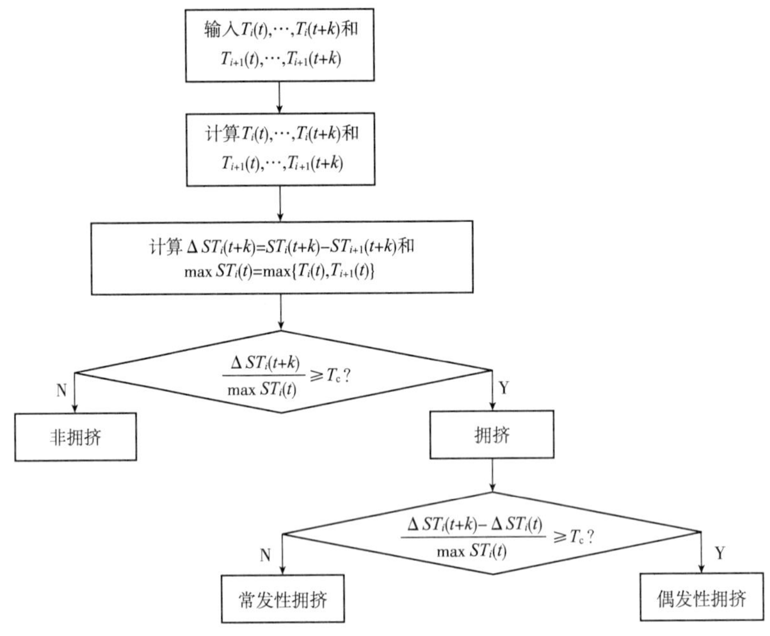

图 8-11　指数平滑法的拥挤判别逻辑流程图

$$\mathrm{SND}(t)=\frac{x(t)-\bar{x}(t)}{S}\geqslant K \tag{8-15}$$

式中：$\bar{x}(t)$——交通参数的当前预测值；

S——前 n 个采样周期交通参数的标准差；

K——决策阈值；

$\mathrm{SND}(t)$——正态偏差。

图 8-12 所示为标准偏差法进行拥挤判别的流程。所输入的交通参数可以是交通流量、占有率和速度等。在这种算法中，计算移动平均值的时间窗口宽度 n 对拥挤判别的效果具有很大影响。

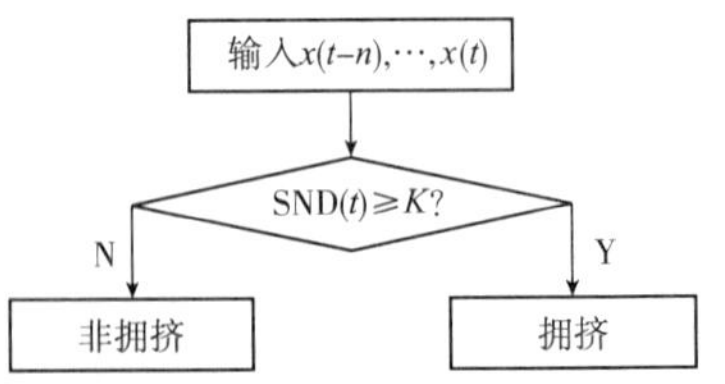

图 8-12　正态偏差法的拥挤判别逻辑流程图

（5）小波变换法。

当发生事件时，交通流参数会发生突变，基于小波分析的事件检测算法就是将交通流的突变信息，经小波变换提取出来，根据判断逻辑确定是否有交通事件发生。

小波是一种持续时间很短的波，设 $\Psi(t)\in L^2(R)$，其傅里叶变换为 $\hat{\Psi}(\omega)$，当 $\hat{\Psi}(\omega)$ 满足以下条件：

$$\int_{-\infty}^{\infty}\frac{|\hat{\Psi}(\omega)|^2}{\omega}\mathrm{d}\omega<\infty \tag{8-16}$$

称 $\Psi(t)$ 为一个基本小波或母小波,通常简称小波。将母小波 $\Psi(t)$ 经伸缩和平移后得到:

$$\Psi_{a,b}(t) = a^{-\frac{1}{2}}\Psi\left(\frac{t-b}{a}\right) \quad (a>0, b \in R) \tag{8-17}$$

称 $\Psi_{a,b}(t)$ 为分析小波。其中,a 为尺度参数,b 为平移参数。

二进小波变换是将尺度参数离散化为 2 的整数次幂,即 $a=2^j(j \in Z)$,平移参数不变。

$\Psi_j(t)$ 表示将 $\Psi(t)$ 做二进伸缩的同时保持其范数不变,即:

$$\Psi_j(t) = \frac{1}{\sqrt{2^j}}\Psi\left(\frac{t}{2^j}\right) \quad (j \in Z) \tag{8-18}$$

若 $\Psi(t)$ 是实小波函数,则 $f(t) \in L^2(R)$ 的二进小波变换定义为:

$$Wf(2^j,t) = \int_{-\infty}^{+\infty} f(\tau)\frac{1}{\sqrt{2^j}}\Psi\left(\frac{\tau-t}{2^j}\right)\mathrm{d}\tau = f * \overline{\Psi}_j(t) \quad (j \in Z) \tag{8-19}$$

其中,$\overline{\Psi}_i(t)=\Psi_i(-t)$,$j$ 表示尺度,t 表示时间平移量。

小波变换的拥挤判别算法流程如图 8-13 所示。

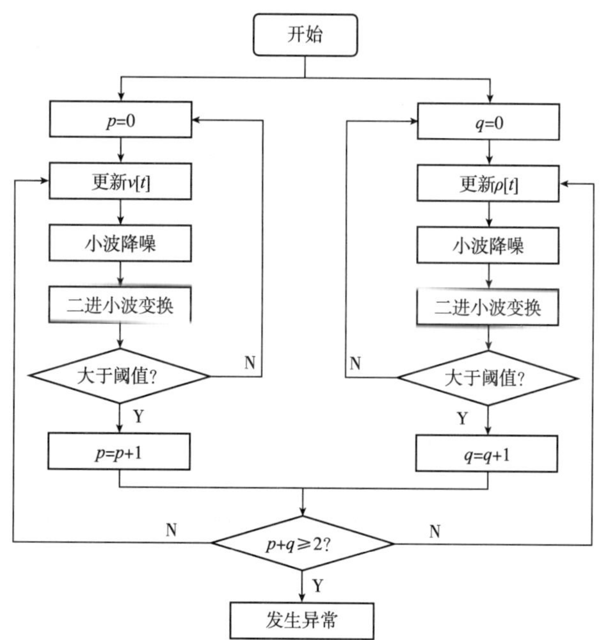

图 8-13 小波变换方法的交通状态异常判别逻辑流程图

设任一采样间隔 T(假设 $T=30\text{s}$)的检测器速度值为 $v(t)$,占有率为 $\rho(t)$。检测算法的输入参数为 $v[t]=[v(t),v(t-1),\cdots,v(t-19)]$,$\rho[t]=[\rho(t),\rho(t-1),\cdots,\rho(t-19)]$。经过小波降噪之后,选取二进样条小波,分别对 $v[t]$、$\rho[t]$ 进行小波变换,分解为

$[\{d_j^v\}_{1\leq j\leq J}, a_J^v]$、$[\{d_j^\rho\}_{1\leq j\leq J}, a_J^\rho]$。其中$\{d_j\}_{1\leq j\leq J}$为信号在不同尺度$j$下的高频系数，反映了信号在不同尺度下的剧烈变化，$a_J$为信号在尺度$J$下的低频系数，保留了信号在大尺度下的低频信息。因此，通过分析高频系数$\{d_i\}_{1\leq i\leq J}$，检测其模的极大值是否超过阈值，即可确定是否存在异常及异常发生的时间。

(6)支持向量机法。

采用支持向量机对交通事件进行检测，实质上是通过对所采集的交通事件条件下和非交通事件条件下的数据集合，依据最大间隔原则进行优化分类，从而达到交通事件检测的目的。

支持向量机法的事件检测算法步骤如图8-14所示。

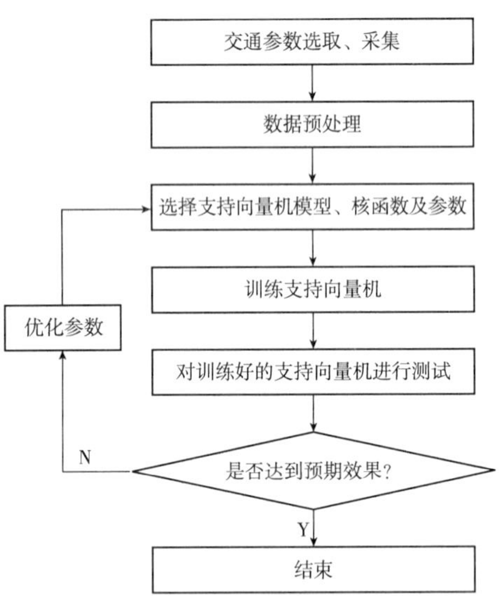

图8-14　支持向量机法的事件检测算法步骤

步骤1:数据准备。该阶段包括交通数据选取、采集以及优化处理过程，并将数据分为训练数据集、测试数据集。将有事件发生的特征向量标识为+1，将无事件发生的特征向量标识为-1。

步骤2:支持向量机模型及核函数的选择。选择不同的支持向量机模型和核函数，根据不同的数据子空间、支持向量机模型和核函数寻找相对应的最优参数。获得各模型的最优参数后，采用训练数据集分别对不同的支持向量机模型进行训练。

步骤3:应用测试数据集对训练好的支持向量机模型进行测试。如果测试结果达到原先预设的标准，则整个过程结束。否则返回到步骤2重新选择支持向量机模型或参数进行再次训练。

(7)各算法的评价。

对比上述几种算法的性能，得出以下结论(表8-23)。

经典自动识别算法的性能对比　　表8-23

算法		优点	缺点
California算法	基本算法	该算法已经应用，收到良好的效果	不能鉴别拥挤的性质，且误报率较高
	California 7号算法		
	California 8号算法		
	综合算法		
McMaster算法		该算法既能判别拥挤的发生，也能判别拥挤发生的原因	可能会出现较大的误报

续上表

算　　法	优　　点	缺　　点
指数平滑法	该算法使用简便	单个采样周期内可能出现高频噪声，出现很高的误报
标准偏差法	该算法使用比较简便	看不出交通变量的变化趋势，误差很大
小波变换法	具有较高的检测率和较低的误判率	算法复杂
支持向量机法	选择合适的支持向量机模型和核函数，可获得比 California 算法更好的性能指标	算法复杂，无法检测到低流量条件下的交通状态异常

从表 8-23 中可以看出，指数平滑法和标准偏差法的判别率比较高，但误判率也很高；McMaster 算法误判率很低，但判别率也比较低；California 算法系列中，综合算法的效果最好，判别率高、误判率低；小波变换法算法复杂，但具有较高的检测率和较低的误判率；支持向量机法在一定条件下可以获得比 California 算法更好的性能指标，但其算法复杂，同时在低流量条件下会出现较大误差。

8.6　异常状态下的交通流特征及其致因

前文已述，交通状态异常分为常发性交通拥挤和偶发性交通拥挤。不同致因下交通拥挤时的交通流波动各有不同。

8.6.1　常发性交通拥挤的交通流特征

常发性交通拥挤是交通需求大于道路上固定瓶颈处的通行能力时发生的交通拥挤现象，并且通行能力下降的截面会随着排队的增加向上游运动，即拥挤交通波向上游扩散，如图 8-15 所示。C_1表示道路正常状态下的通行能力，C_2表示瓶颈路段的通行能力（虚线）。当上游交通流量大于 C_2时，瓶颈路段会发生常发性交通拥挤。

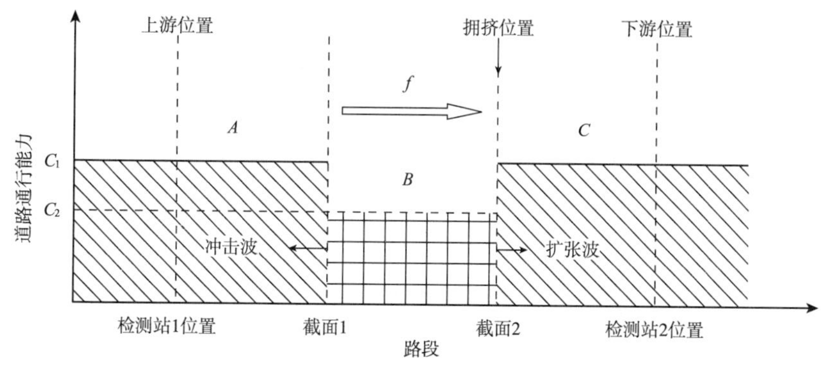

图 8-15　常发性交通拥挤道路通行能力变化示意图

图 8-15 中,截面 1 表示向上游传播的交通冲击波,截面 2 表示固有交通瓶颈,并以此截面为起点形成交通流扩张波向下游扩展。图中道路 A 部分和 C 部分表示正常通行能力部分,B 部分表示道路通行能力下降的部分,即交通瓶颈。如果拥挤冲击波所在截面 1 没有到达上游相邻检测站所在的位置,则拥挤就不能被检测到,因为这个拥挤冲击波对该检测站所采集的数据尚未产生影响。因此,相邻检测站之间的距离对交通拥挤识别的效果有很大影响。

以检测断面 1 和检测断面 2 之间的路段为例,分析常发性交通拥挤致因下的交通特征。图 8-16 给出了该路段累计交通到达量与离开量的关系,$D(t)$ 表示累计交通量(累计离去车辆数关于时间 t 的函数),只要交通量 V 小于或等于该道路的通行能力 C_1,就不会发生拥挤。当到达的车流量开始超过道路瓶颈处的通行能力 C_1 时(即 t_1 时刻),瓶颈开始制约交通流的正常运行,车辆开始在上游形成排队;当到达的车流量小于离去车流量时(即 t_2 时刻),排队车辆开始消散,直到所有排队车辆通过瓶颈后才恢复正常交通状态,即 $A(t)=D(t)$。如果交通需求长时间超过道路的通行能力,即使交通需求超过通行能力不多,也会导致较长时间的交通拥挤。反过来,如果交通需求超过道路通行能力时间较短,但超过量较大,也会需要较长的疏散时间。

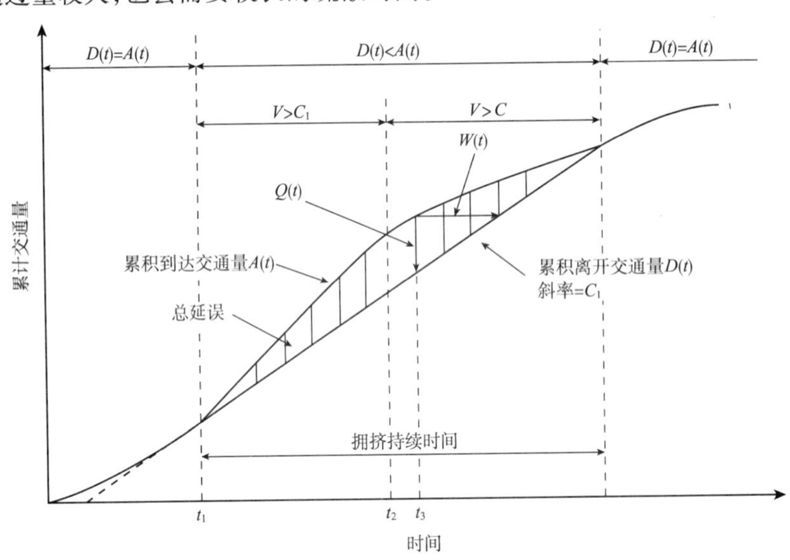

图 8-16 常发性交通拥挤条件下到达-离开交通量曲线

从图 8-16 可以得到以下结论:

①车辆在 t_1 时刻开始形成排队,直到 t_3 时刻消散完毕。

②在 $t_1 \sim t_3$ 之间的任一时刻 t,排队长度 $Q(t)=A(t)-D(t)$。

③t 时刻到达的车辆经过 $W(t)$ 时间后才离去。

④t_2 时刻排队长度达到最大,此时的交通到达量 V 恰好等于道路的通行能力 C_1。

⑤排队总延误在数值上等于曲线 $A(t)$ 和 $D(t)$ 之间的面积。

常发性交通拥挤是由于交通需求超过了道路瓶颈处的通行能力而产生的拥挤,从不拥挤到拥挤一般有一个较长的时间过程,在拥挤发生前后交通流的三个基本参数(流量、速度、占有率)的变化是渐进的。为了能在同一个窗口中显示出这三个参数的变化过程,需要经过适当的比例变换,结果如图 8-17 所示。

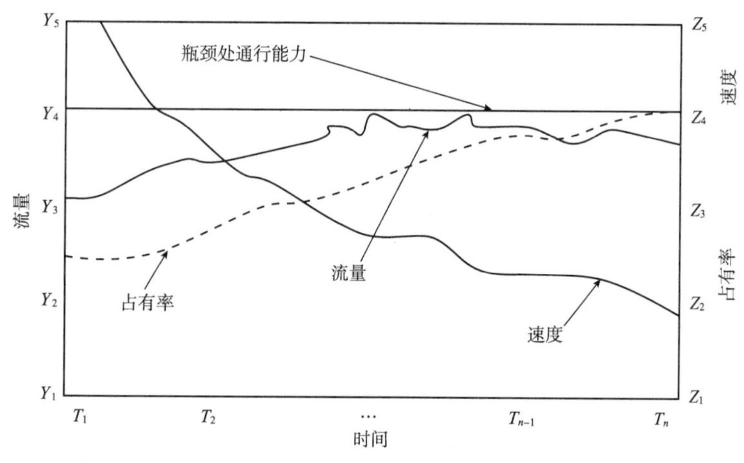

图 8-17　常发性拥挤的交通模式示意图

从图 8-17 中可以看出,速度下降比较明显,占有率也出现比较大的上升,而流量持续上升,最终达到道路通行能力。长时间在通行能力附近运行时,在车辆停停走走以及车辆间的相互干扰等因素作用下,交通流量实际上难以维持通行能力的水平而有所下降,速度也表现为下降的趋势,但这时的占有率却不会降低。

8.6.2　偶发性交通拥挤的交通流特征

偶发性交通拥挤是交通需求大于道路上临时瓶颈处的通行能力时发生的拥挤现象,并且通行能力下降的截面会随着排队的增加向上游运动,即拥挤交通波向上游扩散。交通流量超过此时通行能力的部分越大,拥挤交通波的扩散越快,如图 8-18 所示。C_1'表示道路正常状态下的通行能力,C_2'表示道路发生偶发性交通拥挤时的道路通行能力。

偶发性交通拥挤造成的延误与预期持续时间有密切联系,图 8-19 给出了偶发性交通拥挤发生过程中到达-离开交通量之间的动态关系。当偶发性交通拥挤发生时(即 t_1'时刻),车道阻塞导致车辆在拥挤发生地点上游形成排队,经过拥挤判别、拥挤确认和拥挤清除(三者之和称为拥挤持续时间)后,交通流才能恢复正常(即 t_2'时刻),L_1、L_2、L_3 所围的面积即代表拥挤引起的总延误。L_4 上部的阴影面积表示所采取的交通控制和诱导措施减少的延误。

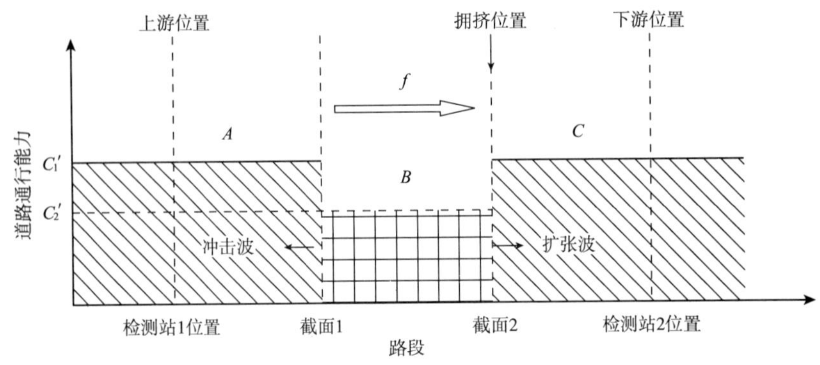

图 8-18　偶发性交通拥挤通行能力变化示意图

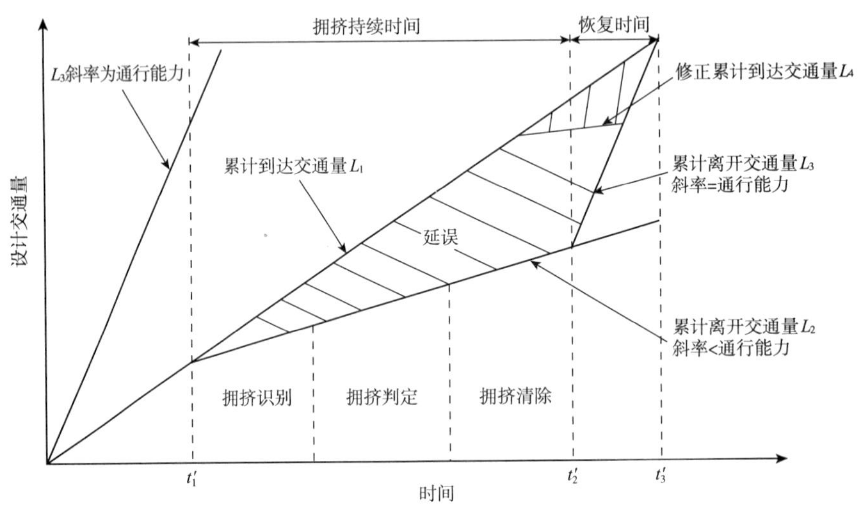

图 8-19　偶发性交通拥挤条件下到达-离开交通量曲线

偶发性交通拥挤是由于突发交通事件造成的道路通行能力临时下降并低于当时的交通需求而引起的拥挤,因而交通拥挤前后交通流三个基本参数的变化是突变的。经过与图 8-17 类似的变换,偶发性拥挤条件下交通流三个基本参数的变化过程如图 8-20 所示。其中 t_1 是交通拥挤发生的时刻,t_2 是交通拥挤对交通流产生的影响在其上游相邻检测器体现出来的时刻。

从图 8-20 中可以看出,速度出现迅速下降,占有率的上升也很快,流量低于道路的通行能力且表现持续下降的趋势。

通过以上分析,不难发现,不论是常发性交通拥挤还是偶发性交通拥挤,交通参数数据的变化都具有一定的模式。如果能挖掘出交通数据中包含的不同交通模式的信息,则不但可以将交通拥挤判别出来,还可以根据有关交通参数数据的变化规律对交通拥挤的类型进行区分,同时识别出该类交通拥挤的原因。如果在交通拥挤发生前后交通数据的变化持续了较长时间,而且某些交通参数的数据稳定在某个特定范围内,则可以将该类交通拥挤判定为常发性交通拥挤,其致因则是常态的供需矛盾;当交通数据变化比较突然且其数值超过了特定的范围,则可认为发生了偶发性拥挤,其致因可能是交通事故、异常天气、临时性交通管制或非正常交通需求。偶发性交通拥挤的几个致因,对交通拥挤时的交通特征波动也有不同,这部分将在后文中给出明确的波动曲线,同时在自动识别程序中予以实现。

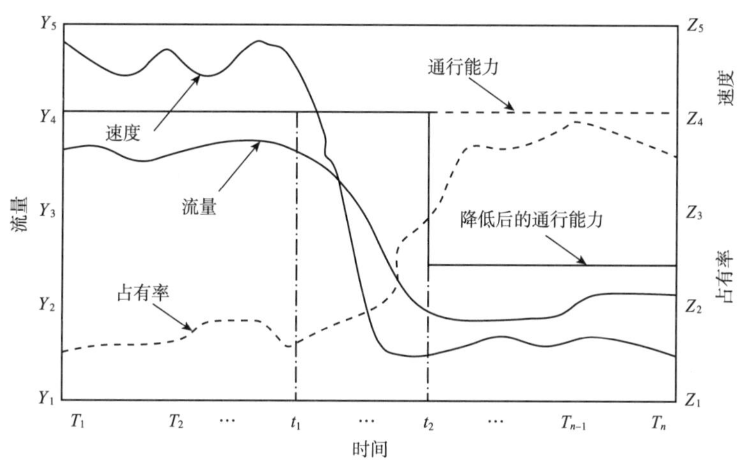

图 8-20 偶发性交通拥挤的交通模式示意图

8.6.3 移动瓶颈的交通流特征

在交通设施组成系统中,某部分结构如交叉口、收费站、匝道和某些特殊的限速设施等由于特殊的设计、特殊的交通组织方式或者交通管理措施经常会对车辆在通过时有一定的要求,致使车辆在经过时速度降低,通行能力下降,甚至造成局部阻塞,这类阻塞被归类为常发性交通拥挤。在这类交通拥挤特征的研究基础上,人们根据对瓶颈处交通流状态的研究,提取出其特征:①交通流速度降低;②通行能力减小;③局部阻塞,并认为具备上述特点的都称为道路瓶颈。在公路网中,大车是非常重要的一个车型组成部分,由于大车在道路空间作用对交通流产生的影响具备上述特点,所以把大车在道路空间上的位移称为移动瓶颈。移动瓶颈的交通流特征与常发性以及偶发性交通拥挤的交通流特征有着非常显著的差异,因此此处将移动瓶颈的交通流特征单独进行描述。

1998 年,Newell 提出了在数学模型上将单个移动瓶颈简化为固定瓶颈处理的简单移动瓶颈数学模型,移动瓶颈和固定瓶颈的“流量-密度图”的转换可以通过简单的坐标转换完成。

在双向四车道公路中,单向两车道上的车辆受到大车影响,部分车辆只能通过未被大车占用的一条车道前行。由于移动瓶颈在公路路段上是以一定速度 v^* 移动的，所以，假设观测者以 v^* 的速度同步观察移动瓶颈，则可变移动瓶颈问题为相对于观测者的固定瓶颈来分析移动瓶颈问题。

设路段上的车辆平均速度为 v_0，密度为 k_0，流量为 q_0，在路段上 $x=0$ 的位置、$t=0$ 的时刻，路段出现以速度 v^* 行驶的大型车队，且 $v^*<v_0$。如果以 $x^*=x+v^*\times t$ 的位移来观察该路段，则将观察到该车队的速度为零，且该车队占用的路段成为了一个瓶颈路段。

若双车道和单车道的流量满足下列流量-密度关系：

$$q = Q_2(k), q = Q_1(k) \tag{8-20}$$

则以 v^* 运动的参照物来观察，可得到相对流量为：

$$q^* = Q_2(k) - v^* \times t, q^* = Q_1(k) - v^* \times t \tag{8-21}$$

此时，从观察者的角度看，移动瓶颈变为固定瓶颈，流量 q 变为 q^*，则可绘制出此时的流量-密度曲线，如图 8-21 所示。

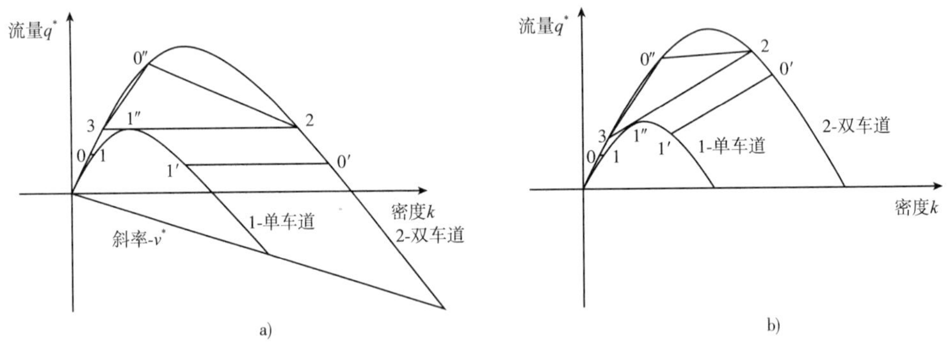

图 8-21 移动瓶颈和固定瓶颈流量-密度关系曲线

a) 移动瓶颈；b) 固定瓶颈

当纵坐标流量 q^* 处于连线 3-1″-2 以下位置时，q^* 未超过瓶颈路段单车道的通行能力，则车流以原速度通过瓶颈路段，没有延误。而当处于连线 3-1″-2 以上位置时，移动瓶颈的流量 q^* 超出单车道所能提供的通行能力范围，以点 2 表示移动瓶颈上游由于移动瓶颈造成的冲击波的起点，点 3 表示上游冲击波的终点，则线段 0″-2 的斜率为车流波的传播速度。该速度为负，表明车流波向后传播，后续车辆受瓶颈影响而减速。同理，以点 3 表示移动瓶颈下游车流波的终点，点 0″表示下游车流波的起点，若连线3-0为正，则该车流波向前传播，表明小型车车流加速，恢复到原有正常速度。

由于 $q=Q_2(k)$ 和 $q=Q_1(k)$ 这两组函数关系并不依赖于 v^* 的大小，如果将图8-21a) 移动瓶颈流量-密度关系曲线的两条流量曲线加上 $v^*\times k$，就恢复到了原有的流量-速度关系图，即在固定点观察移动瓶颈时的流量-速度关系，如图 8-21b) 固定瓶颈流量-密度关系曲线所示，图中各点的意义同图 8-21a)。需要注意的是，点 1 表示移动瓶颈路段的通行能力，点 2 表示上游冲击波的起点，点 3 表示下游扩张波的终点，而点 0″在与点 2、点 3 的连线中分别表示上游冲击波的终点和下游扩张波的起点。该图只是在理论上标示了移动瓶颈的上下游状态，其点位所对应的流量值并不具有实际意义。

根据上文阐述的内容，可以绘制出车队进入道路后的冲击波和扩张波的距离-时间曲线，如图 8-22 所示。在路段上 $x=0$ 的位置、$t=0$ 的时刻，车队沿着连线 a-b 进入路段，在 b 点完全进入路段并且按照 v^* 的速度稳定行驶。由于 $v^*<v_0$，驶入车队会立刻成为路段的瓶颈，从而产生冲击波和扩张波。

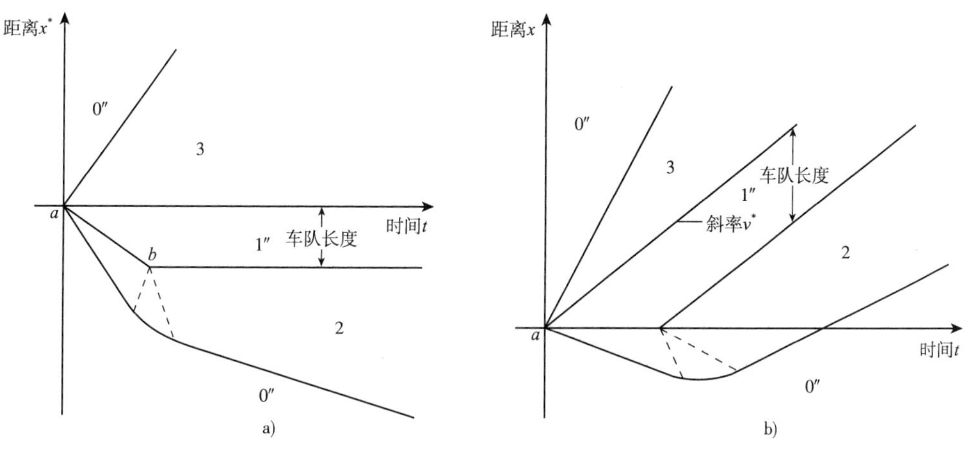

图 8-22　交通波的距离-时间曲线

a）移动瓶颈；b）固定瓶颈

基于以上研究，移动瓶颈处的交通效应模型如图 8-23 所示。

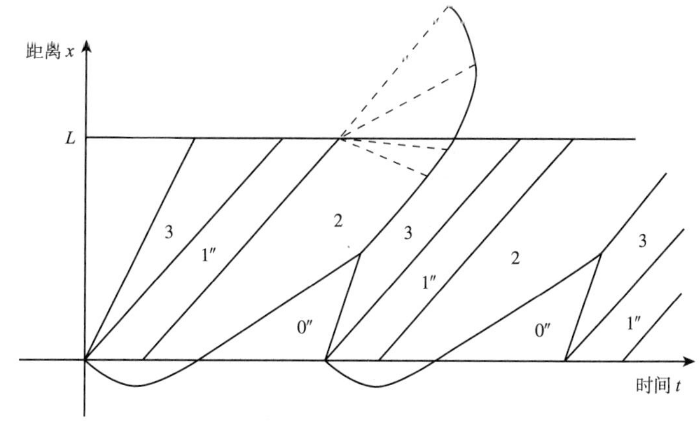

图 8-23　大车的移动瓶颈影响效应时空图

交通流正常行驶在状态 3，当大车车队以速度 v^* 进入路段后，其所在交通流进入状态 1″，即以速度 v^* 前进，后续车辆进入减速排队状态 2，速度在一定范围内波动；在车队后面的车辆由于排队波反射效应,以状态 0″的状态移动;当后续车辆观望超车成功后,车流进入正常状态 3,此时,由状态 0″-3 形成了一个消散波。如果路段足够长,且大车之间距离足够长,波 2-0″及消散波 0″-3 便会合并为波 2-3,车流的速度就是大车速度 v^*。

为了反映这个“移动瓶颈”的影响,分析车流的平均速度。由于大车形成瓶颈处主要是在状态 2 和状态 3 两种运行状况下,根据流量-密度-速度关系,对上述车流的时空运行图进行定义,包括状态 2 的面积 A_2、流量 q_2、密度 k_2,以及状态 3 的面积 A_3、流量 q_3、密度 k_3,则有大车所在部分交通流可由式(8-22)计算。

$$q = \frac{A_2 q_2 + A_3 q_3}{A_2 + A_3} k = \frac{A_2 k_2 + A_3 k_3}{A_2 + A_3} \tag{8-22}$$

8.7 案例分析——异常状态判别及致因分析

8.7.1 研究路段简介

108 国道北京段,属于二级、三级混合等级公路,在房山区境内接近 100km(99.15km,K40 +300 ~ K139 +450),是房山广大山区的交通大动脉,沿线有大安山、史家营等煤矿,是房山煤炭资源外运的交通要道。此处选取 108 国道 K53 +000 ~ K60 +000 段作为案例分析对象,该路段属于二级公路,设计车速 40km/h,路段位置及走向如图8-24所示。

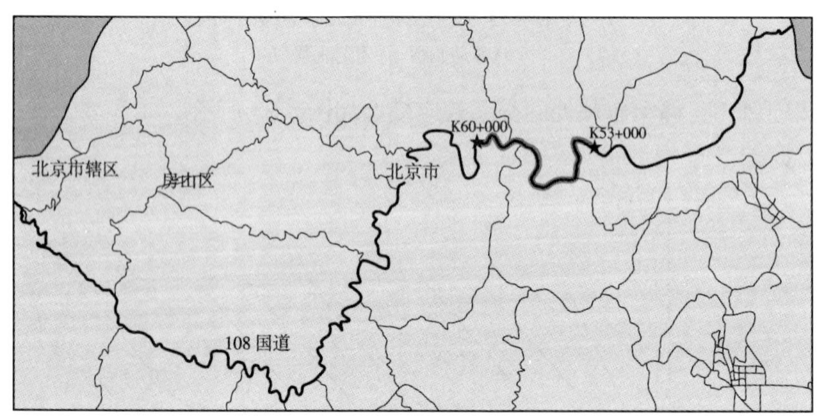

图 8-24 108 国道北京段道路走向

8.7.2 交通异常状态识别

由于 108 国道 K53 +000 ~ K60 +000 段急弯较多,且沿线山坡陡峭,转弯处容易遮挡视线,高填方路段容易出现边坡滑塌,易发生交通事故,故在此类危险点段布设检测设备,布设点位置如图 8-25 所示。采集车辆行驶速度以及车流量数据,数据上传间隔为 2min。

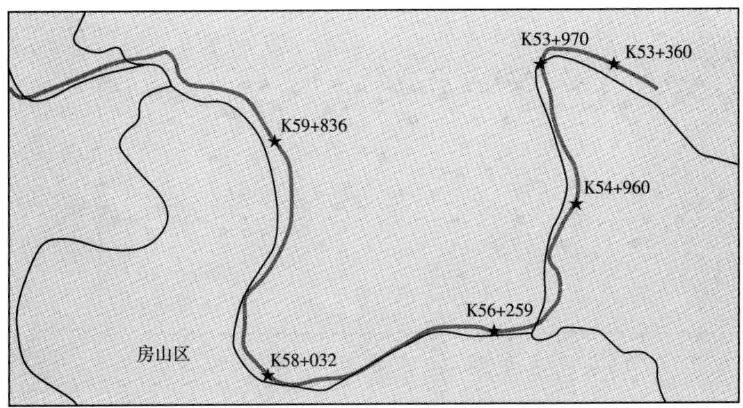

图 8-25　检测点位置示意图

对检测点进行连续检测,图 8-26 为检测器获取的部分时段数据经处理后的车速-流量散点图。

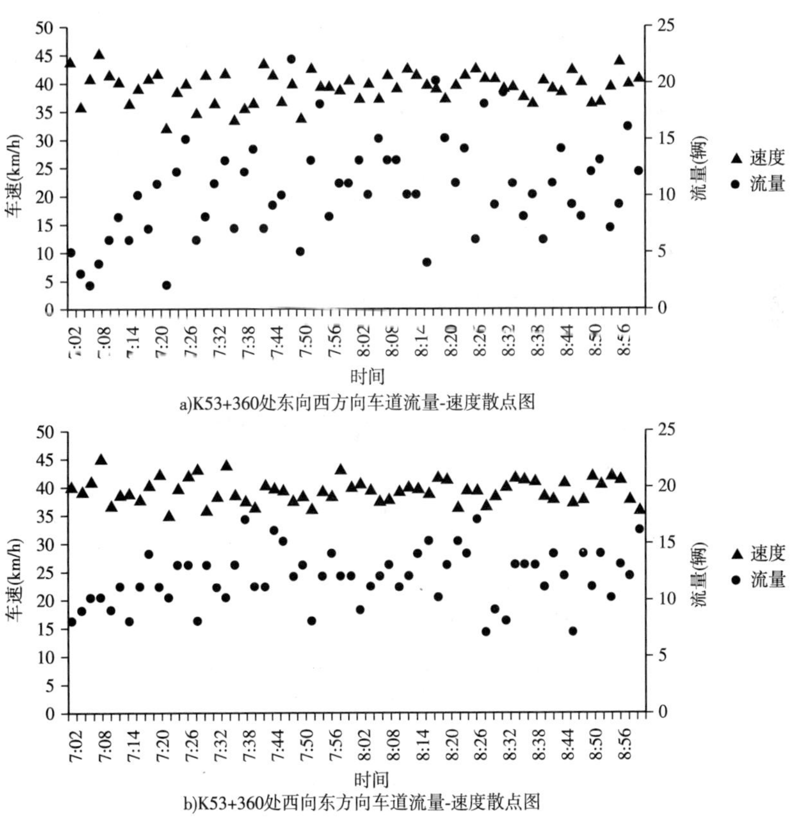

a)K53+360处东向西方向车道流量-速度散点图

b)K53+360处西向东方向车道流量-速度散点图

图　8-26

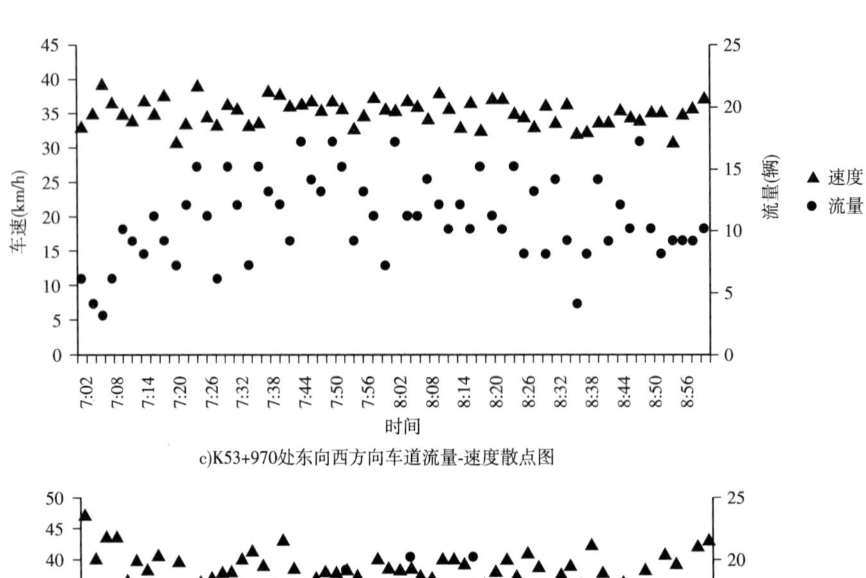

c)K53+970处东向西方向车道流量-速度散点图

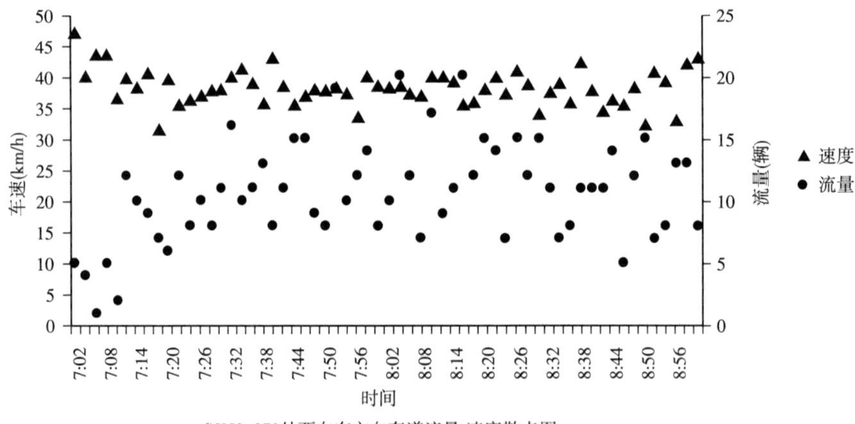

d)K53+970处西向东方向车道流量-速度散点图

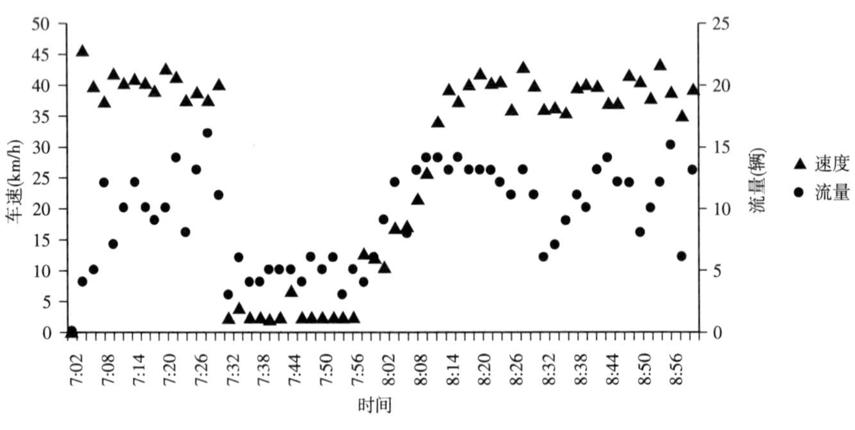

e)K54+960处东向西方向车道流量-速度散点图

图 8-26

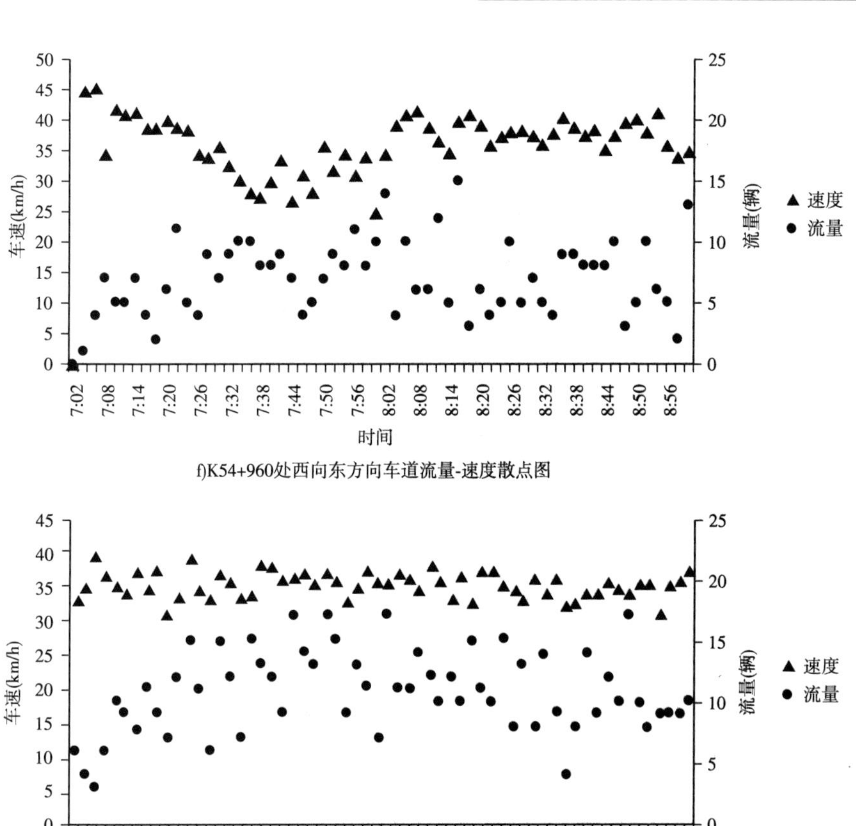

f)K54+960处西向东方向车道流量-速度散点图

g)K56+259处东向西方向车道流量-速度散点图

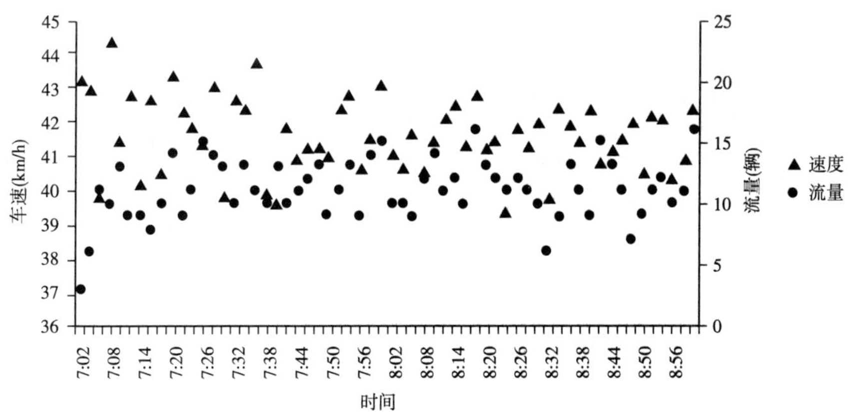

h)K56+259处西向东方向车道流量-速度散点图

图 8-26

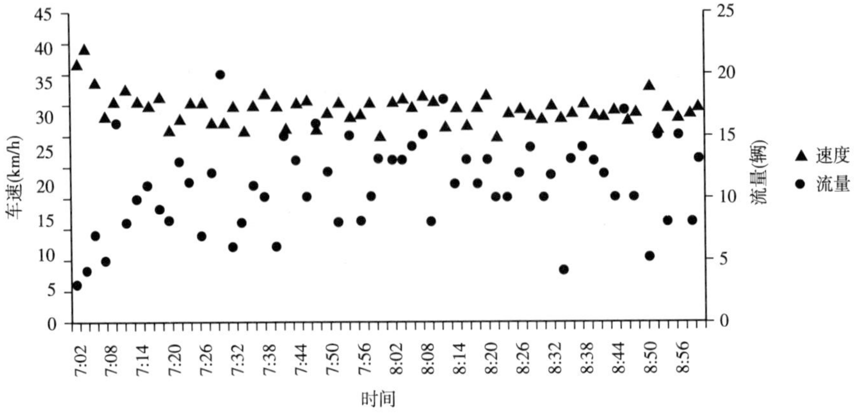

i)K58+032处东向西方向车道流量-速度散点图

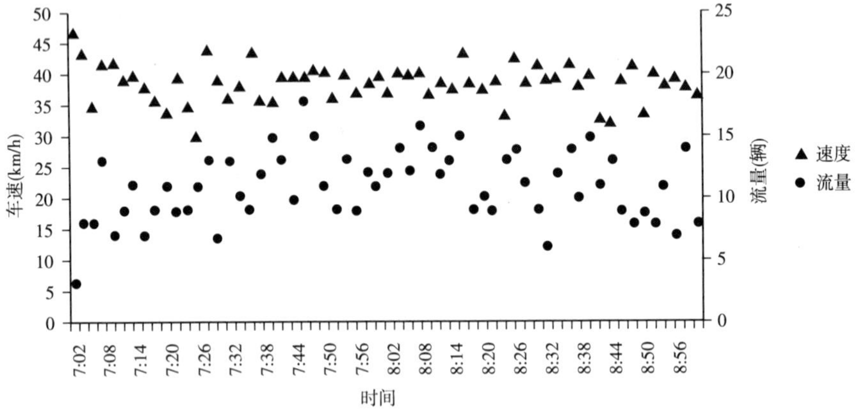

j)K58+032处西向东方向车道流量-速度散点图

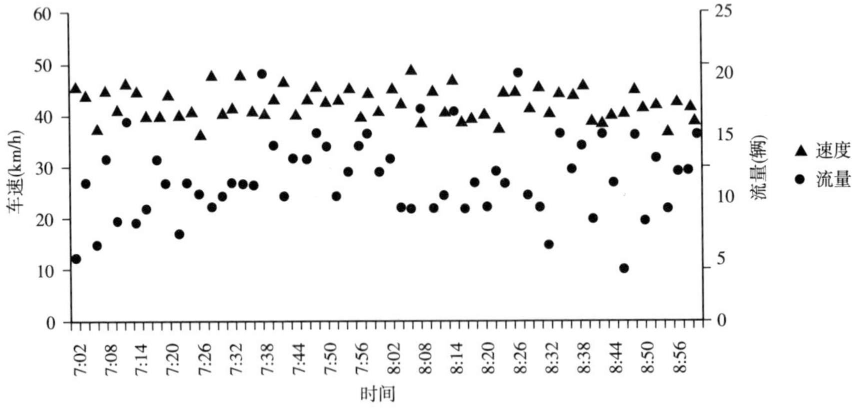

k)K59+836处东向西方向车道流量-速度散点图

图 8-26

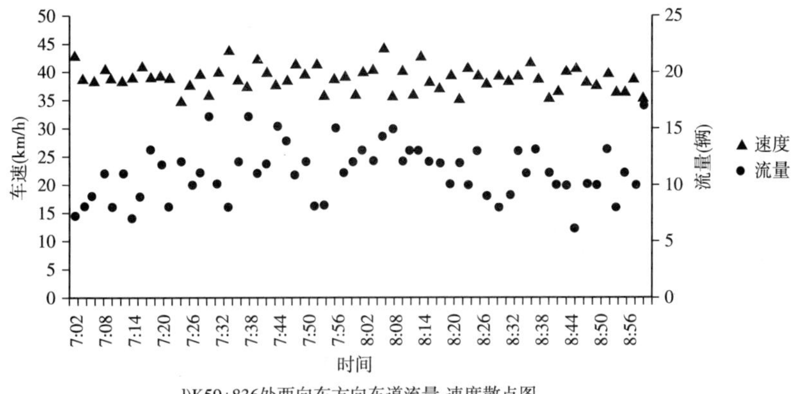

l)K59+836处西向东方向车道流量-速度散点图

图 8-26　各检测点流量-速度散点图

利用 McMaster 算法对各检测点的实时数据进行交通状态判别,检测时间间隔为 2min,各点判别算法流程如图 8-27 所示。

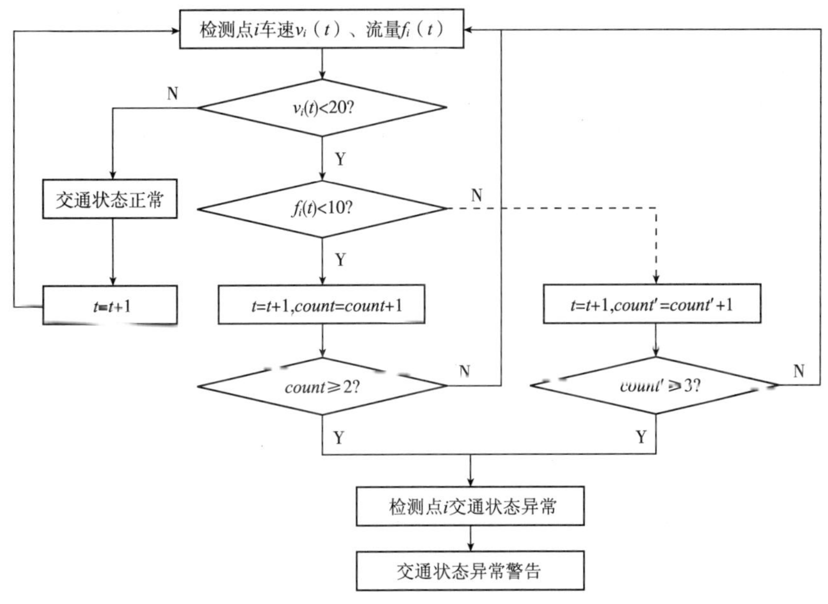

图 8-27　交通状态判别算法流程图

根据上述算法编译程序对各点交通状态进行判别,得出检测点 K54 +960 处东向西方向车道于 7:28 交通状态异常。

8.7.3　拥挤致因分析

通过上述计算得出各检测点的交通状态,判别出检测点 K54 +960 处东向西方向车道于7:28 ~8:06 出现交通状态异常,绘制出发生交通状态异常时段的某一时刻各检测点的交通特征曲线,见图8-28。

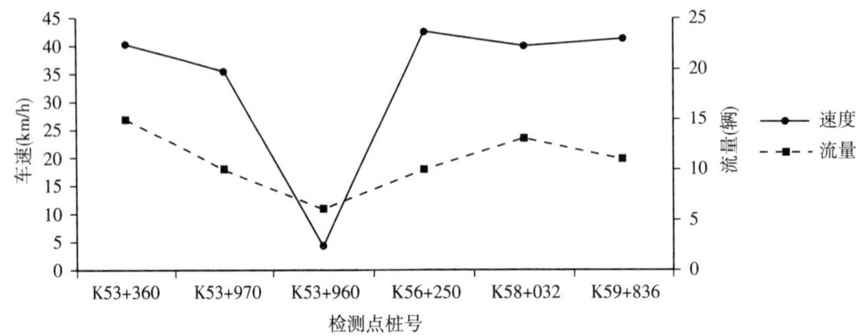

图8-28　7:40 各检测点流量、速度特征

图8-28 中,异常已经发生一段时间,时间波的传递也发生了一段时间,然而交通异常路段的流量、车速特征,仅事故点一处异常,其他检测点均正常。由此可以看出,交通异常点的通行能力突然折减,该处发生的为偶发性交通拥挤现象,同时从图中可以判断剩余通行能力仍能满足车辆通过的需求,而拥挤的持续时间较短,对比偶发性交通拥挤的特征曲线,最终可判断 K54 +960 东向西方向发生了轻微交通事故。

经现场勘察,为 K54 +960 北侧 20m 左右发生车辆刮蹭事件,事故发生后,车辆移入路肩自行处理。

参考文献

[1] 田歌．澳大利亚智能交通先进经验介绍[J]．道路交通与安全,2010(3):33-35.

[2] 董珂洋．交通信息采集方法研究[D]．重庆:重庆交通大学,2009(11):4-5.

[3] Cheu R L,Xie C,Lee D H. Probe Vehicle Population and Sample Size for Arterial Speed Estimation[J]. Computer-Aided Civil and Infrastructure Engineering,2002(17):53-60.

[4] Quiroga C,Bullock D. Travel Time Studies with Global Positioning and Geographic Information Systems: An Integrated Methodology[J]. Transportation Research Part C,1998(6):101-127.

[5] 刘富强,项雪琴,邱冬．车载通信 DSRC 技术和通信机制研究[J]．上海汽车,2007(8).

[6] 涂启琛．Bighive:一个针对时间维度优化的分布式结构化数据存储系统[D]．北京:北京大学,2009.

[7] 杜志渊．常用统计分析方法[M]．济南:山东人民出版社,2006.

[8] 冯力．回归分析方法原理及 SPSS 实际操作[M]．北京:中国金融出版社,2004.

[9] 巴克豪斯．多元统计分析方法[M]．上海:格致出版社,2009.

[10] 鲍尔斯．分类数据分析的统计方法[M]．北京:社会科学文献出版社,2009.

[11] 易丹辉．非参数统计[M]．北京:中国统计出版社,2009.

[12] 何明．基于数据挖掘技术的交通事故数据分析[D]．长沙:长沙理工大学,2009(6):3-4.

[13] 王志玲．基于神经网路的文本自动分类系统研究[D]．淄博:山东理工大学,2006(4):23-26.

[14] 王琳,冯海军,卢朝阳．基于聚类分析的实时交通流量监测系统研究[J]．交通信息与安全,2003(6):20-23.

[15] 何家莉．遗传算法在交通控制中的应用[D]．南宁:广西民族大学,2008.

[16] 德史密斯．地理空间分析[M]．北京:电子工业出版社,2009.

[17] 丁庆华．突变理论及其应用[J]．黑龙江科技信息,2008(12).

[18] Brian L Smith,Han Zhang,Michael D Fontaine,et al. Wireless Location Technology-Based Traffic Monitoring:Critical Assessment and Evaluation of an Early-Generation System[J]. Journal of Transportation Engineering,2004,130(5):576-584.

[19] 杨飞．基于手机定位的交通 OD 数据获取技术[J]．系统工程,2007,1(25):42-48.

[20] 杨飞,裘炜毅．基于手机定位的实时交通数据采集技术[J]．城市交通,2005,3(4):63-68.

[21] 张星霞．基于手机定位信息的地图匹配算法[J]．软件技术研究,2006(10):35-37.

[22] 赵亦林．车辆定位与导航系统[M]．北京:电子工业出版社,1999.

[23] 高博．车辆导航系统中数据处理、地图匹配和路径规划的研究[D]．郑州:中国人民解放军信息工程大学,2001.

[24] 翁剑成,荣建,余泉,等．基于浮动车数据的行程速度估计计算法及优化[J]．北京:北京工业大学学报,2007,33(5):459-464.

[25] 薛明,吕卫锋,诸彤宇．浮动车信息处理系统关键技术的研究[J]．微计算机信息(测控自动化),2006,22(11):244-246.

[26] 孙棣华,张星霞,张志良．地图匹配技术及其在智能交通系统中的应用[J]．计算机工程与应用,2005,41(20):225-228.

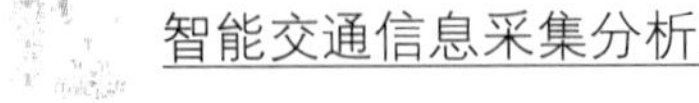

[27] 王炜,杨新苗,陈学武. 城市公共交通规划方法与管理[M]. 北京:科学出版社,2002.

[28] M Berry,Glinoff. Data Mining Techniques[J]. John Wiley,1997.

[29] David J Hand. Statistics and Data Mining: Intersecting Disciplines[J]. SIGKDD Explorations,1999,1(1):16-19.

[30] 卢晓青. 城市公共交通信息服务系统研究[D]. 长春:吉林大学,2002.

[31] 陈鹏. 车辆一卡通信息采集系统设计[D]. 北京:北京科技大学,2003.

[32] 于滨. 基于一卡通收费系统的动态交通信息采集研究[D]. 长春:吉林大学,2003.

[33] 戴霄. 基于公交 IC 信息的公交数据分析方法研究[D]. 南京:东南大学,2006.

[34] 杨兆升. 城市智能公共交通系统理论与方法[M]. 北京:中国铁道出版社,2004.

[35] 陈学武,戴霄,陈茜. 公交一卡通信息采集、分析与应用研究[J]. 土木工程学报,2004(37).

[36] 张汝华,杨晓光,严海. 智能交通系统特征分析与处理系统设计[J]. 交通运输系统工程与信息,2003(3).

[37] 谢嘉孟,彭宏. 基于数据挖掘技术的智能交通信息分析与决策研究[J]. 公路,2004(4).

[38] 魏宏业,吕永波,刘志硕. 基于数据挖掘的智能交通系统的决策方法研究[J]. 交通运输系统工程与信息,2003(3).

[39] 张德干,王晓晔. 规则挖掘技术[M]. 北京:科学出版社,2008.

[40] 欧阳如琳,任立良,周成虎. 水文时间序列的相似性搜索研究[J]. 河海大学学报(自然科学版),2010,38(3):241-245.

[41] 潘定,沈钧毅. 时态数据挖掘的相似性发现技术[J]. Journal of Software,2007,18(2):246-258.

[42] F K Chan,A W Fu,C Yu. Haar Wavelets for Efficient Similarity Search of Time-series: With and without Time Warping,Knowledge and Data Engineering[J]. IEEE Transactions on,2003,15 (3): 686-705.

[43] 朱晓宏. 公交客流信息采集的方法与技术[J]. 城市公共交通,2005(7).

[44] 劳云腾,杨晓光,云美萍,等. 交通状态检测方法的评价研究[J]. 交通与计算机,2006(6): 74-77.

[45] 姜桂艳. 道路交通状态判别技术与应用[M]. 北京:人民交通出版社,2004.

[46] 张毅媚,黄进堂. 基于模糊数学的交通拥挤评价指标[J]. 华中科技大学学报(城市科学版),2008,25(1): 65-68.

[47] 迟骋. 北京市路段交通拥堵评价体系研究[D]. 北京:北京交通大学,2007.

[48] 任福田,刘小明,荣建,等. 交通工程学[M]. 北京:人民交通出版社,2008.

[49] 魏东,侯德藻,杨曼娟,等. 公路交通服务用户满意度评价方法研究[J]. 公路交通科技(应用技术版),2010(6): 269-272.

[50] 裴玉龙,郎益顺. 基于动态交通分配的拥堵机理分析与对策研究[J]. 华中科技大学学报,2002,19(3):95-98.

[51] 刘卫铮. 基于大车混入率的交通流状态安全性研究[D]. 天津:河北工业大学,2007.

[52] 陈建军,于雷,陈旭梅,等. 路网可靠性评价方法综述[J]. 城市交通, 2008(1):67-70.

[53] 中华人民共和国国家标准. JTG D20—2006 公路路线设计规范[S]. 北京:人民交通出版社,2006.

[54] Fildes B N, Rum Bold G, Leening A. Speed Behavior and Drivers Attitude to Speeding[R]. Victoria: Monash University, 1991.

[55] 裴玉龙,程国柱. 高速公路车速离散性与交通事故的关系及车速管理研究[J]. 中国公路学报

2004,17(1):74-78.

[56] 姜桂艳.道路交通状态判别技术与应用[M].北京:人民交通出版社,2004.

[57] Persaud B N,Hall F L . Catastrophe Theory and Patterns in 30-second Freeway Traffic Data-Implication for Incident Detection[J]. Transportation Research Part A,1990,23(2):103-113.

[58] Karl F Petty, Michael Ostland. A New Methodology for Evaluating Incident Detection Algorithms[J]. Transportation Research Part C:Emerging Technologies,2002,10(3):189-204.

[59] 裴瑞平,梁新荣,刘智勇 . 小波分析在高速公路事件检测中的应用 [J]. 公路交通科技,2007(2):165-166.

[60] 高昕,贺国光,马寿峰 . 小波理论及其在交通事件检测中的应用 [J]. 公路交通科技,1999,16(3):63-65.

[61] 周林英 . 基于支持向量机的高速公路事件检测算法[D]. 西安:长安大学,2009.

[62] G F Newell. A Moving Bottleneck[J]. Transportation Research Board,1998,32(8):531-537.